邓小平实录 1

1904 — 1945
[改革开放40周年纪念版]

李新芝 / 主编

DENG
XIAO
PING

北京联合出版公司
Beijing United Publishing Co.,Ltd.

图书在版编目（CIP）数据

邓小平实录.1/李新芝主编.—北京：北京联合出版公司,2018.7

ISBN 978-7-5596-2187-0

Ⅰ.①邓… Ⅱ.①李… Ⅲ.①邓小平（1904-1997）-生平事迹 Ⅳ.① A762

中国版本图书馆 CIP 数据核字（2018）第 115878 号

邓小平实录.1

主　　编：李新芝
责任编辑：李　伟

北京联合出版公司出版
（北京市西城区德外大街 83 号楼 9 层　100088）
河北鹏润印刷有限公司印刷　新华书店经销
字数：380 千字　710 毫米 ×1000 毫米　1/16　印张：23
2018 年 9 月第 1 版　2018 年 9 月第 1 次印刷
ISBN 978-7-5596-2187-0
定价：49.80 元

未经许可，不得以任何方式复制或抄袭本书部分或全部内容
版权所有，侵权必究
如发现图书质量问题，可联系调换。质量投诉电话：010-82069336

第一编　早年岁月（1904—1927）

历程

古城广安	2
祖先踪迹	5
生身父母	8
少年时光	12
走出夔门	17
在法国的艰苦生活	21
参加旅欧中国少年共产党	27
在莫斯科中山大学	35
中山军事学校政治处处长	40

交往

视若兄长——与周恩来	44
母子情深——与他的两位母亲	52
不忘恩师——与汪云松	56
"大哥""大姐"——与李富春和蔡畅	58
"焕章先生和我们是有缘的"——与冯玉祥	59
人世间的真情——与张锡瑗	61

珍闻

第一次远洋	64
困境中的生日	65
活泼开朗　才华横溢	66

巴黎咖啡馆	67
足球迷	68
一条蓝白道的大围巾	69

第二编　红军时期（1927—1937）

历程

进入首脑机关	72
参加八七会议	75
党中央秘书长	77
25岁的政委	81
进军靖西	87
主持土地革命	91
指导平马整训	93
千里转战	96
入赣南临危受命	110
首任红都"京官"	118
红色中华南天柱	130
"邓、毛、谢、古"事件	143
"红星"闪闪亮	148
长征途中	156
初到陕北	161

交往

毛泽东的功绩是第一位的——与毛泽东	167
不能浪费人才——与王稼祥	182
无话不谈的挚友——与罗荣桓	183
军长和政委——与张云逸	187
第一个军事"搭档"——与李明瑞	197

拔哥——与韦拔群	201
你要指挥部队，离不开好马——与贺晋年	204

珍闻

指挥高唱《国际歌》	207
用南瓜瓤治病	209
护送邓政委	211
魁星楼上的灯光	214
右江情深	218
血战梅花圩	223
除恶记	226
暗访	229
七营镇留佳话	230

第三编　立马太行（1937—1945）

历程

奔赴抗日战场	234
建立动委会	238
坚持独立自主	243
领导抗日反顽斗争	248
在百团大战中	260
视察太岳、中条区	267
出任太行分局书记	276
主持温村会议	282
领导根据地建设	285

交往

战友情谊五十年——与刘伯承　　　　　　　　　　295

"彭总不愧是大军事家"——与彭德怀　　　　　　301

"徐总真是出奇制胜的高手"——与徐向前　　　　303

"李达是个难得的好参谋长"——与李达　　　　　313

两万块大洋——与陈再道　　　　　　　　　　　　317

"遇事要谨慎,办事要稳妥"——与皮定均　　　　323

"我给你批钱就是了"——与钱信忠　　　　　　　327

模范夫妻——与卓琳　　　　　　　　　　　　　　328

战友情谊——与邓发　　　　　　　　　　　　　　332

珍闻

巧斗阎锡山　　　　　　　　　　　　　　　　　　335

没有官架子　　　　　　　　　　　　　　　　　　338

亲人　　　　　　　　　　　　　　　　　　　　　339

"对奸污妇女者,杀无赦"　　　　　　　　　　　　341

邓政委发怒了　　　　　　　　　　　　　　　　　343

鱼离不开水　　　　　　　　　　　　　　　　　　344

在邢台县道沟村　　　　　　　　　　　　　　　　345

抗日银行　　　　　　　　　　　　　　　　　　　348

"抓一抓干部教育工作"　　　　　　　　　　　　　350

做红娘　　　　　　　　　　　　　　　　　　　　352

"关心战士生活不是小事情"　　　　　　　　　　　356

请刘伯承为胖胖起名　　　　　　　　　　　　　　359

第一编　早年岁月

（1904—1927）

历程

古城广安

四川,人称"天府之国",古为巴蜀之地。

四川的文明史,真可谓古老而悠久。距今200万年前,便有我们中华民族的祖先在那里繁衍生息。后来,在现在四川的东部和中西部,形成了巴、蜀两个小国。公元前1066年,周武王牧野会盟,巴、蜀两国曾经参加,共伐商纣。战国后期,巴、蜀两国间发生矛盾,其时正值北方强国秦国兼并天下。秦惠文王趁巴、蜀嫌隙之际,挥军南下,先行伐蜀,继而灭巴。公元前316年,巴、蜀正式并于秦国。不久,秦便在今重庆附近和成都地区设立了巴、蜀二郡。从此,巴、蜀之地归于中华大统。

四川得名于宋。宋置川峡路,后分置益、梓、利、夔四路,总称四川路。到了清朝,正式命名为四川省。

四川物产丰富。由于气候温湿,四季分明,所以最宜农作物生长。自古以来,四川盆地便以粮仓著称,许多军事家都曾在此屯田养兵。巴蜀之地盛产稻米、丝麻、水果、茶叶、井盐。自宋代以来,其纺织、井盐、瓷器和冶金诸方面已有相当的发展。

四川人杰地灵。许许多多的文人名士都曾活跃在巴蜀这一历史舞台上,其中有战国水利巨匠李冰父子,汉代才华横溢的辞赋大家司马相如,三国鼎足人物刘备、诸葛亮,唐代诗坛泰斗李白、杜甫……巴蜀之人会种田,会养蚕,会冶矿,会织缣,一向以吃苦耐劳、勤劳朴实著称于世。

在四川省东北部丘陵地区有一个古老的城镇,素有"地枕巴山,城环渝水,东岭茶铁之乡,西溪鱼虾之出"的美誉。这个古老的城镇就是广安。它西距四川省省会成都200多公里，南离长江重镇重庆100公里。这里是成都平原的边缘，土地虽不算贫瘠，但也并非富裕发达之地，一条渠江浩浩荡荡川流不息，纵贯全县。

广安古属梁州地界。在这一地区生活着的先民为賨族人。賨人和其他一些土著部落民族，共同创造了这一地区的先巴文化。

春秋晚期，原在汉水中游一带生息的巴族人迁入，遂在川东建立了巴国。巴族，自称太皞伏羲氏的后代，自古活动在汉水流域中游一带，殷商中叶战败于殷，便向殷纳贡称臣。殷朝末年，巴人不堪屈辱，参加了周武王的伐商之战。巴师曾为前锋，骁勇善战。周王朝建立后，巴被封为诸侯。武王封其宗族中姬姓人氏于巴，号为子爵。春秋时代，南方大国楚国崛起。巴国在与楚国数度交锋之后，终于战败，遂离开汉水流域，举族迁徙，最后落脚于川东地区。巴人与川东各土著民族融合，建立了以部落联盟为基础的奴隶制国家——巴国，直到公元前316年被秦所灭。

战国时期，广安已属巴国，由于其先民为賨族人，于是在此设有賨城。巴被秦灭后，秦在今广安设县，名宕渠县，属巴郡管辖。五代改宕渠为始安，隋复賨城，唐称渠江，到宋以后，始为广安。

清末编写的《广安县志》中记载：广安厥土饶沃，无旷土，无闲田，无沃瘠之别，无水旱之忧。树以桑麻榆枣，畜以牛马鸡豚（猪），植以葱韭蔬果，延以瓜瓠薯葛。广安物产丰饶，凡山林竹柏之材，原野羽毛之族，陂池鳞介之虫，水陆草木之实，岩洞药石之宝，畜产皮角之富兼而有之。兹地所产之稻米苞谷号称金羹玉版；所出之蚕丝品质特优，黄白莹然；所织之賨布汉赋有载，谓为筒中黄润，一端数金。正因为如此，广安又有"金广安"之称。

广安除物产丰富以外，文化也不算十分落后。早在公元前100多年汉景帝的时候，司马相如受蜀郡郡守指派进京受业，并还教乡里，自此巴郡亦设立文学。汉平帝元始三年（公元3年），广安就已设校学，置经师一人。此后历经近2 000年的时间，广安一直办学。到民国初年，除原有小学外，还设立中学一所。这样的教育水平，比起文化发达地区，自然落后，但在当时的中国，也可以算接近中等的水平。

有这样一个好的自然条件，按说广安人完全可以耕作自得。但是，偏偏天不从人愿，竟有许许多多的内忧外患困扰着广安人的生活。

一患为兵。隋唐兵家征战，宋末南北交兵，明末农民起义，清朝滇人入掳……战乱频仍，从古到今，广安人几乎没得一点安宁。

二患为灾。广安地高河低，所以旱灾最为严重。据记载，大旱之年，赤地百里，一望如焚。灾民流窜，乞讨之人沿路可见。

三患饥饿。灾事频繁便会谷价陡涨，谷贵而民慌。乡井寥落，人烟萧索。广安人生于富饶之地，却沦为饥饿之民，实在可悲。

四患疫病。这里三年一小疫，五年一大疫。一人有病，一家相连；一村患疾，数乡共染。清朝同治年间，区区一个痢疾，竟然死了5 000人！

广安交通不便，环境闭塞。而这天灾横祸和人世劫难，则更加阻挠着广安的发展。

直到中华人民共和国成立之前，在2 000多年的岁月里，无论天地怎样轮转，朝代怎样更迭，勤劳朴实的广安人，始终无法挣脱命运的枷锁，处于贫穷落后之中。

广安城城北约10公里处便是协兴乡。清末时，这里是一个有近百户人家的小场镇。有一条用石板铺成的直街，街的两侧有一些小店铺，每逢赶场日，附近的农民会集于此进行一些山货、谷粮、药材和日用品的交易。

距协兴乡约2公里的姚坪里（今牌坊村）有一座坐北朝南的马蹄形宅院：白灰墙，木头门，青瓦顶；一排正房的两边各有数间偏房，院子对面是一个不大的池塘，院子四周到处是梯田和坡地，种满了水稻、玉米等农作物。应该说，这座宅院和别的农舍差不多，并没有什么特殊之处，在那时的姚坪里，像这样的宅院随处可见。

光绪三十年七月十二（1904年8月22日），就是在这座宅院里，一个小生命降临到了人间，当时谁也没有想到这个小生命居然能成长为一位影响历史发展进程的"巨人"。也正是由于这一原因，这座宅院自然也就具有了一种特殊的意义。如今在这座宅院的门前，镌刻着一副长联：

扶大厦之将倾，此处地灵生人杰，解危济困，安邦救国，万民额手寿巨擘。

挽狂澜于既倒，斯郡天宝蕴物华，治水秀山，兴工扶农，千载接踵颂广安。

这位"扶大厦之将倾""挽狂澜于既倒"的人，就是当今中国改革开放的总设计师邓小平，这座宅院就是邓小平的故居。

祖先踪迹

许多研究邓小平生平的人，都考察过他家族的历史。有的说邓氏家族是从湖北迁来的移民，有的说邓氏家族从前是广东的客家人。

目前唯一权威的依据是《邓氏家谱》。据家谱的凡例说，这个家谱起自明朝，以前则弗能考也。它说，撰写家谱时，考证了列祖的墓志碑铭，因而"俱无异词，确而有据"。家谱后面还真的把老祖宗们的墓志碑铭一一抄录在案。《邓氏家谱》从明时始，记至民国初年。

《邓氏家谱》记载：一世祖为邓鹤轩，原籍江西吉安府庐陵县人。明洪武十三年（1380），以兵部员外郎入蜀，遂居广安。从此开始了四川广安邓氏的纪元。而这个邓氏家族明代以前在江西的情况，便失传无考了。

在《广安州新志》"氏族志"中有这么一节：

> 望溪乡姚平邓氏。
>
> 邓氏旧志，其先本江西庐陵人。明洪武中有鹤轩者以荐举南京兵部员外入川，遂籍广安州北姚平家焉。其祖墓均在姚平，有宗祠。

《邓氏家谱》与《广安州新志》中关于广安邓氏来源的说法是一致的，看来可以信之确凿了。不过，根据《广安州新志》卷首的"历代撰志人姓名"，清朝乾隆《广安州志》，是在乾隆三十四年（1769）由"廷尉邓时敏重辑"。这个邓时敏，就是邓家名人邓翰林。

目前，在没有其他佐证的情况下，就暂且以家谱和县志作为依据，追寻一下广安邓氏家族在500多年时间里的步履踪迹。

兵部员外郎，是一个小小的官，据《辞海》注释，员外郎这一官名原指设于正额以外之郎官。隋开皇时，于尚书省各司置员外郎一人，为各司之次官。唐宋沿置，为中央官吏中的要职，明清各部仍沿此制，以郎中、员外郎、主事为司官的三级，得以递升。兵部乃古代高级军事官署。三国时期曾设五兵尚书（中兵、外兵、骑兵、别兵、都兵）。隋唐以后综合为兵部，为六部之一，掌管全国武官选用和兵籍、军械、军令之政，以后历代沿用，至清末方改为陆军部和海军部。自唐宋以后，尚书省各部下属设司为次一级官署。员外郎为司之次官。所以这个官位，虽不算"芝麻官"，却也并不显赫。

《邓氏家谱》中，以邓鹤轩为一世祖，明代一共计有九代。家谱中所列进士及第的，就有好几位。但据《广安州新志》记载，只有两位进士，一位是八世祖邓士廉，另一位是他的兄弟邓士昌。

明代的二世祖，即邓鹤轩之子，名叫邓显，字梅庄。据说此人以文行魁蜀，蜀献王闻其贤，屡聘之仕，皆不应。他的事迹曾载于明代《广安郡志》。

明代的第八世祖邓士廉，字人麟，明朝崇祯进士。其人慷慨负气，经史子集过目不忘。曾任广东海阳令和吏部侍郎。明末随桂王入滇缅，官为吏部尚书晋大学士。清朝顺治十八年（1661）秋，为缅人所诱，与其他41位大臣同时殉难。乾隆四十七年（1782）赐谥节愍。

邓士廉有一兄弟，名叫士昌，字龙门。明朝万历进士，授南京户部主事之职，后升任浙江处州府知府。其地地瘠民疲，于是尽力抚绥，修堰灌田，民受其利。遂被荐擢为湖广按察司副使，永州道兼摄衡州道。后为人所忌，劾归家乡。

自清代起至今，邓氏家族又繁衍了十代有余。乾隆时期是清朝的鼎盛时期，而这时远在西南一隅的小小邓氏家族也处于兴盛时期，竟然光宗耀祖地出了一个翰林——邓时敏。但风光一时的邓家自此以后竟然逐渐衰败了下来，书香墨迹不但渐渐无人继承，就连耕地也渐渐失去。

前面讲过，邓氏明代八世祖邓士廉曾任广东的海阳令，后来在滇缅殉国。他有一个儿子，叫邓昉，是邓氏明代最后一代，也就是第九世祖。邓昉于明末携带妻子和两个儿子同赴粤东其父之任上。这一家人行至广东高耀县（家谱上如此记载）三义河的时候，遇到海贼劫夺，惨遭横祸。所幸的是，在海贼之中居然有人发了善心，不杀邓昉的两个儿子，将他们抛置岸上。邓昉的两个儿子，一个叫邓嗣祖，时年7岁；另一个叫邓绍祖，年方4岁。

邓嗣祖，字绳其，乃邓氏清代的一世祖。嗣祖携弟绍祖沿路乞食，流落到一个叫伍家村的地方。伍家村有个伍员外，询问了这落难的兄弟二人的来历，大发善心，把这兄弟二人留下，负责食宿，还于书舍教其文学。等嗣祖长大以后，伍员外就把自己的女儿许配给他。不久，嗣祖在广东生了一个儿子，取名邓琳。邓嗣祖在广东的时候，因遇考，得遇其祖父邓士廉的故人之子李仙根。这个李仙根当时恰为督学使者。这时李才告诉嗣祖其祖父邓士廉殉难之事，并谕令嗣祖回籍。嗣祖此时带领妻儿及弟弟绍祖于康熙十年（1671）回到四川。嗣祖、绍祖流落在粤28年，终于返回故乡，承继家业。据称，嗣祖为人宅心仁厚，为乡里称颂，这可能与他少时的艰苦际遇不无关系。

邓嗣祖一共生有两个儿子，一个是在广东生的邓琳，另一个是回籍后在四川广安生的邓琰。邓琳生有六子，邓琰生有四子，从此广安邓氏遂分为两大房。邓琳一支为长六房，邓琰一支为二四房。从他们的孙子辈起，开始立下字辈，即：以仁存心，克绍先型，培成国用，燕尔昌荣。邓小平这辈是先字辈。

邓琳，字石山，幼年随父从粤东归回四川。据说，他髫龄即能为古文辞，长大后穷研经史，尤喜谈经济。雍正十三年（1735）任中江训导。训导乃一种学官，府、州、县学都设有训导。中江是清朝四川中部的一个县，因此邓琳的这个训导是县级的。民国时期，各高等学校的训导是专门掌管学生的思想品德的，类似今天的思想政治工作者。而清代的训导则没有这种功能，只是协助同级学官教育所属生员（学生）。邓琳学识不浅，教导有方。其长子简临、三子亮执为同榜甲子举人，第六个儿子时敏中了进士，还做了翰林。

邓琰，字映华。家谱说他学无上进，只好务农。邓琰为人轻财好义，故能够承继祖产。他对邓琳的儿子视若己出，见侄子邓时敏好学，就送给他价值300挑谷的田地（约合60亩地）以做膏火（旧时学生学习所用的津贴费用）。其人长寿，享年81岁。邓琰虽然学业无成，但持家有方。他送给侄子60亩田，证明他当时拥有的田亩至少几倍于此。这份家业，虽不如北方的豪门巨富，但在当地也不算小。邓家能够出个翰林，他的确是个有功之人。

邓翰林，名时敏，字逊斋，号梦岩。据县志所载，时敏性格温恭谦让，雍正十年（1732）中举，乾隆元年（1736）进士及第，遂进入翰林院，授以编修。

翰林，为古代的一种官名。唐朝的时候，翰林学士职掌撰拟机要文书。明清则以翰林院为"储才"之地，在科举考试中选拔一些人入院为翰林官。清代翰林院为大学士执掌，下设侍读学士、侍讲学士、侍读、侍讲、修撰、编修、检讨等官。

邓时敏入翰林院后，虽只是区区一个编修，但对于当时的广安邓氏来说，却是一件了不起的光宗耀祖的大事。邓时敏在翰林院后升为侍讲，历任江南宣谕化导使、翰林院侍讲学士、通政司副使，最后于乾隆十年（1745）升任大理寺正卿。

大理寺乃我国古代中央审判机关，职掌审核刑狱案件，其主官称卿。邓时敏所任的正卿，相当于现在的最高人民法院院长！

父亲邓琳病故后，邓时敏奏请圣上，批准他回乡奉母。邓时敏回广安后，重修了广安州的州志。

乾隆二十九年（1764），邓时敏再次入朝，官复原职。县志称，邓时敏任大理寺正卿时，审理案件时常常苦心平反，有所得必争，争不得必奏。刚果持正，不稍迁就，同列皆畏敬之。邓时敏后来因年事已高，乞准告老还乡，诰受通奉大夫，66岁时在家乡去世。邓时敏有子无孙，没有后裔。

生身父母

邓绍昌生于清光绪十二年（1886）。绍昌是他的族名，他的字叫文明，故一般人都习惯叫他邓文明。据说到了邓绍昌这一辈是三代单传，按照旧社会重男轻女的观念，就是说三代人都只生了一个儿子。实际上，邓绍昌还有几个姐妹，但都不算数，邓绍昌还是被称作"单传"。

时运不济，家道中落。生于乱世、长于乱世、终于乱世的邓绍昌虽然感念清初邓翰林时的风光，但毕竟二四房的邓绍昌一家和长六房的邓翰林传下的那一支，早就出了五服。

据说，邓绍昌的父亲十分穷困，田无几分。好在他为人俭朴，十分勤劳，妻子又会纺线织布，于是他就一天天地省吃俭用，不辞劳苦地积攒家业。他时常带着纺好的线和织好的布到集市上去卖，连口粮都舍不得带，只随身揣一把干胡豆（蚕豆），喝几口凉水了事。慢慢地，有了一点钱，买了一点地，到邓绍昌的时候，家里已有十几亩地了。

邓绍昌小时候读过一点书，家里有一些田地，他便不用去种田，而是雇个把长工种地。

由于时代的局限，邓绍昌是一个典型的旧社会的人，他的思想和生活方式都是旧社会的，但对旧社会又不满意。他甚至还说过这样的话："这个社会是不像个样子，是应该革命！"

1911年，辛亥革命爆发了。广安县所在的以重庆为中心的川东北地区，早在20世纪初就受到了维新改良思潮和资产阶级民主革命思想的影响。资产阶级民主革命宣传家邹容就是巴县人。邹容的一篇战斗檄文《革命军》，如满天阴霾中的一声霹雳，震撼了中华大地，同时也给他的故乡的革命运动带来了深远的影响。

1906年，孙中山的同盟会在重庆建立了支部，进一步推动了四川的革命斗争进程。自1907年开始，同盟会在四川各地先后举行了好几次规模较大的武装起义。辛亥革命爆发的前夜，1911年9月25日，同盟会会员吴玉章等人就已在四川荣县领导起义，宣布独立。11月，同盟会在四川重庆地区的长寿、涪陵宣布起义。11月21日，广安的同盟会率军攻占广安，成立大汉蜀北军政府。11月22日，同盟会的重庆蜀军政府成立，标志着清王朝在重庆的封建专制统治的覆灭。

在四川，特别是在川东地区资产阶级民主革命思潮活跃和革命起义蓬勃发展之时，邓绍昌正值25岁左右，年轻气盛、血气方刚。他生长于革命思想和运动都相当活跃的地区，受到资产阶级旧民主主义革命思想的影响。因此他支持辛亥革命，并且在地方上参加了辛亥革命的武装暴动。那时他们的目标是灭清兴汉。在广安的革命军中，他还当过类似排长的小指挥官。当时的革命军在广安县城对面设有大寨、小寨两个军寨，驻有一二百人。那时候的社会已相当混乱，因此参加革命军都是自愿的。辛亥革命的时候，邓小平才7岁，因为父亲在革命军的寨里驻扎，邓小平还曾去那里住了两个晚上。虽然那时邓小平还小，但那种革命的气氛已在他幼小的心灵里留下了印象，直到晚年，他还记得这件事情。

邓绍昌对于做生意和发家之道可能并无多大本事，可是他为人比较讲义气，又参加过一些"场面上的事情"，因此在当地的社会上可以算得上是有名气的了。

四川有一种民间的帮会组织，叫"袍哥会"，也叫"哥老会"。"哥老会"曾先后参加过反洋教运动、保路运动和辛亥起义，在四川近代史上起过重要作用。邓绍昌曾在协兴乡的"袍哥会"中当过"三爷"，又叫"管事"，后来又升为"掌旗大爷"。

大约在民国三年（1914），邓绍昌当过广安县的警卫总办，又称团练局局长，是由县长委任的。由于委任他当团练局局长的那个县长垮台了，邓绍昌的团练局局长也就当不成了。在这以后,他还当过本乡的乡长。

据说,邓绍昌在当团练局局长的时候,曾带兵剿讨过华蓥山的土匪郑某,结下了仇。后来郑某被政府招了安,一下子当了师长。这个师长可比县团练局局长权势大多了,于是邓绍昌就跑到重庆避难,在重庆一住就是8年。正是由于他到了重庆,结识了一些朋友,才知道了有留法勤工俭学这么一回事,于是把儿子从乡下找来送去留学,使他的儿子走上了一条颇不平凡的人生道路,这是后话。

邓绍昌当家以后,可能过于热心于外部世界和社会事务,因此没有花多大的精力来经营家业。但他当团练局局长时挣了一些钱,家业也相应有所扩大,后来家中拥有100多挑谷(合20多亩)的土地。就算这样,家境也并不宽裕,有时甚至相当困难。为了供儿子念书和支付其他开销,有时还不得不卖掉一些田。他虽然有不少的旧思想、旧习气,但是总体来说思想还比较开明。他一知道留学的消息就把长子送出国;知道儿子们在外面参加革命也不反对;儿子们在外面搞革命实在没饭吃了,给家里写信,他还卖田卖谷,寄钱资助。儿子们寄回来的一些革命书籍和刊物,他收着藏着,装了满满一大箱子,直到最后国民党搜查得紧了,才忍痛烧掉。

邓绍昌就是这么一种典型的新旧时代交替时期的混杂着新旧思想的人。

邓绍昌死于1936年,是去追外出闯天下的第三个儿子时病死在外地的。邓绍昌一共有四个儿子。长子10多岁就离家,一去不回。二儿子出去念书,参加了革命,有家难归。第三个儿子也闹着要出去闯天下,这下他就不干了,可能是想让三儿子留在家中继承家业吧。但这个老三不肯听话,偷着要跑,邓绍昌一气之下追他而去。他本来就有便血的病,可能连气带累,病情突然加重,就死在了外面。这时,他还没有过50岁的寿辰。家里人突然闻此噩讯,悲痛欲绝,不得不买了一块地,把他葬在了离家不远的一个地方。

邓绍昌一生娶过四个妻子。第一个妻子姓张,大约是在他13岁时成亲的。婚后不到两年,张氏就病逝了,没有留下儿女。

第二个妻子姓淡,淡家亦是广安县望溪乡的一支旺族,清代曾有人在湖北通城县、江苏嘉定县和甘肃渭原县出任知县。这个淡家姑娘大约是在1901年嫁给邓绍昌的,当时淡家比邓家家业大得多。1902年,他们的第一个孩子、长女邓先烈出生。那时邓绍昌才16岁。1904年,他们的长子邓先圣出生,这就是后来成为一代伟人的邓小平。1910年,次子邓先修出生,他后来改名邓垦。

后来三子邓先治出生，他用的名字叫邓蜀平。

虽然淡氏一个大字都不识，但十分能干，也很会讲道理。当时在乡里面，街坊邻居发生了什么纠纷，都请她去评理。她还会养蚕，会缫丝，卖了丝赚些钱以补家用。邓绍昌生前很少在协兴乡的老家，凡家中事务和诸多子女全靠淡氏一人照料。所以邓小平对他的母亲十分敬重，他说过，当时那个家能够保持生活下去，全靠母亲。据说淡氏十分疼爱她的大儿子。儿子出门，一去不复返，有时音信全无，使她十分挂念。淡氏直到1926年病故，也没有见到魂牵梦萦思念的儿子。有人说她是想儿子想死的，这也不无道理。对于这样一个中国传统的旧式妇女，既要撑持家务，又要思念子女，劳累加上心伤，应是她早逝的双重原因。

邓绍昌的第三个妻子姓萧。她为邓家生下了第四个儿子邓先清后不久便病死了。

最后，邓绍昌娶了一位姓夏的妻子，她就是邓小平的继母夏伯根。

夏伯根的一生既平凡又不平凡。她的父亲是嘉陵江上的一个推船工人。这是一个真正的贫苦人家，田无一垄，地无一分。她有一个哥哥，但很小就病死了。她的母亲因悲失娇儿，不久也离开了人世。这样，她的父亲带着这唯一的女儿相依为命。夏伯根十几岁的时候嫁了一个丈夫，职业是给人做"中人"（有点像现在的公证人），他们生了一个女儿。不幸的是她的丈夫不久就病死了。后来，她带着女儿改嫁给了邓绍昌。她一共生了三个女儿，第一个是邓先芙；第二个是邓先蓉，10来岁时病故；第三个是邓先群。邓先群出生不到1年，邓绍昌就死了。

邓绍昌的去世，对夏伯根来说无疑是一个莫大的不幸。她是寡妇再醮，没有生过儿子，又不当家，本是没有地位的人。但她聪明能干，颇识大体，为人又爽快仗义，因此甚得乡亲爱戴。她会织布，会种田，还特会做饭。邻人家里打架闹纠纷，也都找她去主持公道。家里当家的邓先治其实并不理家，全靠她辛苦劳作。她和淡氏一样，成为邓家赖以维持的顶梁柱。

综上所述，邓绍昌共有7个子女（不算早逝的）：

邓先烈（女）、邓先圣、邓先修、邓先治、邓先清、邓先芙（女）、邓先群（女）。

这样，曾是三代单传的邓家，到了邓绍昌时，人口开始兴旺起来了。

少年时光

邓小平的童年、少年都是在家乡广安度过的。1910年，6岁的邓小平正式入私塾发蒙读书，次年进入协兴场上的北山小学学习，1915年，插班在广安高等小学堂读书。1918年考入广安县中学堂。

1910年，6岁的邓小平发蒙读私塾，开始了他的学生生涯。蒙童的功课主要是读书写字，教材是《三字经》《千字文》等以识字为主的启蒙读物。这类读物塾师照例是不讲的，只逐字逐句教读，然后要求学生死记硬背。聪明伶俐的邓小平在先生教读之后便能马上记住，而且能流畅背诵，颇得塾师喜欢。

蒙童的主要作业是写毛笔字，塾师在八开纸上写上核桃大小的字作为格字发给学生，学生蒙上纸照写。有了一定基础，学生就可离开格字临摹教师或字帖的字仿写。教师改阅习字作业时，错别字或间架结构很差的字就在字旁画叉，写得较好的字画一个圈，学生称之为"鸡蛋"。儿童对于自己写的字得的"蛋"越多就越高兴。邓小平对写毛笔字很有兴趣，每天读过书后便练习写字，放学回到家里还要反复练习，因此他的字进步很快，得的"蛋"越来越多。每天中午放学回到家里，他总是举着画满红圈的习字本让母亲看，母亲也总是高高兴兴地给他煮一个鸡蛋作为奖励。经过私塾写字课的严格训练，邓小平的书法有了良好的基础，直到晚年，他的字依然刚劲有力，这可以说是他童年时代私塾学习的最大收益。

一年后邓小平离开私塾，进入了协兴场首创的北山小学读书，开始接受新式教育。

邓小平读书十分勤奋用功，在北山小学堂学习的4年时间里，除一次因生病缺了几天课外，从未旷过一天课，不管是酷暑还是寒冬，也不管是刮风还是下雨，从未影响他去上学。每天放学回来除了帮母亲做一些家务活，有时和小伙伴们戏耍一阵之外，更多的时间是用来温习功课，晚上还要在油灯下读书写字。由于刻苦努力，加上天资聪明，他始终是班上成绩拔尖的优秀学生。在几年的全部考试中除一次因病考了第二名外，其余考试成绩均是第一名，深受老师称赞和同学们的敬佩。

邓小平不但学习勤奋，而且肯吃苦。他家到北山小学是一条3里长的乡村土路，一遇雨天，就泥泞难走。但邓小平总是风雨无阻，雨再大，路再滑，他也要去上学。几乎每次雨天，在放学和上学的路上都会滑倒在泥水中，回到家里经常浑身上下都是烂泥。祖母和母亲心疼邓小平，怕他年幼摔坏身体，就劝邓小平雨天不去学堂，在家中读书写字，温习功课，但邓小平不肯，一定要坚持上学。劝不动邓小平，母亲就想出一个主意，一遇雨天就用小布袋装上一些米，再给他两枚铜板，叫他中午在场上熟人店铺里搭一顿饭。谁知邓小平从没去搭过伙，下午饿着肚子上课，放晚学回到家将米和钱原封不动地交给母亲。母亲心疼地责备他，叫他不要这样节俭，要爱惜身体。邓小平总是笑着点点头，但事后仍是这样。母亲没有办法，以后碰到雨天，便在家里早点把午饭煮好，托人送到学校给邓小平吃。

　　童年的邓小平还是一个热爱劳动的孩子。平常在外面经常帮助一些贫苦孩子割草放牛，在家里则尽力帮助母亲干一些力所能及的家务，扫地、照看弟妹等样样都干。到了养蚕季节，他便成为母亲的得力助手。邓小平家每年都要喂养几发蚕，家里的正堂屋和两间厢房都摆满蚕簸。这时候母亲很辛苦，除了繁重的家务外还要抽时间照看蚕宝宝，白天忙家务，晚上侍弄蚕，经常忙到深夜。邓小平年纪虽小，但很懂事，看到母亲这样忙碌，十分心疼，于是放学后径自回家，帮助母亲做些活，不是背着背篼去采桑叶，就是帮着添桑叶，捉小蚕，忙个不停。捉小蚕是一件细致的活，一家人经常捉到很晚。入夜了，母亲再三催促邓小平先去睡觉，但是邓小平总要坚持到最后，和母亲、姐姐把所有的活干完了才肯去睡，这时往往是深夜了。

　　童年的邓小平十分活泼、顽皮，且胆识过人，不信邪。

　　离邓小平家半里之远有一石坝，从协兴到广安的大路穿石坝而过。路旁有两块神道碑，是清朝嘉庆年间朝廷为表彰两名广安籍高官邓时敏和郑人庆的功绩而赐造的。石碑高3米、宽1米多，镶立在两个巨大的石龟背上。当地百姓对这两个大人物是尊崇的，流传着一些敬畏两人的神话，连两块神道碑似乎也摸不得，攀不得。有一次邓小平与几个小孩子在石坝里玩耍，他看着硕大的石龟对小伙伴说："我们爬到石龟背上去要好不好？"小伙伴都吓住了，纷纷拒绝说："爬石龟会肚子痛！""听大人说，得罪了神碑家里要招灾的！"邓小平却壮起胆子说："一个石头的乌龟有那么大的本事？我不信。你们不敢爬，我去试试！"说着他走向神道碑，爬到石龟伸出的脑袋上，坐在上面两腿踢打着喊道："快来哟！好耍！好耍！"其他小伙伴见了都惊叫着跑过去说："贤娃儿（邓小平乳名），快下来，你要惹祸的！""你惹了祸我们也跑不脱！"邓小平还是若无其事地玩着，扭转身来向石龟背上爬去说："惹祸就惹祸，看它怎么奈何我！"最后爬到神道碑上坐着，小伙伴们又惊怕又羡慕地注视着邓小平。以后邓小平经常爬到石龟及神道碑上去玩，其他小伙伴慢慢地胆子也大起来，跟着邓小平一起爬到石龟背上玩。

　　随着年龄的增长、知识的扩充，他对周围事物也越来越爱动脑筋，越来越讲究科学。他在读高等小学堂时，班上发生过一件轰动全校的奇事——和邓小平要好的同班同学李再标要割肝救母。李再标出生在广安一个富商家庭，是个深受母亲宠爱的孩子，他对母亲十分孝顺。不久前他母亲得了重病卧床不起，李再标得知后十分焦急。由于他读了不少旧书，受传统封建礼教的毒害比较深，于是一些孝子离奇古怪的行孝故事启发了他，认为只要割下自己身上的肉给母亲吃，便会治好她的病。为了表示自己尽孝和挽救病重的母亲，他决定割肝救母，幸好被及时发现阻止，刀子只在胸脯上划了一个口子。邓小平听说后马上去探望。他问明了事情的原委后严肃地对李再标说："你是有点科学知识的学生，肝是药物吗？能治好你母亲的病？你割了肝后还能活命？既然你母亲很爱你，她又重病在身，如果你割肝而死，你的母亲一定会为你的死而伤心，以致命归西天，结果是你想治母病而适得其反。"邓小平这番直率而又入情入理的话说得李再标羞愧无言。见此情形，邓小平又耐心地安慰道："你也是读新学的学生，要相信科学，今后不要再做这样的蠢事了。你还是先请几天假回家请医生给母亲治治病，好好照顾她老人家，这才是你做儿子的真正孝心。"李再标醒悟了，请假回去侍候病母。邓小平相信科学、能言善辩、开导李再标的事受到了普遍赞扬，一直被县立高等小学堂的师生传为佳话。

　　出身于当地名门大户的邓小平，从小就和周围农家孩子一起玩耍、游戏，丝毫没有少爷派头。他家屋后的土丘下有一条清澈的小溪，溪沟中乱石嶙峋，水草丛生，嬉游着不少鱼虾，溪岸上就是一片石坝。每到春夏时节，邓小平常和小伙伴们到溪中捉鱼虾、打水仗或者在石坝中打泥巴仗玩。他和农家孩子相处总是十分友善、和睦，从不称王称霸、以势欺人。而农家孩子也喜欢跟他一起玩，他说玩什么游戏，大家就立即响应。

　　由于受父母的良好影响，他喜欢关心别人，在学校不但自己学习努力，成绩优秀，而且团结同学乐于助人。对那些家境贫寒、学习吃力的同学，更是尽力帮助。邓小平毛笔字有基础，读小学后进步很快，字写得比班上同学都好；而他的同桌，贫家子弟胡德银的毛笔字写得很差，老师改阅时常常是满纸"×"，于是邓小平就主动帮助他。每天放学后他便留下来与胡德银一起练字，帮助他纠正写字动作，掌握要领。胡德银也能认真学习，邓小平写字的时候他认真地看，模仿。在邓小平的帮助下，胡德银的毛笔字有了很大进步，两个人结下了深厚的友谊。直到几十年后，胡德银谈及此事，对邓小平热情助人的精神还啧啧称颂。

在北山小学师生中还流传着邓小平"偷"钱义助同学、解人危难的动人故事。一天放学的路上，碰到一位同学在哭泣，邓小平他们急忙围上去询问原因。这位同学流着泪说，妹妹得重病，躺在床上发高烧。"那快去请医生呀！"有的同学急忙建议。听到这话，那位同学哭得更伤心了。邓小平知道这位同学家里很穷，是没有钱请医生治病的。怎么办？他一路思索、盘算着回到了家。

第二天邓小平一进学校就跑到那位同学身边，悄悄地塞给他 5 个银圆，嘱咐他拿去给妹妹治病。这一笔钱在当时可买 500 斤稻谷，是邓小平从父亲那里偷来的。

不久，父亲发现丢了钱，这是家里从未发生过的事，他气愤地把全家召集起来查问。邓小平不等父亲发问就站了出来，承认钱是自己拿的，并递给盛怒的父亲一根竹板领打。邓小平在挨打之后，含泪离去。父亲怒气稍平之后开始产生疑问：这娃儿平时节俭得很，给他的零用钱都舍不得花，怎么突然偷去这么多的钱呢？莫非发生了什么事情？父亲试探着向儿子询问，儿子告诉了实情。未等邓小平讲完，父亲便一把将他搂在怀里，连连称赞他做得对。然而邓绍昌还想知道，为什么儿子受到惩罚时一声不吭，也不申辩呢？儿子回答说，不管为什么，随便拿家里的钱是不对的，理该受罚。至于他为什么要哭，那是为自己不能挣钱去救济别人而感到羞愧。父亲被感动了，他看到了儿子倔强的性格和不同凡响的品德，同时也看到了儿子身上也有着他那样的坚强与自信。他决心让儿子受更多更好的教育，以求将来有更大的作为。

邓小平的童年、少年时期，正是中国变革、动乱的年代。全国都发生了一些重大事件，这些浪潮也冲击着沉睡的广安。1911 年夏秋之交，四川人民掀起了"保路运动"。6 月，成、渝两地的保路风潮传到了广安，也传到了协兴这样的偏僻小镇。最初是一些号召参加保路运动的宣传品，如《来日大难歌》这类歌谣在学校广泛地传播开来。全川罢市、罢课风潮掀起后，协兴场上一些店铺也关门罢市，北山小学也罢课放假。广安人民生活在水深火热之中。

这个社会的黑暗给邓小平以强烈的印象。

1919年5月4日，北京爆发了轰轰烈烈的反帝反封建的爱国运动。5月下旬，革命的号角吹到了广安。广安中学堂学生积极响应，5月底成立了广安学生爱国分会，发出了宣传"公启"，组织了游行、罢课，15岁的邓小平积极地参加了这些活动。5月底以后学校一直处于罢课状态。正常的学习、生活无法进行，加上接近暑假，于是邓小平同其他学生一样离开了学校，回到了自己家中。这次离开广安中学堂就永远结束了他在故乡学习的历史。

随着年龄、知识的增长，眼界的开阔，邓小平了解到，不但家乡人民处于水深火热之中，整个中国都是如此，军阀混战，生灵涂炭。为什么中国会出现这种混乱不堪的局面？如何解决这些军阀？年少的邓小平无力回答，但他对军阀、卖国贼十分痛恨。同时邓小平在五四运动中受"德先生"（民主）和"赛先生"（科学）两面旗帜的影响，认为中国要富强必须依靠科学，只要每个青年都掌握一种科学本领，立志改变国家现状，中国就会成为一个不怕帝国主义欺辱的富强国家。于是年轻的邓小平心中逐渐萌发了一种对国家、民族强烈的责任感。正是这种责任感使15岁的邓小平思考着为国家、民族寻找新的出路。

1919年暑假，父亲从重庆回来，带来了重庆成立留法勤工俭学会重庆分会，并准备开设留法勤工俭学预备学校的消息，他主张儿子去报考留法预备学校，将来以勤工俭学的方式去法国学习。邓绍昌做出这样一个不平凡的决定不是偶然的，他是在成都受过几年新式教育有远见的知识分子，对军阀统治、教会横行不满，希望儿子到欧洲去学点真本事，将来光耀门庭，报效社会、国家。

对于父亲的意见，邓小平十分高兴，因为这与他科学救国、工业救国的想法是一致的。但是母亲却竭力反对，她认为邓小平年纪太小而且从未出过远门，现在到外国去她很不放心。最后禁不住父子的一致劝说，她还是为邓小平收拾了行装。

1919年9月，邓小平到重庆考上了留法预备学校，次年去法国留学。年仅15岁的邓小平告别了亲人，告别了故乡，奔向重庆，奔向世界去寻求救国真谛。

这位伟人的革命步伐是从广安出发的。

走出夔门

1919年9月。

15岁的邓小平离别家乡广安，乘货船顺渠江东下，来到了重庆。对这座著名的山城、长江上游的大商埠，邓小平是心仪已久，但留法预备学校开学在即，不容他游览观光了。

重庆留法预备学校设在市中心的夫子祠，即孔庙。在庙内的泮池边，建了几间平房作为教室，没有学生寄住的宿舍，也没有活动的操场。学校管理比较松散，所有学生全部走读，食宿自理，上课自来，下课自去。

留法预备学校共招收学生110人，根据文化程度，分为高级班和初级班。凡中学已毕业的学生分到高级班，学历较低者则到初级班。入学时均要考试。邓小平以中学一年的学历，分进了初级班。学习课程有法文、代数、几何、物理、中文和工业常识，以法文为主。学习时间为一年。要求学生毕业时粗通法语，并掌握基本的科学技术知识，为到法国后的工作和学习打下基础。高级班的法文教员是法国驻重庆领事馆的翻译王梅柏，邓小平所在初级班的法文教员是法国留学归来的张某。和邓小平一同考取此校的还有他的堂叔邓绍圣和县中的同学胡明德（胡伦）。

在初级班里，邓小平的学历不算最低的，学校所讲授的这些课程，他学起来也不是很困难。但是，学习的时间只有一年，学习的内容又是这么多，特别是法文，要在一年内学习掌握，做到粗通，可不是那么容易的。邓小平处在这些年长的大同学中间，感到一种无形的压力。他明白，这一年是为以后在法国的学习打基础，现在学得好一些，以后在法的工作、学习就少一些障碍。他不敢懈怠，一开始就投入到认真刻苦的学习中。

当时，新学教育的历史不长，高小、中学的学生年龄都较大，按照学校招生所要求的中学学历，以及体格健壮、自理能力较强等条件，学生年龄多在20岁左右。邓小平却刚满15岁，个儿又矮小，圆圆的脸庞，机灵的神态，还是个稚气未脱的孩子。在这样一群热血青年中间，他是那样引人注目。很快，他就成了同学们喜欢和爱护的小弟弟。为了砥砺学业，联络感情，增进友谊，同学们成立了重庆留法预备学校同学会，邓小平是其中一员。

四川的留法勤工俭学运动，为全国之先、全国之最，其倡导组织者为吴玉章。

1912年6月，吴玉章等人就发起成立四川俭学会。"拟兴苦学之风，广辟留欧学界。今共和初立，欲造就新社会新国民，更非留学莫济，而尤为民气民智先进之国为宜。"7月，借成都少城济川公学等办留法预备学校。辛亥革命失败后，吴玉章潜赴巴黎留学，又于1916年3月与蔡元培、李石曾等人和法国自由教育会会长欧乐等法国进步人士组织华法教育会。华法教育会于6月22日在巴黎正式成立，其"目的在于沟通中法两国文化，尤在便利国内许多无力出国求学的青年，以半工半读的办法到法国留学。故发展留法勤工俭学会，实为该会主要的工作"，成为后来负责大批中国青年留法勤工俭学的总机关。1917年春，吴玉章回国后，在北京成立华法教育会中国会所，在宣武门外储库营民国大学内开办留法俭学预备学校。1918年3月，在吴玉章的倡导下，华法教育会四川分会和留法勤工俭学会四川分会在成都成立，吴玉章为名誉赞助员；在爵版街志诚法政专门学校内开办留法勤工俭学会留法预备学校，吴玉章为名誉校长。

由于吴玉章的革命经历、政治地位、社会声望和他的大力倡导与组织，四川的留法勤工俭学运动一开始就得到了四川当局和社会各界名流的支持。当1918年华法教育会四川分会和留法勤工俭学会四川分会成立时，四川督军、省长、高等法院院长等人，分别担任了名誉赞助员、评议员和执行部正、副主任等职，留法勤工俭学会留法预备学校创办后，督军和省长还拨出1.2万元，奖励毕业考试成绩前30名每人400元作为赴法费用。因为吴玉章等人的有力倡导组织和官方的大力支持，四川青年以极大的热情投入到留法勤工俭学的行列。到1918年后，四川留法勤工俭学掀起高潮。据调查统计，1921年四川留法勤工俭学学生人数达到511人（其中女生13人），分别来自四川的98个县，其学生总数及女生数均居全国第一位。在吴玉章的倡导和留法勤工俭学运动的推动下，1919年8月28日，重庆的留法勤工俭学分会在市总商会成立，汪云松为会长。重庆分会开办留法勤工俭学预备学校，也由汪云松担任校长。

邓小平是乘着五四的风云来到重庆的。此时的重庆，五四爱国运动的洪流还在澎湃。从初期的罢课、罢市，转变为抵制日货运动。邓小平和留法勤工俭学预备学校的同学们密切关注着国家大事，在紧张学习的同时，也积极投入到抵制日货的斗争中去。组织集会，游行，演讲，散发传单，呼吁同胞抵制日货、拒买日货、拒用日货、拒乘日轮、拒受日商雇用，打击暗购、暗售日货的商人并焚烧其日货。

11月,重庆警察厅厅长郑贤书挪用公款4 000多元,廉价购买信孚洋行日货80多箱,以警察厅的名义公开拍卖,引起了学生们的抗议。学生们几次派人前去质问阻止,都遭拒绝。于是,11月17日上午,川东师范、重庆联中、巴中、商校、留法预备学校等校的学生1 000多人组织集会到各机关请愿。先到卫戍司令部、镇守使署、道公署,然后来到警察厅示威,要求郑贤书将日货交出,郑贤书避而不见。直到下午2点多,郑才出来见学生代表,起初是借口推诿搪塞,继而强横否认,拒不交出日货。直到晚上10点钟,双方仍僵持不下。学生代表在里面说理斗争,其余千余学生围在警察厅外面。市民们送来稀饭、馒头等食品慰问、声援学生。重庆卫戍司令部和商学联合会也派人来支援学生,向郑施加压力。面对绝不妥协的激愤的学生和各界的压力,到黎明时分,郑终于答应次日将日货交出。邓小平和他的同学们,已在警察厅外露宿一天,饿了一天。

18日清晨,邓小平和他的同学们及各校学生不顾疲乏和饥饿,整队到商会,等候郑贤书交出日货并协商处理办法。不料郑贤书却带着几十名卫兵气势汹汹地来到商会,勒令学生散去,并向学生开枪,当场打伤3名学生。愤怒的学生和警察展开搏斗,将郑的卫兵解除了武装。郑贤书见势不妙,从商会后屋越窗而逃。当天下午,学生们在商会提取了郑贤书所购部分日货,运到朝天门焚毁。

邓小平和他的同学们,在两天一夜的请愿示威斗争后,回去就将自己带有日本商标的牙粉扔了,把脸盆等日用品摔毁,把洋布衣服也撕毁了,以表示自己抵制日货的决心。时代的脉搏,反帝爱国的激情,使邓小平年轻的心躁动不安,学生们与民众的爱国热忱和勇往直前的精神,给他留下了深刻的印象,更坚定了自己爱国救国、振兴实业的思想。他满怀希望、满怀信心地加紧了学习。他憧憬着,在不久的将来到法国去,一边勤工一边俭学,学好本领回来建设自己的国家。

1920年7月19日,重庆留法勤工俭学会留法预备学校首届学生毕业了,在重庆总商会举行毕业典礼。邓小平、冉钧、周贡植等均为此届毕业生。重庆各学校校长、法国驻重庆领事、法侨商、教士等多人应邀出席毕业典礼,盛况空前。

经过学校的考试、法国领事馆的口试和体检,重庆留法勤工俭学会留法预备学校的83名学生和未进预备学校的江津学生熊云章获准赴法。其中46

人取得贷费生资格，由重庆留法勤工俭学会提供每人300元赴法费用。其余学生加上熊云章共38名为自费生，由重庆工商界捐款资助每人100元，自筹200元共凑足300元费用。邓绍圣取得了贷费生资格，邓小平和胡明德（胡伦）则是自费生。重庆留法勤工俭学会通过重庆海关监督和重庆法领馆负责将赴法学生照片、姓名等一一函咨，申请办理护照。

当时留法的费用情况，按吴玉章的报告，官费生是每月400法郎，如果日常需宽裕，仅仅足用，或者不足用。若是俭省，每月200余法郎亦勉强足用。至于格外刻苦，百余法郎亦可敷衍。所以从前俭学会规定每年600元，折合法郎1 500左右，而当时法郎贬值，600元可折合6 000多法郎。何况第一次世界大战后法国物价腾兴，每月约需300法郎，这是指俭学生费用。至于路费，从上海到马赛船票票价只需100元，这是经华法教育会的努力，法国政府对学生特别优惠的票价，在轮船上专设四等舱供中国留学生乘坐。另外制装费100元。至于勤工俭学学生，只需船费100元，制装费100元及到法国后的预备费两三百元，到工场后就可自食其力，工余求学问，或是先做工得一点钱再求学。

就要起程了，父亲为邓小平筹集了两三百元。到法国后，得靠他自己一边工作，一边求学，学习文化与科学技术知识。在渝候照滞留期间，邓小平去拜访了四川早一批赴法俭学的老大哥何鲁。何鲁给他介绍了法国的情况，鼓励他赴法后奋发工作与学习，努力深造。

8月25日，是农历七月十二，这天是邓小平的16岁生日。母亲从广安给邓小平捎来了他平时爱吃的食品，父亲则带他到餐馆点了几样菜，为他过生日。起程的日子已定，两天后就要出发了。邓小平给母亲写了一封信，请母亲不要担心，不要挂念，他是有志气的，到了法国，能够独立生活，等将来学好本领回来干事，一定要来接她。

8月27日下午3点，邓小平和留法预备学校的同学们，在家人的簇拥下，在留法勤工俭学会和商会、教育会、劝学所以及其他各界人士的欢送下，整队出太平门，登上法商聚福洋行的"吉庆号"客轮，宿船一夜，准备东下。留法勤工俭学会和重庆地方政府没有派员护送学生出川，同学们就组织起来，自己管理，互相照顾，分成4个小组，每组约20人，选一组长，负责管理沿途有关事宜。

28日清晨，"吉庆号"拔锚起航。邓小平的父亲和其他同学的亲人们，还有留法勤工俭学会、商会、教育会、劝学所、地方政府以及法国领事馆的官员们都来送行了。码头上鼓乐喧腾，爆竹争响，夹杂着亲人的呼唤、叮咛和哭泣。邓小平和同学们都非常激动，心潮难抑，许多人泪流满面、音颤声咽。

汽笛长鸣，轮船顺江东去。长江两岸，层峦叠嶂，田畴村落，竹翠松青。第二天，船过三峡。夔门雄奇，滟滪险恶。左右绝壁千仞，刀削斧劈。头上蓝天一线，脚下激流汹涌，船边浪花似雪。巫山十二峰，云遮雾绕。绿树红叶，猿啼鸟鸣。江流婉转，江风浩荡。第三天，船出三峡，江阔岸平，楚天宽阔。邓小平的心情也平静下来，代替离别情绪的是满怀雄心壮志。他下定了决心，此去法国，要自信自立，要学到新科学、新技术，要有大本领，将来回国，要干大事业，为了贫穷落后的祖国，为了受苦受难的亲人和人民！

哦，别了，亲人！别了，四川！此去江海茫茫，云山万重。大洋彼岸那神秘莫测、音殊容异的异国他邦，等待着中国学子的将是怎样的生活哟！

在法国的艰苦生活

1920年10月19日，邓小平和同伴们终于结束了漫长的旅途，顺利抵达法国马赛。

当巨大的轮船缓缓驶入马赛港时，他们齐集在甲板上，看到这个法国的重要港口，有几十艘大小船只穿梭其间，显得异常繁忙，"出入货物，不知凡几"。远远望去，城中"街道整洁宽敞，建筑精美牢固"，沿途经过的各大城市都无法与之比拟。

在码头的栅栏后面，站着一些中国人，他们是作为华法教育会的代表专程来马赛迎接又一批新来的勤工俭学学生的。当地的一家报纸《小马赛人》对邓小平和他的同伴们的到来做了如下报道：那里有100多名中国青年，年龄在15—20岁之间，穿着至少是美国款式的衣服，头上戴着大宽檐的帽子，脚上穿着尖头皮鞋，所有的人都规规矩矩地站在"盎特莱蓬号"轮船的甲板上，安安静静的。他们的同胞、华法教育会留学生办事处的负责人向他们致辞。这些年轻的中国姑娘和小伙子，通过翻译向我们表达了他们经历一次非凡的旅行最终看到了欧洲，尤其是看到了法国的欣喜心情。其实不用问，从这些人的眼睛中就能看出他们有多么兴奋。

简单的欢迎仪式结束后，100多名留法学生陆续登岸。只见身材结实矮小，有一张充满稚气面庞的邓小平活泼机灵地跑在前面，径直走到迎接他们的华法教育会代表之一的李璜面前，告诉他：船上有84名重庆来的学生，他们早已组成4个小组，每组约20人，可以按每个小组组织登岸。由于他的提议，李璜很顺利地将这批学生带到海关，通过了行李检查。稍作休息，邓小平和同伴们又登上了第一班火车，前往"世界花都"——巴黎。

经过16个小时的行程，第二天，他们到达终点——巴黎西郊的戈隆勃，来到一所三层楼的普通法国建筑前。这里是普安特大街39号，是巴黎华法教育会所在地，只见人来人往，熙熙攘攘，到处是熟悉的面庞和悦耳的乡音。邓小平和同伴们受到聚集在这里的许多勤工俭学学生的欢迎，异国相逢使大家都有着说不出的高兴。

经过几天的休整，由华法教育会介绍，邓小平和同伴们分别到巴黎附近的一些学校去补习法语，同时等待工作，正式开始了勤工俭学的生活。然而，实际情况与他们的愿望却大相径庭。

第一次世界大战结束后，整个资本主义世界爆发了新的经济危机，从1920年下半年起，欧洲开始呈现出一派萧条的景象。在法国，伴随着工业由战时到和平时期的转变和百废待兴局面的到来，其经济结构暴露出严重的不适应。许多工厂因工业原料缺乏而相继全部或部分停产，加之一批军工企业的关闭，致使法国失业人数剧增。再加上战后法国政府叠加新税，法郎贬值，百物腾贵，人民生活困难，整个法国经济呈现出凋敝萧条的局面。这种情况，严重地影响着勤工俭学学生的生活和学习，使他们陷入欲工不能、欲学不得的困境之中。到1920年底，在法国的1 600多名勤工俭学学生中，"已经做工的不到总数的四分之一"，而"近来冬季失掉工作的又几乎有做工数的四分之一"。也就是说，有十分之八的勤工俭学学生都没有工作。

另外，华法教育会的一些工作人员的腐败作风及其对勤工俭学学生的漠视态度，也加剧了当时勤工俭学学生生活的危机。

在这种情况下，勤工俭学学生们被迫过着朝不保夕的穷困生活。为图房租便宜，一些学生只能住进巴黎的贫民窟。更多的学生，则挤到普安特大街39号的华侨协社中去。当时在院中搭起了一个长四丈、宽五尺的布棚，在这样狭窄简陋的地方却常常要住40多人，拥挤不堪，卫生条件极其恶劣。尽管如此，失业的勤工俭学学生仍源源不断地拥来，于是又把这里的一楼大厅和三楼贮藏室开辟出来，供学生们住宿。后来的要想住上布棚，得先在大厅地板睡一段时间，再找机会"过渡"。

至于吃的就更加可怜了。当时华法教育会发给这些失业的学生每天5法郎的生活维持费，这在物价不断上涨的情况下，只能吃点最低廉的食品，经常是白水煮马铃薯。因为没有钱买煤油，马铃薯烧得半生不熟，吃到肚子里不好消化，时间一长，就闹胃病，许多学生都病倒了，其悲惨状况是难以想象的。李璜曾这样描述他的见闻："我见他们因营养不良，面黄肌瘦；又因其中有久卧花园草地和地板之上，不免要受潮湿，而有腿肿致不良于行者，我为之心恻然。""两年不到，病死者61人，目前送入公立医院就医者有80余人之多……病死者多系肺病。"这些病死和就医者，都是住在巴黎及其附近的勤工俭学学生，占当地勤工俭学学生的十分之二。

为了悼念亡故的同学，勤工俭学学生总是设法开个简易的追悼会。与会者一个个心情沉痛，不少人一进会场，就禁不住流眼泪；同时也在想，下一个是不是会轮到自己。

在这种情况下，邓小平也面临着生计无着的威胁。好在作为自费赴法的勤工俭学学生，他自己所带的钱还能维持一段时间。为了尽量节省开支，他离开了物价昂贵的巴黎。

1920年10月末，邓小平和邓绍圣等约20名同学来到相距巴黎200多公里的卡尔瓦多斯的小城巴耶，进入巴耶中学学习。巴耶中学是一所市立中学，学膳费相对低一些。

当时巴耶中学有4个班，其中第六班为附设的小学班，主要课程为法语、历史、算术、博物等。邓小平就在第六班补习法语。由于一天到晚生活在法国人中间，有较好的语言环境和较大的压力，所以经过不长时间，他的法语水平就有了明显提高。

巴耶中学的管理十分严格，每日饮食起居都有明确规定。每天早6时起床，6时半开始自习。上午8时至11时，下午2时至4时为上课时间，其余皆为自习时间。晚8时就寝，9时熄灯。饮食每日3餐。7时半早餐，面包数片，咖啡或开水一杯；12时午餐，牛肉一块或素菜一碟，面包数片，葡萄酒或开水一大杯；下午6时晚餐，与午餐略同，不过以汤代牛肉。经过一段时间，邓小平适应了异域的生活习惯，身体逐渐结实强壮起来，并开始喜爱上了法式面包。1974年，他率中国代表团去纽约出席联大特别会议后回国途中，在巴黎做短暂停留时，用剩下不多的零用钱买了一些法式面包带回北京，分给病中的周恩来和留法勤工俭学的一些老战友。

巴耶中学的膳宿费，每月200多法郎，邓小平尽量节俭，从现在能查到的《巴耶中学档案》中看到，除必需的膳宿费以外，其他开支，他只有18法郎，而他的同伴们有的达到50法郎，平均支出也在25法郎左右。尽管如此，经过一段时间的生活学习支出，他身上的钱已所剩无几，家里也无力寄钱给他了。到了1921年3月19日，邓小平不得不结束在巴耶中学近半年的学习。

半个月后，他和邓绍圣等11人来到法国南部的克鲁梭城进入施耐德钢铁厂。

施耐德钢铁厂是法国最大的军工厂之一，有2.5万工人，其中有华工1000多人，勤工俭学学生100多人，是勤工俭学学生比较集中的一个工厂。在邓小平来此之前，罗学瓒、陈毅、萧三等都在这里做过工。与邓小平同时或稍后的有赵世炎、李立三、傅钟等。邓小平是作为散工被招进厂的，随即签订了两年合同。按合同规定：每天工资9法郎，扣除1法郎，待两年合同期满时再一并发还，并奖励200法郎。但倘若无故退工，则所扣的钱作为赔偿费用。

在钢铁厂做散工是最苦的。首先是学不到任何技术，每天只在车间做杂活，劳动强度很大；其次是早、晚、夜三班轮流，"睡眠颠倒、饮食无常，真和机械一样不分早晚昼夜，要做就做，要停就停"。初进工厂的邓小平就这样开始了十分繁重艰难的劳动，今天从煤车上向下运煤，明天则搬运钢板。一会儿推铁屑，一会儿又要去拉钢条。工作一天，疲惫不堪，浑身像散架一样，茶饭不思。特别是上夜班，对不满17岁的邓小平来说，更是苦不堪言。

如果说身体上的劳累困苦尚能支撑的话，那么法国工头的歧视凌辱则令邓小平和同伴们无法忍受。每天上工，工头就像影子一样跟在周围，不允许稍有休息。一天，邓小平和几位同伴一起搬运钢板，由于几天来实在太累，搬得稍慢一些，工头就在后面催促。有人回答说："我们还不习惯做工，力气也小，干不快的。"工头蛮横地训斥道："你既然力气不够就不必做工了，何必到这里来呢？"随即找借口将那位同学解雇了。由于种种原因，做散工的勤工俭学学生一日比一日少，邓小平终于也忍耐不住，和工头吵了起来，于4月23日离开了施耐德钢铁厂。这样，邓小平到法国后最初的勤工实践，不到一个月即告结束。

这一段苦工生涯虽然很短暂，但对邓小平来说却是一个重要的经历，他初次体会到了劳动的艰辛。60年后当他回忆这段生活时，特别谈到当时"做很重的劳动"。同时，这段时间的雇工生活，也使他对现代化的大机器生产和真正的产业工人有了初步的认识。此外，最重要的是在施耐德钢铁厂，他结识了较年长的勤工俭学学生赵世炎、李立三等。当时已经成为共产主义小组成员的赵世炎，到施耐德钢铁厂的目的就是在华工和勤工俭学学生中开展工作，启发他们的阶级觉悟，培养革命骨干。赵世炎和李立三在施耐德钢铁厂组织了"华工组合书记部"，并陆续成立了华工工会、工人夜校、华工俱乐部、工余读书会等工人团体，还办起了油印刊物《华工周报》。他们还利用节假日到工棚里与华工和勤工俭学学生交谈，介绍国内外时事，揭露反动政府对华工和学生的压迫剥削。虽然我们不能断定，在短短的3周内，赵世炎对17岁的邓小平有哪些思想影响，但同是留法勤工俭学学生，又是四川同乡，他们的结识是可以肯定的。

离开施耐德钢铁厂，邓小平又回到了巴黎华法教育会，直到1922年2月他一直住在这里。这期间，他一方面靠从华法教育会每天领取五六法郎的微薄补助（这一点点补助到了10月也停止了）维持生活；另一方面他做过许多工作，在饭馆当招待，在火车站、码头运送货物，搬运行李，在建筑工地推砖、搬瓦、扛水泥，以及做清洁工、清扫垃圾等。

1921年10月21日，他和100多名勤工俭学学生在华法教育会的推荐下，受雇于尚布尔郎工厂，专门从事制造纸花的工作。这种轻松稳定的工作，对处在穷困之中的勤工俭学学生来说，兴奋程度不亚于哥伦布发现新大陆。邓小平和同伴们小心翼翼地用红色和绿色的薄纱、缎子做成睡莲花，然后把花安在很硬的花梗上，最后再标上标签，注明"孤儿及战争寡妇的作品"。实际上，这种工作是那些小姑娘做的，报酬很少，大约做100枝花才2法郎，每人每天要做600到700枝花才能够维持生活。邓小平和同伴们头也不抬，拼命地工作着。然而，就是这样收入低微的工作也没能维持多久。几天后，他们被告知这种花的订货已经停止，邓小平等人又被辞退了。此后不论轻活、重活，或脏活、累活，也不论杂工、临时工或清洁工，邓小平碰上什么干什么，哪里有活就到哪里去干，所得收入勉强糊口。他后来说："每当我能买得起一块羊角面包和一杯牛奶时，我总是感到很高兴。"邓小平认为，他身材矮小，可能与青年时代在法国经常吃不饱有关。

1921年底，经旅法勤工俭学同乡会（后改名为旅法勤工俭学同学会）数月间几十次函电求援，再加上因进占里昂大学而被驱逐回国的勤工俭学学生的奔走呼吁，四川重庆和成都各界人士捐款30多万法郎汇至巴黎，救助陷于困苦之中的400多名川籍勤工俭学学生。邓小平也和其他川籍同学一样领到400法郎。为了使这点钱能多用些时候，并想再积蓄些钱以便能再进学校读书，邓小平再次离开了巴黎，于1922年2月来到了卢瓦雷省的小城蒙达尼。

　　蒙达尼是留法勤工俭学学生比较集中的一个地区。自1920年以来，有近百名勤工俭学学生在这里工作和学习。蔡和森、李富春、李维汉、王若飞、张昆弟、萧三、向警予、蔡畅等都曾在蒙达尼公学或女校读书，并在附近的工厂做过工。勤工俭学学生们之所以喜欢到蒙达尼来，主要是因为这里靠近农村，学费和生活费用比较低，大约每月有200法郎就可以过得去。

　　1922年2月13日，当矮小结实、有着宽宽的额头和稚气未脱的面庞的邓小平带着简单的行李走出蒙达尼火车站时，并没有引起小城居民的注意。他也并未在蒙达尼停留，而是按照人们的指点，沿着巴黎—里昂公路继续步行，向着一个名叫夏莱特的小城走去。左拐、右拐，当他登上一个小山包后，就径直走向市政厅。在这只有3万居民的小城的市政厅户口登记处，他把"邓希贤"的名字写在外侨登记册上，并按照规定填写了父母亲的名字和出生日期。在"来自何处"一栏，他填写的是"拉卡莱纳·戈隆勃，普安特大街39号"。在"职业"一栏，填的是"体力劳动者"。他在这个小城领取的临时身份卡的编号是1250394。

　　第二天，即2月14日，邓小平就成为哈金森橡胶厂的一名临时工人。这是他到法国后进入的第二个大工厂。哈金森橡胶厂以生产胶鞋和自行车内外胎而颇有名气。在工厂的4 000多名工人中，有40多名华工和勤工俭学学生。由于邓小平没有受过专门训练，因而被作为不熟练工人派到胶鞋车间，他的编号是4088。

　　当邓小平被带进光线充足、高大宽敞的车间时，只见长长的工作台前，站满了黄皮肤、白皮肤的男女工人，他们在机械地粘贴、装配着防水胶鞋。18岁的邓小平就成为这成百的法国人、意大利人、波兰人、俄国人、智利人和中国人中的一员，每天站在工作台前10个小时，生产5 000双胶鞋。工作是极其单调乏味的手工劳动：将鞋底、鞋垫及鞋帮放在木模上，然后和里衬贴起来。很快，邓小平就熟悉并很容易地工作起来。与施耐德钢铁厂相比，这里的工作是比较轻松的，当然工资也是很微薄的，每小时仅1法郎。

下班后，离工厂不远就有一片棚房居住区，邓小平和其他40多名华工、勤工俭学学生就住在这里。住宿是很便宜的，如果要求不高的话，饮食也比较便宜，并能吃饱。到法国一年多的邓小平已经开始成熟了，能经受住艰苦工作和俭朴生活的考验，并以其所积累的经验，处理生活和工作中的各种难题。业余时间，他和法国工人交往聊天，法语水平进一步提高，对西方资本主义社会有了更深入的了解。他还经常和华工、勤工俭学学生们谈心，交流对各种社会问题的看法。

1922年6月，在周恩来、赵世炎的筹备和主持下，旅欧中国少年共产党在巴黎西郊布罗尼森林中的一个小空场上正式成立。旅欧少共成立后，少共总书记赵世炎经常到蒙达尼、克鲁梭等地的华工和勤工俭学学生中进行活动，开会、演讲，培养积极分子，物色发展少共新成员，并在蒙达尼建立了第一个少共支部。蒙达尼地区是华工和勤工俭学学生比较集中的地方，赵世炎每次到蒙达尼来都要到哈金森工厂进行活动。

参加旅欧中国少年共产党

邓小平于1922年夏季正式加入了"旅欧中国少年共产党"。

邓小平曾这样回忆道："我在法国的五年零两个月期间，前后做工约四年（其余一年左右在党团机关工作）。从自己的劳动生活中，在先进国家的影响和帮助下，在法国工人运动的影响下，我的思想也开始变化，开始接触一些马克思主义的书籍，参加一些中国人的和法国人的宣传共产主义的集会，有了参加革命组织的要求和愿望，终于在1922年夏季被吸收为中国少年共产党的成员。我的入团介绍人是萧朴生、汪泽楷两人。"

邓小平是在哈金森橡胶厂做工时逐渐接受革命思想的。因为这里聚集了一些具有先进思想的勤工俭学学生，在他们的影响下，邓小平开始阅读进步书刊，如《新青年》等，从一开始就接受了马克思主义和共产主义思想。邓小平说过："每每听到人与人相争辩时，我总是站在社会主义这边的。""我从来就未受过其他思想的浸入，一直就是相信共产主义的。"他还说过："我自从18岁加入革命队伍，就是想把革命干成功，没有任何别的考虑。"

旅欧中国少年共产党成立后，于8月1日创办了机关刊物《少年》。《少年》每月一期，到1923年7月改为不定期刊，共出了13期。它的主要任务是"传播共产主义学理"。当时正处在建党建团的初期，因此《少年》用相当的篇幅阐述共产党的性质和作用，宣传建党建团的意义，刊登马克思和列宁著作的译文。赵世炎、周恩来等都曾在上面发表文章，宣传马克思主义。邓小平开始是在《少年》编辑部工作，据蔡畅回忆："《少年》刊物是轮流编辑，邓小平、李大章同志刻蜡版，李富春同志发行。后来该刊物改名《赤光》。""邓小平、李富春同志是白天做工，晚上搞党的工作，而周恩来同志则全部脱产。"

1923年2月，邓小平参加了"少共"临时代表大会。会上，"少共"更名为旅欧中国共产主义青年团，周恩来当选为执行委员会书记。6月在旅欧中国共产主义青年团第二次代表大会上，邓小平开始参加支部工作。

据汪泽楷回忆："1923年夏天，学校放暑假后，我同乔丕成到巴黎找临时工作。在这个时候，恰好召开旅欧共青团第二次代表大会改选领导。我俩都作为代表参加了。会上产生了书记局，由周恩来任书记，李富春任宣传，尹宽任组织，傅钟、邓小平同志也是负责人。会上决定改《少年》为《赤光》，但实际上到1924年2月才实现改版。"

从这时开始，邓小平在周恩来领导下工作，两人建立起深厚友谊。

1924年2月，《赤光》正式出版后，周恩来、邓小平和李富春等人在《赤光》上发表了许多文章，进行革命宣传。

《赤光》是半月刊，16开本，每期10多页。到1925年止，一共出版了33期，在勤工俭学学生、华工、华人中影响很大。邓小平以希贤的本名、化名写过一些文章。后来他自己这样说过："我在《赤光》上写了不少文章，用好几个名字发表。那些文章根本说不上思想，只不过就是要国民革命，同国民党右派斗争，同曾琦、李璜他们斗争。"

以曾琦、李璜为首的中国青年党在旅欧留学生中，标榜信仰国家主义，人们习惯称他们为"国家主义派"。国家主义派以法国为中心，以《先声》周报为阵地，标榜"国家至上"，否定阶级斗争，反对中国共产党的政治主张，反对共产党员加入国民党实行国共合作，反对建立反帝反封建的革命统一战线。

面对国家主义派的攻击和挑衅，旅欧党团组织给予了严厉的驳斥，同他们在理论上、政治上展开了针锋相对的斗争。周恩来等曾在《赤光》上连续发表《革命救国论》《救国运动与爱国主义》等文章，运用马克思主义的阶级分析观点，对国家主义派进行批驳。

邓小平也撰写了《请看反革命青年党人之大肆捏造》和《请看先声周报之第四批造谣的新闻》两篇文章，以"希贤"的名字分别发表在《赤光》第 18 期和第 21 期上。

邓小平还负责《赤光》杂志的刻蜡版和油印工作。他经常是白天做工，下工后即赶到《赤光》编辑部。在那狭小的房间里，周恩来将写好或修改好的稿件交给他，邓小平把它一笔一画地刻写在蜡纸上，然后用一台简陋的印刷机印好，再装订起来。为了能保证每半月出一期，每期 12 页左右的内容，周恩来、邓小平一同忘我地工作着。经常是深夜工作完成后，邓小平就在这个小房间里打上地铺和周恩来住在一起。这段时间，邓小平和年长他 6 岁的周恩来接触很多，邓小平很敬重这位兄长式的同志和领导，从他身上学到了许多东西。

在周恩来的直接领导和帮助下，邓小平认真的工作态度和出色的工作成绩给同志们留下了深刻的印象，因此有"油印博士"的美誉。

邓小平的弟弟邓垦回忆说："他去法国的时候，写过长信回家，其中有一条，就是他从事革命活动，不能回家了。就把这个事情告诉了家里。当然，家里嘛，父母特别是我母亲很着急的，就盼望着他回家来，旧社会，老太婆嘛，希望他回家，这一下不能回家了。

"他在法国参加革命后，曾在周总理的领导下办了一份杂志《赤光》。他经常往家里邮寄，寄了七八期。我当时才十几岁，还在念小学，只看到封面上有光身子的小孩，里面内容看不太懂，到我念中学后，逐步看懂了，什么帝国主义侵略、劳苦大众、劳农政府、翻身解放、苏维埃、人人平等、为穷人谋利益等，我后来去上海找他，参加革命，最早受的影响就是大哥寄回来的《赤光》。"

1924 年 7 月 13 日至 15 日，旅欧中国共产主义青年团召开第五次代表大会。邓小平当选为新的执行委员会委员。在执委会举行的第一次会议上，邓小平和周唯真、余增生 3 人组成执行委员会书记局，邓小平具体负责抄写油印及财务管理。根据党的规定，当时担任旅欧共产主义青年团执行委员会（支部）的领导，就正式转为中国共产党旅欧支部的党员。

这是邓小平革命生涯中的又一个转折点。这时他还不满 20 岁。

1924年12月，邓小平参加旅欧中国共产主义青年团第六次代表大会，大会决议支部下设监察处，邓小平当选为监察处成员之一。会后，被委托为工人运动的负责人之一。第二年春，作为中共旅欧支部的特派员，被派到里昂地区工作，任宣传部副主任、青年团里昂支部训练干事，并兼任党的里昂小组书记，作为那里的党团地方组织的领导人，同时在里昂做工。

1925年五卅运动爆发后，在法国的勤工俭学学生、华工和各界华人在中共旅欧支部的领导下，掀起了声援国内五卅运动的斗争。

6月7日，由中共旅欧支部、中国共产主义青年团旅欧执行委员会和中国国民党驻法总支部联合发起的赤光社、留法勤工俭学学生总会、旅法华工总会等28个团体代表参加的旅法华人大会在巴黎布朗街94号社会厅召开。大会声讨了帝国主义屠杀中国人民的罪行，声援中国工人、学生和商人的正义反抗斗争。大会还成立了"旅法华人援助上海反帝国主义运动行动委员会"（简称"行委"）。会议决定6月14日旅法华人在巴黎举行游行，向欧洲帝国主义示威抗议。

原定的游行示威由于法国当局横加制止和重重阻挠，甚至最后以武力破坏而未能成功。于是"行委"决定变更方式，改在中国驻法公使馆内示威。6月21日下午1时，几百名旅欧华人到巴黎社会厅集合，举行了"临时紧急大会"，通过了几项要求后，即分乘20多辆汽车向位于巴比伦街57号的中国驻法公使馆进发。

人们一到使馆，立即分头行动，有的把守大门，有的占领电话机，有的负责切断对外交通。在使馆外面担负援助侦察的人把事先准备好的旗帜、标语悬挂在使馆大门和围墙上，上面写着"推翻国际帝国主义""废除不平等条约""中国是中国人民的"等口号，并向行人和围观者散发法文传单。

群众在使馆内将公使团团围住，并质问道："自从上海爆发反帝运动以来，几乎一个月，你丝毫无所表示，今天就是来质问你的，并叫你做一点事情。我们代表28个团体，3 000多名旅法华人叫你签几个文件，援助国内反帝国主义运动，这是你应尽的责任！"说着，便把事先印好的电报、通知等文件放在他面前，叫他签字盖章。驻法公使起初拒绝，继而不敢开腔，最后不得不在所有的文件上签字盖章，并保证旅法华人今后有行动自由和示威权利。至此，计划的全部工作都已完成。

这时，使馆外的同志报告说，大批警察正在向这里开来。于是大家一起撤出使馆，分散行动。就这样，一场漂亮的斗争不到一小时就胜利结束了。这是旅法华人在欧洲中心——巴黎所取得的一次反对帝国主义的重大胜利。

旅法华人进行的这场斗争震动了法国，也几乎震动了整个欧洲。法国当局惶恐不安，派出大批警察，四处检查搜索，掀起了一场逮捕和遣返的浪潮。6月22日，法国政府命令警察大肆搜捕旅法的中国共产党人。几天之内，中共旅欧领导人任卓宣（曾任旅法支部书记，大革命失败后叛变，曾任国民党中央宣传部部长）、李大章，以及中共党员、青年团员20多人相继被捕入狱。随后，法国当局又将47名中国留法勤工俭学学生驱逐出境。6月24日，中共旅欧支部决定：今后革命活动均以中国国民党驻法总支部的名义进行。

邓小平回忆说：

> 因在巴黎的负责同志为反帝国主义运动而被驱逐，党的书记萧朴生同志曾来急信通告，并指定我为里昂—克鲁梭一带的特别委员，负责指导里昂—克鲁梭一带的一切工作。当时，我们与巴黎的消息异常隔绝，只知道团体已无中央组织了，进行必甚困难。同时，又因其他同志的催促，我便决然辞工到巴黎为团体努力工作了。到巴黎后，朴生同志尚未被逐，于是商议组织临时执行委员会，不久便又改为非常执行委员会，我均被任为委员。

邓小平回到巴黎，自动接替了党团组织的领导。1925年6月30日，成立了中国共产主义青年团旅欧区临时执行委员会，邓小平为委员，与傅钟、毛遇顺3人组成书记局，继续开展革命活动。

邓小平等人的活动，引起了法国警方的注意。尽管他没有被捕或被驱逐，但同样受到了法国巴黎警察局的跟踪和监视。巴黎警察局派出情报员、密探监视邓小平等人的住地和聚会的场所，并掌握了一些情况，这使我们今天能够根据法国有关部门的一些档案中的监视跟踪记录来了解邓小平在法国最后一段时间的工作斗争情况。这是难得的历史资料。现存的法国国家档案中，关于邓小平等人的活动有不少记载：

> 1925年7月1日，在比扬古市特拉维西尔街14号召开一次会议，共有33人参加。会议主席首先讲话，说旅法中国行动委员会大部分成员均

已被逮捕，所以有重新组建的必要。此外，最近将要用法文和中文印刷抗议声明，以便在巴黎散发。会上，反欧洲资本主义的激进分子表示，坚决反对法方驱逐中国同胞的行径，尤其是对本星期六还要驱逐10名中国人表示强烈愤慨。当饭店的老板进来说警方来了时，会议就结束了。

旅法中国行动委员会昨天（7月2日）下午在布瓦耶街23号召开会议，抗议国际帝国主义，共有70多人参加。该委员会主席说，我们成立了行动办公室，其人员组成尚未上报代表大会，待小组选举。会上共有8人发言，其中邓希贤的主张为反对帝国主义，应同苏联政府联合。

8月17日，旅欧中国共产主义青年团召开第七次代表大会第一次执委会，由傅钟、邓小平、施去病3人组成书记局。

傅钟、邓小平、邓绍圣等人还在党团刊物担任撰稿人。

8月20日，法国警方查明邓小平此时住在比扬古市卡斯特亚街3号。

法国国家档案中1925年9月9日记录：

9月6日，在贝勒维拉市布瓦耶街23号召开了一次会议，有40多人参加。自从中国公使馆事件发生后，部分中国共产主义者居住在巴黎地区，并采取了紧急措施，以防被人发现。此会的目的，是纪念廖仲恺先生。调查待继续进行，以便进一步摸清会议的组织者和与会者。

10月24日，邓小平主持了一个有25人参加的中国共产主义者会议，讨论重建旅法中共组织机构问题。这件事在法国国家档案中也有记载：

昨天（10月24日）21点—21点30分，在伊希—莫利诺市夏尔洛街一家咖啡餐馆召开了一次中国共产主义者会议，共有25人参加，会议由邓希贤主持。吴琪宣读了共产主义教育课，并指出重建中国共产主义小组和创办刊物的必要性。

11月15日，邓小平在巴黎主持了一次国民党的群众大会，纪念国民党旅欧负责人王京岐，并揭露国际帝国主义和法国帝国主义对进步人士的迫害。第二天，法国情报员即报告说：

国民党于11月15日15—17时在贝勒维拉市布瓦耶街23号召开会议，出席会议的共有47人，会议由邓希贤主持。此会为纪念被法国驱逐，并死于回国船上的王京岐。会上陈希（音）等11名代表发了言，发言者抗议法国警察逮捕中国人。最后，邓希贤总结说：我们希望与会者永远牢记王京岐同志，继续进行反对帝国主义的斗争。

邓小平在法国共担任了一届半的支部领导，他的活动已引起了法国警方的特别注意。法国警方开始秘密监视他，跟踪他的行踪。

邓小平说："因为我比较活跃。我们的行动，法国警察都是清清楚楚的。"

1926年1月3日，在旅法华人援助上海反帝国主义运动行动委员会召开的一次会议上，邓小平向与会的70多人发表演说。他主张努力促进并支持冯玉祥将军与苏联和解，建立良好的关系，以大力推进反对国内军阀和国际帝国主义的斗争。他特别提出，应"团结苏联开展对国际帝国主义的斗争"。会议对邓小平的发言进行了详细的讨论，最后投票通过了一份致中国驻法公使的最后通牒，要求他："一、向法国政府和巴黎的外交使团抗议他们所奉行的帝国主义侵略政策。二、致电中国驻各国的使节，敦促他们向所驻国政府提出抗议，反对国际帝国主义，抗议派军舰和军队到中国屠杀中国人民。"显然，这次会议是几个声援五卅运动的游行示威的继续，它说明，旅法华人的反帝斗争，在中共旅欧党团组织下仍在继续着。

1月7日，法国警方弄到了一份详细的报告。

这个报告说：

据本月5日获得的情报，旅法中国人小组行动委员会曾于1月3日下午，在贝勒维拉市布瓦耶街23号召开了一次会议。在这次会议上，有好几个讲演的人提出"反对帝国主义"，并要求在法国的中国人联合起来支持冯玉祥的亲共产党、反对北京政府的政策。

行动委员会在会上还决定要求中国驻巴黎的公使先生对中国的南北冲突表明立场，并起来反对任何国际干涉。

由于行动委员会的组织非常审慎，虽对其进行了调查，但未能发现这个委员会的所在地及其组成人员。然而，在1月3日会议上发言的几个中国人已被辨认出来了。

他们中的一个人叫邓希贤，1904年7月12日（指农历）出生于中国四川省邓绍昌和淡氏夫妇家。他从1925年8月20日起就住在布洛涅－比扬古市的卡斯德亚街3号。他符合有关外国人的法律和政令的规定。他于1920年来到法国。开始，他在马赛做工，后又到巴耶、巴黎和里昂。1925年他重新回到巴黎后，在比扬古的雷诺厂当工人，直到本月3日。他作为共产党积极分子代表出席会议，在中国共产党人所组织的各种会议上似乎都发了言，特别主张亲近苏联政府。

此外，邓希贤还拥有许多共产党的小册子和报纸，并收到过许多来自中国和苏联的来信。

有两个中国同胞与邓希贤住在一起，他们好像也都赞成邓希贤的政治观点。外出时，他们总是陪伴着邓希贤。傅钟，1903年6月出生于中国（实应为1900年出生）；杨品荪，20岁，生于上海。他们符合外国人在法国的法律，声称是学生，没有从事任何工作。

由于在巴黎的中国人很封闭，了解他们的情况很难。为了弄清情况，看来有必要通过警察总局局长先生的允许，对他们在比扬古的几个住地进行访问调查，可以通过房主搞清一些情况，这样就有可能通过检查身份证了解他们中间的被通缉的共产党人。

有3家旅馆应密切监视：卡斯德亚街3号、特拉维西尔街14号和朱勒费里街8号。

1995年当中国记者为拍摄大型文献纪录片《邓小平》前往法国采访时，在法国国家档案局查到了一些留存了70年的档案材料，从这些档案中可以看出，从1925年6月起邓小平就成为法国警方监视的对象，他的名字频繁地出现在档案当中。法国警方根据掌握的邓小平活动的详细情报，决定于1月8日对邓小平等人的住所进行搜查，并决定驱逐邓小平等3人出境。这个命令是1926年1月8日签署的。在保留至今的这份命令上还注明了"面交"字样。但是，他们晚了一步，搜查扑空，邓小平等人已于7日晚上离开法国。据警方的搜查报告说，执行警察局局长的命令，8日早晨5点45分至7点，在布洛涅－比扬古对朱勒费里街8号、特拉维西尔街14号、卡斯德亚街3号3家旅馆进行了搜查。"搜查这3家旅馆的目的，是查找从事共产主义宣传的中国人。这些旅馆的全部房间已被搜查过，上百份中文文件都被查看过。""在卡斯德亚街3号旅馆的5号房间里，发现了大量的法文和中文的宣传共产主义的小册子（《中国工人》《孙中山遗嘱》《共产主义ABC》等），中文报纸，特别是莫斯科出版的中国共产主义报纸《进步报》，以及两件油印机的必需品并带有印刷金属板、滚筒和好几包印刷纸。""名叫邓希贤、傅钟和杨品荪的3个人在这个房间里一直住到本月7日。他们昨天突然离去。而住朱勒费里街8号的名叫Mon Fi Fian和Tchen Kouy的人，也同时匆匆离去。这些中国人看来是活跃的共产主义分子。""看来这些人由于发现自己受到怀疑，因此，就急忙销声匿迹了。他们的同胞采取了预防措施，丢弃了一切会引起麻烦的文件。"

这时的邓小平已经踏上了奔赴莫斯科的征程。

在莫斯科中山大学

1926年1月7日，邓小平和傅钟、邓绍圣等人受党的指派，乘火车离开法国，前往十月社会主义革命的故乡——苏联。

邓小平前往苏联莫斯科，早在1925年5月中共旅欧支部就决定了。5月29日中共旅欧支部执委会在给中共旅莫斯科地方执委会的信中就拟定了一批人到莫斯科学习，邓小平就在其中。

1925年11月18日，曾在法国勤工俭学参加中国共产党、1923年赴莫斯科的袁庆云给傅钟等人写信说："准备在最近的期间，我们有信到，叫你们动身，便马上动身。"20天后，莫斯科方面又给傅钟等人来信说："11月18日寄给你们的信想已收到，邓希贤、刘明俨、傅钟、宗锡钧、徐树屏5人接到信后以尽可能的速度动身前来。如宗锡钧不能来，即以李俊杰补充之。必须来此的理由前函已说明，站在C.P及革命的利益上必须即刻来此学习。"

1926年1月7日，中国共产主义青年团旅欧支部执行委员会发出通告："赴俄同志20人，已决定今晚（1月7日）由巴黎起程……他们大约不久可回到中国。同志们！当我们的战士一队队赶赴前敌时，我们更当谨记着'从早归国'的口号。"1月23日，中国共产主义青年团旅欧支部负责人刘明俨写道："1月7日，此间有21个同志起程赴俄。"名单中就有傅钟、邓小平、邓绍圣等人。

邓小平在前往苏联途中曾在德国停留了一宿。据他后来讲，在德国停留时住在一个老工人的家里，受到了德国工人阶级的热情接待。这位老工人把床铺让给他们，自己一家则睡在地板上。几十年以后，邓小平仍不忘这件事，称那是真正的无产阶级的同志式的热情接待。

1926年1月中旬，邓小平来到苏联莫斯科，进入苏联莫斯科东方大学，不久转入莫斯科中山大学学习。

莫斯科东方大学创办于1921年，它是为苏联东部地区民族训练干部，也是为东方国家培训干部的。1923年中共旅欧支部就曾派赵世炎、王若飞、陈延年、陈乔年、佘立亚、高风、陈九鼎、王凌汉、郑超麟、袁庆云、王圭、熊雄12人进入东方大学学习。孙中山改组国民党后，实现第一次国共合作，随着国内形势的发展，国共双方都迫切需要干部，原来东方大学的培训已不能适应中国国内的需要。于是，1925年苏联又创办了"中山劳动大学"，专门为中国革命培养人才，用马克思主义"培养中国共产主义群众运动的干部，培养中国革命的布尔什维克干部"。

邓小平一到中山大学，便精神饱满地投入到学习当中。

中山大学开设的课程，注重对革命理论和实践的讲授，注重对国际共产主义运动中经验教训的总结。

学生进校以后，首先要学习俄语，第一学期俄语学习时间特别长，每周6天，每天4小时。中山大学的必修课为：政治经济学、历史、现代世界诸问题、俄国革命的理论与实践、民族与殖民地问题、中国的社会发展问题、语言学。具体的课程是：中国革命运动史、中国通史、社会发展史、哲学（辩证唯物主义与历史唯物主义）、政治经济学（以《资本论》为主）、经济地理、列宁主义。中山大学考虑到学生们回国后从事革命斗争的实际需要，还开设了一门重要课程——军事课，对学生讲授军事理论，进行军事训练。

除此之外，共产国际、苏联共产党、中国共产党驻共产国际代表团的领导同志，都经常到中山大学，就国际共产主义和中国革命中的一些重大问题进行讲演，使学生们受到许多深刻的马克思主义教育，进一步加深了对书本知识的理解。

中山大学的教学方法也别具一格，注重对学生的启发式教育，注重学生对理论知识的理解与掌握。

在教学中，由教授先讲课（用俄语，但有中文翻译）；然后学生提问，教授解答；再由学生开讨论会，自由讨论；最后由教授做总结发言。教学基本单位是班（亦有人称为小组）。1926年初有学生300余人，设有11个班，每班30—40人不等。到1927年初，学生已超过500人。

在莫斯科中山大学的学生中，既有著名的共产主义运动活动家，著名的学者、教授，也有已在国内上过高中、大学的青年，还有从基层推荐来的仅有小学文化程度的工农干部。针对这一情况，学校根据学生知识水平的差异，按照学生具体情况来分班。对文化水平较低的学生设有预备班，进行初级教育。对俄语程度较高的设有翻译速成班。邓小平的文化水平属于中上，又有革命斗争的经历，被编到了人称"理论家班"的第七班。这个班云集了当时在校的国共两党的重要学员，中共方面有邓小平、傅钟、李卓然等；国民党方面则有谷正纲、谷正鼎、邓文仪，还有汪精卫的侄儿和秘书、于右任的女婿屈武等。按邓小平的说法，就是共产党和国民党的尖子人物都在一个班，因此这个班很有名。他们经常在一起讨论中国的问题。莫斯科中山大学的学生徐君虎后来回忆说：

> 第一期学员共有600多人。我和蒋经国同班，而且分在同一个团小组，我们的团小组组长就是邓小平。邓小平、蒋经国个头都不高，站队时常肩并着肩。邓小平比我们都大，经验也远比我们丰富。1920年12月，邓小平刚16岁就去法国勤工俭学，1925年即已成为中共旅法支部负责人，因遭法国政府迫害，于1926年1月与傅钟、任卓宣，从巴黎到柏林，又从柏林来到莫斯科。在学校里，他们3人脖子上都围着蓝白道的大围巾，但个性各异：邓小平爽朗活泼、爱说爱笑，富有组织才能和表达才能；傅钟老成持重，不爱言谈；任卓宣像个书呆子。我、左权、赵可夫等初到莫斯科，觉得一切都是那么新鲜、有趣，尽管天寒地冻，饭后总爱到学校对面的广场、公园和莫斯科河畔去散步，领略异国风光，边散步边聊天，尤其是听邓小平讲在法国勤工俭学和那些惊心动魄、带有传奇色彩的革命斗争故事，更是别有情趣。有一次，蒋经国和我问邓小平："你干吗老围着一条大围巾？"邓小平说："在法国留学的中国学生常去当清洁工，尤其是捡马粪，因为在法国捡马粪挣钱多，干一天能搞足一个星期的开销，最划得来，法国的清洁工都围那么一条围巾。"我和蒋经国这才明白：邓小平他们为当过清洁工而自豪。

在莫斯科中山大学内部，存在着复杂的情况。当时，苏联共产党内路线斗争十分激烈，各方面都在中山大学发表演讲，介绍自己一方的主张，并争取中山大学学生的支持。在莫斯科中山大学的学生中，原来有一批是国民党方面派来的，随着国内阶级斗争的发展，国民党右派竭力破坏国内的革命统一战线，随时有可能背叛革命，莫斯科中山大学由国民党派来的学生也产生了严重的分化。有的站在国民党左派一边，有的站在国民党右派一边。共产党员学生和国民党右派学生之间，经常发生激烈的辩论和斗争。

当时莫斯科中山大学设有中共党支部，书记是傅钟。邓小平是第七班的党组组长。

每一个共产党员学生都要在党组织内过严格的组织生活。在莫斯科中山大学中共党支部的一份《党员批评计划案》中，记载了1926年6月16日中共党组织对邓小平的评价：

姓名：邓希贤

俄文名：多佐罗夫

学生证号码：233

党的工作：本班党组组长。

一切行动是否合于党员的身份：一切行动合于党员的身份，无非党的倾向。

守纪律否：守纪律。

对于党的实际问题及其他一般政治问题的了解和兴趣如何，在组会中是否积极地或是消极地提议各种问题讨论，是否激励同志们讨论一切问题：对党中的纪律问题甚为注意，对一般政治问题亦很关心且有相当的认识，在组会中亦能积极参加讨论各种问题，且能激励同志讨论各种问题。

出席党的大会和组会与否：从无缺席。

党指定的工作是否执行：能切实执行。

对同志们的关系如何：密切。

对功课有无兴趣：很有兴趣。

能否为别人的榜样：努力学习可以影响他人。

党的进步方面：对党的认识很有进步。无非党的倾向。能在团员中树立党的影响。

在国民党中是否消灭党的面目：未。

在国民党中是否能适合实行党的意见：能。

做什么工作是最适合的：能做宣传及组织工作。

这份党组织的鉴定，是研究邓小平早年思想和工作情况的一份重要文献。它反映了邓小平在莫斯科中山大学时的基本情况，具有重要的史料价值。

邓小平在法国期间，就曾经认真阅读过一些马克思主义的重要著作，他所在的中国共产主义青年团旅欧支部极为重视组织团员学习马克思主义理论，每周都要组织一次学习马克思主义的讨论会，以加深团员对马克思主义的理解，这些学习和讨论，奠定了邓小平的马克思主义基础知识。在莫斯科中山大学，邓小平得以有机会认真地、全面地接受马克思主义的系统教育，并了解了许多国际共运、苏联共产党内和中国国内的基本情况，使他的理论水平和对中国革命的认识都大大提高了一步。

在莫斯科中山大学写的一份自传中，邓小平写道：

我过去在西欧团体工作时，每每感觉到能力的不足，以致往往发生错误，因此我便早有来俄学习的决心，不过因为经济的困难使我不能如愿以偿。现在我来此了，便要开始学习活动能力的工作。

我更感觉到而且大家都感觉到我对于共产主义的研究太粗浅。列宁说："没有革命的理论便没有革命的行动；要有革命的行动，才能证验出革命的理论。"由此可知革命的理论对于我们共产主义者是必须。所以，我能留俄一天，便要努力研究一天，务使自己对于共产主义有一个相当的认识。

我还觉得我们东方的青年，自由意志颇为浓厚而且思想行动亦难系统化，这实于我们将来的工作大有妨碍。所以，我来俄的志愿，尤其是要来受铁的纪律的训练，共产主义的洗礼，使我的思想行动都成为一贯的共产主义化。

我来莫的时候，便已打定主意，更坚决地把我的身子交给我们的党，交给本阶级。从此以后，我愿意绝对地受党的训练，听党的指挥，始终为无产阶级的利益而争斗。

邓小平在莫斯科中山大学学习了一年。他专心读书，认真钻研马克思列宁主义理论，受到了系统的马克思列宁主义理论教育。他积极参加党组织的活动和学校组织的各项政治活动，在政治上、思想上、组织上都得到了很大锻炼和提高。这一年的学习，奠定了他以后从事革命领导工作所必需的深厚的马克思列宁主义理论的基础，使他一生都受益很大。

中山军事学校政治处处长

邓小平之所以没等完成在莫斯科中山大学的学业就匆匆返国，是因为当时国内的革命形势发展迅速，党组织决定派他到冯玉祥的国民军中工作。

1926年，第一次国内革命战争进入了一个迅猛发展的时期。

1925年3月12日，伟大的资产阶级民主革命先驱孙中山先生不幸逝世。孙中山先生的逝世，对于正在蓬勃发展的民主革命运动无疑是一个巨大的损失。但是，人民革命运动已如弦上之箭，不得不发，更如已经沸腾的火山，必欲喷发。1925年7月，以汪精卫为主席、廖仲恺为财政部部长、苏联人鲍罗廷为顾问的广州国民政府宣告成立。它继续实行对革命运动的领导，同时将国民政府所属军队统一改编为国民革命军。改编后的军队中普遍设立了党代表和政治部，周恩来、李富春、林伯渠等共产党人都担任了各军的党代表。孙中山先生生前制定的"联俄、联共、扶助农工"的三大政策依然得到了贯彻执行。革命军在取得了东征和南征的胜利后，进一步巩固了广东革命根据地。

1926年1月，国民党第二次全国代表大会后，举行北伐的条件已逐渐成熟。同年7月，广州国民政府在共产党的影响、推动和组织下，在全国爱国力量的响应下，发动了北伐战争。北伐军首攻两湖，要消灭军阀吴佩孚。7月中旬北伐军首战长沙告捷，8月再战汀泗桥。9月北伐军兵临武昌，10月便攻取武昌。北伐军英勇善战，所向披靡，特别是以共产党员叶挺为团长的独立团更是勇不可当，战功赫赫。9月，北伐军在江西发起了对号称"浙、闽、苏、皖、赣五省总司令"的军阀孙传芳的进攻。11月上旬，共产党人李富春任政治部主任的革命军第二军便攻克南昌。吴佩孚和孙传芳两大军阀被打垮后，革命军越战越勇，12月又占领浙江。1927年3月更夺取了江南重地——南京。

革命军自广东出师北伐以来，不到10个月的时间，就打垮了吴佩孚和孙传芳，从广州打到武汉，直至南京、上海，革命狂飙席卷了大半个中国。由帝国主义支持的北洋军阀反动政府虽试图组织由奉系、直鲁联军以及孙传芳残部拼凑而成的"安国军"反攻抵抗，但其计划终告失败，北洋军阀的反动统治已基本陷入崩溃状态。

北伐战争这一场规模空前的反帝反封建的革命战争，是一场翻天覆地的人民大革命，它严重地动摇了帝国主义和封建军阀的反动统治，为进一步开展人民革命开拓了一个广阔天地。

在中国的北方，在历史古都、中国名城西安，冯玉祥将军加入了国民革命的行列，打破了各路军阀盘踞北方的局面。

冯玉祥，字焕章，安徽人氏，行伍出身，曾任北洋政府旅长、师长，陕西、河南督军等职。在第一次直奉战争后，与原上司吴佩孚发生矛盾，同时在革命高潮的推动下，开始倾向革命。第二次直奉战争中，暗中酝酿倒戈反直。后发动了北京政变，将其所部改为国民军，建立过以冯系为中心的北京临时混合内阁，并把中国末代皇帝及清王室逐出皇宫紫禁城。冯部国民军与奉军大战，占领天津，使北方国民军控制范围由河南扩大到直隶全境。

冯玉祥在北京时，受到中共人士李大钊的关心和帮助，在中国共产党的感召下，冯玉祥的爱国之心和革命之志更加明确。1925年5月，在中共安排下，冯玉祥决定赴苏联考察学习。冯将军访苏，受到苏联政府和各界人士的热烈欢迎。中共中央特派遣中共旅莫斯科支部书记刘伯坚全程陪同。苏联各界和在莫斯科东方大学、莫斯科中山大学就读的中国学生热烈而又真诚的欢迎，使冯玉祥"极是感动"，他说："我在留俄的3个月内，会见了苏联朝野的许多人士：工人、农民、文人、妇孺及军政界的领袖。从和这些人会谈以及我自己对革命理论与实践的潜心研究和考察的结果，深切地领悟到要想革命成功，非有鲜明的主义与参与行动中心的党组织不可。"冯玉祥在共产国际与中国共产党的帮助下，对中国革命有了进一步的认识，对于孙中山先生"联俄、联共、扶助农工"的三大政策有了认同的意向。在苏联的所见所闻，对于冯玉祥的思想变化起了不小的推动作用。

在冯玉祥访苏期间，中国国内形势不断变化，段祺瑞的北洋政府在直系军阀吴佩孚、孙传芳，奉系军阀张作霖的支持下镇压群众，妄图扑灭国民革命军和北方革命势力。鉴于国内形势的变化，冯玉祥在刘伯坚、于右任以及共产国际顾问乌斯曼诺夫陪同下，于 1926 年 8 月起程回国。冯玉祥于 9 月中旬回到陕西之时，正值国民革命军攻占汉口的捷报传来。9 月 17 日，冯玉祥召集部属，在五原举行誓师大会，宣布率部集体加入国民党，誓死铲除卖国军阀，打倒帝国主义。此后，冯玉祥便在刘伯坚等共产党员的协助下改造旧部队。为了壮大实力，他一方面接受了苏联的大批军火物资援助，另一方面接受了中国共产党派遣更多的人员帮助工作。就这样，五原誓师后，先后派到冯部国民军的共产党员有 200 名之多。他们是分别从莫斯科、黄埔军校、中共北方局等地抽调的具有较强工作能力的优秀共产党员。

正在莫斯科中山大学学习的中共党员邓小平，就是由苏联奉调到冯玉祥部队的第一批人员之一。这一批共选调了二十几人，他们于 1926 年底从莫斯科起程，先乘火车，到乌金斯克换乘汽车，到达当时蒙古的库伦（今乌兰巴托）。由于车辆容载的限制，首先派了 3 个人为第一批先遣队，这 3 个人就是共产党员邓小平和两名共青团员王崇云、朱世恒。他们 3 人乘坐的是苏联给冯玉祥部队运送子弹的汽车，一共 3 辆，都由苏联人驾驶。

从库伦到包头，虽然只有 800 多公里的路程，今天可能只需要坐 1 个小时的飞机便可到达，但在当时，却是茫茫草原，人烟绝迹，风沙四起，寻路艰难。

就在这漫无边际的荒原上，3 辆苏联汽车颠颠簸簸、摇摇晃晃地向前行驶。饿了，吃点干粮；冷了，找点牛粪烧火取暖。当时蒙古的草原，绝非今日这般水草丰茂、牛羊成群，而是荒原千里，加上时值隆冬，雪压冰封，寒风刺骨，一路上艰苦异常。荒原无路，遇有困境，有时还需人来推车，只能日行几里。

好不容易走出了荒原，然而荒原之外又是沙漠。这沙漠比草原更是荒凉，无草，无水，无树，无人，起风之时，漫天黄沙，日晒之下，赤地千里。到了夜间，上有苍穹繁星似锦，下无人寰黄沙如海。草原无路，尚可行车，到了沙漠，车也不能行走了，只好改骑骆驼，整整 8 天 8 夜，才算是走出了这看似无边无际的"死亡之海"。

就这样，历尽千难万险，走了一个多月，终于到达了中国西北宁夏的银川。这一路上，邓小平他们连脸都没洗过一次。在银川稍事休息，他们又改为乘马，日夜兼程，经陕甘大道，终于在 1927 年 2 月间到达西安。此时，他们个个都是衣不掩体了。

邓小平到达冯玉祥部队后，即见到刘伯坚。他与刘伯坚在法国时就很熟识，同志相见，自是十分高兴。不久，他被分配到刚刚成立的西安中山军事学校任政治处处长兼政治教官，同时兼任该校共产党组织的书记。

邓小平回忆道："这个学校是当时担任国民革命军驻陕总司令的于右任办的，于当时属于国民党左派，这个学校的主要职务都是由共产党派人担任的。校长史可轩是中共党员（后牺牲），副校长是由苏联回国的李林同志（我们在法国就熟识，李后来在中央苏区牺牲），我担任学校党的书记。学校经过短期筹备，很快办起来了，学生不少是党团员，除了军事训练外，主要是政治教育，健全和发展党团等项工作。政治教育主要讲革命，公开讲马列主义，在西安，是一个红色的学校。这个学校在1928年成为陕西渭华暴动的基础。"

邓小平在西安期间主要做学校工作，也曾短期在西安中山学院兼课，这个学院也是由我党派人领导的。除此以外，他还参加西安的一些党团会议和革命群众集会。当时西安的群众革命气氛很浓，游行集会自不会少。

在西安的这一段时间内，邓小平等人的生活费用是由冯玉祥部队发给的，这种军旅生活当然并不宽裕，因此他们这些共产党派去的同志，就时常找机会"打打牙祭"。那时他们几乎每个礼拜都去西安的鼓楼，敲军事学校校长史可轩的"竹杠"，让他请客，吃牛肉泡馍。邓小平至今还感叹地说，那时候，能吃到牛肉泡馍就是好东西了！

1927年5月，冯玉祥的国民军联军改名为国民革命军第二集团军。冯玉祥在西安红城（今新城）广场宣誓就任第二集团军总司令，随后率部东征潼关。刘伯坚和许多共产党员随军东征。邓小平等则在西安加紧训练军事、政治人才，以适应革命形势，发挥共产党在国民革命军第二集团军中的政治领导作用。

此时的国民革命军第二集团军经过刘伯坚、邓小平等大批共产党员的积极努力和艰苦细致的工作，已经由一支濒于瓦解的旧军阀部队，变成一支军威大振、深受群众拥护的革命军队。全军上下士气旺盛，斗志昂扬。因此，在东征作战中，一路节节胜利，势如破竹。5月8日占领陕州，15日攻克洛阳，30日攻克郑州，6月1日又占领开封，与南方的国民革命军第一集团军唐生智部会师，实现了"会师中原"的战略计划。

交往

视若兄长——与周恩来

邓小平与周恩来从20世纪20年代在法国勤工俭学时开始相识并相知，之后，在长达半个多世纪的漫长岁月里，他们一直保持着亲如兄弟的革命情谊。无论是在白色恐怖的上海还是在风云变幻的江西中央苏区，无论是在战争年代还是在和平建设时期，他们互相信任，亲密合作，配合默契，并肩同行，相知甚深。

周恩来非常欣赏和看重邓小平的才干。有一则小故事足以说明这一点。中华人民共和国成立初期，在一次会议间歇聊天时，周恩来问薄一波，对刘伯承和邓小平的工作方法怎么看。薄一波更想知道周恩来的看法，就反问道："总理，您看呢？"周恩来认真地说："根据我多年的观察，他们两人工作方法各有特色，邓小平同志是'举重若轻'，伯承同志则是'举轻若重'。"薄一波进一步又问："那么这两种工作方法您比较喜欢哪一种？"周恩来坦率地说："从愿望上说，我更欣赏邓小平同志的'举重若轻'。"

邓小平也十分钦佩和敬重比他年长6岁的周恩来。1980年8月21日、23日，邓小平接受意大利女记者奥琳埃娜·法拉奇的采访。谈起周恩来，他深情地说："周总理是个一生勤勤恳恳、任劳任怨工作的人。他一天的工作时间总是超过12小时，有时在16小时以上，一生如此。我们认识很早，在法国勤工俭学时就住在一起。对我来说他始终是一个兄长。我们差不多同时期走上了革命的道路。他是同志们和人民很尊敬的人。"

性格内向的邓小平，极少用这种带有浓重感情色彩的语言来表达对一个人包括对他所尊敬的人的看法。也许周恩来是唯一例外，这也充分表达了邓小平的真实感情，表明了两人非同一般的友情。当有一次女儿毛毛问父亲，留法的人中与谁的关系最密切时，邓小平仍然讲了相同的话："还是周总理，我一直把他看作兄长，我们在一起的时间也最长。"当年，与邓小平一起留法、一起参加革命的人很多，如赵世炎、聂荣臻、蔡畅等，邓小平这番话，再次道出了他同周恩来的情谊不同寻常。

邓小平对周恩来的了解以及从周恩来那里所受到的深刻影响始于法国。

他们两人都是20世纪20年代在中国兴起的留学热潮中前往法国的。在那里，周恩来成为共产党旅欧支部的创立者和负责人之一，积极从事着革命活动。而邓小平满怀学习知识、报效祖国的一腔热望来到法国勤工俭学时还是个16岁的少年，思想尚不成熟。第一次世界大战后，法国社会经济极为萧条，现实很快打破了邓小平出国时的梦想。他在学校读书的时间很短。为了糊口，他大部分时间都在做工，生活很艰难。所幸的是，他很快结识了周恩来、赵世炎等先进青年。在他们的影响下，目睹并饱尝了资本家残酷剥削和压榨之苦的邓小平开始接受马克思主义，走上了革命道路。

1922年，邓小平参加了旅欧中国少年共产党（后改为中国共产主义青年团旅欧支部），成为一位职业革命者。他所从事的第一项工作是参与旅欧支部的机关刊物《赤光》杂志的编辑。在周恩来的直接领导和指点下，为杂志刻写、油印和装订，并且写了不少文章。

《赤光》编辑部设在巴黎戈德弗鲁瓦街17号一家旅馆内，一个只有5平方米的狭小房间里，这实际上也是周恩来的住所。邓小平白天做工，晚上下班回来后就立即投入到杂志的工作中去。周恩来将撰写好的稿子或修改过的别人撰写的稿子交给邓小平，邓小平便认真刻在蜡纸上，然后用一台简陋的印刷机一张张油印好，装订起来。周恩来工作很忙，时而开会，时而接待客人，时而去外地进行革命活动，所以通常只能利用工作空隙撰文和改稿。每当这时，邓小平就守在一边，等周恩来改好一篇，他刻写一篇，常常忙到深夜，甚至彻夜不眠。为此，邓小平在这间"弹丸之地"打地铺过夜是常有的事。

时间一久，两人互相有了进一步的了解，思想感情、工作方式都很接近，相处很融洽。邓小平对待工作总是投入满腔的热情，干劲十足。他刻写的蜡版字体工整隽秀，印刷清晰，装帧雅致，深得同志们称赞，大家亲切地送给他一个雅号："油印博士"。周恩来对这位"油印博士"很欣赏，给予他很多关心和鼓励。邓小平更是把周恩来看作兄长，虚心向他学习，增长了许多见识和才干。

1927年夏天，已回到国内在冯玉祥部队工作的邓小平，因为国共合作破裂而来到位于武汉的中共中央机关工作。此时周恩来是党中央政治局常委和中央军事部部长。邓小平再度在周恩来的直接领导下工作，主要是管中央文件、交通、机要等项事务，在中央的重要会议上做记录和起草一些文件。

八七会议后，中共中央机关从武汉迁往上海。邓小平随中央迁到上海后不久，于1927年12月间，就被任命为党中央秘书长，协助周恩来等中央领导处理中央日常工作。邓小平除了列席和参加中共中央召开的各种会议外，还负责文件、电报、交通、中央经费、各种会议的筹备安排等项工作。1928年1月，中共中央决定周恩来兼任组织局主任，担负起处理党中央日常工作的重要责任。他对于国民党统治区的秘密工作，根据实际情况，提出"以绝对秘密为原则"，要求党的"机关群众化和负责干部职业化"。

党中央秘书长不但管的事情多，而且负的责任也很大。那时，邓小平和周恩来几乎每天都在一起，共同处理日常事务，周恩来是中央日常工作的总管，邓小平是他的助手，比起在法国，他们的工作环境更加险恶，而责任更加重大，对彼此的了解也更加深刻。邓小平被周恩来认真而沉稳的工作态度、大智大勇的作风气度和高尚的革命品格所折服；周恩来对邓小平处理事务中表现出的率直干练、机智果断也很满意。

他们不仅工作关系十分密切，个人关系、家庭关系也相当亲密。1928年春，邓小平与张锡瑗喜结良缘。中央的同志们为他们在饭馆操办酒席，周恩来和邓颖超高兴地参加了他们的婚礼，真诚地向他们祝贺。邓小平和张锡瑗结婚后，曾有大半年时间与周恩来、邓颖超住在同一幢房子里，相处得像一家人。

中华人民共和国成立以后，邓小平先是在西南工作，1952年调至中央，担任政务院副总理兼财经委员会副主任。从此，重新开始了与周恩来的长期合作，他们在中南海一起工作，共同为国家大事操劳，结下了更加深厚的情谊。

1953年，兼任财政部部长的邓小平，协助周恩来总理抓财政工作，他根据毛泽东提出的"收入打足，支出打紧，留有余地"的方针，在充分调查研究的基础上，提出了切实可行的财政工作的六条方针：（一）预算归口管理；（二）支出包干使用；（三）自留预备费，结余不上缴；（四）控制人员编制；（五）动用总额预备费，须经中央批准；（六）加强财政监督。由于在实践中认真贯彻了这六条方针，坚持以中央财政的集中统一为主导，同时充分发挥地方和部门办好财政的积极性，1954年成为中华人民共和国成立后头几年财政形势最好的一年。邓小平以自己的工作实绩支持了周恩来的工作。

在我国三年经济困难和国民经济调整时期，邓小平和周恩来为减少"大跃进"造成的损失、缩小这一灾难的影响、迅速恢复国民经济共同做出了努力。他们于1961年提出了"调整、充实、巩固、提高"的方针，为实现国民经济好转发挥了重要作用。

在"文化大革命"的艰难岁月里，他们怀着共同的信念，为了国家的强盛和人民的幸福，齐心协力，尽一切所能，挽回"文化大革命"造成的巨大损失。他们之间的伟大友谊也经受住了严峻的考验。

"文化大革命"开始后不久，邓小平便被打成"党内第二号走资派"，遭到批判。1969年林彪发布"一号命令"后，邓小平被疏散到江西。

周恩来对邓小平被疏散非常关心，动了不少脑筋。他亲自给江西省革委会打电话，告诉他们邓小平夫妇要去江西，并特意交代：毛主席在党的九大会议期间不是说过吗，邓小平的问题和别人不同，他下去是到农村锻炼。当然，这些中央领导同志年纪都大了，六十几岁的人了，身体也不好，不能当劳动力，要照顾一下。他特意叮嘱省革委会：现在地方上情况也很复杂。他们在某一个地方，安定下来之后，当地群众肯定会认出他们来。也许有人会找他们的麻烦。遇上这种情况，他们自己不好解释。你们省革委会要出面做做工作，一句话，就是要保护他们的安全。你们要多关心，多帮助他们！

在将邓小平安排到什么地方的问题上，周恩来也是煞费苦心。当时江西省革委会主任程世清接到周恩来的指示后，提出了这样的安排方案：让邓小平夫妇去赣州，房子装暖气，配一部小车，绝对保证安全，不准造反派和红卫兵冲击他们，等等。

周恩来在电话里听了汇报后，还是否定了去赣州的方案。他指出，赣州离南昌较远，交通不便，而且是山区，生活条件很差，将邓一家安排在这里不妥，他提出应该安排在南昌附近。这位一国总理甚至连邓小平住什么样的房子也做了具体交代。他说：房子应当是一栋两层的楼房，楼上为邓夫妇居住，楼下为工作人员住。最好是独门独院，这样既能在院里活动，又能保证安全。

根据周恩来的指示，江西省革委会将邓小平一家安置在南昌市郊新建县望城岗的原南昌步兵学校校长的住所（人称"将军楼"）。并安排邓小平夫妇到离此处不远的新建县拖拉机修造厂劳动。

周恩来直接、周密的安排，使邓小平得到了妥善保护。

林彪事件后，主持中央日常工作的周恩来又抓住一切时机，千方百计为邓小平重新出来工作创造条件。

1972年1月6日，陈毅元帅在北京病逝。1月10日，在八宝山革命公墓礼堂隆重举行追悼大会，病中的毛泽东亲自参加了追悼会。在同陈毅亲属谈话时，毛泽东提到了邓小平，并把邓小平和当时任中央政治局委员的刘伯承并列在一起，说邓小平是人民内部矛盾。在场的周恩来听到了毛泽东对邓小平的"定性"，这正是他期待已久的。他当即示意陈毅的子女，把毛主席对邓小平的评价传出去，为邓小平的早日复出广造舆论。

1972年8月3日，在江西南昌市郊区被"下放"达3年之久的邓小平，亲笔致信毛泽东，表示了愿意为党和人民做一点工作的要求。8月14日，毛泽东将该信批示给周恩来。

周恩来按照毛泽东的批示，极力促成邓小平的复出。1973年2月，年近七旬的邓小平接到中央的通知，要他近期返回北京。几天后，邓小平一家离开了将军楼，踏上了返京的行程。

与此同时，在北京的周恩来正式告知中央办公厅主任汪东兴，要他安排好邓小平回来后的住所，并抱病连续主持中共中央政治局会议，讨论邓小平重新工作的问题。

3月10日，中共中央发出了《关于恢复邓小平同志的党的组织生活和国务院副总理的职务的决定》。当天，办完这件大事后心力交瘁的周恩来才正式向中央请病假两周。

3月下旬，周恩来身体稍有恢复，便与李先念等会见邓小平。4月初，周恩来、邓颖超夫妇在玉泉山与邓小平、卓琳夫妇促膝长谈，并共进晚餐。

4月12日，在周恩来的安排下，邓小平首次亮相在人民大会堂欢迎西哈努克亲王一行的宴会上，成为世界舆论轰动一时的新闻。

党的十大后，邓小平又担任中共中央政治局委员和中央军委委员，同时任国务院副总理。

12月22日，病重的周恩来逐字逐句地写下了中共中央关于邓小平任职的通知全文：

　　各省、市、自治区党委，各大军区、省军区、各野战军党委，军委各总部、各军兵种党委，中央、国家机关各部委领导小组或党的核心小组：

遵照毛泽东同志的提议，中央决定，邓小平同志为中央政治局委员，参加中央领导工作，待十届二中全会开会时追认，邓小平同志为中央军事委员会委员，参加军委领导工作。

特此通知

中共中央
1973年12月22日

1973年12月底，由周恩来亲笔起草的中共中央关于邓小平的任职通知，迅速发至全党、全军、全国。这时的邓小平集党、政、军三要职于一身，开始全面参与党和国家的重大决策。至此，邓小平迈出了正式接替周恩来工作的第一步。病魔缠身的周恩来终于如释重负地松了一口气。

1974年3月底，周恩来又致信毛泽东，由邓小平率代表团出席联合国大会第六届特别会议。4月6日代表团离京时，周恩来亲往首都机场为邓小平一行送行。4月10日，邓小平不负战友之重托，在联大第六届特别会议上代表中国政府发言，全面阐述了毛泽东关于"三个世界"的理论及中国政府的对外政策，受到世界舆论的普遍关注。一些有识之士评价说，邓小平不仅代表着新中国的形象，且无疑也是周恩来总理的一位"最好的代理人"。

同时，身在异国的邓小平也时时牵挂着病中的老战友周恩来。据当年陪同邓小平出访的工作人员回忆：回国途中在法国停留，邓小平在一次散步时，询问附近有没有法式面包铺子，工作人员便将他带到一家标准的法式面包店。邓小平高兴地把他十几美元的零花钱全部买了刚出炉的法式棍子面包，并说总理爱吃这种面包，带回去请他尝尝。在场的陪同人员闻听此言，无不为之感动。

4月19日，邓小平载誉而归，周恩来再度抱病赴机场迎接并举行盛大欢迎仪式，为老战友"接风洗尘"。

1974年10月，毛泽东又郑重提出建议：邓小平任党中央副主席、第一副总理、中央军委副主席兼总参谋长。

历史的脚步迈进1975年的时候，邓小平开始肩负起主持党、政、军全面工作的重任，在毛泽东深居简出、周恩来因病住院的情况下，成为中国政治舞台的主角。

1月5日，中共中央发出1号文件，任命邓小平为中共中央军委副主席兼中国人民解放军总参谋长。

1月8日至10日，中共十届二中全会在北京召开。会议追认邓小平为中央政治局委员，选举邓小平为中共中央副主席、中央政治局常委。

1月13日至17日，第四届全国人民代表大会第一次会议在北京召开。会议通过了由邓小平主持起草、周恩来修改审定的《政府工作报告》，重新提出了"在本世纪内，全面实现农业、工业、国防和科学技术的现代化，使我国国民经济走在世界的前列"的宏伟目标，会议选举朱德连任全国人大常委会委员长，任命周恩来为国务院总理、邓小平为排名第一的副总理。

为了全面支持邓小平的工作，2月1日，周恩来亲自主持国务院常务会议。会议一开始，他便开门见山地说："我身体不行了，今后国务院的工作，由小平同志主持。"随后，他郑重宣布了各位副总理的分工，明确提出：邓小平，主管外事，在周恩来治病疗养期间，代总理主持会议和呈批主要文件。常务会议结束后，周恩来接着召集由国务院各部、委负责人参加的国务院全体会议。周恩来说：

> 根据毛主席指示和党中央决定，我们从今天开始来完成全国人大四届会议以后的工作。今天是开始。对于我来说，恐怕也只能够完成这个"开始"的任务了。以后的事情，主要是由各位副总理来做……毛泽东主席讲，小平同志"人才难得""政治思想强"。现国务院新班子以小平同志为首，一共12位。将来这样的会，请小平同志主持。我希望，新的国务院能出现新的气象，领导全国人民努力完成和超额完成今年的国民经济计划和第四个五年计划……

邓小平没有辜负战友的重托和全国人民的殷切期望，面对"文化大革命"以来的严重混乱局面，他以叱咤风云的大无畏气概，坚定地提出：要敢字当头，横下一条心，实现安定团结，把国民经济搞上去。他凭着对国家前途命运的高度责任感，大刀阔斧地对军队、工业、农业、科技等各方面的工作进行全面整顿。在短短一年的时间里，各个方面的工作大有起色，各个领域都出现了明显的好转。全面整顿在短时间内就收到显著的成效，得到了全国人民的衷心拥护。

邓小平的出色工作，减轻了周恩来的压力，使他感到欣慰。遗憾的是，这期间，周恩来的病情迅速恶化，1975年9月下旬，医生准备为他做第四次大手术。然而手术中却发现周恩来体内的癌细胞已向全身扩散，无法医治了。心情沉重的邓小平果断地指示医疗组，尽一切努力，"减少痛苦，延长生命！"

此时此刻，既要领导主持全面整顿，又要针锋相对地同"四人帮"进行斗争的邓小平，多么希望周恩来能走出病房，助他一臂之力啊！

一个月后，处于病危状态的周恩来不得不再次施行第五次大手术。

这天，进入手术室之前，周恩来示意让担架车停下来。他以微弱的声音问："小平同志来了吗？"

邓小平立即奔到担架车前，俯身问候周总理。

周恩来凝视着这位几十年风雨同舟、生死与共的老战友，吃力地握住他的手说："你这一年干得很好，比我强得多！"

这是对邓小平领导全面整顿的肯定、支持和鼓励。

1976年1月8日，周恩来逝世。邓小平永远地失去了这位共同走过了风风雨雨半个世纪、情同手足的同志加好友。在1月15日举行的追悼大会上，他强忍巨大悲痛，代表党中央、国务院和全国人民为周恩来致悼词，高度评价了周恩来伟大、光辉的一生和他为中国人民所建立的丰功伟绩……

邓小平对周恩来的高度评价代表的是党中央，当然也代表了他个人，这源于他对周恩来一生的深刻了解，包括周恩来坚定的信仰、高尚的品质、高超的才智等。所以，他也非常能够体谅和理解周恩来在"文化大革命"中的艰难处境。1980年8月，邓小平在会见意大利记者法拉奇时，当对方发问："在中国有这么一个人，他在任何时候都没有被碰到过，这就是周恩来总理。这个情况如何解释？"邓小平做了令人折服的回答："'文化大革命'时，我们这些人都下去了，幸好保住了他。在'文化大革命'中，他所处的地位十分困难，也说了好多违心的话，做了好多违心的事。但人民原谅他。因为他不做这些事，不说这些话，他自己也保不住，也不能在其中起中和作用，起减少损失的作用，他保护了相当一批人。"

1976年，是中国人民的多灾之年，也是中国人民迎来曙光的一年。当"文化大革命"走向穷途末路的时候，中国人民相继失去了三位领袖，邓小平失去了三位亲密战友——周恩来、朱德、毛泽东。当乌云驱散，"四人帮"被粉碎之后，邓小平义无反顾、责无旁贷地担起了开辟新道路的重任，去完成战友们未竟的社会主义建设的伟大事业，终于取得了举世瞩目的成就。他可以告慰他的兄长，可以告慰他的战友们！

母子情深——与他的两位母亲

邓小平有两位母亲，一位是生母，姓淡；另一位是继母，姓夏。

1904年8月22日，邓小平出生于四川省广安县协兴乡牌坊村。按照族谱的辈序，父亲给他起名叫"邓先圣"。6岁入私塾的时候，私塾先生认为：孔夫子尚且为"圣"，你怎么能为"先圣"呢？于是，先生做主，起学名为"邓希贤"。这个名字，一直用到1927年他在武汉做地下工作的时候才改为"邓小平"。

广安，地处川东丘陵，有嘉陵江支流渠江穿越而过。这里虽不如成都平原富庶，但因其物产丰饶，被称为"金广安"。由于几代人的辛勤劳作，到了邓小平祖父邓克远这一辈，家里积攒下40亩地、十几间房，还兼营缫丝、制粉，在广安算得上是一户殷实人家。

邓小平的父亲邓绍昌是一个英俊豪迈、行侠仗义的人。他长年在外，不理家务。所以，家里的事情不论大小都由邓小平的祖母戴氏和母亲淡氏主持。

淡氏出生于广安县望溪乡。她16岁嫁给邓绍昌，当时淡家的产业要比邓家大得多。她虽没读过书，也不识字，但端良贤淑，明达事理。嫁到邓家以后，她毅然挑起了沉重的生活担子。她身材瘦削，但身体比较健壮。在家中，她算是最忙碌的人。每天黎明开始，淡氏就起床操持，上照顾年迈的婆母，下哺育幼小的子女。邓小平出生以后，邓家的家境已经开始窘迫。因此，除了将田地佃给农民耕种之外，其他劳动和家务如喂猪、养蚕、织布，以及洗衣、煮饭等，都由淡氏亲手来做。由于她的勤劳和细心，家中的一切被安排得井井有条。

淡氏性格和善。在家中她尊老爱幼，对婆母百般孝顺，关怀备至，对子女悉心照顾，严格要求。对村里的穷苦乡亲，她有一种朴素的同情心，总是设法予以接济照顾。周围的邻里百姓都愿意和她接近。那些贫苦的"做田佬"有什么难处，都乐于向她求助。一次，一位曾在邓家做过佃户的农民，在别人的怂恿下，退佃到外面谋生，结果很快被迫返回，一时全家衣食无着，既没有地耕，又没有房住，最后他十分为难地找到淡氏说明情况。淡氏二话没说，马上腾出一间空房，让他暂时搬到自己家中，并想办法为他找了一份差事。所以，当地的农民很尊敬淡氏，都称她为好心人。

淡氏的口才也很好，能言善辩。她每讲一件事情，总是说得清清楚楚，绘声绘色，使人听得津津有味。夏日里晴朗的月夜，邓小平和弟弟、妹妹们簇拥着母亲，坐在三合院围成的小平坝中，听她摆龙门阵，生怕漏掉一个字。邓小平后来言辞犀利，讲话简练明快，和母亲的影响大有关系。

淡氏生有三男二女。出于一种伟大的母性，她对子女们倍加疼爱。民国初年，四川境内军阀混战，散兵游勇四处流窜，骚扰百姓。为了使孩子们不受惊吓，一有风声，淡氏就将家里安顿好，带着年幼的儿女到村外土沟或竹林里躲藏，或将他们送到亲戚家暂避一时。邓绍昌出门在外，家中男丁年幼，在那兵荒马乱的年月，淡氏盼着邓小平快快长大成人，尽早顶门立户。

由于邓小平的曾祖父、祖父和父亲都是三代单传，在当地有邓家"独三房"之称，所以作为长子长孙的邓小平从小就受到全家的宠爱。淡氏不管做什么事，哪怕家务再忙，也总是把他带在身边，形影不离。每当邓小平出门，总是盼他早归。5岁以前的邓小平是在祖母和母亲身边长大的。入私塾以后，也还是由祖母带着睡觉。尽管受到百般的疼爱，邓小平并没有大户人家的少爷习气。在小伙伴们中间，他读书之勤奋是出了名的。在协兴乡读初小的4年里，除了一次因生病缺过几天课之外，不管是酷暑，还是寒冬，从未旷过一天课。每天放学回家后，除了帮助母亲做一些家务活，有时去和小伙伴戏耍一阵之外，他更多的时间是用来复习功课，甚至直到晚上还在桐油灯下读书习字。据说，每当邓小平因毛笔字写得好被先生表扬一次，母亲就为他煮一个鸡蛋作为奖励。雨天的川东丘陵，道路十分难走，披着蓑衣前去上学的邓小平，回到家中经常是浑身泥水。祖母戴氏和母亲淡氏心疼年幼的邓小平，怕他摔坏了，都阻止他雨天上学，要他在家中温习功课，但邓小平硬是不肯。没法子，再逢雨天，淡氏只好用一个小布袋装上一些米，再塞给小平两枚铜板，让他在学堂附近找一户店铺搭伙做饭。

柳条抽青的季节，是川东人家养蚕的好时光。这时，邓小平家的堂屋和厢房都充作蚕房。母亲淡氏更加忙碌了，除了繁重的家务之外，还要抽时间来照看蚕宝宝，侍弄蚕苗，很晚也不得休息。邓小平年纪虽小，却很懂事，母亲这样操劳，他十分心疼。于是，这个季节他不再去玩泥巴，不再去"打碰钱"，放学后直接跑回家，争着帮助母亲做些事情，不是背着竹篓去采桑叶，就是帮着捉小蚕，总是忙个不停。入夜了，母亲再三催促邓小平先去睡觉，但他总是要坚持到最后，和母亲、姐姐把所有的活干完了才肯去睡。

对如此聪颖懂事的长子，淡氏自然视为掌上明珠。1919年，重庆留法预备学校招生。当邓绍昌决定让邓小平到重庆读书，准备赴法留学的时候，淡氏阻止不成，多次掩面而泣。最终，她还是收拾了包裹，塞足了盘缠，送邓小平上路。在广安城外的渠江码头上，母子俩依依话别。当小船扯起白帆，载着邓小平沿江南下的时候，淡氏怎么也没想到，儿子此去，是母子俩的最后一次见面。

"才15岁的娃儿，就弄到那么远，怎么忍心啊！"小平走后，淡氏不止一次地这样埋怨邓绍昌。

1926年，淡氏积劳成疾，患肺病去世，时年42岁。也有人说，她是想儿子想死的。的确，儿子出门留学，一去不复返，有时音信全无，使她十分挂念。毛毛（邓榕）在《我的父亲邓小平》一书中曾这样写道："我猜想，对于这样一个传统的中国旧式妇女，既要撑持家务，又要思念子女，劳累加上心伤，是她早逝的双重原因。"

淡氏的坟墓被安置在离邓家几里开外的一块坡地上，墓碑上刻有一副对联，上联是"阴地不如心地"，下联是"后人须学好人"，横批是"人杰地灵"。墓碑被注明为"孝男先圣、修、治"所立。实际上，被称为"先圣"的邓小平，当时正在莫斯科中山大学学习。母亲的死讯，他是20世纪30年代初在上海做地下工作时才听弟弟邓垦（邓先修）讲起的。

邓小平十分敬重他的母亲。后来，他深情地说道，当时那个家能够生活下去，全靠母亲。

后来，邓绍昌又娶夏伯根为妻。实际上，邓小平是在中华人民共和国成立后担任中共中央西南局第一书记的时候才见到这位继母的。

夏氏出身贫寒，是一位嘉陵江船工的女儿。她有一个哥哥，但很小就病死了。她的母亲因悲失娇儿，不久也离开了人世，她从小与父亲相依为命。十几岁的时候，她嫁了一个丈夫，生了一个女儿。不幸的是，她的丈夫不久就病死了。后来，她带着女儿改嫁给了邓绍昌。嫁到邓家以后，她继承淡氏，苦苦支撑着这个家。大半生兵荒马乱的生活，练就了她那坚强的性格。由于邓小平、邓垦（邓先修）参加了革命，夏氏虽不识字，却一心认准了共产党好。

她的女儿邓先芙参加了川东地下党的活动,有一次竟把华蓥山山上的几名游击队员带回了家,夏氏二话没说,把他们连人带枪藏了起来。

1949年底,邓小平领兵回到四川。当时,他担任中共中央西南局第一书记、西南军区政委、西南军政委员会副主席。这一年,邓小平45岁。

听说邓家的人回来了,夏氏非常高兴。她辞掉了长工,舍弃了田产、老屋,拎着一个小小的包裹,独自一个人跋山涉水来到重庆,找到邓小平,并同他们住在了一起。

夏氏不是邓小平的生母,但邓小平夫妇对夏氏十分尊敬,邓小平总是称她"老祖"。特别是卓琳,与夏氏婆媳关系融洽,不分你我。邓小平和卓琳去上班,家里和孩子就全交给夏氏照料。夏氏来到邓小平家里的时候,邓小平的大女儿邓林9岁、大儿子邓朴方6岁、二女儿邓楠5岁、小女儿邓榕才10个月。从那时起,他们就由祖母带养。小儿子邓质方1951年8月出生后,也是由夏氏带大,所以,孩子们对夏氏的感情特别深。

就这样,夏氏几十年如一日辛勤操劳。同淡氏一样,她没有文化,但深明大义,明理豁达。尤其是"文革"期间,她与邓小平全家同甘苦、共患难。

"文化大革命"开始不久,邓小平就被作为"党内第二号走资派"打倒了,并常常遭到"中南海造反派"的批斗。夏氏和卓琳也没有幸免,受尽了凌辱。当时,邓小平的几个读书的子女都不能回家。3个老人被关在空房子里,家里大白天也拉上窗帘,笼罩着一种凄凉的气氛。邓小平冷静地对家里人说:"如果对我的处理是人民内部矛盾,家庭关系还可以保留。如果是敌我矛盾,可以断绝家庭关系。"他不愿意连累老人和孩子。

1967年9月,邓家得到通知:邓小平和卓琳继续留下来挨批斗,邓家子女和夏氏必须马上搬出中南海。

夏氏和孩子们只用了两个小时收拾东西,便被赶出了家门。他们住到了宣武门外的两间房子里。夏氏和邓朴方、邓质方住一间,邓林、邓楠、邓榕住一间。每人每月25元的生活费,夏氏只能领20元。这钱是从邓小平和卓琳工资中扣除的,不让多给。每月初,孩子们就会去中南海向发生活费的人要钱。到了冬天,为了制作冬装,她们想多要一些,常常遭到拒绝。于是三姐妹就会和发钱的大吵一架,直到胜利为止。管钱的邓楠知道,多要一些就可以为奶奶和兄弟姐妹多积蓄一些医疗和生活的费用,因为他们没有工作,没有生活保障和公费医疗。当时夏氏在邓家子女中,起到了凝聚的作用。邓小平的女儿毛毛（邓榕）曾深情地写道："在那风风雨雨的日子里，她受尽了屈辱、歧视。但她坚强镇定，不畏艰难，成为我们几个孩子生活的中心。"

1969年10月，首都实行"战备疏散"。邓小平和卓琳、夏氏一起来到江西。由于周恩来的关照，他们被安排在南昌市郊新建县望城岗的一座院子里。在那里，他们共同度过了3年的困难时光。

每天，邓小平和卓琳在看守人员的看护下，到附近的新建县拖拉机修造厂做工，接受"劳动改造"。夏氏留在家里洗衣做饭、收拾家务，竭力替邓小平夫妇分担辛劳和忧愁，她还喂养了几只小鸡，种上几畦蔬菜，为小院增添了活泼的气氛和融融的春意。邓小平的长子、被"造反派"迫害致残的邓朴方1971年来到父母身边，生活不能自理，夏氏又多了一份责任，即照顾邓朴方。在那个特殊的岁月和环境中，夏氏与邓小平夫妇始终同甘共苦，平和乐观，无所畏惧，在邓家遭受迫害的时候，仍能够保持镇定和团结。经过那场动乱，夏氏更赢得了邓家人的敬重和热爱。

不忘恩师——与汪云松

1949年12月，邓小平到重庆后不久，便派了西南军区的几个同志去看望他当年在留法勤工俭学预备学校读书时的老师汪云松。可汪云松不知吉凶，没敢见。第二天来了辆吉普车，接他到军区。他下车后才知道，原来是西南局第一书记、西南军区政委、他当年的学生邓小平请他吃饭。汪云松回来后很高兴，逢人便说："小平真不错呀，我现在才晓得，共产党也不忘故旧。"

1950年第二届全国政协开会时，汪云松应邀前往北京列席。他回来讲，在中南海怀仁堂开宴会，头一桌的主人是毛主席，第二桌有邓小平，他也坐在第二桌。邓小平和陈毅分了工，邓小平请客，陈毅宴会后用自己的车子送他回招待所。后来，每每谈到这些情况，汪老先生都激动不已，几十年前的往事仍历历在目。

汪云松，字德薰，曾经当过清朝的四品道台、重庆商会会长、留法勤工俭学会重庆分会会长，后任留法勤工俭学预备学校董事长。20世纪50年代，有一次周恩来和陈毅出国访问时途经四川，见了汪云松，问起他的这个官是实缺还是候补。汪云松答，是实缺。他做过清朝的官，但具有维新思想。

1919年6月，身为重庆商会会长的汪云松在目睹了成都留法学生途经重庆赴法的盛况后，深受启发和鼓舞。他与当时的教育局局长温少鹤等人，召集各界社会名流，筹集经费数万元，准备在重庆开办留法勤工俭学预备学校。他们先筹建了留法勤工俭学会重庆分会，汪云松任会长。

1919年9月上旬，重庆留法勤工俭学预备学校正式开学，汪云松任董事长，下设校长、教务及事务等负责人。校址在重庆市夫子祠内。这所学校的招生对象是中学毕业生和具有同等文化程度的青年，共招收了100余名学生。学习的目的是要粗通法语并掌握一定的工业技术知识，为去法国勤工俭学做些准备。尽管当时学校的教室简陋，设备很差，但仍吸引了大批青年前去报考，竞争相当激烈。邓小平便是有幸考入这所学校的第一批青年中的一个。

1920年7月，经过一年的学习，以及学校毕业考试、法国驻重庆领事馆的口试及体格检查，80多名学生取得了赴法勤工俭学的资格。邓小平是其中的一名。7月19日，留法勤工俭学预备学校的学生在重庆商会举行毕业典礼。驻渝法国领事、旅渝法商、教士及各学校校长参加了毕业典礼。

1920年8月27日，汪云松先生送走了他的80余名学生赴法勤工俭学。从筹组留法勤工俭学会重庆分会，到建立重庆留法勤工俭学预备学校、募集资金、办理签证，直到最后送走毕业生，汪云松无不竭尽全力。他的这份热忱给学生们留下了深刻的印象，深得学生的敬重和爱戴，以至他的学生几十年后都没有忘记他。

汪云松先生后来说，当初他办学，原本不是想培养共产党人，只是想培养搞实业的人，走实业救国的路子，没想到学生中竟有那么多人参加了共产党。

汪云松先生爱国，中华人民共和国成立后也爱共产党，他把自己珍藏的文物都捐献给了国家。汪老先生有一对心爱的古瓷瓶，他把装瓶子的楠木盒子刻上"东方红"三个字，送给毛泽东主席作为祝寿之礼。按规定，中国共产党的领导人是不祝寿、不收寿礼的。邓小平知道这件事后，就对重庆市委统战部的同志说："要了解汪云松。"于是，作为特例，统战部收下了这份礼物。邓小平还曾深情地对重庆市委统战部的一位同志说，汪云松为我们培养了两个副总理。这便是邓小平和聂荣臻。

对这样一位爱国、爱党的民主人士，邓小平是不会忘记的。回到故乡四川之后，他连广安老家都没有回去过，却没有忘记他当年的老师，没有忘记这位为党和国家做出过贡献的民主人士。他后来说，我国各民主党派在民主革命中有过光荣的历史，在社会主义改造中也做了重要贡献，"这些都是中国人民不会忘记的"。

"大哥""大姐"——与李富春和蔡畅

关于邓小平与李富春、蔡畅的交往，邓小平的女儿毛毛在《我的父亲邓小平》一书中曾有这样的描述：

> 父亲说，他是在蒙达尼入的团，和"蔡妈妈"，即蔡畅等一起到巴黎进行的入团宣誓。在入团宣誓会上，他们每个人都进行了自我宣誓，心情相当激动。几十年后，他们在一起回忆起当时的情景，都还记忆犹新。
>
> 蔡畅，1900年生于湖南，早年参加毛泽东主办的"新民学会"，并和向警予一道组织"妇女工学团"。1920年，蔡畅与其兄长蔡和森携母亲葛健豪共同赴法勤工俭学，先后在里昂、巴黎等地做工，积极参加蔡和森、向警予等新民学会在法会员的讨论活动，参加了蒙达尼的"工学世界社"等进步团体，同时参加了"拒款运动"等留法学生斗争。她于1922年在里昂加入中国共产主义青年团旅欧支部，1923年转为中国共产党旅欧支部正式党员。父亲与蔡和森在法时并不熟识，但他与蔡畅却相当熟悉，由于蔡畅年长4岁，父亲一直亲切地称她为"大姐"。蔡畅与李富春在法国相爱并结为终身伴侣，父亲和他们相当亲近，他称李富春为"大哥"，称蔡畅为"大姐"，而李、蔡夫妇则亲热地称他为"小弟弟"。后来他们一起在巴黎共青团支部工作时，父亲有一个时期曾和他们住在一起。父亲告诉我们，他常去吃"蔡妈妈"煮的面条。父亲和他们的友谊维持了几十个春秋。
>
> 1957年后，我们家搬到中南海居住。在怀仁堂的旁边共有前后四个院子，叫"庆云堂"，李伯伯和蔡妈妈家住一院，我们家住三院。比邻而住，使我们两家的关系更加密切，父亲和母亲常常带我们这些孩子去李伯伯、蔡妈妈家玩。李伯伯带有浓重的湖南口音，因此总把我弟弟飞飞的名字叫成"灰灰"，我们这些孩子也非常敬爱父亲的这一对"大哥、大姐"。母亲与蔡妈妈的关系也相当亲密。母亲对蔡妈妈相当敬重，有

事常常向她请教。由于工作关系，父亲和李伯伯两个国务院副总理常常一起出差，我们两家人和其他同行的人，常常一坐就是几天几夜的火车，去东北，去西北，去西南，去华东。到了"文化大革命"时期，父亲受到批斗并被软禁，那时真是普天之下无人敢接近，也不能够接近。有一天，李伯伯的警卫员小孔，拿了两包烟悄悄塞在我们家一位老公务员的手中，说是富春同志送的，说完赶紧就走。这区区的两包烟，足以表明了李伯伯和蔡妈妈的政治观点，其中倾注了他们对父亲作为老战友、老同志之间的全部感情。李伯伯于"文化大革命"中去世了，后来蔡妈妈重病长年住院，父亲和母亲常去探望。1990年蔡妈妈90大寿时，母亲率我们全家子女，代表父亲前去医院祝寿。蔡妈妈去世时，父亲送了花圈，母亲代表父亲参加了遗体告别仪式。这种长达几十年的友谊，是革命的友谊，它亲如手足之情，甚于手足之情。我们后辈人目睹，既觉感动，更受教育。

"焕章先生和我们是有缘的"——与冯玉祥

李大钊不仅是中国最早的马克思主义传播者，中国共产党的创始人之一，同时又是中国第一次国共合作的首倡者和促成者。

早在直奉军阀混战之际，李大钊就开始联络冯玉祥。后来，冯玉祥在第二次直奉战争中倒戈，回师北京，将所部改为国民军。在这期间，李大钊曾多次亲自对冯玉祥做工作，宣传共产党的主张，并担任冯玉祥的国民联军总政治部主任。

1925年，李大钊提出在国民军军队里进行政治工作的必要性。冯玉祥批准李大钊的建议方案后，委托李大钊负责领导政治工作。从此以后，党从北方区委、黄埔军校、上海党中央以及留苏学生中，派出刘伯坚、邓小平等二三百名共产党员，陆续到国民军中开展政治工作，并且担任各路军政治工作的领导职务。邓小平担任了西安中山军事学校政治处处长，并担任该校教育长。此外，还有许多同志担任了西安中山学院及其他学校与部队的领导工作。

1926年9月17日，冯玉祥在苏联顾问团与中国共产党人刘伯坚等人的帮助下，在五原宣誓就任国民联军总司令职。五原誓师是冯玉祥一生中的光辉篇章。从此，在共产党人的直接帮助与组织指导下，冯玉祥着手改编、整顿军队,在全军范围建立健全了以共产党人为骨干的政治工作制度,使国民军走上了新生的道路,成为一支具有比较明确的民族民主纲领、与共产党积极合作的革命武装,同广州誓师北伐的国民革命军南北呼应,高举反帝反封建的旗帜东征南伐。

自五原誓师后,共产党人在国民联军总政治部与李大钊的领导下,一面积极开展国民军各部队政治工作,一面大办学校培养军政骨干。1927年2月,号称"第二黄埔""西北黄埔"的中山军事学校在西安成立了。共产党员史可轩任校长,李林任副校长,邓小平任政治处处长兼政治教官,同时兼任该校共产党组织的书记。这所中山军事学校,形式上隶属于国民联军驻陕总部,实际上是由共产党掌握与直接领导的。中山军事学校主要培训国民军营、连、排初级军官以及由共产党选送的革命青年,对广大青年军官宣传马列主义,灌输革命思想,产生过深远的影响。

在创办中山军事学校的同时,还在西安开办了以共产党员刘含初为院长的中山学院,邓小平、刘伯坚等共产党人经常应邀到学院授课或做报告。

在开展部队政治工作与创办军校的同时,中国共产党也开始进行直接掌握军队的工作。1927年1月冯玉祥进驻西安后,国民联军中有一个由史可轩、许权中领导创建,并为中国共产党直接掌握的正规旅。这个正规旅的主要领导人有:曾担任国民革命军第二集团军郑州警备司令、国民联军驻陕总司令部政治保卫部部长的共产党员史可轩,中山军事学校党组织负责人高文敏,中山军事学校总队长、共产党员许权中,并由许权中担任该旅旅长。形成这个正规旅组织基础的中山军事学校的军官学员和国民党驻陕总部政治保卫队的骨干分子,绝大多数都是共产党员和共青团员。

邓小平曾根据他的亲身经历,畅谈了中国共产党和他自己同冯玉祥将军长期合作的情谊,回顾了党在西北国民军的工作,并高度评价了冯玉祥将军的生平业绩。

1982年9月14日,由原西北军和后来跟随冯将军的100多位老人提议酝酿,经党中央批准,在北京举行了"纪念杰出的爱国主义者、可敬的民主斗士冯玉祥将军诞辰100周年"大会。邓小平在大会前夕,特地会见了冯玉祥将军的亲属,进行了感人至深的谈话。

9月14日下午快6点时,冯玉祥将军的儿子冯洪达与儿媳余华心等听说邓小平就要来了,他们赶紧走近门旁,按年龄大小排好。邓小平神清气爽地健步而入，微笑着和他们一一握手。邓小平问道："弗能呢？""大姐弗能已经去世了。"老二弗伐回答说。"啊！"邓小平惋惜地轻轻叹了一声。

邓小平同他们合影、入座后，语气十分庄重地说："今天我们在一起纪念焕章先生诞辰 100 周年。焕章先生是很值得我们纪念的人物，他一生有相当长的时间为国家和人民做了许多好事，建立了丰功伟绩。他也是同我们党长期合作的朋友。李德全大姐是很好的同志，我们也很怀念她。"

邓小平接着说："弗能是我在苏联东方大学的同学，她是我们班上年纪最小的，只有十五六岁。当时有两个人是我们班上最年轻的，一个是冯弗能，一个是蒋经国。"

邓小平又畅谈了他自己在 1927 年开始同冯玉祥将军的结识与交往。邓小平说："当时，焕章先生要求我们党派人到西北军。我们从莫斯科来了 20 多个人。""当时，我们有 3 个人打前站，我就是其中的一个，那时我才 23 岁。""记得 1926 年跟李大姐（冯玉祥的夫人李德全）的弟弟（弗伐插话：是李连成）一起经过大沙漠，坐的是运军火的汽车，当时交通很不方便，我们在库伦待了一个多月，才回到内蒙古。"

邓小平接下去说："回到内蒙古以后，焕章先生五原誓师，李大钊还派人送来了作战计划。当时还检阅了部队，是马鸿逵的队伍。记得我们还和焕章先生在红城广场一起用餐，啃馒头，吃咸菜，那时候西北军的生活艰苦得很。"

邓小平沉思了一下，继续说："从辛亥革命以来，焕章先生一直是比较好的，即使有一段时间经过一些曲折。1927 年蒋介石清党的时候，别人都在杀共产党，他对我们的态度是比较温和的，礼送出境。"邓小平说到这里笑了，他说："焕章先生和我们是有缘的。"

人世间的真情——与张锡瑗

张锡瑗是邓小平的第一位妻子，河北良乡人，1907 年出生在一个铁路工人家庭。1924 年，她在保定第二女子师范学校读书时，作为骨干分子参加该校学生改革学校教育的学潮运动，并在该校加入中国共产主义青年团。1925 年她在北京认识了李大钊、赵世炎等党的领导人，同年在北京加入中国共产党。

她与邓小平是在共同学习中相识，在共同从事革命活动中相爱并结合的。

当时张锡瑗在苏联中山大学学习，邓小平也正好从法国来到中山大学学习。他们在这里相识了。两人虽不同班，但经常一起参加党组织活动，接触比较多，虽然没有发展到恋爱的程度，但彼此已经留下了很好的印象。

1926年底，邓小平被调回国，到西安冯玉祥的部队工作。1927年秋，张锡瑗也回到国内。她在保定参加领导了一次铁路工人的罢工运动后，来到武汉，被分配到中央的秘书处工作。她一到便惊喜地发现邓小平也在这里。原来，蒋介石发动"四一二"反革命政变后，冯玉祥将共产党人礼送出境，邓小平比张锡瑗早两个月辗转来到武汉，在中共中央当秘书。两人再次不期而遇，备感高兴。

八七会议后，为了避开武汉的险恶局势和适应革命运动发展的需要，中共中央机关从武汉迁往上海，邓小平和张锡瑗也一同来到上海。在上海，年仅23岁的邓小平被任命为党中央秘书长，协助周恩来处理中共中央日常工作。他除了列席和参加中共中央召开的各种会议外，还负责文件、电报、交通、中央经费、各种会议的筹备安排等工作。年轻的邓小平精力过人，机敏干练。这些庞杂烦琐的工作在他的安排协调下，显得井井有条。

比邓小平小3岁的张锡瑗就在他领导下的秘书处工作。两人朝夕相处，对彼此有了更多更深的了解。张锡瑗被邓小平的精明强干和活跃开朗所吸引，产生了敬佩和爱慕之情。张锡瑗外表秀丽，性情温柔，待人诚恳热情，也博得了邓小平的好感。渐渐地，他们相爱了。据当时同张锡瑗一起工作，对她很熟知的同志回忆，那时候追求张锡瑗的人很多，但她都没有动心，她毫不犹豫地选择了邓小平。

1928年春的一天，中共中央机关的同志们特地为他们举办了婚礼。在上海广西中路一个叫聚丰园的四川餐馆开了三桌酒席。周恩来、邓颖超、李维汉、王若飞等在中央的大部分同志前来贺喜，有30多人。

婚后，这对年轻的革命伴侣恩恩爱爱，感情笃深。在那白色恐怖笼罩下的上海，他们相互支持，相互鼓励，积极从事着异常紧张和危险的革命工作。那时，为了在白色恐怖的上海站住脚跟，开展工作，中央提出"以绝对秘密为原则"，要求党的"负责干部职业化"。邓小平就当过杂货铺的掌柜、古董店的老板。这些坚定的共产党人为了党的事业，冒着生命危险，秘密出没于上海的大小弄堂。

然而革命者没有畏惧，更没有消沉。邓小平与张锡瑷在他们两个人的天地里，共享着乐观、甜蜜的生活，憧憬着幸福、美好的未来。有大半年时间，他们和周恩来、邓颖超夫妇共住在公共租界的一幢房子里，周恩来夫妇住楼上，邓小平夫妇住楼下。后来，邓颖超回忆起当时的情形时曾说，楼下小两口的说笑声时常传到楼上来。邓小平的女儿还曾向父亲求证这件事，邓小平说，那时候都是年轻人，当然有说有笑。

1929年夏，党中央派邓小平到广西领导那里的革命斗争。翌年初，邓小平回上海向中共中央汇报广西的工作，此时正值妻子张锡瑷临产，住进了上海宝隆医院。邓小平忙完公务后，立即赶到医院看望妻子。他激动地期待着小生命的平安降临，不料偏偏遇到孩子难产。孩子好不容易生下来了，可是张锡瑷却因此得了产褥热，尽管邓小平日夜陪伴，精心照料，但由于当时医疗条件差，几天后张锡瑷还是不幸去世了。孩子生下来后因为是难产，没过几天也夭折了。这突然降临的巨大不幸，令未满26岁的邓小平难以承受。他为失去爱妻和亲生骨肉而悲痛万分。

但是，他却来不及亲自掩埋妻子，只得把丧事委托给特工科的李强同志，因为前方战事繁忙，军情如火，视革命利益高于一切的革命者，把眼泪咽进肚里，把感情埋在心里，毅然赶回广西，投入火热的革命战场。

李强把张锡瑷安葬在了上海江湾公墓。本来立碑人应该是作为其丈夫的邓小平，但因为工作的需要，不能用邓小平的真名，于是随便起了个名字。

1931年5月，邓小平回上海，带着弟弟邓垦到江湾公墓去看了张锡瑷的墓。

以后，邓小平一直行进在戎马倥偬的战旅之中，这段感情渐成往事。然而将近20年后，1949年邓小平率部队进入刚解放的上海，极重感情的他一进城就同夫人卓琳一道去查找张锡瑷的墓。因为战乱，日本人又在公墓那里修机场，许多烈士墓地都找不到了。后来，在李强的帮助下，张锡瑷的墓终于找到了，但发现墓地已被水淹了，他便叫人把张锡瑷的遗骨取出来，放在一个小木棺里，和同时找到的苏兆征的遗骨一起，郑重地搬回自己所住的励志社的楼下。1969年，张锡瑷、苏兆征的木棺重新被安葬在上海烈士陵园。

往事悠悠，岁月的潮水冲刷不掉人世间的真情。许多年过去了，邓小平一直深深地怀念着张锡瑷。谈起张锡瑷，有一次邓小平沉思般地说道："张锡瑷是少有的漂亮。"

珍闻

第一次远洋

1920年9月,邓小平乘坐万吨巨轮,赴法国勤工俭学。关于这次远航,邓小平的旅欧同学汪泽楷有如下的回忆:

我们在印度洋碰到了一次大风暴。当时,风暴卷着海水,掀起山峰似的巨浪,四万吨的邮船,一会儿被掀上浪尖,一会儿又落到浪谷当中,白天也刮得天昏地暗,巨大的邮船犹如一叶扁舟,在茫茫的大海上漂泊,真是吓人得很。我们不但一点东西也吃不进,就连黄胆汗都要吐出来了。这样,我们饱受了三天三夜的风暴袭击,算是幸运地挺过来了。另外,则是大开了眼界。邮船到了沿途各地的大海港,都要停上两三天装卸货物。有钱人上岸进餐厅、买东西,我们穷学生就上岸去观光游览,饱阅市容,看博物馆,参观名胜古迹。许多城市尽管是高楼大厦,有许多人是西装革履,但也有不少人是破衣烂衫,沿街乞讨。在有的港口,我曾看到一些穷苦的儿童在船舶周围游泳,向乘客们哀告乞怜。有的客人就将硬币抛入海水中,那些穷孩子就潜入海水里把硬币摸上来,客人们以此取乐,孩子们则以此谋生。当时看了,真使人心酸。这使我深深感到,世界上的人们同住在一个天空之下,却过着两种悬殊如此之大的生活,到处都是这样的不平。当然,我当时并不了解这是资本主义、殖民主义制度造成的。

途中给我留下了美好印象的,是我们在地中海上遥远地看到了火山爆发的余焰,特别是在夜晚,喷射的火焰,犹如五颜六色的礼花,射入深蓝的天空，而在水中则出现着倒影。天上水中互相辉映，那种夜景是很奇妙的。船上虽然有时下令要我们带上救生圈以防碰上大战后尚未消除干净的水雷，但始终没有碰上。我们在经过了近40天的航海生活之后，10月中旬，终于从马赛上岸，踏上了法国的土地。

第一次出国，第一次远洋，异国他乡的风情，海阔天高的景色，一定给每一位同学都留下了不可磨灭的印象和深深的感触。

1974年，当"文化大革命"发展得如火如荼之时，由江青等人一手制造了一个"风庆轮"事件。"四人帮"借国产万吨轮"风庆号"远航归来为题，大肆吹嘘，并借题大批所谓造船买船问题上的"崇洋媚外""卖国主义"，实则把矛头指向周恩来总理和有关中央领导同志。邓小平自1966年"文革"开始时被打倒后，当时刚刚恢复工作，任国务院第一副总理，主持国务院的工作。他万分蔑视江青等人之所为，与"四人帮"进行了针锋相对的斗争。邓小平后来曾多次提到这件事。他说："才一万吨的轮船，就到处吹。我对他们说，一万吨有什么可吹的，1920年我到法国去的时候，坐的轮船就有几万吨！"

可见这首次出国远洋，同样给邓小平留下了深刻的印象。

困境中的生日

1921年4月23日，邓小平离开了克鲁梭的施耐德工厂，来到了巴黎。

邓小平这时已经失学，又已失业，家中带来的钱已经用光，工作一时又找不到，于是，他只好一边向华法教育会领取救济金，一边等待继续做工的机会。

根据法国国家档案记载，邓小平从5月到10月的5个月中间，一直领取每天五六法郎的救济金。他领救济金时所用的登记号是236号。

这时，在巴黎领取救济金的学生大约有500人。这些学生大都住在巴黎西郊戈隆勃的华侨协社里面。

华侨协社是一座三层的普通楼房，华法教育会、留法俭学会、留法勤工俭学会、和平促进会等几个华侨团体都设在里面。这栋楼房的二楼是会议室，三楼、一楼及地下室此时都已住满了勤工俭学的学生。由于不断地有学生来到此地,楼内早已人满为患。一位法国的参议员于格儒的夫人赠送了一些帐篷,搭在房屋后面的菜园地上。后来,非但楼内,就连这些帐篷内也挤得水泄不通。学生们只有每天五六法郎的生活费用,因此每日两餐,都是自来水加面包,有时佐以粗制的巧克力糖,连蔬菜亦很难得。少数人有煤气炉还可烧点热水,而绝大多数人则只能饱饮自来水。由于缺油少肉,这些年轻的学生每日需吃一公斤半的面包方能解饥。有时身无余钱,只好连粗巧克力也节省了。

这些千里迢迢远涉重洋而来的勤工俭学学生,已经从美好幻想的天堂跌进了残酷现实的地狱。

到了8月,邓小平已满了17岁。而他的17岁生日,就是在这样一种既无前途,又无希望的困境之中度过的。

活泼开朗 才华横溢

邓小平进入留法勤工俭学预备学校时,刚满15岁。据汪泽楷回忆:"邓小平是稍晚才进入这所预备学校的。他那时就显得非常精神,总是精力充沛,他的话不多,学习总是非常刻苦认真。"

邓小平在哈金森工厂做工时,于8月度过了他的18岁生日。那时的他生活已有着落,工作也不像在克鲁梭时那样繁重,因此生活得比较轻松。郑超麟和他同住一个木棚,他回忆道:"晚饭后至睡觉时间有二至三小时可以利用。此时木棚里很热闹,看书的人很少,甚至没有,大家闲谈、开玩笑、相骂,幸而没有相打的。有个四川小孩子,矮矮的,胖胖的,只有18岁,每日这个时候总是蹦蹦跳跳,走到这一角同人说笑话,又走到那一角找人开玩笑。"可见,邓小平年轻时的性格相当活泼开朗。这种于困难艰苦之中尚能保持乐观的精神状态,他保持了终生。

邓小平加入团组织后,不仅思想有了提高,精神面貌也为之焕然一新。他在1922年初刚到哈金森工厂时,还是一个活泼甚至有点调皮的大孩子,而入团以后,顿觉成熟了许多。当年一起留法勤工俭学的吴琪回忆道:"我所接触的同学中,年纪最轻的要算邓小平同志。1922年下半年,我在巴黎郊区皮浪哥饭店见到他的时候,他还不到20岁。他年龄虽轻,却很老练,才华横溢，身体强壮，精神饱满，说话爽直，声音洪亮，铿锵有力。时过半个多世纪，但这一切仍印在我的脑海中。"

巴黎咖啡馆

1922年6月的一天，在巴黎郊区布罗尼森林里的草地上，赵世炎、周恩来、李维汉等18名中国旅欧学生向一位开咖啡店的老太太租来一些椅子，但不够坐，有的就席地而坐。"旅欧中国少年共产党"就这样诞生了。

同年8月1日创办的少共机关刊物《少年》编辑部与少共机关一起设在戈德弗鲁瓦大街17号一家旅馆的小房间里。对于这个位于意大利广场旁边的小小咖啡馆，邓小平深怀感情。20世纪70年代，邓小平曾两次到过法国。1974年他去纽约参加联大会议途经巴黎时，还特意请中国驻法国大使馆的工作人员陪他去了巴黎意大利广场边上的戈德弗鲁瓦街，他对这条小街怀有一种特殊的感情。看完后，他感慨地说："面目全非了！"喝不上原来那家小咖啡馆的咖啡了，邓小平就让身边的工作人员每天早上从小街上的咖啡店里买咖啡给他喝。没办法，他就是喜欢那种真正的法国小咖啡馆里的咖啡，而且总爱把法国的小咖啡馆和他家乡四川的小茶馆相提并论。他还告诉身边的工作人员，当年他和他的战友们曾经住在这里，并经常到这里喝咖啡。

1975年5月，邓小平作为中国的第一副总理访问法国，受到了最高的礼遇。法国总统德斯坦两次与他会谈，真挚地指出，邓小平在法国生活过5年，对法国的生活方式、思想方式、讨论问题的方法有所了解，希望访法能引起对法国的回忆。邓小平对法国50年的变化十分感慨，他又特意去了他曾经刻蜡版的那家小旅馆，仍坚持让使馆人员每天为他从街上的咖啡店买咖啡。他对巴黎有特别的感情，这一次他在法国就当场拍板解决了多年悬而未决的法航西线直飞北京的问题，使中国到巴黎一天往返，比以往节约了两个半小时。1978年，他会见巴黎市市长希拉克时深情地说，你那个巴黎我还想去。你们的巴黎比纽约好得多。纽约顶多住3天，巴黎住3个月都可以。

据邓小平的女儿毛毛回忆：这两次去法国，邓小平还买了一些法式棍子面包带回国，分送给曾经留法的老同志们，有周恩来、聂荣臻、蔡畅等。每逢有人送他好的法国葡萄酒和奶酪，他也不忘分送给这些老战友共同品尝。

1925年10月24日，邓小平还在巴黎夏尔洛街的一家咖啡馆里以中共旅欧支部负责人的身份主持召开了一次秘密会议。有25名中共党员参加，会议讨论了"重建旅欧中共党的组织的必要性"。无疑是由于声援五卅运动示威游行以后，法、德等国政府将一批共产党员逮捕或驱逐出境，邓小平等在法国的旅欧党团负责人及时研究对策，重新组织力量，以继续推动各项工作的开展。

足球迷

毛毛在《我的父亲邓小平》中有这样的描述：

父亲在法国时还染上一个嗜好，而且终生兴趣盎然，就是看足球。在法国，他没有钱，有一次为了看一场国际足球比赛，花了5法郎买了一张最便宜的门票。至今他回忆起来还说，5法郎，是一天的饭钱，在那时候对他来说可不容易呀！而且看球时坐的位置又最高，连球都看不清楚。他还记得，那次国际足球比赛的冠军是乌拉圭。中华人民共和国成立后，他一直是足球的热心观众，有球必看，连在北京先农坛体育场娃娃队的比赛，他也去看。不但他自己去看，还带着我们去看，看不懂也要去。我们小时候就大半坐在休息室中喝汽水。慢慢地大了，也都成了看足球的"瘾君子"。有一次看球令我特别感动。那时"文化大革命"还未结束，1973年的时候，父亲刚刚被解除软禁，还未出来工作，适值一个外国球队来比赛，父亲带着我们去看。本想悄悄坐在主席台末排，不想他一进场，便被旁边看台的观众发现了，于是全场一万多观众全体起立，热烈鼓掌。父亲只好走到主席台的前排，连连向观众们鼓掌致意。当时的那种场面，的确激动人心，令我多年不能忘怀。他和足球在法国时便结下了不解之缘，当时未能尽兴，而今天条件就好多了，不出家门就可以看到。平时一遇世界大赛，凡有转播，他必定要看，一时没有时间，也要录下来慢慢欣赏。1990年的"世界杯"足球赛时，他正好已经退休，这下有时间了，连实况带录像，一共转播了52场，他看了总共50场球，可算是过了瘾。

一条蓝白道的大围巾

毛毛在《我的父亲邓小平》一书中写道:"在莫斯科的同学中,还有两个人值得一提。一个是蒋介石的儿子蒋经国,他和父亲不同班,年龄也较小,当时在学校并不出名。另一个是从国内派到莫斯科培训的一个年轻的女共产党员,名叫张锡瑗。"

全国政协委员徐君虎早年和邓小平、蒋经国等在莫斯科中山大学同窗共读,据他回忆,莫斯科中山大学是1925年秋天正式开学的,第一期学员共有600多人。徐君虎去了以后,不仅和蒋经国分在同一个班,而且分在同一个团小组里。邓小平虽然和他们不同班,却在一个团小组里,还任他们的团小组组长。

在莫斯科中山大学的所有同学当中,蒋经国年纪最小,是同学们的小弟弟。由于年纪小,顽皮又活泼,爱说爱笑爱唱,走起路来又蹦又跳,整天无忧无虑,像个快活的小鸟。又因为他经常穿一件夹克式工人服,戴着鸭舌帽,皮肤也晒得黑黑的,像个小童工,大伙儿都跟他开玩笑,管他叫"рабочий"(俄语"工人")。

而邓小平比他们团小组里的人都大,经验也比团小组里的其他人丰富。在学校里,邓小平性情爽朗,活泼,爱说爱笑,富有组织才能和表达才能;傅钟则老成持重,不爱言谈;任卓宣则是个书呆子。这3个从法国来的中国学生的共同特点是:每个人脖子上都围着一条蓝白道的大围巾。

莫斯科是很美丽的,尤其是积雪的冬天,克里姆林宫、楼房、教堂都像一座座水晶宫。每到夜幕降临,路灯映着白雪,直晃人眼。

徐君虎、赵可夫、左权等人初到莫斯科,觉得一切都是那么新鲜、有趣。尽管天寒地冻,他们晚饭后总爱到学校对门教堂旁边的广场、公园或莫斯科河畔去散步,领略异国风光。

在散步的时候,他们爱开开玩笑,聊聊天。当左权、徐君虎、蒋经国、邓小平一起去散步的时候,除了聊天,还爱听邓小平讲在法国勤工俭学时的那些惊心动魄、带有传奇色彩的革命斗争故事。

有一次,蒋经国和徐君虎问邓小平:"你干吗老围着一条大围巾?"邓小平告诉他们说,在法国留学的中国学生常去当清洁工,尤其是捡马粪,因为在法国就数捡马粪挣钱多，干一天能搞足一个星期的花销，最划得来。法国的清洁工都围那么一条围巾，因此他们每人也有那么一条。

原来，他们是以曾当过清洁工人而自豪啊！

70多年后，即1992年邓小平88岁生日时，北京外国语学院英语系吴文华同学曾在一本书中读到，16岁的邓小平在法国留学时，由于没有足够的钱读书、生活，曾有一段上街捡牛马粪挣零用钱的经历。那时，他时常戴着一条蓝白相间的围巾，那是中国留学生当清洁工人佩戴的标志。该给他老人家送上这样一条围巾做纪念。小吴来到农贸市场，一位名叫王惠兰的个体户老大娘热情表示要为他帮忙。大娘从存货中找出一条洁白的长围巾，按照小吴的要求，一针一线地绣上蓝色边、三棵青松和"1992"等字样。吴文华将纪念品及信件送到了中共中央（国务院）办公厅信访局。邓小平收到后委托中办转达感谢。

蒋经国和邓小平个头都不高，站队时老站在一起，肩挨着肩。生活和历史就是这样地开玩笑，这两个当年同窗共学的朋友和同志，谁能料到，50年后，竟成为台湾海峡两岸的风云人物呢？

后来，80多岁的邓小平回忆说蒋经国"学得不错"。

1926年底，掌握了先进的思想理论的邓小平离开了莫斯科返回了自己的祖国。他要为自己的崇高理想去战斗，迎接新的生活！

第二编　红军时期

（1927—1937）

历程

进入首脑机关

就在国民革命军第二集团军东征取得节节胜利的同时，第一次国内革命战争的政治形势发生了巨大的变化。

1927年4月12日，蒋介石背叛革命，发动了"四一二"反革命政变。

4月15日，蒋介石指使广东的李济深又制造了"四一五"广州惨案，逮捕枪杀了大批共产党人和工人积极分子。此后，又在南京、无锡、宁波、杭州、福州等地先后大批屠杀共产党员和革命群众。中国共产党的优秀领导人陈延年、赵世炎、萧楚女、熊雄等，都在蒋介石的屠刀下英勇牺牲。与此同时，军阀张作霖杀害了在北京的中国共产党的卓越领导人李大钊，以及京津地区的许多共产党人和国民党左派。

蒋介石的反革命罪行，激起了革命人民的无比愤怒，毛泽东、董必武、恽代英、林伯渠、吴玉章等共产党员联合国民党左派邓演达、宋庆龄、何香凝等，联名通电讨蒋。武汉国民党中央及武汉国民政府发布了斥责蒋介石的命令，开除蒋介石的党籍，撤销其一切职务并下令通缉蒋介石。

一波未平，一波又起。1927年，真是中国革命运动史上无比悲壮和惨痛的一年。

5月，江西吉安反动军官枪杀革命群众；国民革命军驻武汉独立第十四师师长夏斗寅勾结四川军阀杨森叛变革命，进攻武汉；长沙反动军官许克祥叛变革命，屠杀100余人。6月，许克祥在湖南屠杀1万多人；武汉反动军官何键宣布与共产党决裂，拘捕共产党员；该月10日，汪精卫、孙科、谭延闿等与冯玉祥在郑州召开反共会议。7月15日，汪精卫正式宣布和共产党决裂，并在武汉地区疯狂屠杀共产党人、进步青年和工农革命群众。

由于蒋介石、汪精卫背叛革命，大肆屠杀共产党人和革命群众，中国共产党的组织被破坏，一大批优秀的党的领导人被屠杀，日益高涨的群众反帝反封建的革命运动遭到血腥镇压，蒋介石逐步在全国建立了一个反共、反民主、反人民的新军阀统治。共产党人和革命工农群众的鲜血，染红了江河，染红了山川，染红了中华大地上的漠漠黄土和殷殷绿草，一场轰轰烈烈的大革命失败了。

曾经参加革命、倾向进步的冯玉祥，在这场全国风云突变之中，倒向了蒋介石。

6月10日，冯玉祥参加了汪精卫在郑州召开的反共会议。19日，他以集训为名，下令其所部全体政治处处长集中开封，并令其手下田生春逮捕了西安中山军事学校校长、共产党员史可轩，将其杀害。冯玉祥一边对其军队中的共产党人进行清除，一边在开封对被囚禁起来的共产党员搞集中营，"洗脑"。

邓小平此时在西安中山军事学校任政治处处长，对"四一二"以后触目惊心的国内形势犹历历在目。由于他直接和刘伯坚保持联系，消息比较灵通，在得到所有共产党员要被集中起来的消息后，与刘伯坚、史可轩以及李林等商量，大家一致认为他应去武汉找中央，而不是到开封去"受训"。因此，6月底，邓小平离开了西安，经郑州，很快到达武汉。

1927年六七月间，邓小平到了武汉，向中央军委报到。

邓小平报到后，旋即将党的组织关系转到党中央，并被分配担任中央秘书工作。当时的中央秘书长是邓中夏。邓小平在法国就已熟识的周恩来此时也到了武汉，担任政治局委员和中央军事部部长。邓小平的工作主要是管中央文件、交通、机要等项事务，在中央的重要会议上做记录和起草一些次要的文件。

为适应秘密工作的需要，邓小平改了名，即将邓希贤改为邓小平。

汪精卫背叛革命后，国民政府所在地武汉，已处于一片白色恐怖和血腥屠杀之中，中国共产党被迫转入地下秘密状态。这时全国到处都是白色恐怖，许多地方党的组织遭到严重破坏，牺牲了很多共产党员，党中央与全国大多数党组织失去了联系。由于同各地联系很少，那时中央机关的工作量不大。

当时陈独秀准备在中央秘书长之下设八大政治秘书，他任命了刘伯坚、邓小平等几个人，但由于形势的变化，八大秘书并未设满，连已任命的几个人也未到任,所以在中央秘书长之下,只有邓小平一个人做秘书工作。

邓小平以秘书的身份参加了当时中共中央的各种会议。有次会议给他留下了深刻的印象,那时他刚到中央工作。会议是陈独秀亲自主持的,讨论河南问题。邓小平的印象是,陈独秀搞一言堂,主持开会亦相当简单,会议没开多久,他说了一句"耕者有其田"就宣布散会,显得相当武断。会后让邓小平根据会议记录起草一个给河南省委的文件。邓小平当时刚到中央,既不了解情况,又不熟悉问题,会议讨论得又少,因此只写了300多字。邓中夏看了以后说,太简单了吧,不过这次就这样,下次再写长点。陈独秀是一个地地道道的大知识分子,所以当时的文牍主义是相当厉害的。

7月中旬,中共中央召开政治局会议,决定陈独秀去共产国际讨论中国革命问题,国内组织一个5人政治局常委会代行中央政治局职权,成员有张国焘、周恩来、李维汉、李立三和张太雷。自此,陈独秀即不视事。

这次中共中央改组,是一个肃清右倾机会主义的重要转折点。

7月下旬,中央决定举行南昌起义,周恩来、李立三、张太雷、邓中夏等相继奔赴南昌,中共中央秘书长的职务改由李维汉兼任。邓小平和李维汉先前在法国时虽未有机会面晤,但李维汉毕竟是留法勤工俭学的"学长",因此邓小平对他的大名可谓早已如雷贯耳。邓小平在李维汉的领导下继续工作,并一直同他一起住在汉口一个法国商人的楼上。

"四一二"反革命政变后,以蒋介石为代表的国民党右派建立了新军阀的统治。他们依靠帝国主义、封建势力和财阀的力量,更加残酷地压迫和剥削广大工农群众,镇压革命力量。

中国革命由高潮转入了低潮,中国共产党的组织由公开转为秘密,党的活动也由公开转入地下。

在血腥的白色恐怖下,革命队伍中的人,有的被杀害了,有的被逮捕了,有的彷徨了,有的惊慌失措了,有的脱离了党和革命的队伍,有的甚至投向了反革命的阵营。

在新军阀的迫害下,中国革命力量遭到了极大的摧残。到1932年以前,约有100万人死于反革命的屠刀之下,仅1928年1月至8月就有10万余人殉难。党的组织也遭到严重破坏,到了1927年底,党员人数由5万多锐减到1万余人。

在这血雨腥风、一片黑暗的日子里,"中国共产党和中国人民并没有被吓倒,被征服,被杀绝。他们从地下爬起来,揩干净身上的血迹,掩埋好同伴的尸首，他们又继续战斗了"。

1927年8月1日，中国共产党中央军委书记周恩来和贺龙、叶挺、朱德、刘伯承等直接指挥，发动了具有伟大历史意义的南昌起义，这是中国共产党领导的革命武装力量向国民党反动派打响的第一枪。

南昌起义是在一片白色恐怖和强大的敌人包围之中举行的，它虽然失败了，却开创了无产阶级武装夺取政权的先河。从此，中国出现了一支完全由中国共产党领导的、独立的人民武装力量。

参加八七会议

1927年8月7日，当中国革命被推入血海之时，中共中央在汉口三教街41号（今鄱阳街139号）召开过一次紧急会议。会议纠正和清算了陈独秀的右倾机会主义，确定了实行土地革命和武装反抗国民党反动派的总方针。

邓小平虽然不是会议的正式代表，但他所做的工作为会议的顺利召开起到了重要的作用。

——他接受瞿秋白、李维汉交代的任务，帮助他们筹备中共中央紧急会议，向代表们发出通知，嘱咐代表们，熟悉武汉街道的自己前往，其余的则由交通员带去，并交代有的从前门进，有的从后门进，工作极其细致。

——为了会议的安全，他和有关人员一起选择确定会场，前临僻静街道，后通小巷，屋顶凉台与邻屋凉台相连，一旦发生紧急情况，较易撤离。

——他负责接待代表，安排食宿。8月7日这天代表们用以填肚子的面包和稀饭，就是他和房子的女主人苏联妇女问题顾问洛卓莫娃操办的；为了防止中暑，还发给每人一包人丹。

——邓小平自己回忆说，参加这次会议的代表们是分批进来的，中央领导同志最后来到会场。当时是武汉最热的时候，但因形势险恶甚至门也不能开，进去了就不能走，睡的是地铺。作为工作人员，他带着简单行李最早进入会场，最后一个离开。会议只开了一天，他却为此在那栋房子里整整待了6天。

八七会议只是尚未完成的追求，但毕竟找到了通向完成的路标。神州大地到处都卷起了暴动的风云，燃起了起义的火光。至1930年前后，中国共产党已在全国建立起大小十几块革命根据地。

八七会议后，中共中央为了就近指挥湖北、湖南农民秋收起义等工作，决定留驻白色恐怖日益严重的武汉。至9月底、10月初随中共中央迁往上海，邓小平这次在武汉住了4个月左右。

没有历史资料记载邓小平当年在武汉所做的一切，也许它们都是细小的、琐屑的。但革命低潮时艰险的环境和中央机关的生活工作无疑使他增长了智慧和胆识，开阔了胸襟和眼界——到上海后不久，邓小平挑起了中共中央秘书长的重担。

诗人罗高林在长诗《邓小平》中这样写道：

> 邓小平由西安
> 冯玉祥的军营
> 走到了白云黄鹤的江城
> 并且由此跨入了中央机关
> 在党的最高层
> 扬起了
> 生命的光辉年轮

1972年9月，邓小平看了中共中央办公厅政治部转来的一份关于八七会议情况的资料征集提纲，回信说：

> 关于党的八七会议，当时我是党中央秘书，是参加了的。会议情形，因事隔多年，很模糊了。
> 当时，由于汪蒋合作反共，白色恐怖严重，所以会议是在极端秘密情况下举行的。
> 我记得这次会议，是在汉口德租界一个俄国人家里举行的。街名、门牌号数都记不得了。会址是一幢单独洋房，是在楼上开的。
> ……

邓小平还回忆了会议的参加者、人数、议程等其他情况，并在最后写道："我记得只有这些，而且可能有差错，李维汉当时是中央秘书长，可能记得更多更清楚些。"

1980年的八七纪念馆，喜事连着喜事。

5月20日，邓小平亲笔题写了八七纪念馆的馆名，随即寄达武汉。

请邓小平题字一事是李维汉主动"承包"的。他后来对人说，请邓小平题，他很爽快。

他题写的"八七会议会址"6个大字，稳健而流畅，从书法艺术的角度看，也十分讲究。

党中央秘书长

八七会议后，为了避开武汉的险恶局势和适应革命运动发展的需要，中共中央于9月底到10月初从武汉迁往上海。邓小平也随中央一同迁往上海。

上海，位于中国的东海之滨，由于地理位置重要，交通方便，因此当时已成为我国最重要的经济中心。在上海，有当时在中国已开始发展的民族工业，有已具雏形的金融基础，有较为发达的商业贸易系统。20世纪20年代初，大批的留法勤工俭学学生就是从这一海上通道离开祖国，去远方求学的。

由于上海工商业发达，因而在那里形成了一支力量可观的工人阶级队伍。在五四运动中，在五卅运动中，在历次反帝反封建斗争中，这支工人阶级队伍早就经历了斗争的锻炼。

1926年和1927年，在北伐战争以波澜壮阔之势向前开展之时，上海工人在中国共产党领导下，在周恩来、罗亦农、赵世炎等直接指挥下，发动了三次规模庞大、声威壮阔的工人武装起义。上海的工人阶级，用自己的血肉之躯，为北伐军打开了上海的大门。上海的工人和革命群众具有高度的革命觉悟和丰富的斗争经验，具有光荣的革命传统，是我党依靠的一支重要革命力量。

上海作为中国资本主义的发祥地之一，近百年来就已成为帝国主义进行殖民侵略的基地。各国帝国主义势力麇集上海，把上海的地盘作为他们的势力范围，各自分一杯羹。这里外国租界遍地，外国巡捕房林立。在上海，外国军队、外国官员、外国商人、外国传教士俨然是这里的统治者和一等公民。

上海乃黄金宝地，外国帮办、各路封建帮会势力、各种政治派别分子，无不盘桓于此。高楼大厦之上，是腰缠万贯的金融巨子。阴沟歧巷之中，是流氓地痞的栖身之地。这些见得人的和见不得人的、冠冕堂皇的和下三烂的、

"正人君子"和魑魅魍魉，统统都纠集在一起，勾结在一起，缠绕在一起，形成了一个巨大的网，真正是"剪不断，理还乱"。

上海曾经是北伐军的革命基地，现已成了反动新军阀的势力范围，这里军警森严，特务猖獗。他们到处搜捕，收买叛徒。他们和外国巡捕房勾结起来，大肆镇压革命群众和共产党人。这里，几乎每个星期都有人被捕被杀。这里，同样是白色恐怖的血腥战场。在这里，陈延年、赵世炎等著名共产党人惨遭杀害。

正是因为上海具有这样一种十分特殊的环境，因此，我们的党中央就可以凭借这错综复杂、变化无常的社会状况，在反动势力的眼皮底下，在各种派别活动的缝隙中间，站稳脚跟，建立机关，开展工作。

这就是中共中央从武汉迁往上海的原因。

在中共中央进行改组并迁往上海前后，中国共产党一边恢复党的建设，一边继续组织武装起义。

1927年9月，毛泽东领导了著名的湘赣边界秋收起义。参加起义的工农革命军于10月到达井冈山，并在那里创建了第一个中国工农红军的革命根据地，开创了在革命转入低潮的形势下，重新聚集革命力量，武装夺取政权的新局面。

1927年12月，在张太雷、叶挺、恽代英、叶剑英、聂荣臻等领导下，广州起义骤然爆发。

1927年12月间，即在党中央迁到上海后不久，邓小平就被任命担任党中央秘书长的职务，协助周恩来等中央领导处理中央日常工作。新的党中央在非常紧张的政治局势和十分严重的白色恐怖下，积极开展了大量的工作。

党中央通过各种秘密渠道迅速向全党传达了八七会议的精神，派了一些同志到湖南、湖北、广东等地指导工作；党中央先后组织发动了湖南的平江起义、湖北的黄麻起义、江西的弋横起义等革命的工农起义，有力地回击了国民党的疯狂屠杀和血腥镇压，并开始把革命向农村推进，为壮大工农红军和开辟农村革命根据地提供了经验，在这些军事斗争中，直接打出了苏维埃的旗帜，直接组织了由我党领导指挥的中国工农红军；党中央还在国民党新军阀的统治下，积极开展了工人运动、学生运动和妇女运动，建立秘密工会，组织秘密学联，并组织了一些城市的工人斗争。

党中央到上海后，很重要的一项任务就是要进行极其艰难的组织工作，恢复、整顿和重建党的组织，改变在严重的白色恐怖之下全党的散乱状况。

在上海，很快地，党中央便建立了秘密组织系统，建立了秘密工作机关，组织了全国的秘密交通网络，并出版了党的秘密机关报。

面对艰巨的工作，年仅24岁的邓小平应付自如。作为中央秘书长，他负责文件、电报、交通、中央经费、各种会议安排等项工作。由于上海处于敌人的严密统治之下，周围环境异常险恶，因此当时的中央领导同志需要不断变换居住点和姓名，像周恩来这样重要又出名的人物，更是需要注意隐蔽，住处有时一月半月就要更换一次。为了秘密工作的需要，中共中央领导同志之间都互不知道住处。而邓小平则要掌握所有中央领导同志和各处中央秘密机关的地址和地点，而且只有他一个人掌握这些绝密情况。因此，对于上海的大路小路、街巷弄堂，特别是秘密机关所在的那种四通八达的弄堂，他都相当熟悉。当时上海市市区的大部分地区都是外国租界，因此许多街道用的都是外国名字，例如，贝当路、福熙路等。有趣的是，邓小平对上海街道的旧名称很熟悉，却对不上现在的新名字。1991年他去上海，上海市的一些同志陪同他乘车观看上海市市容。邓小平兴致很高，于是便讲起了他当年在上海做地下工作的一些情形。他说，为什么有一条路叫福熙路呢？那是因为这条路在法租界，而福熙则是一个法国有名的将军，因此用这位法国将军之名来命名了这条路。邓小平提起一些街道的旧名，还问上海的同志这些路现在叫什么名字。对于这些几十年前的陈年旧事，年纪较轻的这些上海的"地方官"只能面面相觑，无言以答！

作为党中央的秘书长，邓小平的工作也是很忙的。黄介然，原名黄文容，给陈独秀当过秘书，中共中央迁到上海后，他先在党的《布尔什维克》刊物工作，1928年夏调任中央秘书处处长，由此认识了邓小平，他回忆说："那时在上海同孚路柏德里700号有一个两楼两厅的房子，那就是中央的一个机关，当时由彭述之夫妇、陈赓的夫人王根英、内交科主任张宝泉和白戴昆等同志以房东房客的关系住在里面。实际上这个地方负责处理中共中央机关的日常工作，我们都称这个地方为中共中央办公厅。那时候，恩来同志和小平同志每天都来这里，中央各部门、各单位都来请示工作。属于机关事务性的问题和技术性的问题，小平同志作为秘书长进行处理解决。中央和各部门、各地区来请示的问题，如要人、要经费、汇报工作和请示中央的问题等，恩来同志能解决就当场解决，不能解决的和重大的问题，他就交到政治局会上去讨论决定。恩来同志实际上相当于党内日常工作的总管。我当时在党刊工作，也是常去请示工作，在那里头一次见到恩来和小平同志。他们非常忙，我们请示工作的人很多，有时还要在外面排队等。"

大概是从安全上考虑，当时中共中央的机关，一般都设在外国租界，其中大部分设在公共租界的沪中区。

在闹市中心四马路（福州路）上有一个天蟾舞台，在舞台后面的447号，就是党中央的一个秘密机关。

这里，楼下是一家"生黎医院"，楼上则由熊瑾玎、朱端绶夫妇租有三间房子，作为中共中央政治局开会和办公的地方。熊瑾玎扮成一个湖南来的经营土布土纱的商人，门上挂个"福兴字庄"的牌子，当时人们都称其为熊老板。从1928年11月到1931年4月间，中共中央政治局会议差不多都在这里召开。作为中共中央秘书长，邓小平列席和参加会议。

关于中共中央政治局开会的情况，黄介然也有回忆，他说："政治局开会，由总书记向忠发主持。会议的内容都是事先定好的，都是讨论专门的问题。如工人运动、国际形势、国内形势、经济问题、全国和局部地区的形势、策略、对策、方针、工作方法和斗争方法等，都是大的问题。每次讨论的问题都由主管这一工作的领导同志做中心发言，其他同志围绕中心发言谈看法和不同意见。发言不能时间太长，不能长篇大论。向忠发有时也很能发挥一通，但没有水平。发言最多的是周恩来，他了解的问题多，管的工作多，准备又充分，还常常写好发言提纲，特别是关于苏区的工作和军事工作，他发言最多。小平同志是秘书长，负责记录（有时也请别人记录），但他也发言，因为秘书长有权发言，也有权提出问题。秘书长要负责处理中央政治局会议决定的工作，起一个承上启下的作用，责任很大。秘书长知道的事情多，处理的事情多，所以他的工作直接牵涉中央的安危。小平同志的特点是发言不多，但发言和提问都很有分量，他虽然沉默寡言，但说的话深入浅出，容易懂。"

正因为这样，朱端绶时隔60多年后仍清楚记得邓小平的发言情况。她说："邓小平常在会上发言。有一次他的发言我记得最清楚，就是李立三主张先取得一省或数省的胜利，他反对，说国民党有几百万军队，我们刚刚组织起来，没有武装，土枪土炮怎么打得赢？"

上海虽为鱼龙混杂之地，有利于我党开展工作，但仍被帝国主义和反动势力严密控制。敌人利用各种手段，企图破坏我党地下组织和捕杀我们党的领导人，因此，在这样的龙潭虎穴中战斗，是随时都会有生命危险的。邓小平自己也曾回忆说："我们在上海做秘密工作，非常艰苦，那是吊起脑袋在干革命。我们没照过相，连电影院也没去过。我在军队那么多年没有负过伤，地下工作没有被捕过，这种情况是很少有的。但危险经过好几次。最大的危险有两次。

"一次是何家兴叛变，出卖罗亦农。我去和罗亦农接头，办完事，我刚从后门出去，前门巡捕就进来，罗亦农被捕。我出门后看见前门特科一个扮成擦鞋子的同志用手悄悄一指，就知道出事了。就差不到一分钟的时间。后来罗亦农被枪毙了。

"还有一次，我同周总理、邓大姐、张锡瑗住在一个房子里。那时我们特科的工作做得好，得知巡捕发现了周住在什么地方，要来搜查，他们通知了周恩来，当时在家的同志就赶紧搬了。但我当时不在，没有接到通知，不晓得。里面巡捕正在搜查，我去敲门，幸好我们特科有个内线的同志在里面，答应了一声要来开门。我一听声音不对，赶快就走，没有出事故。以后半年的时间，我们连那个弄堂都不敢走。

"这是我遇到的最大的两次危险。那个时候很危险呀！半分钟都差不得！"

在这样险恶的环境下工作，作为掩护，邓小平当过杂货店老板，也当过古董店的老板。

邓小平在上海党中央共做了一年半的秘书长，至1929年夏，中共中央便派他以中共中央代表的身份前往广西，领导当地党的工作，伺机发动武装起义。

尽管邓小平在上海党中央机关工作的时间不长，但这一段工作经历对年轻的邓小平来说却是不可低估的。特别是在担任了中共中央秘书长的职务后，他有机会列席党中央的各种最高会议，有机会看到全国各地的工作报告，有机会参加党的一些重大决策活动的技术性工作，这对于他增加工作经验，提高政治政策水平，了解全国革命工作的情况和经验，是大有裨益的。

25 岁的政委

1929年4月，第一次蒋桂战争以新桂系李宗仁、白崇禧的失败而告终。

广西左派军人俞作柏、李明瑞利用蒋介石的力量，于同年6月掌握了广西的军政大权，分别担任广西省政府主席和广西编遣特派员（后改为第四编遣分区主任）。由于他们在广西的根基比较薄弱，加之他们也深知蒋介石是靠不住的，于是，他们听取了俞作柏的弟弟、中共党员俞作豫的建议，要求中共派干部协助其工作，以巩固其地位。

中共中央和广东省委利用这一有利时机，先后派邓小平、贺昌、张云逸、陈豪人、叶季壮、龚饮冰等40多名干部，通过各种渠道，先后到达广西，与原先在那里工作的雷经天、俞作豫等一起开展革命工作，由中共中央代表邓小平负责统一领导。

这时邓小平还不满25岁。邓小平后来曾说，我"25岁领导了广西百色起义，建立了红七军。从那时开始干军事这一行，一直到解放战争结束"。

选派邓小平去广西，不能不说是中共中央对他的信任。主持中共中央军委工作的周恩来对邓小平是十分了解的。做统战工作邓小平也是有经验的。两年前，邓小平从莫斯科回国后的第一站就是在冯玉祥的西北国民联军中担任军校政治处处长兼政治教官，开展统战工作虽说时间不长，但还是有成效的。到党中央机关工作后，邓小平担任党中央秘书长，又和周恩来朝夕相处，他的工作能力周恩来是再清楚不过的。由于广西工作的特殊性和重要性，中共中央决定必须派遣得力干部去广西，邓小平是最为合适的人选。

就在这年7月的一天，邓小平化名邓斌，在中央特科龚饮冰的陪同下，带着党的六大决议案，秘密从上海经香港，取道越南来到了广西。

途经香港时，邓小平听取了广东省军委书记聂荣臻关于广西情况的介绍，对广西地区党组织的情况和广西的政治局势，有了一个初步的了解。

邓小平此行的主要任务是到广西与俞作柏、李明瑞等上层人士开展统战工作，同时以中共中央代表的身份领导广西党的全面工作。他的公开身份是广西省省政府秘书。

一到广西，邓小平正确地分析了俞作柏、李明瑞主桂前后对我党的政治态度和广西错综复杂的阶级关系变化情况，对他们采取了团结、教育、争取的方针，帮助他们整顿和培训部队，共筹反蒋、反新桂系军阀的大计；同时又坚持我党独立自主的原则，趁机开展兵运工作和发展革命力量。

当时，俞作柏、李明瑞虽倾向于共产党，但他们的政权基础薄弱。桂系军阀李宗仁、白崇禧等顽固势力比较雄厚，仍在暗中破坏。俞、李最迫切的是要防止李、白卷土重来，同时他们对蒋介石也存有戒心，希望借助中国共产党的力量来支撑他们的"天下"。于是，邓小平通过俞作豫与俞作柏、李明瑞的社会关系（俞作豫是俞作柏的胞弟、李明瑞的表弟）进行统战工作。首先，把中共中央和中共广东省委派来广西工作的干部安排到俞作柏、李明瑞的军政部门任职；其次，向俞、李提议释放"四一二"政变时被新桂系军阀逮捕关押在狱中的共产党员、共青团员和进步群众。俞作柏经过考虑，决定释放全部在押的"政治犯"。这样，中共南宁区负责人罗少彦、工人运动领导人何健南、共产党员吴西等一大批共产党人和进步人士被从狱中释放出来。这些人，特别是一批党团员干部，后来都成为建立广西红军的骨干。

紧接着，邓小平又通过俞作豫和其他各种社会关系，向俞作柏和李明瑞建议，开办一个广西教导总队，把各师中的青年军官调来南宁学习。这一建议也很快得到了俞、李的同意。教导总队创办后，共产党员徐开先（后脱党）、张云逸分别担任正、副总队长。教导总队共有3个营9个连，学员1 000多人，大多是从部队里抽调出来的班长和老兵。中共广东省委派来的100多名工人、学生党员也被安插到教导总队的各个连队当干部或学员，有些党员则安排到总队担任政治教官等工作。这些学员经过训练后，被分配到各部队去，成为改造旧军队、建立革命军队的骨干力量。教导总队名义上是训练军官，为广西的部队服务，实际上是邓小平领导的广西党组织改造旧军队、培养革命骨干，为建立革命武装做准备的一个基地。

邓小平还帮助李明瑞改造广西警备第四、第五大队，使这两个大队的领导权掌握在我党手里。共产党员张云逸、俞作豫分别担任了第四、第五大队大队长。

经过邓小平和广西党组织卓有成效的工作，俞、李在广西支持恢复工会、成立农会，武装左右江的农民自卫军，并给韦拔群的东兰农民革命武装军以"右江护商大队"的名义，还拨发300多支枪以示支持。中共组织在广西也可以以公开或半公开的方式得到恢复和发展。在中国共产党的影响下，俞作柏还任命了一大批农民运动领袖担任右江一些县的县长，极大地加强了党对右江地区的领导，促进了右江地区农民运动的发展。

在邓小平的领导下，仅仅几个月，广西全省已健全的县委和特别支部就有9个，正在恢复和健全的县委有5个。在南宁市已建立了轮船、汽车、机关等10个支部。全省已有共产党员420人，团员130人。一个新的革命高潮在广西迅速发展起来。

广西局势的变化，引起了反革命势力的恐慌。有人高喊："俞作柏、李明瑞来捣乱，致使左、右两江赤焰滔天，原东兰之共匪，也就死灰复燃。"失去广西地盘的桂系军阀首领李宗仁惊呼，俞作柏、李明瑞"南归后，为虎傅翼，共祸始炽，桂省几成为共产党之西南根据地"。

1929年9月，正当广西革命斗争形势有了新的转机的时候，广西的政局发生急剧的变化。国民党改组派头子汪精卫策动在湖北的张发奎反蒋，企图南下进攻广东军阀陈济棠，并派人到南宁游说俞作柏、李明瑞共同反蒋。由于俞作柏、李明瑞与中共的关系，蒋介石已企图伺机解决俞、李。俞、李认为，与其坐以待毙，不如先发制人，所以决定与张发奎联合，共同反蒋。

俞、李的这一动态，使得广西的形势风云突变。

邓小平认为，目前应当劝说俞、李不要匆忙反蒋。如俞、李不听，我们应当把部队拉出去，到韦拔群等已经工作多年、群众基础较好，蒋、桂力量难以控制的左右江地区，同农军结合起来，做好暴动的准备，建立革命根据地。

根据邓小平的指示，广西特委召开专门会议，部署左右江地区党的工作，决定派雷经天到恩隆县（今田东县）平马镇建立广西农协右江办事处和筹建中共右江特委；派严敏、陈洪涛、张震球等分别到东兰、凤山、恩隆、奉议、思林等县建立中共县委机构；派何健南、麦锦汉、吴西、甘湛泽、苏松甲等去龙州地区领导工农运动。这些措施，进一步加强了共产党对左右江地区农民运动的领导，使左右江地区的党组织和农民运动得到迅速发展。

俞作柏、李明瑞不听我党的诚意劝告，决意出兵。9月27日，通电反蒋。10月1日贸然出师，命所部进攻广东的陈济棠部队。

就在俞、李离开南宁后，邓小平迅即做了部署：通知警备第四大队派一个营先去右江地区，警备第五大队派一个营去左江地区；指示张云逸以南宁警备司令的名义接管省军械库，并征集船舶，以备一旦有变，立即把军械库中的几千支枪和大量弹药、山炮、迫击炮、机枪、电台等装船外运；命令在南宁受训的韦拔群领导的农军营赶回东兰，准备起义；同时派龚饮冰去上海向党中央汇报行动计划。

俞、李出兵不到10天便败退南宁。陈济棠派3个师尾随入桂，逼近南宁。邓小平当机立断，决定即刻举行兵变，把部队拉出南宁。

10月中旬的一天夜晚，南宁市区内枪声大作。兵变部队打开了军械库，搬走了所有的枪炮和弹药。第四、第五大队和教导总队在宣布行动后迅速撤离南宁。俞作豫率第五大队进驻左江地区,张云逸率教导总队一部分和第四大队由陆路向右江地区挺进。

邓小平、陈豪人等和部分干部带着警卫部队,指挥装满军械的船队溯右江驶到百色。

在恩隆县的平马镇,邓小平和张云逸会合了。

10月22日,邓小平、张云逸率部进驻百色,随后立即着手筹划起义的准备工作。

首先是广泛宣传发动群众,在部队和群众中宣传共产党的政治主张,宣传中共六大精神和党的"十大纲领"。在部队中举行士兵会,帮助地方建立和发展农民协会、工会与工农武装组织,宣布废除各种苛捐杂税,减轻工农群众负担。其次是继续整顿和改造部队,在官兵中着重进行思想教育,实行官兵平等;同时吸收大量工农青年和进步学生入伍,增加部队工农成分的比重。再次是武装工农,大力支持工农运动。最后是建立和发展党的组织,培训军政干部。至百色起义前夕,每个连队和大队部的机关单位都建立了中共党支部。同时还成立了中共右江工作委员会(后改为右江特委)。部分县建立了县委或特支。整个右江地区共有地方党员五六百人。

这期间,邓小平和张云逸还指挥了歼灭广西警备第三大队的战斗,共歼敌1 000多人,缴枪700多支,为起义扫清了障碍。

10月30日,中共广东省委通知广西特委,决定建立中共广西前委(后改为红七军前委),由邓小平担任前委书记,统一领导左右江地区的党和军事工作。

11月5日,去上海向党中央汇报工作的龚饮冰秘密回到百色,传达了中共中央同意在左右江地区举行武装起义、创建红军和革命根据地的指示精神。中央批准广西成立中共广西前敌委员会,统一党和军队的指挥,邓小平任前敌委员会书记。中央还颁发了红七军、红八军的番号,任命了两军的领导干部。中央还要求在龚饮冰回到广西后的10天内举行武装起义。

根据中央的指示精神,前委立即召开会议,传达贯彻中共中央指示,加紧武装起义的准备工作。邓小平认为,中央要求在10天内起义,比较仓促。应该首先做好发动群众的工作,改造好旧军队,发展党的组织,摧毁旧的政权。中共中央原要求苏联十月革命节那天举行起义,鉴于准备工作尚未充分,于是决定推迟到12月11日广州起义两周年那天举行。邓小平后来这样说:

关于暴动的问题，我们很早就注意到了，但是得到中央的指示以后使我们更坚决，不过必须有准备工作。因此时间上并不能机械地确定，直到以后军队中我们已有强固的组织才决定广暴纪念日期，但这次发动并不是上级的命令，还是经过士兵们及大会来决定的。

不久，中共中央来电要邓小平去上海汇报工作。

邓小平在布置好百色起义的准备工作后，于12月上旬前往龙州，部署龙州起义的准备工作。并准备由此绕道越南、香港去上海。

1929年12月11日，邓小平、张云逸、韦拔群、陈豪人、雷经天等领导的广西警备第四大队、广西教导总队和右江农民自卫军举行了百色起义，宣布成立中国工农红军第七军，张云逸任军长，邓小平担任前委书记（后兼任军政治委员），陈豪人任军政治部主任，韦拔群任第三纵队队长。

同一天，在恩隆县平马镇召开了有11个县5个镇的农民代表、工会代表和红七军士兵代表共80多人参加的代表大会，选举产生了右江苏维埃政府领导成员，雷经天任苏维埃政府主席，韦拔群、陈洪涛担任委员。

在红七军的帮助下，接着右江地区有15个县相继成立苏维埃政府或革命委员会。

就在邓小平前往龙州的路上，他和李明瑞不期而遇。

俞作柏、李明瑞10月反蒋失败后，俞作柏出走香港，李明瑞则率部滞留龙州一带。为了拉拢李明瑞，蒋介石曾多次派人带着广西省政府主席、第十五军军长的委任状和巨款到龙州等地，向李明瑞及其亲属进行拉拢、引诱，结果均遭拒绝。李明瑞当时仍抱有东山再起的幻想，他想乘广西政局混乱、南宁空虚之机，联合右江地区的部队反攻南宁。他命令广西警备第五大队开到崇善（今崇左）待命，自己亲往右江策动第四大队联合行动。

为了进一步团结、争取李明瑞参加革命，邓小平把李明瑞带到百色的粤东会馆。在那里，他们进行了彻夜长谈。邓小平向李明瑞宣传革命道理，指出军阀混战的危害，介绍全国革命形势，说明我们党准备发动百色、龙州起义，成立红七军、红八军，并请李明瑞出任两军总指挥，建立左右江革命根据地。

李明瑞表示愿意参加革命，立即返回龙州布置起义的各项准备工作。

随后，邓小平也来到了龙州。他传达了中共中央关于建立红八军的指示和最近在百色召开的红七军前委会议精神，分析研究龙州的形势，与李明瑞、俞作豫等一同研究了龙州起义的具体计划。前委原要求龙州于 12 月 11 日与百色一起举行武装起义，但因龙州发生叛乱，邓小平决定推迟起义日期，等条件成熟了再宣布起义。

在这里，邓小平又多次和李明瑞长谈，进一步做李明瑞的工作，更加坚定了李明瑞参加革命的决心，从而保证了龙州起义的顺利进行。

在龙州布置完起义的准备工作后，邓小平前往上海向党中央汇报工作。

按照邓小平的意见，李明瑞、俞作豫等在起义前抓紧进行改造旧部和筹建地方政权的工作，建立士兵委员会，成立了工农赤卫队，并做了大量的宣传、组织、武装群众等工作。

1930 年 2 月 1 日，邓小平、李明瑞、俞作豫等领导广西警备第五大队和左江工农武装，胜利地举行了龙州起义，宣布成立中国工农红军第八军和左江革命委员会，俞作豫任军长，邓小平兼任政治委员，何世昌任政治部主任，宛希平任参谋长，王逸任左江革命委员会主席。

李明瑞任红七军、红八军总指挥。

接着，左江地区也有 6 个县相继成立了革命委员会。有的县虽未成立革命政权，但也属红八军和左江革命委员会的主要活动范围。至此，左右江革命根据地连成一片，互相呼应，成为全国瞩目的拥有 20 多个县、100 多万人口的革命根据地。

在上海，邓小平向党中央汇报了广西的工作。中共中央认为，左右江起义"是在全国范围内最有组织、最有意识的一次兵变"。在汇报李明瑞的情况时，邓小平向中共中央建议，吸收李明瑞加入中国共产党。但是，由于受"左"倾错误的影响，当时党中央的一些领导同志认为，对李明瑞绝对不能存"丝毫的幻想"。邓小平却据理力争。他说，我们的主要工作是发动下层群众，但是我们也不能忽视我们开展工作的上层线索。最后中共中央同意吸收李明瑞加入中国共产党。

进军靖西

1930 年 2 月 7 日，去上海向中共中央汇报工作的邓小平再次经香港取道越南，回到了广西龙州。当他还未走出越南的地界，远远望去，就看到镇南关上高高飘扬着红旗。他知道，龙州起义一定举行了，红八军也一定已经成立了。

他到了龙州，才知道红八军的领导多已分头到各县去剿匪反霸，只有第二纵队司令员宛旦平在红八军司令部。宛旦平向邓小平详细汇报了红八军的工作情况和龙州的形势。从宛旦平的汇报中，邓小平发现，红八军和左江的工作存在一些问题。左江革命委员会虽已成立，但尚未开展实际工作，政权仍不稳定。红八军刚刚建立，人数不多，只有1 000多支步枪，部队基础都掌握在旧军官手中，许多共产党员都未掌握带兵的工作，大军已经出发，而后方留守的是极不可靠的收编队伍。同时，龙州起义以来，红色政权与反动势力之间的矛盾更加激化，而左江地区本来群众基础就较差。尤其是红八军第二支队游击司令、龙津县县长黄飞虎叛变后，左江的形势变得日益困难。

从宛旦平的汇报中，邓小平还得知，此时此刻，在红七军、红八军总指挥李明瑞和红七军军长张云逸的带领下，红七军正在向南宁进兵，途中，在隆安与桂军近4个团的兵力发生激战。同时，红八军在军长俞作豫的带领下，也正按照预定计划，向崇善方向进军，准备配合红七军攻打南宁。

邓小平认为，从主、客观条件上估计，攻打南宁必遭失败，甚至有全军覆灭的可能。根据党中央不打南宁的精神，他立即急电李明瑞、张云逸，要求他们停止进攻南宁，并同时通知俞作豫回师龙州。

接到邓政委的指示后，俞作豫立即赶回龙州。

随即，邓小平召集了一个广西军委和地方党委的干部会议，根据他在上海向中共中央汇报工作的精神，做了几次详细的报告，指出左江各方面的工作尚未抓住中心。经过几次会议的讨论，制定了职工运动、农村斗争、发展党的组织、反帝斗争、土地革命、扩大和发展红军等问题的方针政策。会议同时决定，红八军暂时组成一个前委，总的方向是与红七军会合，集中力量向湘、粤边进展，以期与朱德、毛泽东领导的红四军会合。

会后，由于明确了目标和方针政策，左江的工作很快做出了相当的成绩。

为了打击地主豪绅和其他反动势力的嚣张气焰，邓小平与左江革命委员会镇压了曾在"四一二"反革命政变后大肆屠杀共产党员和革命群众以及平时欺压乡民的7名罪大恶极的反动分子。这极大地鼓舞了人民群众的革命热情，左江的革命群众纷纷起来揭发地主豪绅的罪行，没收地主豪绅掠夺的财产。

龙州起义的胜利，触动了法国殖民主义者的利益。法国驻龙州领事馆极力制造事端，破坏革命。为了打击法国殖民主义在左江地区干涉中国内政、阻止左江革命政权建设的行径，邓小平等决定对法帝国主义者进行一次有力的打击，以掀起反帝国主义的革命高潮。2月11日，在龙州城体育场，召开了由工、农、兵、学、商各界群众1万多人参加的大会，声讨法帝国主义者干涉中国内政和破坏中国革命的行径。大会以铁的事实揭露了法国驻龙州领事馆破坏中国革命的种种罪行，号召群众团结起来，打击外国侵略者，并发出了由邓小平起草的《中国红军第八军政治部为法帝国主义驻龙州领事馆无理照会告全国民众书》，呼吁民众团结一致，"以热烈的革命手段去推翻压迫阶级的统治，建立民众自己的政权。只有这样，我们的痛苦才能解除，也只有这样，才是我们久受压迫的中国民众的唯一出路"。

会后，与会群众举行了声势浩大的游行示威。游行群众在左江革命委员会的带领下，包围了法国领事馆和龙州海关、天主教堂等，并将窝藏在天主教堂里的土豪劣绅的武器弹药、金银财宝搜出没收，把趾高气扬的法国领事嘉得夫妇、海关法国税务司彦格里及反动的法国神父逐出中国国境。

邓小平在指导龙州斗争工作的同时，又在设法打听红七军的消息。不久，邓小平得知红七军在右江的隆安战斗中失利，主力已退出右江，不知何往的消息。此时，重掌广西军政大权的桂系军阀，以4个团的兵力进犯龙州。邓小平和红八军前委成员认识到龙州是绝对不能守的，因此为了保住与右江红七军的联系，决定打下左、右江之间的重要通道——靖西。

邓小平在龙州布置完工作后，急忙赶赴右江。首先，他于3月7日到达雷平的红八军第一纵队。当他得知第一纵队的主要领导人不是党员，纵队还没有建立党组织后，感到如果没有党的领导作为纵队的核心，很难发挥部队的战斗力。于是，便在宝圩街后背山的山洞（即观音岩）召集第一纵队的党员开会，指导建立了中共红八军第一纵队委员会，纵队参谋长袁振武（即袁也烈）任书记。同时，他还向全体党员指出，党委是部队的最高领导机关，纵队中的一切大事，都要经过党委讨论通过后才能执行，以此确保党对部队的绝对领导，并团结党内外同志以实现部队的团结和行动的一致。

据第一纵队司令何家荣回忆，邓政委"3月7日赶到雷平，在雷平建立第一纵队党组织之后，便亲自指挥第一纵队向靖西敌人进攻。他对年轻的第一纵队，无论是在政治还是军事工作上，都做了指示。在行军到达湖润时，他对第一纵队官兵讲话。他说：'我们红军每一个战士都要用两杆枪，除你们手上的武器之外还要掌握一杆宣传的武器，要做到是一个战斗员，同时又是一个宣传员。对敌人作战时，要一面打敌人，一面喊口号，问他们为什么要打仗？是为自己的利益呢？还是做了军阀的工具呢？天下穷人是一家，穷人不打穷人，我们欢迎你们过来！把这些道理讲清楚了，敌人的军心就会动摇，就会向我们投诚，或者是不拼命作战。'邓政委的指示，对第一纵队之后的行动起到巨大的影响。特别是邓政委那种艰苦朴素、坦率热情、和蔼可亲的风度，给我留下深刻的印象"。

当年红八军老战士周志回忆道："我们红八军第一纵队1 000多人，在总政委邓斌（小平）的直接指挥下，从龙州出发向靖西进军。当时我在第二营当勤务员。在行军途中，邓政委跟我们一起爬山越岭，同甘共苦，他那豪爽的风度，平易近人的作风，乐观的革命主义的精神，给人以深刻印象。一路上，他关切地询问部队的思想和生活情况，勉励我们：做一个战士既要懂得打仗，又要懂得做宣传群众的工作，在任何艰难的情况下，都要坚持斗争。邓政委的教诲，给了我们很大的教育和鼓舞。"

第一纵队于3月11日包围了靖西的敌人，邓小平亲临前线指挥作战。由于驻守靖西县城的敌军负隅顽抗，第一纵队围攻了4天仍没有得手。邓小平因急于到右江找红七军传达中央的指示，不能在靖西耽搁太久，便决定离开第一纵队赶赴右江。行前，他指示第一纵队领导一定要把靖西攻下，扫除左、右江联系的障碍，并随时注意龙州方面的情况，以便相互接应。同时他又电告龙州，务须照决定原则，迅速向右江推进，以取得与红七军的联络。

邓小平离开红八军后，第一纵队久攻靖西不下，在撤回龙州时，在铁桥与敌人激战，严敏等400多名指战员壮烈牺牲。

这时，敌人已调重兵袭击龙州，红八军在敌众我寡的情况下进行了英勇抵抗，最后放弃龙州，由俞作豫军长率领退至凭祥。敌人尾随追击，第二纵队司令宛旦平、营长雷献廷等牺牲，俞军长所率部队仅剩700余人。这时红八军第二纵队内部已不巩固，在和敌军进行了多次艰苦的战斗后，红八军第二纵队损失惨重，政治部主任、共产党员何世昌突围时被俘牺牲，一批政工人员被迫离开部队，许多红军战士和农军战士牺牲。团长刘西定叛变革命，致使红八军丧失第二纵队，龙州被敌人占领。红八军和龙州革命政权至此失败。

红八军军长、共产党员俞作豫为了找党组织去香港，不幸被叛徒出卖被捕，被押送到广州。1930年9月6日，俞作豫军长及廖光华、王敬轩3位同志被陈济棠杀害于广州红花岗。俞作豫年仅29岁。在慷慨就义之前，俞作豫无比悲壮地写下了"十载英名宜自慰，一腔热血岂徒流"的绝笔诗句。

红八军失败后，其攻击靖西的第一纵队，在司令何家荣和参谋长、共产党员袁振武的带领下，几次试图与红七军取得联系，均因敌人的强大围攻而不得，乃退至贵州边界，但仍坚持战斗。

最后，这支红军队伍，历尽千辛万苦，转战滇桂、黔桂边境数月，历经半年的时间，剩下300多名战士，在参谋长袁振武的率领下，终于于1930年9月在广西河池地区与李明瑞、张云逸率领的红七军会合。

主持土地革命

邓小平带着第一纵队的一个连自靖西出发后，经过近一个月的艰难行军，途经代峒、把荷、东江、巴麻、思林等地，于1930年4月到达东兰县武篆镇。

武篆镇是韦拔群的住地。这天，天上飘着毛毛细雨，邓小平戴着竹笠帽，提着拐棍，穿着草鞋，裤脚卷得高高的，来到魁星楼旁，找到在县妇联工作的黄美伦。

黄美伦立即带邓小平去见韦拔群。正在看书的韦拔群听说邓政委冒雨来了，喜出望外，立即放下书出来迎接，亲切地说："邓政委，辛苦了！""拔群，你好！"他们两人紧紧地握手，格外亲切。两双炯炯发亮的眼睛，互相在对方的身上端详了很久很久。

韦拔群安排邓小平换了湿衣服，吃过晚饭后，两人便坐在火盆边，亲热地谈了起来，谈到很晚。

第二天一早，韦拔群便带邓政委上魁星楼去。

魁星楼，原为人们祭祀文神魁星之地，当时已成为农民协会和苏维埃政府办公的地方。

邓政委来到武篆，韦拔群就在二楼增加一张竹床和一张旧的八仙桌，供邓政委住宿、办公和学习之用。从此，魁星楼上的灯光经常亮至深夜。

到武篆后，邓小平一面设法同已向北行动的红七军主力取得联系，一面与韦拔群一起进行土地革命的调查研究和试点工作。

邓小平到武篆后不久，便在魁星楼上召集中共右江特委、红七军第三纵队和右江苏维埃政府的领导干部开会，研究在右江开展土地革命的问题。在会上，邓小平详细介绍了红四军在井冈山和中央革命根据地开展土地革命的做法、措施及经验，结合他回右江途中了解的情况，认为右江的情况与赣南、闽西、井冈山的情况不完全一样，我们既要学习红四军土地革命的经验，又要结合右江的具体情况，而且右江各县本身的情况也不尽相同。他指出，土地革命是一项政策性很强的革命工作，涉及各阶级、各阶层的切身利益，涉及党同根据地人民的关系，必须制定出切实可行的办法和条例，使土地革命沿着正确的方向发展。会议决定：右江的土地革命分两步走，第一步先进行试点，在取得一定经验后，再进入第二步，即全面推广。会议还决定在韦拔群的家乡东里屯进行"共耕"试点，另派韦拔群的弟弟、右江苏维埃政府干部韦菁在凤山县中亭乡进行平分土地的试点。

会后，邓小平和韦拔群一起来到东里屯，深入群众，实地考察土地情况，宣传土地革命政策和布置工作。

东里屯的各族群众一听说要进行土地革命，纷纷将已分给自己的土地上缴，加入共耕社。全村被分成7个生产组，并选举了共耕社社长、副社长等干部。入社的土地、耕牛、农具统一分配使用，社员集体出工。虽然这一年遇上了旱灾，但由于共耕社发挥了集体的作用，粮食仍取得了丰收。

中亭乡的土地革命则分两步走，第一步是宣传土地革命的意义和共产党的政策，发动群众，提高对土地革命的认识；第二步则是在群众觉悟提高的基础上，开展对地主豪绅的斗争，没收他们的土地和财物，分配给贫雇农。苏维埃政府将没收的田契和高利贷契约当众烧毁，宣布不分民族、年龄、性别、本地人或外地人，按照人口每人分一亩水田，并当众发给土地使用证，同时将没收来的地主豪绅的房屋、粮食和其他财物分给贫雇农。

邓小平对东里屯共耕社和中亭乡土地革命的试点，采取了十分慎重的态度。尽管东里屯共耕社顺利地建立起来，并取得了一定成绩，但他认为右江的土地革命不能千篇一律地走东里屯的共耕社的路，因为东里屯是韦拔群的家乡，是右江农民运动的策源地之一，那里的群众政治觉悟较高，斗争经验也比较丰富，有自愿联合起来的要求。共耕社必须建立在农民高度自愿的基础上，才能发挥群众的生产积极性。在条件不成熟、群众还没有要求共耕的地方，还是采取中亭乡的土地革命方法为好。

在进行试点并取得经验的基础上，结合当地的实际情况，邓小平与韦拔群等又共同讨论制定了《土地法暂行条例》《共耕条例》，以右江苏维埃政府的名义，分别于5月1日和15日颁布实施。

两个条例颁布后，右江根据地的土地革命轰轰烈烈地开展起来了。东兰县70%以上的乡村实行了土地革命。其他各县也都不同规模地实行了土地革命。

右江一带，虽然在大革命时期已建立了较好的群众基础，各县约有千余党员，但由于各地工作指导委员会成员的成分和水平不同，土地革命有的偏"左"，有的偏右，只有东兰县的干部状况好，土地革命比较深入。针对这种情况，邓小平他们在进一步发动群众进行土地革命时，提出要纠正政权"新豪绅化"的富农倾向和"平分一切土地"的过"左"做法。他们提出了"平分""共耕""没收豪绅地主反革命土地分给贫苦农民"三个办法，以适应不同地区的情况和由农民群众自己选择。同时，针对右江地区苏维埃政权内部一些领导和党员的腐化与"新豪绅化"的问题，提出在"重新分配土地"的口号下改造、改组苏维埃。

由于右江地区开展工作主要的困难是干部能力太弱，许多地区找不出能够胜任的领导干部，因此邓小平除了指导实际工作外，还办了一些训练班，吸收贫雇农参加。据红七军老战士姜茂生回忆："1930年4月，前委书记邓小平亲自在东兰武篆镇主办了一期党员训练班。他亲自编写教材，亲自讲课，简明地讲解马克思列宁主义的基本原理和党的各项方针政策。"通过办训练班，培养了一批掌握土地革命的方针和政策的干部，加强了党对土地革命运动的领导。邓小平在右江主持的土地革命运动，是右江各族人民有史以来的一件天翻地覆的大事，它对打击右江封建势力，解放贫苦农民，促进右江生产力的发展，巩固右江革命根据地，壮大红军的力量等，都起到了十分重要的作用。

指导平马整训

邓小平在武篆镇的魁星楼住了近两个月。到了5月底，他估计红七军主力可能向河池方向移动，便决定去河池一带寻找红七军。

据韦拔群派去护送邓小平的牙美元回忆，当他们来到邓政委住地时，看到年仅25岁的邓政委"身着一套深灰色军装,头戴一顶红军帽,脚穿一双凉鞋,红通通的圆脸上,长有一对特别和蔼而机灵的眼睛"。

在晨曦之中,邓小平和他的随行人员,策马上路,去找红七军。

他们一路翻山越岭,涉水渡河,吃的是干粮,饮的是泉水,一路快马加鞭,加紧寻访。

到了第四天,他们打听到已有一队打着铁锤镰刀大红旗的部队到达河池。

第六天,邓小平赶到河池,终于与李明瑞、张云逸会合。

邓小平一到河池,便又忙碌起来了。当晚,他与李明瑞、张云逸等红七军领导就几个月以来的广西局势、左右江的发展状况以及中央的指示精神等交换了意见,并研究回师右江的问题。

第二天,邓小平又在河池召开了党员大会,决定回师右江,在右江深入开展土地革命和改造红军,总的方向还是迅速向外发展。并决定乘红七军从贵州回来一路上取得的胜利之势,一鼓作气,挥师百色,收复百色。

会后,红七军上下士气大振,全军指战员整装待发。

1930年6月初,红七军在李明瑞总指挥、邓小平总政委和张云逸军长的带领下,向百色进发。6月8日,红七军第一、第二纵队向百色发起进攻。李明瑞、张云逸亲到前线指挥,令第二纵队第二营营长、共产党员冯达飞用山炮轰击。在红军猛烈攻击之下,胜利收复百色。

收复百色后,前委决定继续扩大战果,红七军乘胜战斗,又收复了奉议、恩隆、思林、果德等右江沿岸各县县城,全部恢复了右江苏区。在红七军于军事上取得一系列胜利的同时,右江地区继续开展土地革命,扩大群众基础,巩固红色根据地。

红七军第一、第二纵队从贵州边境回师右江,进行整训,并开展以土地革命为中心的根据地建设工作,经过土地革命,有20多万群众参加了农会、工会、妇委会等群众组织,地方赤卫队发展到数万人,各级党政机关举办的干部训练班、少数民族训练班、乡村宣传队,以及劳动小学、农村夜校等,遍布山寨村镇。整个右江地区呈现出一派生机勃勃的景象。

但是,右江红色烈焰的熊熊燃烧,早已使蒋介石忐忑不安。

7月初,在中原战局刚刚变得对蒋方有利的情况下,蒋介石的南京政府便即刻下令,命云南滇军龙云,取道龙州、百色,沿左右两江进攻南宁。

这是一石二鸟之计,也是渔翁得利之举。

滇军攻桂，主要目的是趁桂系北上之机，抄袭桂系后方，牵制桂系的讨蒋行动，同时，又打击右江的红色政权。利用滇军进桂，一打桂系，二打共产党，真是一个丝毫不伤蒋介石个人实力之绝妙好计。

针对这种形势，红七军撤出百色，向思林撤去。

滇军，素来勇猛善战，这次以卢汉为总指挥，师长张冲为先锋，率3个师来打广西。2万人的滇军，浩浩荡荡，的确气势不凡，而且一到右江，他们就占了百色，于是乎便更加趾高气扬。不想滇军大将张冲带领部队继续向南宁进发的途中，于平马附近的果化一带突然遭到早已埋伏在那里的红七军的伏击，恶战一场，滇军死伤五六百人。经过这一战斗，气势汹汹的滇军再也未敢与红色区域为难。

与滇军一战之后，红七军也伤亡200多人，因此部队便开到平马，进行整训。红七军在一开始建立的时候，就注重部队的改造和发展党员、建立党组织的工作，建立了士兵委员会，废除军阀作风。红七军的各连队，在发展党员的基础上都建立了党支部，在战斗中发挥了战斗堡垒作用。红七军前委之下各纵队设立纵队党的委员会，各营设营党的委员会，各连设连支部，从上到下形成了完整的党的领导系统；同时，前委还十分重视对党员进行思想教育，提高理论水平。

红七军各连队的士兵委员会，一般由7人组成，由连队政治指导员召开军人大会选举产生。士兵委员会是士兵群众民主管理连队的一种组织形式，在党支部的领导下开展工作。由于当时党组织处于秘密状态，因此士兵委员会负责贯彻党的决议，进行政治思想工作，维护部队纪律，管理部队物质生活等工作，同时对驻地群众进行宣传、发动工作。党组织领导下的士兵委员会，是工农红军根本区别于旧军阀部队的标志之一，是红军战士自我管理、自我教育的有力组织形式。

在平马，为了提高军队的政治素质，红七军军部举办了一期为时3个月的教导队，以培养连排基层干部。

据红七军老战士磨力回忆，教导队共培养了100多名学员。邓斌（邓小平）政委亲自主持开学典礼，亲自做了形势报告，还亲自给学员讲课。邓政委几乎每隔几天就给学员们上一次政治课，讲授的内容有工农民主政权问题、土地革命、武装斗争、帝国主义等。"他讲课能够照顾到学员的不同文化程度，深入浅出，讲得形象、生动、通俗易懂，密切联系中国革命的具体实际。记得他讲到土地革命问题时，明确地指出：'当前农村的土地集中在地主阶级手中，而广大贫苦农民没有土地，或只有很少土地，这是农民一切痛苦的根源。目前革命的主要内容是深入土地革命，实现耕者有其田，铲除封建基础，进一步调动广大农民的革命积极性。'"

3个月的集中整训，使学员的政治素质和军事技术有了很大提高，广大指战员在政治上更加坚定，在军事上更加成熟，党的工作有了相当的基础，各个党支部经常开会研究工作，部队各项工作出现了新的起色。

红七军在对部队进一步进行政治思想、组织和军事整训的同时，在地方党委的配合下，进一步开展土地革命，颁发了《土地革命宣传大纲》及《土地问题决议案大纲》等指导性文件。

由于进行了土地革命，平马一带根据地人民不仅政治上翻了身，生活水平也有了较大提高，革命热情和生产积极性也被激发起来。许多翻身农民纷纷要求参加红军和赤卫队，有3 000多名农民报名参加红军。为此，红七军将右江赤卫队4个营编为红七军第四纵队，使自己的队伍扩大到4个纵队。

红七军成立初期约有5 000人，经隆安、亭泗等战斗，部队减员较大，整训前不足4 000人，经过整训补充后，全军达7 000多人，整个部队精神饱满，战斗力强。按照邓小平的说法，此时"是红七军的极盛时期"。

千里转战

1930年7月至9月的平马整训以后，红七军本来计划向湘粤边进军，但是，由于时任中共广西特委书记的邓拔奇（邓岗）受中共中央和广东省委委派来右江，10月2日，邓小平主持召开红七军前委会，邓拔奇传达了6月11日李立三主持中共中央政治局会议做出的《新的革命高潮与一省或几省的首先胜利》决议，命令红七军离开右江地区向东发展，打下柳州、桂林，在小北江地区建立革命根据地，阻止粤桂军阀，使其不得有一兵一卒向北增援，保证以武汉为中心的一省或几省的首先胜利，最后夺取广州，以完成中国南方的革命。"执行任务的战术是集中攻坚，沿途创造地方暴动。"这一指示是李立三"左"倾冒险主义的产物。1930年5月前后，蒋、阎、冯之间的中原大战使中国的政治形势出现了有利于革命的变化。红军利用这一时机打了一些胜仗，但是这一有利机会和部分的胜利却使党内一部分人滋长了骄傲情绪。《新的革命高潮与一省或几省的首先胜利》的决议，对于中国革命形势、性质和任务等问题提出了一整套的错误主张，形成了以李立三为代表的"左"倾冒险主义错误在中央的统治地位。李立三等人制订了立即组织全国中心城市武装起义和集中全国红军进攻中心城市的冒险计划，命令红军离开根据地去攻打武汉、长沙、南昌、九江等大城市，幻想在短期内实现所谓"会师武汉，饮马长江"的目标。但是，这一"策略总路线"推行的结果，使各地红军和根据地都遭到了不同程度的损失。所以，9月下旬在上海召开的中共六届三中全会上，批判了李立三为代表的"左"倾错误，停止了组织全国总起义和集中全国红军进攻中心城市的冒险行动，结束了李立三为代表的"左"倾冒险主义在中央的统治。

但是，对于中共六届三中全会的决议，红七军却全然不知。邓拔奇仍按6月11日中央决议的精神传达，红七军前委则仍根据中央6月决议进行讨论，并形成了三种意见：

第一种意见以前委书记和政委邓小平、军长张云逸为代表，认为红七军不足一万人，力量、装备都不强，所以不赞成现在去打大城市，而主张首先团结内部，壮大力量；

第二种意见以右江特委书记、右江苏维埃政府主席雷经天为代表，坚决反对中央交给的任务，主张坚守右江根据地；

第三种意见以中共南方局代表、中共广西特委书记邓拔奇和红七军政治部主任陈豪人、参谋长龚鹤村（即龚楚，后叛变）为代表，认为右江地瘠民贫，发展前途不大，极力主张离开右江根据地，去攻打大城市，并声称："谁不执行中央交给的任务，谁就是反对中央。"

面对会议出现的僵局，张云逸感到如果坚决反对执行中央决议的话，势必引起红七军内部分裂。于是，张云逸和邓小平商量，为了顾全大局，以执行中央决议为宜。最后，邓小平、张云逸表示：执行中央指示，去打大城市，行不通时再说。

在讨论中央决议的具体执行问题时，会议拒绝了雷经天提出的保留一部分地方武装，保卫苏维埃区域的意见，认为雷经天是保守思想作怪，违反中央的决议，决定撤销雷经天的中共右江特委书记和右江苏维埃政府主席的职务，由陈洪涛继任雷的职务，调雷随部队行动。会议最后决定按中央指示执行，部队到河池集中，举行阅兵，以鼓舞士气，并召开红七军党代会。

在部队离开平马之前，邓小平考虑到部队向东向北开进，女同志行军作战困难多，必须在出发前把女同志安置好，遂指定军部经理处对部队中的女同志进行疏散，本地人由当地党组织进行安置，外省来的在当地安排有困难，就想法介绍到香港或到上海去找党中央。部队忙着轻装，做好了长途行军的准备，根据地的人民依依不舍。邓小平还找到留在根据地的右江特委领导同志谈话，指出红军北上后，根据地的斗争将是长期的、艰苦的、复杂的，要求立即整顿组织，纯洁内部，迅速建立县、区常备武装部队，组织群众抢收庄稼，把粮食收藏好，做好保卫根据地的准备。

10月4日，红七军第一、第二、第四纵队离开右江，绕道凌云，向河池进发。

10月6日，邓小平和邓拔奇率军部教导队、军政治部、经理处、军医处部分人员及保卫人员离开平马，经那略、百定、那拔、义圩到达燕峒（时属恩隆县，今属巴马县）。在燕峒，邓小平主持召开了红七军前委和中共右江特委联合扩大会议。果德、向都、思林、奉议等县的党政负责人及凌云县的两位负责同志，共80多人出席了会议。

邓小平首先向与会者介绍了两位中共南方局的代表邓拔奇和黄晖，他说："我们这次前委和特委开会，主要是由南方局代表传达中共中央关于时局的指示和中央调我军北上的重大意义，以及对我们今后行动的指示。"

邓拔奇传达完中共中央指示后，邓小平又接着讲话，他不无感慨地说："军人以服从命令为天职。红军北上后，右江将出现复杂的形势，我们的斗争将更加困难。但不管怎样，我们都要坚持斗争。右江的工作分为上游委员会和下游委员会，上游委员会的活动以向都为中心，下游委员会的活动以东兰武篆镇为中心，要马上派得力的同志尽快把上下游的交通线打通，以便互相联系，开展斗争。上下游的党、政、军总领导由韦拔群同志负责。"

邓小平还在会上就红七军走后右江地区的工作做了4点指示，要求各县加强军事力量，发动群众，抢收并藏好粮食，整顿党的组织。在邓小平的主持下，与会者充分进行了讨论，对红七军离开后巩固右江革命根据地的工作做出了具体安排。燕峒会议开了3天。会后，邓小平和邓拔奇等率一部分部队取道赐福、介莫、弄槐、那论，来到了红七军第三纵队所在的武篆。当天邓小平会晤了韦拔群。次日，一同到东兰县城。

10月9日，邓小平、邓拔奇、韦拔群等率领红七军政治部、经理处以及第三纵队从东兰县城出发,经那弯、安马,到安篓东渡红水河,接着过隘洞,到香河投宿。次日从香河登上侧山顶山,经东兰县界进入河池县境内,当晚又宿于长老(今长红),在这里,集中各路部队,然后经金洞、大山塘到达河池县城。

就在红七军向河池进军时,红八军第一纵队300多人在袁振武的率领下经长途跋涉,转战数省,也到达了凌云县,与张云逸率领的部队会合。随后,一同开进河池,不久这支300多人的部队也编入红七军建制。

在部队向河池进军和到达河池初期,各纵队按照前委的指示加紧进行党代会的各项准备工作:组织各级党组织讨论目前的政治形势与党的任务;总结过去的经验和教训及今后的行动方针;选举出席全军党代会的代表;健全党内民主制度。

11月7日,苏联十月革命节这一天,中国共产党红七军第一次代表大会在河池县城的凤仪小学内开幕。中共中央南方局代表邓拔奇传达6月11日中共中央政治局决议精神和中共中央对红七军的指令;红七军前委做了工作报告;讨论目前的政治形势与红七军党的任务;选举前委。

经过一天的讨论,会议做出了以下决议:

一、执行中央命令,打柳州、桂林、广州。本来,邓小平对集中兵力打蒋桂驻有重兵的柳州、桂林、广州,很想不通。很显然,以红七军不足万人的兵力去打数倍于己的敌人,取胜的希望是很小的。邓小平对此深感不安,为了减少部队损失,他在会上首先提出建议,希望不去打柳州,缓一缓再看。李明瑞、张云逸等也同意邓小平的这一看法。但是,由于邓拔奇、陈豪人等表示不能改变打柳州的计划,所以,会议只得按照中央的命令做出决议,计划攻打柳州、桂林和广州。

二、整编红七军,决定将原来的4个纵队整编为第十九、第二十、第二十一3个师。认为韦拔群、陈洪涛(陈此时不在河池,未参加会议)等是本地人,又是壮族,群众关系好,又有长期的斗争经验,因此,将他们留在右江地区坚持斗争,只给他们以第二十一师的番号,由韦拔群任师长,陈洪涛任政治委员,由他们在右江地区组建第二十一师。对此,韦拔群表现出了高度的党性和无私的精神,将第三纵队的战士分别送到第十九、第二十师。

三、改选了前委,选举邓小平、陈豪人、张云逸、李谦、袁振武、许进、许卓、李朝纲、黄一平9人为前委委员,邓小平任书记。

四、由邓拔奇等主持对雷经天进行了批判，称雷经天"贯彻了富农路线""不同意将赤卫军集中编入红军""反对中央攻打柳州、桂林等地的决定"，对政权工作搞得也不深入，决定开除其党籍，而且不允许雷经天到会申诉。雷经天被开除党籍后，不再参加任何领导工作，以后随军政治部行动。

会议在邓拔奇等人的操纵下，还按照中共中央7月18日召开的全国组织会议上关于建立"党在非常时期的领导机构"的要求，专门成立了一个执行这一冒险计划的兵委，由陈豪人任书记，邓拔奇、龚鹤村等为委员，并将兵委凌驾于前委之上。

11月9日，红七军全体官兵集合在河池县城三里亭前（即三八坡东面的大田洞），召开了整编大会，邓拔奇、邓小平、李明瑞、张云逸等领导同志分别向各师、团及所属营、连各单位授军旗。身材魁梧、全副武装的第二十一师师长韦拔群格外引人注目，因为第二十一师没有兵员，只是个番号。只见韦拔群走上主席台，立正、敬礼，从军政委邓小平手中接过旗子，高高举起。台下指战员们和当地群众欢声雷动，长时间地热烈鼓掌，人们被韦拔群为革命顾全大局的无私精神所感动。

授旗结束后，军长张云逸、总指挥李明瑞、军政治委员邓小平分别讲了话。邓小平号召红七军指战员同心同德，英勇奋斗，永远高举红旗，战斗到最后胜利。

在河池整编期间，邓小平便十分注意对当地群众的宣传，他指示各级党组织认真组织干部、战士积极宣传中国共产党的主张和红军的宗旨，帮助群众开展反对地主豪绅的压迫和剥削，反对苛捐杂税的斗争。整编期间，群众热爱红军、支援红军，红军爱护老百姓，河池城里充满了军民鱼水之情。

整编大会结束的当天，韦拔群等第二十一师领导人，坚决执行前委决议，将原第三纵队的精良武器和健壮的指战员交给第十九、第二十师，带着第二十一师的番号，扛着第二十一师的军旗，率领由100多名年老体弱的战士组成的特务连，离开河池，回到东兰县。韦拔群临离开河池前，邓小平、张云逸等与韦拔群话别。百色地区至今仍流传着这样一段故事：

邓小平政委与韦拔群紧紧握着手，久久不愿松开。邓政委语重心长地说："拔群同志，主力部队离开广西后，你的担子更重了。桂系军阀会倾尽全力'围剿'右江苏区，斗争会更加艰苦复杂。但我相信你一定能领导军民，冲破困难，战胜敌人！"

"邓政委说得对，往后的斗争会更艰苦剧烈，但有党中央的领导，依靠右江苏区各族人民和红军的力量，我们一定能够战胜困难，坚持革命到底，请政委放心！"韦拔群坚定地说。

"为了加强远征部队的作战力量，你把你师的指战员拨给兄弟师，目前你师的兵力不足，回到东兰县后，要尽快充实兵力，对敌攻击，开展游击战、运动战，牵制桂系军阀堵击、追击我主力北上的兵力。"

"好！一定遵照邓政委的指示办！"韦拔群满面笑容地说，"今后的工作，望政委多派人来指导，请政委多多保重！"

"拔群同志，你是壮族人民的领袖，党的坚强战士，你也要多多保重！"邓政委紧握着韦拔群的手说，"我们要坚持到最后胜利。有一天，我带红军打回广西，和你会师南宁，饮马邕江！"说完两人哈哈大笑起来。

天黑下来了，韦拔群带领特务连要走了，邓小平还专门让张军长派两个连护送。

这样的故事在百色还有许多，它在群众中广为流传。

河池整编，使红七军的战斗力加强了。但是，由于红七军党代会执行了李立三的"左"倾冒险主义路线，片面强调打大城市，邓小平虽然有不同看法，也无济于事，红七军踏上了更加艰难的征途。

11月10日，邓小平等率领红七军离开河池，开始了漫长的转战征程。邓小平与军部、第十九师作为前队，走在队伍的前面。11日，部队打进怀远。由于红军过去到过怀远，加上驻怀远的敌人兵力不多，所以，只与敌略一交火，敌人便弃城而逃，红军顺利地进入怀远。邓小平等在怀远住了3天，他多次派战士们在城里进行宣传，并为部队筹得一些款子。

按照原来的计划，攻下怀远后，再攻庆远，然后直攻柳州。进驻怀远时，获悉敌人在庆远驻有重兵，并在河叶茂、独山带构筑工事，做好了防御准备。这样在红七军内部就出现了一个是否继续攻打庆远的问题，前委对此形成了不同意见。

邓小平一直不主张硬打攻坚，得知庆远的情况后，更是反对攻庆远。他认为庆远既是军事重镇，敌人必然下死力固守，实际情况也证明敌人做了准备。所以，此时红七军如果强攻是没有把握的，如果攻不下，对于红七军来讲损失就大了。据此，邓小平不但不赞成攻打庆远，也不赞成攻打庆远附近的融县。

另一种意见认为，中共中央指示集中攻坚，红七军就应该攻打庆远，不必躲闪。

李明瑞、张云逸等军领导也不同意打庆远，至于攻不攻融县，等到了天河再做定夺。最后，争论的结果，决定采纳李明瑞、张云逸的意见。部队继续向天河进军。

占领天河后，根据情况，兵委和前委同意了邓小平的看法，决定不攻融县，而是经过三防（今属融水县）转移敌人的目标，然后再到长安（今融安）渡河。第二天，前委又得到消息，知道融县有一条小河可以涉过直达长安。于是，前委又决定进军融县。

11月18日部队离开天河40多里，就在天河县四把（今属罗城县）附近，与从宜山方向赶来阻截的桂军覃连芳师遭遇，双方发生了激战。敌我相持了3天之久，这时，敌韩采凤师又从怀远方向追来，形势对红军不利。邓小平等见情况不好，果断地下令撤出战斗。四把之战，红军伤亡近300人，歼敌近500人。

20日，邓小平率第十九师从天河出发，经岩口、杨梅岭、石灰岩等地，于25日到达三防与第二十师会合。

在三防，由于天下雨，难以行军，部队便休整了7天。其间召开了全军党员和排以上干部会议，总结从河池出发后的第一仗——四把之战的经验教训。邓小平在会上发言，他说：红军能否打下长安，决定下一步能否打下桂林；红军必须依靠人民群众，才能取得胜利，否则将寸步难行。他要求各级政治部门注意宣传群众，扩大红军的影响。这次会议一方面总结了出师以来的经验教训；另一方面，遵照邓小平提出的要依靠群众，大力开展群众工作，并要求每个指战员都要严格遵守党的政策，尊重当地的风俗习惯，扩大红军的影响，争取群众的支持和帮助，使红军能够顺利通过这一少数民族聚居区域。

为了迅速消除当地少数民族群众对红军的恐惧心理和疑虑情绪，邓小平指示，专门派出一批有文化的同志组成宣传队，利用休整的时间，到村头、路口书写标语口号，宣传红军的主张和政策，如"打倒国民党军阀！""红军是工农革命的先锋队！""红军不拉夫、不发洋财、不强奸妇女！""实行不交租、不还债、不纳粮！""消灭两广军阀，夺取广州政权！"等等，都产生了一定效果。

12月初，离开三防后，部队又来到了长安镇附近。长安镇是融江上游的一个大镇，有三四万人口。这里物产丰富，商贾云集。当时，据守长安镇的有新桂系军阀两个主力师，即第六十二师和教导师，分别由韩采凤和覃连芳任师长。敌人企图在长安镇"合围聚歼"红七军。而红七军前委和兵委为了筹措冬衣，解决部队北上急需的给养，再加上受"左"倾冒险主义的影响，决定攻打长安镇。在攻城的5天时间里，红七军一次次向守敌发起猛攻，但始终难以突破，由于后来敌人援兵赶到，前委才被迫决定撤退。虽然没有攻下长安城，但歼敌五六百人，打出了红七军的威风。所以，即使在红七军撤退时，守敌两个师也不敢追出城外一步。

红七军一路又行军又打仗，于12月中旬来到富禄镇，在此休整了一天，并筹到了一部分粮款。邓小平抓紧时间安排部队党组织和政治部门对战士进行革命前途教育，以解决指战员们自长安之战后存在的低落情绪。

邓小平随部队渡过江后向古宜（今三江县）前进。按照原来前委和兵委的计划，是经古宜到桂林，攻打桂林。但因为有情报说古宜已有敌人一个师防守，无法通过，而此时又得悉柳州、庆远之敌也已经移到桂林一带防守，面对新的情况，前委和兵委开会决定：停止攻打桂林，改往湘桂边前进。按照这一计划，部队进入湖南的绥宁，本想在绥宁解决部队的给养，但由于反动派的反动宣传，绥宁城内的市民跑完了，绥宁也成了一座空城。部队在绥宁住了一夜后，便又向武岗方向进军。

到武岗时，原不打算攻城，后来得到消息说城内只有敌人一个保安团驻守，约六七百人。红七军自进入湖南以来，天气骤冷，而指战员们仍是离开河池时穿的单衣单裤，且部队粮饷均缺，为了解决经济和冬衣等紧迫问题，前委研究决定攻城。但是，实际上武岗守敌并非只一个保安团。因为自中原大战后，这里成为湘军阻止桂军北上的第一道防线，所以湘军驻有重兵。由于红七军没有查清敌情便急不可待地攻城，所以攻城4日不下，部队伤亡很大，英勇善战的第五十五团团长何莽也在战斗中牺牲。原来估计敌人的援兵不会很快到来，所以，在部署作战时也没有充分准备。谁知，在攻城第4天，湖南军阀何键调来的5个团的兵力在空军的配合下，向红七军包围过来。面对突然出现的情况，邓小平和李明瑞、张云逸等亲临攻城第一线，果断地指挥部队尽快撤退，避免了更大的损失。

部队撤出武岗后即向新宁方向前进。走了3天，已经十分疲劳，急需休整,但就在此时,连日行军、作战的部队由于放松警惕,又陷入敌人包围圈,虽经努力突围,但还是使部队受到了较大的损失。

面对敌人的围追堵截,红七军前委和兵委只好决定向桂东北的资源地区撤退,过资源后认为湖南有敌重兵围堵,难以突破,便又决定突回全州。部队经过一天多的急行军,于1931年元旦这一天进入了全州境内,当晚在会龙铺宿营。由于全州城守敌不多且毫无防备,1月2日,红七军攻克全州,得到了休整的机会。

红七军北上,本是为了执行党中央关于打柳州、打桂林的命令,以便最后夺取广州。经过桂湘边近两个月的艰苦行军,战四把、攻武岗,虽然打得英勇顽强,但因敌众我寡,再加上情报不准,没能攻下一座大城市,而部队的粮饷、被服等严重不足,加上长期行军和频繁作战,使部队减员三分之一以上。指战员们情绪低落,对革命产生了悲观和失望情绪,甚至有人不愿再吃苦而开了小差。大多数指战员对于部队的行动方针和中央要求红七军攻打柳州、桂林和广州的命令产生了怀疑和不满。总之,部队急需休整,并从思想上、政治上和经济上加以整顿。

面对红七军内出现的情况,邓小平于1931年1月3日在全州主持召开了红七军前委会议,总结从河池出发以来的经验教训,并研究部队今后的行动方案。会上还围绕着"攻不攻打桂林"的问题展开了激烈的争论。邓小平等主张立即放弃攻打桂林的计划,理由是:全州离桂林数百里,我军几经苦战,伤亡较大,粮弹奇缺,部队极度疲劳,若再回头长途跋涉攻打大城市,无异于以卵击石。况且,原来攻打桂林的目的是开辟通往广州的道路,现已绕过桂林到达全州,可以穿过湘南进入粤北。所以,此时攻打桂林已没有必要。邓小平还认为,红七军必须马上寻找立足之地,建立巩固的后方,获得暂时的喘息机会,以便养精蓄锐,完成阻止广东军阀北上的任务。他还建议在广东的大小北江地区建立红军根据地,这也完全符合中央原来的意图。

会上,邓拔奇、陈豪人等坚持攻打桂林,执行中央指示,但是,他们的意见被多数人否决。

自从离开右江革命根据地后,邓小平虽然根据当时的实际情况,与李明瑞、张云逸等团结一致,尽量摆脱"左"倾冒险主义的干扰,但部队仍遭到很大损失。因此,在会上邓小平又明确提出:1.部队在全州休整3天;2.迅速改变硬打攻坚的战略;3.改变单纯军事行动为沿途发动群众。根据各方面的意见，前委会议最后决定放弃攻打柳州、桂林的任务，部队先在全州进行休整，然后经湖南江华出连县、粤北，至粤湘赣边界与江西红军取得联系。

会后，邓拔奇和陈豪人离开部队赴上海向党中央汇报工作。陈豪人离队后，兵委自然随之取消，红七军又回到以邓小平为书记的前委领导之下，部队所受"左"倾冒险主义的影响得到一定程度的清除。陈豪人走后，由许卓继任红七军政治部主任。

邓小平主持红七军工作后，立即召开部队政治工作会议，全面地总结了从河池出发以来的经验教训，并且表扬了在过去的战斗中英勇作战的同志，要求各部队抓紧做好战士和群众的工作。会后，各级政治干部深入到战士中，抓紧时机向党内外传达政治工作会议精神和军前委的决定，使广大指战员辨明了方向，树立了必胜的信心，大大地鼓舞了革命斗志。此外，部队还派出一些有文化的干部、战士，到群众中进行宣传，写标语、口号，使部队与群众的关系进一步加深。为了提高部队的战斗力，前委还决定将原来的两个师4个团改为3个团；把非战斗人员尽可能地充实到基层中去，变为战斗人员；对伤病员进行疏散和安置，抽出一部分款项作为伤病员的治疗和生活费用，将部分伤病员安置在百姓家中养伤治病，减轻了部队的负担。另外，通过部队的宣传鼓动工作，全州的一些青年也报名参加了红军，增强了部队的实力。

在全州期间，红七军还想方设法筹到了4万块现洋，原打算用它添置被服，但探知白崇禧亲率一个师向全州压过来，不能久留，被服未来得及做完即被迫撤出全州，向东南方向进发。

1931年1月5日，邓小平等率领红七军从全州出发，经过永安关，于1月7日到达湖南道州（今道县）。道州是一座空城，只有少数贫民没有跑，商人闻讯早已跑光，部队无法筹款。所以只在道州住了两天，再加上敌人又向道州追来，邓小平感到此时部队不能作战，于是决定仍按照原计划向江华进军。

1月9日，红七军离开道州向百里外的江华进军。本来天气很好，加上急行军，指战员们浑身是汗。谁知不久，天上却突然下起了雪，战士们迎着刀刮似的风，在雪地里行军，雪花不断打到脸上，钻进脖子里。许多同志还是第一次见到雪，开始时兴致勃勃，但过了不久，身上的热气把雪融化了，衣服也湿了，冻得浑身发抖，手脚也麻木了。山道被雪覆盖了，看不见哪里是路哪里是沟，一不小心，就会跌到沟里去。那些没有鞋子穿的同志，光着脚板在雪地上走，没多久双脚就裂开了一道道口子，鲜血直流，把雪都染红了。有的脚上长了冻疮，肿得像个大馒头，一走就一阵钻心的痛，冷汗热汗一起冒。但没有一个同志叫苦，大家都有一个共同的愿望："再苦再累也值得，为的是狠狠打击国民党反动派，解放全中国！"

经过艰苦的行军，到达江华时，部队已疲惫至极。清点人数，一路上又有七八十个战士牺牲了。

邓小平见部队行军如此艰难，减员较大，决定在江华休息两天，解决迫在眉睫的被服问题，突击治疗冻伤。邓小平主持前委召开营以上干部会议，让大家讨论解决部队御寒问题。与会干部充分发表意见，公开对"立三路线"表示不满。有的干部说：自从离开右江以来，我们盲目地攻打敌人重点防守的大城市，使部队损失重大，实践证明，这条路是走不通的，血的教训令人痛心！如果再继续执行中央要打大城市的命令，红七军就会被拖光拼光。通过讨论，大家对"左"倾冒险主义的危害有了基本一致的认识，对今后的行动方向和战略方针也有了比较实际的看法。会上决定，接收敌人的仓库，没收反动官僚的财产，尽可能解决部队的御寒问题。

在江华时，根据各方面的情况，前委决定退回广西贺县桂岭山区开展工作，站稳脚跟后再图发展。根据需要，部队进行了轻装，把多余的武器，如大炮等笨重武器埋掉，一部分武器用来武装当地群众，一些笨重的家当，如大铁锅、铁桶、脸盆等都送给了群众。走不动的重伤员也尽量动员留在当地，或者设法请人护送回原籍。

第三天，部队刚集合准备出发，四面八方的敌人又打来了。邓小平和李明瑞、张云逸等率领部队边打边撤，虽然受了些损失，但部队一路急行军，还是顺利地越过桂、粤、湘三省交界的老苗山，回到广西贺县的桂岭。

桂岭地处山区，交通不便，位置偏僻，离敌人统治的中心城市较远，便于部队休整。前委原计划在桂岭休息一段时间，发动群众，补充部队。到桂岭后，发现这里虽然位置偏僻，但地主豪绅的力量强大，如果桂系重兵赶来，对红七军将构成极大的威胁。针对这种情况，邓小平立即召开前委会议研究，做出以下决定：

一、桂岭不可久留，部队在此只做短暂停留。

二、整编部队。红七军到达桂岭时，部队已严重减员，全军人数只剩4 000多，且弹药缺乏。另外，当时领导干部有一些负伤后被送到外地治疗，也有的留在当地隐蔽治疗，所以，干部缺编也较严重。为此，前委决定全军缩编为两个团，军主要干部兼团长，师、团级干部逐级下放，充实下级指挥系统，以鼓舞士气，增强战斗力。

会后，部队进行了缩编。接着，军政治工作队按照邓小平的指示到战士们中间做思想政治工作，向战士们说明穷人白手打天下不是一件容易的事。但是，只要坚决勇敢，敢于革命，善于革命，坚持到底，革命一定会取得最后胜利的。

部队在桂岭的整编，加强了部队战斗力，又得到了休息和人员补充，冬衣也准备好了，士气得到恢复，方向得以明确，指战员们的斗志又旺盛起来了。

几天后，邓小平率部队离开桂岭，经英杨关、东陂出广西，进入广东连县。攻克连县县城后，邓小平又在连县召集前委会议，研究以后的行动方向及部队需要解决的其他问题。会上部队行动方向问题又出现了两种意见：一种意见主张从根本上抛弃"立三路线"，轻装出发去江西会合朱、毛；另一种意见则主张找机会消灭敌人，补充自己，在连县一带建立一个立脚之地。会议没有做出最后决定。

部队在连县期间，积极开展宣传活动，发动群众斗地主、恶霸，没收地主、恶霸的财物分给贫苦农民。当地的教会医院也在红军崇高精神的感召下，将百余名红军伤员接纳住院免费治疗（这批伤员伤愈后，大部分经香港地下党组织送入中央苏区）。

部队在连县的7天时间里，补充了弹药、马匹、药材、布匹、服装等，又筹足了4万块现洋。这样，不仅人人穿上了新衣，而且每人发了两个毫子。这一下，艰苦、贫困的革命队伍，大体像个样子了，大家都非常高兴。

1月26日，由于敌人追兵迫近连县，红七军在邓小平和李明瑞、张云逸率领下撤出连县，与来袭的粤军8个团激战两天，退到星子圩。后经过乳源县境于1月底到达乐昌县的梅花村。

在梅花村，前委找到了地下党组织。中共广东省乐昌县县委宣传部部长谷子元接受地下党的委派，协助红七军工作。这是红七军离开右江根据地3个多月以来第一次和地方党组织接上关系，也是红七军被迫接受"左"倾冒险主义任务后到达的第一个目的地（原想在这里建立小北江根据地）。红七军前委从中共乐昌县县委那里得知，1930年9月下旬，党中央在上海召开的六届三中全会上，批判了李立三的"左"倾冒险主义路线，"停止了组织全国总起义和集中全国红军进攻中心城市的计划"，红一方面军也撤出了围攻长沙的战斗。

鉴于革命形势的变化，邓小平召集前委在梅花村开会，讨论整顿部队、发动群众，以及开辟小北江革命根据地问题，决定：部队在梅花村休整，发动群众，开展工作，在小北江建立根据地；李明瑞转为中共正式党员，并进入红七军前委，担任委员。

指战员们得知前委的决定后，个个喜形于色，心里有说不出的高兴，当即分头忙了起来：参谋人员到周围一带观察地形，测绘地图，布置战场，做出作战预定计划；政治工作人员迅速开展群众工作，了解居民情况，发动群众斗争，打土豪、分田地；供给人员到处筹措粮饷；战士们呢，愉快地洗衣服，缝缝补补，擦枪抹弹……大家兴致勃勃地忙碌着，清亮的歌声、爽朗的笑声洋溢在这荒僻的山村内外。

但是，小北江地区并不利于革命根据地的建立和发展。这一地区历来是兵家必争之地，由于连年的军阀混战，加上红一方面军在进攻长沙时多次出入湘南，朱德、陈毅率领的南昌起义余部也曾在湘南举行过暴动，所以，无论是湘军还是粤军，都注视着这一地区。就在红七军准备在梅花村地区建立小北江根据地时，广东军阀陈济棠得知消息，马上联合湖南的何键，企图南北夹击，一举消灭红七军。

2月3日，敌人向梅花村发起进攻。到下午5时，敌后援部队源源而来，邓小平、张云逸、李明瑞亲临一线鼓励、指挥，虽打退了敌人第一次进攻，但后来却被敌人夺去制高点，几经冲杀，又被红军夺回。当晚粤军加紧攻势，红军此时如死守，将对红军不利。邓小平、张云逸见状，果断下令乘夜撤出梅花村，从山间小道向北转移。敌人在付出1 000多人伤亡的代价后虽然夺取了梅花村，却没有达到消灭红七军的目的。这次战斗，红七军伤亡总数达700多，各团、营、连以上干部伤亡达三分之一。原红七军第二十师师长、缩编后任第五十八团副团长的李谦，原第五十五团团长、缩编后任第一营营长的章健，都英勇牺牲。

部队撤出战斗后，邓小平在行军途中召集前委开会，决定迅速离开粤北，放弃在小北江建立根据地的计划，到江西会合毛泽东、朱德领导的中央红军。前委还决定调整了红七军的干部。

2月5日，红七军撤到韶关和乐昌县城之间的杨溪渡口，找到两只小船，分批渡过武水。由于河阔水深，船少人多，抢渡十分缓慢。在邓小平和李明瑞率前委机关、第五十五团及第五十八团一部分渡过河后，粤军追击部队两个团从韶关乘汽车赶到东岸堵截，李明瑞遂指挥第五十五团阻击，掩护邓小平率前委机关撤退。张云逸、叶季壮等带着军部特务连和第五十八团的两个步兵连及卫生队、休养连、供给处等非战斗人员，共约600人，由于河面受敌人火力封锁而未能渡过河去，从此，红七军被分隔在赣南和湘东达3个月之久。

2月5日晚，邓小平和李明瑞指挥前委机关、第五十五团和第五十八团一部经仁化向江西方向转移。2月10日，邓小平率部在江西崇义县的杰坝与崇南游击大队会师，并与中共崇义县委取得联系，在崇南游击大队的配合下攻占了崇义县城。部队进入崇义不久，前委即与中共赣南行委（赣南特委）取得联系。邓小平召集前委在崇义的委员和第五十五团的领导开会，决定在崇义开辟根据地，一方面打探情况，争取及早与张云逸带领的军部及第五十八团会师；另一方面帮助地方党组织和地方武装培训干部，扩充武装力量，建立政权。不久，又决定取消军前委，改为团前委（简称"团委"，有时仍称"前委"），仍由邓小平任书记，受中共赣南行委的领导。

按照邓小平和前委的指示，红七军派出了30多名有地方工作经验的干部协助中共崇义县委工作，发展各级党组织；派一批有军事经验的干部到崇南游击大队任职，还拨出80多支枪给崇南游击大队，将其扩编为崇义红色独立营，与地方武装配合，解放了全县大部分地区，建立了县政权和4个区工农民主政府。

在此期间，邓小平又建议前委和中共崇义县委合办了一期军政干部训练班，抽调一批党、政军干部到训练班学习政治、军事，邓小平等红七军领导亲自给学员讲课。

经过一段时间的工作，崇义县的革命斗争比较顺利地开展起来，很快出现了一个崭新的局面。但是，红七军今后的行动方针如何确定？是在崇义继续发展，还是与朱、毛红军会合？诸如此类的问题需要尽快定夺。所以，前委原则上决定邓小平去中央汇报红七军的工作，领取中央对红七军今后工作的指示。这时已临近春节。据当时任红七军前委委员、总务处处长的袁任远回忆说：

……春节前，小平同志带几个同志到杰坝，一方面与地委开会，研究开展地方工作问题；另一方面慰劳红七军的伤病员。小平同志在返回崇义的路上，听到了枪声，他知道我们会按照前委预定的计划撤出崇义，向北转移。于是，小平同志又回到杰坝，给我们写了一封信，让警卫员送给我们。

我们从崇义撤到营前时，小平同志的警卫员赶到，将信交给我们。小平同志在信中指定许卓、李明瑞、佘惠、我（袁任远）和张翼5人组成前委，许卓任前委书记（我们把这个前委叫小前委）。他在信中还说，他在回来的路上听到枪声，知道敌人已向我们进攻，我们会按原计划撤退。他决定趁此机会去上海，向党中央汇报工作，并了解"富田事变"情况。我们接到小平同志的信后，即按小平同志的指示，成立了前委，向井冈山方向转移。

就这样，邓小平离开了他亲手创建的红七军，踏上了去上海的路。红七军则按照原定的计划，向江西永新方向转移，最后到达中央根据地，与毛泽东、朱德领导的中央红军胜利会师。

邓小平到达上海后，向党中央汇报了红七军、红八军的发展历程，以及左右江根据地的状况，并于1931年4月29日给中共中央写出了近两万字的《七军工作报告》，从红七军、红八军的发展经过，到左右江地区党组织的状况及土地革命等情况，详细地做了汇报，并检讨了个人在这期间存在的工作上的失误，客观地分析了左右江根据地的发展状况和红七军、红八军经受"左"倾机会主义影响而遭到的挫折，同时对红七军撤出右江根据地后行军作战中产生的错误做了详细的回顾。说明了自己曾受"立三路线"的影响，工作中存在着错误，实事求是地总结了自己在广西工作的经验和教训。

入赣南临危受命

1931年夏，中共中央决定派邓小平前往中央苏区工作。和他同行的还有一位女同志，叫金维映。

金维映，浙江舟山人，原名金爱卿，又名阿金。她1904年出生，与邓小平同岁。15岁在县立女子中学读书时就参加了声援五四运动的斗争,1926年22岁时加入中国共产党后,从事工人运动,1929年任中共江苏省委妇女运动委员会书记,1930年任上海丝织业工会中共党团书记和上海工会联合会行动委员会领导人。

从上海到中央苏区,有一条由党中央特科开辟的地下交通线。邓小平与金维映沿着这条交通线,乘轮船从上海到广东汕头。汕头有秘密交通站。他们很快找到了交通站,接上头,化装后由一名交通员带领,先乘火车到潮州,再搭乘小火轮到茶阳,然后改乘小船溯江而上,到大埔县青溪上岸。这里已是苏区边沿。他们踏上崎岖的山道,翻越座座高山,蹚过条条溪河,经永定、上杭,8月初到达中共闽粤赣临时省委驻地长汀城。

再往西进,翻过武夷山南端的松毛岭,就是江西瑞金县境。中共闽粤赣临时省委的同志在长汀曾告诉邓小平和金维映:红一方面军总部机关和毛泽东、朱德等同志,不久前还在瑞金。

这个喜讯,消除了他们旅途的疲劳。第二天,他们就离开长汀,朝瑞金奔去。

邓小平在长汀已经得知:瑞金县苏维埃政府早在一年多以前已经成立。朱毛红军也曾多次在瑞金活动过。他想象,现时的瑞金,革命斗争一定是热火朝天的。

可是,越过汀瑞边界的古城,越往前走,离瑞金越近,邓小平和金维映心中就越犯嘀咕:瑞金现在怎么啦?

他们看到:立秋已过,田野的稻谷早已黄熟,却很少看到在田间劳作的农民,没有歌声,没有笑语,只有树上的知了在不停地聒噪,令人心烦。

他们由交通员带领走进村庄,向老百姓询问红军总部在哪里,县委、县苏维埃政府机关在哪里,没有一个人回答。问他们村里建了苏维埃吗,一个个摇头不语。

从长汀进入瑞金后,他们没有遇见过一个放哨的赤卫队员,也没有遇见过一名苏维埃的干部。

难道老苏区就像这个样子吗?邓小平脑子里的问号,一个接一个地出现。

邓小平还不知道,此时此刻,地处武夷山下、赣江源头的瑞金县,共产党的县委书记李添富,正在大肃"社会民主党",滥杀无辜,全县城乡已经处在一片恐慌之中。

事情得从头说起。

肃"社会民主党"一事，源于闽西苏区。

1930年下半年，由于受李立三"左"倾错误的干扰和影响，闽西苏区的革命斗争受到严重挫折，冒险出击广东东江的红二十军，连吃败仗，军心浮动。赤白交界区域的一些苏区群众，甚至出现"反水"现象。这些问题的出现，本不奇怪，只要纠正"左"倾错误领导，制定和执行符合实际的正确方针政策和斗争策略，这些问题很快可以得到解决。问题的复杂性在于，此时邻近的赣西南苏区正在大肃"AB团"；而党中央一次又一次地提出，在苏区内要严防"AB团"和"改组派""第三党""社会民主党"的捣乱和破坏。这就使闽粤赣边苏区党的领导人得出一个错误的结论：闽西苏区革命斗争受挫，主要原因是"AB团""第三党"在捣乱。

无独有偶，1931年1月初，闽西新红十二军召开纪念国际共运领袖李卜克内西、卢森堡、列宁的大会。前两人都是德国社会民主党和第二国际的左派领袖。第二国际堕落为修正主义后，他们又与之进行了坚决的斗争。在纪念大会上，一些缺乏共运知识的青年红军，呼喊了"拥护第二国际""社会民主党万岁"等口号。这本不为怪。但是中共闽粤赣特委和新红十二军的一些领导人却大惊小怪，认为在闽西苏区存在一个叫"社会民主党"的反革命派别。他们把闽西出现的一些不正常现象，都归咎于这个所谓的"社会民主党"（简称"社党"）。于是，立即在闽西苏区到处追查搜捕"社党"分子。

更为严重的是，负责肃"社党"的领导人，对被怀疑是"社党"分子者，严刑逼供。受刑的人经不住拷打，便乱供乱咬。这样，就像瘟疫传染一样，使所谓的"社党"分子越肃越多。4月间，中共六届四中全会精神传达到闽西苏区。在王明"左"倾错误肃反政策导引下，闽西的肃"社党"运动更为混乱和严重。担任闽西苏维埃政府肃反委员会主任的林一株，刑讯逼供、乱捕乱杀"社党"分子到了登峰造极的地步。整个闽西苏区被当作"社党"分子冤杀的多达6 352人。

城门失火，殃及池鱼。闽西苏区乱肃"社会民主党"，很快波及邻近的瑞金苏区。

瑞金县虽为江西省辖，因与福建山水相连，历史渊源关系甚密，因此闽西党组织在1928年3月曾派出力量，帮助瑞金建立党的组织。瑞金党组织当时直接由中共长汀特支领导。1929年至1930年，中共赣南特委曾多次派人到瑞金开展革命活动，与瑞金党组织建立了领导关系，并在1930年4月指导瑞金发动了轰轰烈烈的农民暴动，攻占了瑞金城，建立了红二十四纵队等地方革命武装，成立了中共瑞金县委和瑞金县苏维埃政府。然而，红二十四纵队编入主力红军，瑞金地方革命武装被削弱，1930年冬瑞金的革命斗争遭受挫折。与赣南党领导机关的联系一度中断，而与闽西的中共闽粤赣边特委联系又密切起来。1931年3月，为加强对瑞金革命斗争的领导，中共闽粤赣边特委（后改为中共闽粤赣临时省委）派李添富到瑞金，担任中共县委书记。

李添富，原名兰鸿翔，是闽西上杭县人。他早年入黄埔军校汕头分校学习，1926年加入中国共产党。土地革命运动开展后，他返回家乡从事革命斗争，1928年7月担任中共上杭县委组织部部长，次年1月后任中共上杭县委书记，同年7月又被选为中共闽西特委执行委员、特委常委、特委宣传部部长。1930年3月，他被选为闽西苏维埃政府执行委员，7月当选为中共闽西二大主席团成员。1931年2月到瑞金工作之前，曾任中共杭武县委书记。

从李添富的经历看，他是一名久经考验、斗争经验丰富的党的领导人。将他派往瑞金担任县委书记，可见闽粤赣边特委对瑞金工作的重视。

然而，李添富的思想却受到"左"倾错误的严重影响，是个"左"得出奇的人物。他奉命来瑞金工作之时，正是闽西苏区大肃"社会民主党"的时候。李添富笃信"社会民主党"的存在，十分赞赏林一株在肃"社党"时大搞刑讯逼供那一套做法。按他的思维逻辑，闽西各县都普遍存在"社党"组织，到处都是"社党"分子，难道与闽西仅一山之隔的瑞金县就没有？

他上任不久，就把闽西肃"社党"的瘟疫，带到了瑞金。

李添富亲自担任县肃反委员会主任。他将肃反委员会凌驾于县委、县苏维埃政府之上，对那些出身于地主、富农家庭的党员、干部，或者是对他那套"左"的做法表示不满的人，以及有某些错误或毛病的人，甚至两人说句悄悄话，尤其是一些有点文化的党员、干部，通通指为"社党"分子，随意逮捕，严刑逼供，予以处决。据全国解放以后统计，当时瑞金全县以"社党"分子罪名被杀害的共有435人，其中县委、县苏维埃政府部长以上的领导干部28人；区委、区苏维埃政府和乡一级的领导干部77人，县、区、乡、村一般干部273人。

这样乱肃"社会民主党"、滥杀无辜，瑞金城乡怎能不一片恐慌？

邓小平有个老熟人，叫霍步青，比邓小平先几个月到中央苏区，任中共苏区中央局巡视员。邓小平和金维映到瑞金时，霍步青也于8月7日和中共赣东特委机关一起来到瑞金县城。8月8日，他在瑞金给中央写了一个报告，题为《三次战争形势及瑞金的状况》。他在报告中十分忧虑地说："瑞金现已全县（除少部分）都成赤色区，但目前党及政权因打社会民主党打垮了，整个党团600余人现究竟剩下几多人，简直不能考查出。现在只有县委三四人，区委支部小组都没有了。这样的赤色若不是亲在此间看见，说来也不会使人相信的。"

邓小平刚到，当然还不知道这些情况。他们此行的目的地，是红一方面军总部。可总部在哪里？毛泽东、朱德在哪里？他们都不知道，就连瑞金地方党组织的关系，也还没接上呢。

费了几番周折，邓小平终于和设在瑞金城的中共赣东特委取得了联系。

中共赣东特委两个月以前才成立，领导宁都、瑞金、石城、广昌、宜黄、乐安、南丰等县的工作。特委机关原设在宁都的东韶。国民党军队向中共中央苏区发动第三次"围剿"，宁都、广昌等县相继为国民党军队侵占。赣东特委按中共苏区中央局的指示，率领由广昌、宁都、石城等县地方武装编成的红军独立第四师，8月7日转移到瑞金。

中共赣东特委书记叫谢唯俊，只有24岁。他是湖南耒阳人，跟毛泽东从井冈山下来的老战士，曾任红四军第一纵队政治部主任、中共赣西南特区委东路分委书记等职务。他虽与邓小平、金维映素不相识，却一见如故，与霍步青一起热情接待了他们。

谢唯俊告诉邓小平：毛泽东、朱德率领红一方面军总部和方面军主力，现时正在兴国，与"进剿"苏区的国民党军队殊死作战；宁都县城已被国民党第二十六路军侵占，瑞金与兴国的交通联络已经被切断，短时间内难以与毛泽东、朱德等总部领导取得联络。

谢唯俊还告诉邓小平：红七军已由张云逸、李明瑞等同志率领，来到于都北部的桥头，正式编入红一方面军第三军团战斗序列，此刻正在兴国参加反"围剿"作战。

这个喜讯，使邓小平兴奋不已。他最担心、最放心不下的莫过于红七军的安危。现在得到了红七军的确切消息，他怎能不高兴？

他从上衣口袋中掏出烟卷，递给谢唯俊一支，边吸边问："现在苏区的形势，怎么有点不对劲？"

霍步青将自己初步了解到的一些情况，向邓小平和金维映做了介绍。谢唯俊也说：看来，李添富他们抓"社会民主党"，存在严重问题。必须采取措施，迅速扭转这种局面，不然的话，不用敌人来打，苏区就会垮掉。

正在此时，余泽鸿与其妻子吴静焘也来到了瑞金。余泽鸿曾在上海担任过中共中央秘书长，还担任过中共北方局宣传部部长。为加强中央苏区的干部队伍，中共中央将他们夫妇俩派来苏区。他们本来也要去找红一方面军总部报到，因交通阻隔来到瑞金，找到了赣东特委机关。

邓小平、金维映和余泽鸿夫妇都十分赞同谢唯俊的看法。大家经过商议，推选邓小平担任中共瑞金县委书记。为方便起见，他们起初以赣东特委派往瑞金协助工作的名义进行活动。

危难之时，邓小平毅然挑起了扭转瑞金乾坤的重担。县委书记的职务，对于曾经创建过广西左右江革命根据地、指挥过千军万马的红七军前委书记邓小平来说，当然算不了什么。可邓小平心中明白：王明上台以后，正在推行一套"左"倾错误政策，其中包括肃反在内。他们大力鼓吹要同"AB团""改组派""社会民主党"做斗争。而此时江西苏区打"AB团"和闽西苏区肃"社会民主党"又正值高潮。在这个时候去纠正乱肃"社党"的错误，风险定然很大。原瑞金县苏维埃政府主席谢景山，就是因为反对乱捉乱杀"AB团"，结果自己也被当作"AB团"捉起来杀了头。

邓小平顾不了这许多。共产党员的责任感，驱使他决心和战友们一起，去制止李添富的胡作非为。为了党的事业，他心甘情愿地去冒这个风险。

为了不惊动李添富，邓小平他们避开李添富，悄悄地来到肃"社党"受害最严重的武阳、桃阳等区乡调查。他们要掌握真实情况。

武阳区是瑞金较早闹革命的地方。早在1930年4月，武阳的共产党员杨斗文等人，就领导农民举行武装暴动，建立了赤卫队，成立了区苏维埃政府。区委、区苏维埃政府干部，大都是经受过严峻革命考验的同志。原区苏维埃政府主席陈世沂、区游击大队队长朱晒塘，都是武阳暴动的参加者。可是他们都不明不白地被当成"社党"分子杀掉了。武阳区委、区苏维埃政府曾一度瘫痪，无人负责。为了保护自己，近两个月来只要一看到县里来人，区委、区苏维埃政府的干部就扛着红旗上山，躲藏起来。

桃阳区也是瑞金县较早暴动的地方。瑞金县委、县苏维埃政府的许多领导干部和工作人员，都是这个区出来的革命骨干。这些革命骨干也被肃"社党"杀得差不多了。

一些区乡干部和群众，带着惊恐不定的心情告诉邓小平：瑞金大规模肃"社会民主党"，始于1931年5月间。李添富先主持召开了一次全县党、团员活动分子会议。会后，先将县苏维埃政府和县总工会两个单位80%以上的干部抓了起来，不到10天就把他们杀掉了。接着，李添富宣布解散县苏维埃政府和县总工会。新成立的县苏维埃政府不到半个月，大部分工作干部又被肃反委员会抓了起来。县总工会原有的干部和武装人员50多人，不到两个月，肃"社党"杀得只剩下驼背的邱维桂一个人。从5月到7月，几乎天天有人被枪决，有时一天枪决五六十人，少则也有一二十人。肃反委员会枪决人犯时，宣布的"罪状"很简单，只写个姓名、年龄、籍贯，没有什么事实。审讯时完全是用酷刑逼供。当干部的怕戴红袖套，因为红袖套上要写上自己的名字，担心别人看见自己反遭冤枉。

听到这些血淋淋的事实，邓小平脸色铁青。他很少说话，边吸烟边认真听着。从他口中呼呼吐出的团团青烟，不停地飘散着，仿佛在祭奠那些屈死的冤魂。

调查得来的大量材料证实，操纵肃反大权的李添富，不是什么真正的革命者，而是个品质很坏的人。邓小平认为，要制止瑞金乱杀"社党"分子事态的扩展，必须发动群众揭穿李添富的假面具，然后对他严肃处理。

于是，他们从乡下来到县城，先以中共赣东特委名义，召开了一个全县党员活动分子会议。

主持会议的是金维映。这位女同志很有宣传鼓动能力，邓小平让她出面。会上，金维映就肃反的重要意义、方针、政策等问题讲了话，强调要根据事实，掌握政策。接着，邓小平发动大家对全县的肃"社党"运动发表意见。

沉默。寂静。参加会议的人都不敢发言，生怕被揪住辫子，惹来杀头之祸。邓小平、金维映鼓励大家消除顾虑，踊跃发言。慢慢地，一些人谈了对肃反的认识，提出了很多疑问和意见。

会议结束时，邓小平和金维映告诉大家：目前一切都是为了反"围剿"战争的胜利。回去以后，大家要努力搞好工作，巩固苏区，发展苏区。以前的肃反有缺点、错误，问题是可以搞清楚的。

李添富也参加了这次会议。邓小平没有让他在会上讲话。李添富感觉到风头不对，再不敢下令乱杀人了。

会后，邓小平、金维映、余泽鸿等继续深入各区、乡调查了解情况。

9月间，邓小平又决定召开瑞金县、区、乡三级主要干部会议。

会议仍由金维映主持，只开了半天。会议内容主要揭露肃"社党"中的偏差，说明肃反中存在的问题主要是因为负责肃反的领导人不掌握政策造成的。

会上，金维映突然问大家："你们说，瑞金有没有'社会民主党'？"

人们面面相觑，没有一个人敢回答。

金维映说："有，肯定有！今天参加会议的就有！"

听她这么一说，大家更是害怕。会场鸦雀无声，空气似乎凝结了。

金维映看了看寂静无声的会场，一扬头发，说："李添富是什么人？是革命的，还是反革命的？李添富有意搞乱我们的肃反工作，大家要注意，要揭发他的罪行。不要怕，上级有人在这里给大家撑腰！"

会场上的人们，长长地松了一口气。坐在台前的李添富，脸色霎时变得蜡黄蜡黄。

9月底、10月初，在县城广东会馆召开了瑞金县第三次工农兵代表大会，撤换了在肃反中犯有严重错误的县苏维埃政府主席谢在权，新选举黄正任县苏维埃政府主席。

邓小平代表中共赣东特委，宣布拘捕李添富，撤销他的县委书记、县肃反委员会主任职务。接着，召开大会对其公审，予以处决。

邓小平公开亮出自己的身份，宣布：第一，立即停止杀人。第二，已被供出名字被怀疑是"社党"分子的一律不抓。第三，已被关押在狱的，凡是贫农、中农，一律先放掉，让他们回原地继续参加革命斗争；凡是地主、富农，能罚钱的罚钱，然后放掉；罚不到钱的取保释放。

这一宣布，使300多名被无辜关押者免成刀下之鬼。瑞金全县人心大快，人们额手称庆，都称邓小平是包公再世。

邓小平做出这样的决定，需要有多么大的胆略和气魄！他不愧是一位真正的布尔什维克，是一位伟大的无产阶级革命家。瑞金人民永远铭记着他的这一历史功绩！

值得庆幸的是，党的十一届三中全会以后，中共福建省委遵照党的实事求是、有错必纠的原则，对闽西根据地肃"社会民主党"事件进行了全面调查。根据调查所得的大量事实，认为闽西肃"社党"不是肃反扩大化问题，而是一起冤案，应予彻底平反，对被错杀的同志予以昭雪，在政治上恢复名誉。

这是党的实事求是路线的胜利！

首任红都"京官"

处理完肃"社党"事件后，邓小平留在瑞金县工作。金维映调到邻近的于都县，任中共于都县委书记。他们俩结成了夫妻。余泽鸿夫妇调到邻近的宁都县工作。余泽鸿任中共宁都县委书记，吴静焘任县委妇女部部长。

笼罩在瑞金上空的阴云被驱散了，全县的政局迅速稳定。瑞金人民的革命热情像火山一样喷发出来。

邓小平首先抓了县、区、乡三级苏维埃政权的建立、恢复和整顿。继县苏维埃代表大会之后，全县各区、乡都先后召开了工农兵代表大会，选举新的苏维埃政府领导机构。在普遍整顿的基础上，还按照上级指示，民主选举了瑞金县出席第一次全国工农兵代表大会的代表。

瑞金县村一级原先也建立了苏维埃政府，而乡一级却没有。村一级管辖范围太小，干部缺乏，工作开展不起来。为加强苏维埃政府的工作效率，根据中共中央颁布的《苏维埃组织法》和瑞金的实际情况，邓小平决定取消村一级政府，只在村一级设苏维埃代表；重新划分各区、乡管辖区域，建立乡的代表会议，选举坚决革命的分子担任乡苏维埃政府领导工作。这就大大加强了基层苏维埃政权的建设。

对这件事，瑞金的许多苏区老干部都留有深刻印象。当年曾任合龙乡苏维埃政府财经委员的朱开铨回忆说：

> 邓小平同志还派了工作团，深入到各区帮助工作。他自己也亲自下来，深入到基层了解情况。他到过我们壬田区，开过活动分子会。我记得他到壬田区来是把壬田分为两个区，一个仍叫壬田区，一个叫云集区。那次开会的地方是在壬田的三石陂。我因有事去得较晚，就坐在邓小平同志的身边。邓小平同志问我："你是哪个乡来的？"我回答说："合龙。"他说："那你们以后归云集区管。"我说："我还不清楚这件事。"他说："今天晚上就要宣布这个决定。"我看见小平同志的笔记本放在桌子上，是打开的，我拿起来看了看，觉得字迹工整漂亮，非常好看。他的讲话也非常通俗易懂。

邓小平十分清楚：要巩固发展苏区，使各方面的工作深入开展起来，关键是要有大批与群众联系密切的本地干部。他在9月主持召开全县第三次工农兵代表大会时，选举出来的是苏维埃政府执行委员，几乎全是本县的农民干部。

错误的肃"社党"运动，使大部分革命骨干被杀害，本地干部显得十分缺乏。邓小平只好加紧培训干部。九十月间，县委决定在县城"同善社"旧址举办一期干部培训班。

培训学员的膳宿、教室、教材都已准备妥当，专等学员前来报到。等来等去大半天，前来报到的人却寥寥无几。邓小平深入一了解，才知道原来是许多人都被肃"社党"运动吓怕了，不敢再出来工作。

这是个严重问题。邓小平要求县委、县苏维埃政府领导深入各区乡进行思想动员。他自己也来到县城南郊乡，亲自找小青年杨荣香谈话。

邓小平到瑞金工作不久，就与杨荣香相识了。这次办培训班，他热情动员杨荣香参加学习，小杨支支吾吾，半天没表态。邓小平问他有什么顾虑，小杨吞吞吐吐好一会儿，才说了出来。原来，他也是怕再搞什么肃"社党"一类的运动，连自己的性命也保不住。

邓小平耐心地对他说：以前肃反是有错误，现在已经纠正了，不要再有什么顾虑，要相信党，相信革命。杨荣香相信邓书记的话，愉快地打起背包来到了培训班。

培训班顺利开学，一共来了60多人。邓小平亲自给学员讲课，帮助大家提高革命觉悟和政策水平，传授工作经验。这批学员后来都成为瑞金的革命骨干。

平时，邓小平也非常关心干部的成长。

县苏维埃政府的妇女委员会主任，叫罗志才，贫苦出身，从小给人家当童养媳，没有文化。李添富乱肃"社会民主党"时，把她也给抓起来了，差点被杀头。邓小平和金维映将她从狱中救了出来，官复原职。罗志才后来回忆说：

> 邓小平同志任职后，很关心干部队伍的成长。他经常指导我的工作。因为我没有文化，是他教我怎样去开好干部会议。有一次，我召开全县

妇女生活改善委员会会议，各区的妇女指导员（均为该会委员）都参加。会前，他教我怎样开好这次会议。会议期间，他亲自到会讲话，号召劳动妇女行动起来，团结起来，积极参加革命工作。他说，男同志能办到的事，女同志也要办到。他还教我们妇女干部如何发动群众，做广泛的宣传鼓动工作，怎样组织洗衣队、担架队等。

  小平同志除了在会上做宣传指导外，还经常教导我要学好政治，学好军事技术，亲自教我练习马刀、手枪射击。我很受感动，表示一定要听邓书记的话，做好工作。在他的言传身教下，我的革命干劲更大了。

这是个缩影。在邓小平教育下成长起来的干部，何止罗志才一人！

邓小平知道，要稳定全县局势，发动群众参加苏维埃革命和建设，必须彻底解决好农民的土地问题。

瑞金县在1930年四五月农民暴动胜利后，一些红色区域曾经进行过一次分田，但很粗糙，不细致。分田后不久，反动势力反扑，农民得到的土地很快丢失了。1931年2月2日，红十二军军长罗炳辉率部队攻占了瑞金城，赶跑了靖卫团，重新恢复了全县红色政权。4月，县苏维埃政府领导全县进行了第二次分田。这次分田工作进行得较好，较全面地贯彻了毛泽东为苏区制定的土地革命路线、方针、政策，做到了以原耕为基础，抽多补少，抽肥补瘦，逐块丈量，好差搭配；而且划分了阶级成分，使阶级阵线更加清楚。

可是，李添富乱肃"社会民主党"，又将阶级阵线给搅乱了。全县人心浮动，许多贫苦农民对得到的土地心存疑虑；有些地方还存在假分田现象，地主豪绅没有受到打击，农民的革命积极性没有发挥出来。

邓小平对毛泽东制定的土地革命路线和方针政策早有所闻，认为完全正确，符合中国实际。他主政瑞金时，尽管王明"左"倾土地政策已经在苏区传达，但他并没有认真贯彻，而是宣布必须维护原先的分田成果。对少数没分田的地方，邓小平指示要发动贫苦农民迅速重新进行分配。他特别强调不能侵犯中农利益，也不要过分打击富农。这就让农民吃了定心丸。

农民群众拥护邓小平，可"左"倾领导者都不喜欢他。1932年3月苏维埃中央执行委员会（项英主持日常工作）检查了瑞金的工作，做出了一个决议。决议中批评瑞金对王明"左"倾中央制定的《土地法》"执行不彻底"，指责瑞金没有执行"地主不分田，富农分坏田"的过"左"政策；批评瑞金"甚至有的地方，富农还分得好田，或三分之一的好田，现在还未改正过来"。

"地主不分田，富农分坏田"，这是"左"倾错误领导者当时喊得最响的口号之一。毛泽东是反对这个政策的。他曾说过："到井冈山之后，我做了寻乌调查，才弄清了富农与地主的问题，提出解决富农问题的办法，不仅要抽多补少，而且要抽肥补瘦，这样才能使富农、中农、贫农、雇农都生活下去。假若对地主一点土地也不分，叫他们去喝西北风，对富农也只给一些坏田，使他们半饥半饱，逼得富农造反，贫农、雇农一定陷于孤立。当时有人骂我是富农路线，我看在当时只有我这办法是正确的。"中央执行委员会批评邓小平不执行"地主不分田，富农分坏田"政策，从另一个方面证明，邓小平对毛泽东的土地革命路线和方针政策是坚决贯彻执行的。

为充分发动干部群众，巩固发展瑞金苏区，邓小平还十分注意加强党的宣传工作。1931年10月25日，他创办了中共瑞金县委机关报《瑞金红旗》。

这是一份石印二版五日刊，每逢5日和10日出版。他经常撰写文章在报纸上发表，指导全县工作。11月27日红三军团攻下会昌县城后，他就撰写了一篇题为《惊人的好消息——红三军团攻下会昌》的评论，在《瑞金红旗》第7期发表，将这一胜利喜讯迅速告诉全县人民，号召全县工农群众乘胜前进，"向反动势力进攻得到更大的胜利"。

邓小平卓越的领导才能和艰苦深入的工作，使瑞金的革命形势越来越好。

就在邓小平全力纠正李添富乱肃"社党"错误，稳定瑞金局势时，红一方面军在毛泽东、朱德的领导下，也取得了第三次反"围剿"的重大胜利。

9月28日，艳阳高照，金风送爽。中午时分，一队快马朝瑞金城东北5公里外的叶坪村奔来，停在村中的大樟树林中。从马上跳下来的，是毛泽东、朱德、项英、王稼祥等红军总部首长。他们拍拍身上的尘土，径直朝村中走去。

中央苏区党、政、军首脑机关，迁到了叶坪村。

第三次反"围剿"胜利后，毛泽东、朱德等红军统帅，原本决定红军主力全部挥师东进福建，任务有两项：一是筹粮筹款，休整补充；二是筹备在11月7日召开全国第一次工农兵代表大会，建立中华苏维埃共和国，成立苏维埃临时中央政府。

为此，红军总部于9月23日在兴国县水头庄发布命令："方面军决定开到福建去工作筹款，并定于二十五日由现在地（莲塘、龙岗头、长信、水头庄之线）分七天行程（第五天休息一天）开到汀州城集中。"

毛泽东、朱德等随总部行动。按照总部的命令规定，他们的行程是：25日从兴国水头庄出发，28日到瑞金宿营，随后"沿右路第三军团之行军线到长汀"。

总部的命令明确指出：红军主力移师东进的工作重点在福建，总部拟设在长汀城；即将开幕的第一次全国工农兵代表大会，也准备在长汀召开。若按这个命令执行，或许即将成立的苏维埃共和国的国都，也将设在长汀城，瑞金仅是总部的临时驻地而已。

毛泽东、朱德等到叶坪后，很快对原定部署做了调整，决定红军主力不再全部东移福建，而是留驻石城、会昌、瑞金、于都等县；红军总部也不再移驻长汀城，就留驻在瑞金叶坪村。

毛泽东、朱德等红军统帅为什么要改变原来的决定？10月3日，苏区中央局给上海临时中央发出的一份电报是这样解释的：

> 红军目前急切须休息，须训练，须补充，须筹款，须布置新战场，创造根据地，又因十一月七日召开"一苏大会"，中央不能远离，遂将红军主力分布石城、长汀、于都、会昌四县工作，总部及中央局在瑞金居中指挥。

总部留驻瑞金，便于"居中指挥"红军主力在石、汀、于、会四县的行动，这当然是一个重要原因。除此之外，还有一个重要因素促使毛泽东、朱德等下决心将总部留驻瑞金，这就是邓小平在瑞金卓有成效的工作。

瑞金，这是一个美好吉祥的名字。据史书记载和老人们传说，瑞金原属于都县辖。瑞金县城这个地方，原为莽莽河川，地下蕴藏金矿。不知从何时起，人们在此地掘地得金，逐渐形成一个淘金场，来此定居者逐年增多。唐天祐元年（904），为加强对这一地方的治理，于都县将此地划出，以淘金场为中心置瑞金监，因"掘地得金，金为瑞"，故名"瑞金"。

瑞金城就在绵江岸边。从瑞金乘船，沿江而下，可直达会昌、于都、赣州、南昌，水路交通十分便利。它与东邻的汀州城仅80华里，汀州又是闽西重镇，流经汀州的汀江，直奔潮汕平原。就地理位置而言，瑞金确为中央苏区之中心。

毛泽东和朱德对瑞金都不陌生。早在1929年2月上旬，毛泽东、朱德率红四军从井冈山到赣南游击，2月8日途经瑞金城下。毛泽东派张宗逊带一个连入城，搜寻国民党报纸。贺子珍自告奋勇前往，差点被尾追之敌抓去。2月10日，毛泽东、朱德指挥红四军在瑞金大柏地设下埋伏，一举歼灭尾追之敌国民党军刘士毅部两个团，一仗扭转乾坤，摆脱了被动局面。

1929年3月9日，毛泽东、朱德率领红四军由吉安东固东进入闽，第二次到达瑞金的壬田镇。

两个月后，毛泽东和朱德第三次来到瑞金。当时，他们率领红四军从宁都到闽西去，在大柏地召开群众大会，兑现红军留下的借条。5月18日晚，毛泽东曾在瑞金叶坪村召开红四军前委扩大会议，批评了林彪的悲观情绪和本位主义思想。

1931年7月中旬，毛泽东和朱德率领红一方面军主力从福建建宁千里回师赣南，第四次来到瑞金，还在壬田镇召开了总部作战会议。

毛泽东虽然四次来瑞金，却来也匆匆，去也匆匆，没有更多地接触瑞金地方党组织和群众，因而只是在地理环境方面对瑞金有些了解，对瑞金的党和群众基础、革命斗争形势等情况，知之甚少。他是听了邓小平的汇报后，才对瑞金了解得多一些。

邓小平与毛泽东原先并不熟悉。1927年党中央在汉口召开"八七"紧急会议时，他们见过一面。当时毛泽东是中央候补委员，参加会议的正式代表；邓小平是大会工作人员，做会议记录。两人虽然见了面，互相间并未说过话。邓小平在广西左右江根据地工作期间，曾通过中共中央军委主办的《军事通讯》，了解到朱毛红军的斗争经验；到江西以后，又断断续续听许多人谈到毛泽东的情况，特别是到瑞金后接触到中央苏区斗争的实际情况，他对毛泽东的钦佩和仰慕之情油然而生。

这一次，毛泽东率苏区中央局和总部机关进驻瑞金叶坪村，邓小平十分高兴。待总部领导一住下，他就和谢唯俊一起，从瑞金城赶到叶坪村，一是尽地主之谊对总部领导的到来表示热烈欢迎和慰问，二是向总部领导详细汇报瑞金的近况。当他得知"一苏大会"即将召开、苏维埃临时中央政府即将成立时，特意向总部领导请求，希望"一苏大会"能在瑞金召开，苏维埃共和国的红色国都亦能设在瑞金。

满头长发、眼圈深陷的毛泽东，了解到瑞金的详细情况后，高兴地说："很好，你们做了很多工作！"

的确，总部在兴国时，大家对瑞金的情况还不是很清楚。听了邓小平的汇报，清楚多了。大家认为，现在，宁都县城还被国民党第二十六路军占据；会昌、安远两县都没有赤化；石城县南部地主武装强大，"土围"的点甚多；于都县城虽为红军占领，许多乡村还是白色，离敌军据点赣州很近；汀州虽好，地方偏了一些。从目前条件来看，只有在瑞金召开"一苏大会"较为适宜。

中共苏区中央局经过认真讨论，最后确定：全国第一次工农兵代表大会就在叶坪村召开，苏维埃临时中央政府也设在叶坪村。

瑞金将成为中华苏维埃共和国的红色国都，邓小平将出任红色国都的首任"京官"。这是瑞金人民的光荣，也是邓小平的光荣。

动员全县人民紧急行动起来，迎接"一苏大会"胜利召开，成为摆在邓小平和瑞金全县干部群众面前的一项紧迫任务。

为鼓舞全县人民的革命斗志，苏区中央局和红军总部迁驻叶坪村后没几天，邓小平就在瑞金县城组织召开了5万人的祝捷大会，庆祝红军第三次反"围剿"的伟大胜利。对这次祝捷大会，毛毛在《我的父亲邓小平》一书中这样描写道：

> 父亲说过，由于当时条件十分艰苦，没有扩音设备，因此大会分设在四五个会场。父亲是大会的主持人，他曾陪同毛泽东到各个会场讲话。
>
> 那种庆祝胜利的场面，真是红旗标语如海，口号欢呼鼎沸，整个瑞金革命热情一片高涨。

迎接召开"一苏大会"，光有革命热情不行，还要有实际行动。对瑞金县来说，当时最实际的工作有三项：一是充分保证大会的物资供应；二是要为出席大会的600多名代表提供安全舒适的住宿地点；三是要动员和组织群众举行隆重热烈的庆祝活动。

邓小平和县委、县苏维埃政府的工作人员，日夜操劳，紧抓这几项工作不放。

瑞金合龙乡苏维埃政府财经委员朱开铨，乡里分配他专门负责为"一苏大会"筹办物资供给。60年后的1991年11月，他写文章纪念苏维埃临时中央政府成立60周年。

> 上级来人传达中央指示精神，决定在叶坪乡召开第一次全国苏维埃

代表大会，建立中华苏维埃共和国临时中央政府，并指示叶坪乡和周围的几个乡在县委的指导下，积极做好准备工作，迎接大会的召开。大会的筹备人员和县委县政府的同志为了保证大会的顺利进行，保证代表们吃好，还在合龙乡订购了会议需要的各种食品。过了几天，上级又来人传达中央的决定，确定代表大会于11月7日在叶坪召开，并规定大会的头三天为群众的祝贺日期。

朱开铨竭尽全力，为大会筹办了一大批猪肉、鸡鸭、蔬菜。叶坪乡附近的其他区乡，也为大会筹集了许多物资，保证了大会的需要。

安排600位代表的住宿，当时是个大问题。邓小平带着县委、县苏维埃政府的工作人员，与专门负责大会代表膳宿的毛泽民、康克清、贺子珍、钱希钧等一起，深入到叶坪、洋溪、黄埠头、合龙、沙洲坝等乡村，逐村逐屋地查看，动员群众尽量腾出地方供代表们住宿。老表们纷纷摘下家中的门板、抱出家中的稻草，为代表们搭铺。大会召开期间，代表们都说招待热情，住得舒适。

苏区军民日夜企盼的中华苏维埃工农兵第一次全国代表大会，11月7日，终于在瑞金叶坪乡叶坪村隆重开幕了！

这天黎明时分，叶坪村红军广场举行了隆重庄严的阅兵式。邓小平精心组织瑞金城郊和叶坪数千群众前往参观，为英勇的红军助威。

叶坪村中有一幢青砖灰瓦半寺式明代建筑，是村里的谢氏祠堂。7日下午，"一苏大会"开幕典礼就在这幢祠堂里隆重举行。

这次大会前后历时14天，讨论通过了中华苏维埃共和国的各项法律、法令和政策文件。20日，代表们选举毛泽东、项英、朱德等54人为中央执行委员会委员，举行了庄严的授旗、授章典礼，宣布大会胜利闭幕。11月27日，中央执行委员会第一次会议又选举毛泽东为中央执行委员会主席和中央人民委员会主席，项英、张国焘为副主席。

邓小平真有办法。他精心组织了瑞金县军民前往叶坪村举办提灯晚会，热烈祝贺第一次全苏大会隆重召开。

朱开铨负责合龙乡的庆祝活动，他回忆说：

> 为了表达我们对大会召开的喜悦心情，乡政府决定用最隆重的方式

来祝贺,并决定由我负责祝贺活动。一方面,我抓紧落实大会筹备处在我乡订购的各类食品。另一方面,加紧组织祝贺队,采买各种器材。在乡政府研究怎样才能把这次祝贺活动搞得有声有色、为大会增添光彩的会议上,大家一致认为代表大会的召开是一件大事,我们要尽自己的力量把这次祝贺活动搞好,多花一点钱没关系。因为代表大会是晚上开会,白天讨论,所以群众到大会去祝贺都定在晚上。针对这一情况,我特意去县城买来了很多铁丝,请了有名的扎花灯师傅来扎花灯和标语牌。此外,还从各家调了150多盏马灯。为了使祝贺队伍整齐划一,还请了10多名裁缝师傅,为乡政府和保卫队的人配了红五星和红领章。除此之外,我们还组织了铜鼓铜号队和唢呐队,并预习了几遍,直到祝贺队伍能做到整齐划一。

11月7日,第一次全国工农兵代表大会在瑞金叶坪乡的一幢大祠堂里开幕了。周围的几个乡都派了祝贺队伍前去祝贺,我也带了400人的祝贺队伍前去祝贺。祝贺的队伍一进入会场,会议就暂停一下,代表们都站起来热烈鼓掌表示欢迎。第二天晚上,我又带了一支500人的队伍前去祝贺。到了第三天,也就是群众祝贺大会的最后一天,我准备把今天晚上的祝贺搞得更加隆重些。那天我起得很早,还和乡政府的人在筹划这次活动,妇女会的十几名女同志冲了进来,质问我为什么前两次祝贺没有妇女去,是不是轻视妇女。我连忙解释不是轻视你们,而是妇女代表会没有提出这样的要求,如果你们要去的话就赶快做准备,今天晚上去,但是小脚的妇女就不要去了。她们一听都非常高兴,马上就回去做准备,每人做了一套灰衣服和一个扇子灯,还赶排了几支歌。

天刚黑,我带着队伍就出发了。13里路个把钟头就到了。在会场外把队伍整顿了一下,就进入会场。我和警卫队的60名队员走在最前面,队员们每人都背着枪,举着一块4尺多长、3尺来宽的标语牌。这种标语牌是用铁丝扎成的,里面点上两盏灯,外面用彩色纸写上标语,既醒目又好看。我们之所以这样做,主要是考虑代表们来自全国各地,而瑞金话又不好懂,怕呼口号他们听不明白,所以才扎制了里面点灯的标语牌。走在最前面的标语牌上写着"合龙乡政府庆祝大队",后面的标语牌上写着"庆祝工农红军的伟大胜利""庆祝工农兵代表大会开幕""祝贺参加大会的代表身体健康""预祝工农兵代表大会圆满成功"等。警卫队后面是少先队，他们在铜鼓铜号的伴奏下，也是每人手举一块标语牌，迈着整齐的步伐进入会场。少先队后面是群众的锣鼓队，他们敲打着喜庆的曲子，提着150多盏马灯进入会场。8支唢呐同时吹出欢快的乐曲，会场的喜庆气氛一下子达到了高潮。特别是其中的两位名艺人，可以用鼻子吹唢呐，不停气地一吹就是好几分钟，使整个会场都轰动了。最后面是妇女同志，和以前那种狂欢的节奏不同，她们每人手拿一个扇子灯，一边慢慢地走着舞步，一边唱着祝贺歌和歌唱男女平等的歌，歌是用山歌谱的曲，旋律非常优美动听，全场爆发出热烈的掌声。代表们表扬我们乡的祝贺队伍搞得好，既整齐又丰富多彩，说我们是富乡。

朱开铨的回忆，生动细腻，读后使人仿佛置身于当时那种狂欢的庆祝场面之中。

前往祝贺的，除了合龙乡，还有叶坪、黄埠头、沙洲坝……杨志宏当时是瑞金县下肖村的一名少先队员。他也参加了当时的祝贺队伍。他回忆说：

1931年11月，全国第一次工农兵代表大会在瑞金叶坪村召开，成立了中华苏维埃共和国临时中央政府。为此，瑞金人民举行了盛大的庆祝活动。为了防止敌人的飞机来捣乱，庆祝会在黄昏后举行。当时大家都打着灯笼和火把参加庆祝活动，所以叫作提灯庆祝大会。其实，当时有灯笼的人很少。平时，穷人顾不上去置备这种东西，即使晚上出门，也是摸着黑走。红军来后，主张破除迷信，从前的香烛店也关了门，就是有灯，也很难弄到蜡烛。但结果还算不错，因为火把比灯更亮。火把的材料是废旧竹竿和篾索等，很容易找到。另外，住在城里的人，也有临时自制一些新式灯笼的，有红色、黄色的，还有五角星和斧头镰刀等一类的灯笼。灯流云集叶坪村，五花八门，很好看。庆祝队伍进入"一苏大会"会场，会场布置得很亮丽，各个柱子上横挂着铁丝，铁丝上串着许多手电筒上用的小电珠，大木柱之间还挂了许多匾额。彩旗和标语在这许多发亮的小电珠照耀下特别好看。会场正中是主席台，台上站满了人，他们向台下的人不断鼓掌、唱歌，同大家一块儿呼口号。我当时还不认识中央各位领导同志，后来才知道毛泽东同志、朱德同志都在台上。队伍不断从后面拥来，我们想多停留一会儿也不行，只好照着指定的路线从左侧后门出去。这时，忽听到震耳的响声，循声看去，在会场左侧防空洞里，有个发电机正在响着，会场上的许多小电珠，就是由这个发电机发电才亮的。大家提着灯笼拥向广场（是一块大草坪），锣鼓声、鞭炮声、口号声交织在一起，震耳欲聋。火把、灯笼一排排，有如长龙起舞，非常好看。我高兴极了，不断领呼口号，把嗓子也喊哑了。随后，我们看了各区、乡演出的文艺节目，有龙灯、茶灯、活报剧等。庆祝活动一直延续到半夜，大家才渐渐地散去。

为给"一苏大会"助兴，邓小平还组织县里的艺人们，排演了采茶剧《活捉张辉瓒》，再现了第一次反"围剿"时在龙冈万功山活捉国民党军第十八师师长张辉瓒的生动情景。朱德总司令的形象，在这个剧中第一次出现在舞台上。台下观看演出的毛泽东、朱德、彭德怀等人，不禁开怀大笑。

从这些热闹的场面中，我们似乎看到了邓小平为庆祝"一苏大会"的胜利召开而四处奔忙的身影，看到了他那为苏维埃共和国诞生而高兴的笑脸……

"一苏大会"正式确定瑞金为中华苏维埃共和国首都。瑞金改名为"瑞京"。

邓小平正式成为首任红都"京官"。

瑞金成为苏维埃临时中央政府的直辖县，县委、县苏维埃政府的工作成效如何，不仅关系到瑞金苏区的巩固、人民生活的改善提高，也直接影响到中央党政军群领导机关的工作。

邓小平深感责任重大，更加夜以继日地工作。

关于邓小平在瑞金工作情况的历史资料，由于战争，留存下来的很少。我们仅从《红色中华》报中看到，1932年3月苏维埃中央执行委员会对瑞金县工作进行过一次检查，并在检查后通过了一个决议。决议中对瑞金工作是这样评价的：

瑞金全县工作自中央政府成立后，在某些工作上已有相当的进步：

（甲）统一财政在县苏及有些区苏（特别在黄安区、渡黄区等）都是相当地执行了财务条例，和统一财政训令，那种浪费和漫无限制的开支状态已大为减少了，开始在实行预算决算。

（乙）在肃反问题上，一般说，对于过去的错误，如随意捕人偏信口供使用肉刑等，已有大的转变，并且对于过去政治犯在县苏已遵照第六号训令正式开庭审判,革命秩序相当建立。

（丙）扩大红军工作已获得相当成绩,留红军公田已实行。

……

从这些简短的评价中,就可看出邓小平工作的成就。

邓小平给瑞金人民留下的深刻印象,除了他那深入实际、实事求是的作风外,还有他那廉洁奉公、艰苦朴素的崇高品德。瑞金苏区至今流传着他的许多动人故事。

他有一条洗脸的毛巾,用了好几年,仍完好无损,而别人的毛巾用一二年就破破烂烂了。人们问他有什么诀窍。他笑着告诉别人:"你们洗脸时都是两手用力拧毛巾,毛巾的纤维容易断;我洗脸时却是用两手挤干毛巾的水,毛巾的纤维不容易挤断,当然耐用啰!"

他唯一的一条灰哔叽裤子,穿了好多年,裤脚边给磨破了。"一苏大会"召开时,他要参加开幕典礼,找出这条破裤子穿上,妻子金维映看到后,觉得他出席那么庄严隆重的庆典,穿这样的破裤子难看,要他买几尺布新做一条。他笑笑说:"共产党人穿衣讲究个干净,破一点没关系!"

因战争破坏,瑞金城当时的副食供应很困难,县城只有一家粉干铺子做些粉干,专供给中央机关一些病人吃。偏偏金维映喜欢吃粉干。她有时从于都回瑞金开会,就悄悄地去买上一碗尝尝。邓小平知道后,不顾妻子也是个县委书记,毫不客气地批评了她。

瑞金县苏维埃政府主席黄正被撤职一事,更反映出邓小平根除官僚腐败作风的决心。

黄正是瑞金本地人,工人出身。因原县苏维埃政府主席谢在权与李添富一起乱肃"社会民主党",滥杀无辜,被撤职处决。在邓小平主持召开的瑞金县第三次工农兵代表大会上,黄正被选为县苏维埃政府主席。邓小平曾语重心长地勉励他要用好手中的权力,真心实意地为劳苦大众谋利益。谁知黄正上任不久,就利用手中的权力牟取私利,每月向每个工人收取6角钱的"津贴"费,变相勒索工人。邓小平知道此事后,气愤异常,主张给予严厉惩处。经他同意,报请临时中央政府批准,黄正很快被撤职查办。这件事,给了瑞金县各级苏维埃干部深刻的教育。

瑞金县后来成为苏区模范县之一,受到党中央和中央政府的多次表扬,这与邓小平在瑞金开创性的工作分不开。

红色中华南天柱

邓小平任瑞金县委书记，纯属偶然，或许是临时安排，或许是命运注定的吧。他没想到自己在瑞金一干就是10个月。

1932年5月，他的工作有了新的变动。中共江西省委书记李富春，将他调去任中共会昌临时县委书记。

会昌县在瑞金南边。它与瑞金一样，古时也是从于都县划出置县，不过比瑞金晚了78年，时为北宋太平兴国七年（982）。相传置县时恰逢镇人凿井，得砖12块，上刻有唐武宗年号"会昌"二字篆文，遂以此命名县名。会昌县城与瑞金县城相距约100里，可是两县交界之处五里排，距会昌县城竟只有5里。当地老百姓都说瑞金的县官管到了会昌城门脚下。这里边还有个故事呢。

据说，会昌置县之初，与瑞金没有划定边界，两县经常发生纠纷。于是两县县太爷商量：某日两人各从本县县治出发，向对方县治步行前进，两人会面处即为两县边界。

这一天，鸡鸣三遍，瑞金的县太爷便早早起床，带着仆人急急上路。他走啊，走啊，走到日头当顶，已经走出九九八十一里路，还没遇见会昌的县太爷。他歇息了一会儿，又继续朝前走了十几里地，沿着绵江岸，翻过鸡公山，已经可以望见会昌县城了，这才遇着姗姗来迟的会昌县太爷。

原来，会昌县太爷是个懒惰好色之徒。这天醒来时，已日上三竿。他优哉游哉地用过饭，又消消停停地饮完茶，才想起两县划界之事，无奈只好慢吞吞上路而来。待他刚刚走出5里，瑞金的县太爷已经到了眼前。没办法，他只好按原来的协议，在城下订盟划界。会昌的百姓得知此事，将县太爷好一顿臭骂。

邓小平每次听到这个传说，都禁不住掩口而笑。有几次检查工作到了与会昌交界处，他都想进会昌城去看看，可还是止住了脚步。这次倒好，上级将他调到了会昌。

其实，会昌县与瑞金县的面积一样大，人口一样多，地理位置一样重要。它东南与闽、粤两省接邻，可谓是中央苏区南大门。与瑞金不同的是，它的革命斗争基础不如瑞金。

1927年8月30日,周恩来、朱德、贺龙率领八一南昌起义部队南进广东途中,来到会昌,曾在会昌城外的岚岭,与国民党军钱大钧部和黄绍竑部共13个团的兵力展开激战,占领了会昌城。战将陈赓就是在这次战斗中负了伤。战斗胜利之后,起义军在城内召开群众大会,宣传中国共产党的主张。可惜这一次起义军未帮助会昌建立党组织。

直到1929年7月,在邻近的中共安远县委帮助下,才在会昌与安远交界的清溪,建立起会昌的第一个中共支部,但不久就停止了活动。

1930年4月中旬,毛泽东、朱德率领红四军占领会昌县城,帮助建立了秘密的中共会昌县委。可是,红四军一离开会昌,秘密县委就在本县站不住脚跟,县委成员只好分散到邻县开展革命斗争。

这个县的反动势力较强大,以大地主欧阳江为首的靖卫团,长期霸占县城。瑞金、寻乌、于都等县的地主豪绅受到革命势力打击后,也纷纷逃入会昌县城,负隅顽抗。红军第三次反"围剿"胜利后,毛泽东、朱德等决定红军主力分散在石城、会昌等县打土围、拔白点,巩固苏区内部。1931年11月27日,彭德怀指挥红三军团发起强攻,才将会昌县城攻下,活捉了国民党会昌县长史丞汉和靖卫团团丁、土豪劣绅近2 000人。为庆祝这一胜利,邓小平专门写了一篇题为《惊人的好消息——红三军团攻下会昌》的文章,在《瑞金红旗》报第7期发表。

会昌县城赤化后,1931年12月初,红三军团政治部帮助成立了中共会昌临时县委,由红三军团派出的干部魏桓任书记。12月15日,又成立了会昌苏维埃政府,选举蔡茂禄任主席。1932年2月,魏桓调回红三军团工作,原红一方面军总前委秘书长古柏接任临时县委书记。1932年5月,古柏调到江西省苏维埃政府,任党团书记兼裁判部部长。

谁去接任会昌临时县委书记呢?江西省委书记李富春看准了邓小平。

邓小平对瑞金的地理、民情和各项工作都已是熟门熟路,驾轻就熟,现在忽然间又要离"京"外调,到一个刚开辟不久、面临诸多困难的新区去工作,而且担任的还是个"临时县委书记"。面对组织决定,邓小平没有半句怨言和牢骚,打起背包就出发,当天就赶到会昌城。他知道会昌县在中央苏区所占的重要位置。

果不其然,邓小平到会昌不到一个月,中共江西省委就决定成立中共会昌中心县委，由中心县委直接领导会昌、寻乌、安远三县的工作。他又受命担任了中心县委书记。

中心县委所辖的寻乌县，位于会昌县南端，与福建武平、广东平远蕉岭等县交界。这个县早在1927年冬就建立了党组织。1928年3月25日，古柏等共产党员领导全县5万余农民举行武装暴动，攻占了县城，建立了县革命委员会。暴动失利后，党组织继续坚持斗争，1928年8月正式成立了中共寻乌县委，9月成立工农革命军第二十一纵队，1930年5月成立县苏维埃政府。毛泽东、朱德率红四军多次在寻乌活动，1930年5月毛泽东做了著名的"寻乌调查"，写出了《调查工作》（后改名为《反对本本主义》）一文，喊出了"没有调查，就没有发言权"的振聋发聩的口号。毛泽东直接指导寻乌开展土地革命，全县的土地分配工作早在1930年就已基本完成，区乡苏维埃政府也普遍建立，革命斗争形势较好。

安远县邻接会昌西南。这个县也于1926年冬建立了党组织，1928年秋正式成立中共安远县委，1929年和1930年先后组建起红军第十九纵队和第二十三纵队，开展游击斗争的时间较长。1931年四五月间建立了县苏维埃政府。第三次反"围剿"胜利后，红三军团一部进驻这个县北部，帮助赤化了全县，土地分配工作也已基本结束。

为成立中心县委领导机构，1932年6月的一天，邓小平在会昌南部重镇筠门岭，主持召开了有100多人参加的会昌、寻乌、安远三县党的活动分子会议。会上正式宣布中心县委成立，邓小平任书记，原会昌临时县委组织部部长罗屏汉任中心县委组织部部长，廖醒中任中心县委宣传部部长，原会昌县委妇女书记张谨瑜任中心县委妇女部部长。

中心县委的机关驻地，邓小平选定在筠门岭，办公地点设在筠门岭坝笃下一幢姓朱人家的两层砖木结构楼房里。邓小平自己，有时住在中心县委机关，有时住在2里路外的芙蓉寨。

筠门岭，是镶嵌于会昌、寻乌、安远三县交界处的一颗明珠。它距会昌城56公里，距寻乌城58公里，距安远城50公里，是会昌通往寻乌、安远两县的交通要道，也是赣东南通往闽、粤乃至南洋各国的必经通道。发源于寻乌剑溪的湘江，从这里流至会昌城与绵江汇合，注入贡江。湘江河面不宽，却水深幽幽，帆船、木排可从赣州沿江而上直达这里，使这个地方成为洋货和闽、粤商品输往内地及内地土特产品输往闽、粤、海外的重要水道。老辈人说,当年筠门岭河岸停靠的船排,每日都有近百条,船挨船,连成一二里路长。筠门岭圩,店铺连着店铺,多达数百家。从国外写信、汇款到筠门岭,不必写"中国江西会昌筠门岭收",只写"中国江西筠门岭收"即可。筠门岭当年的繁华和出名,可见一斑。

筠门岭不仅是通往闽、粤的交通要道,地势也十分险要。古诗有云:"长沙小密垒空空,各寨遗名指顾中。洋口峡收三县水,军门岭纳百蛮风。"其东有处盘古隘,险峰峻岭层层叠叠,一条羊肠山道穿岭而过,直通福建武平,山上的堡寨扼守着通往闽西的咽喉,历来为兵家必争之地,故筠门岭又有"军门岭"之称。

如果说会昌苏区是中央苏区的南大门,那么筠门岭就是南大门上的铁锁;而会昌、寻乌、安远三县连在一块,就构成中央苏区的南部屏障。屏障之东南,就是国民党粤军重兵驻防之地。会昌、寻乌、安远苏区是否巩固,南大门是否安全,直接关系到中央苏区的安危。邓小平受命担任会昌中心县委书记,恰如一根擎天大柱,支撑起苏维埃共和国的南天一角。

会昌中心县委成立之时,正值中央苏区各省、县之间开展轰轰烈烈的"三个月工作竞赛"活动。邓小平抓住这个极好时机,大力推动三县各项工作向前发展。

党是苏维埃运动的旗手。邓小平知道,要巩固发展会昌、寻乌、安远苏区,最要紧的是将三县党的组织建设好。

他首先抓了区、乡党组织的整顿,健全了区、乡党组织的领导机构。1932年10月,会昌县委曾给苏区中央局写了一个工作报告。报告中说:

> 全县的支部和区委都改造了,这次改造是有相当的成绩,洗刷了消极怠工与非阶级分子,在指导机关相当地提拔了工人雇农苦力成分的党员参加支部干事会与区委会,相当地发展了党内的思想斗争,与自我批评的精神,相当地提起了各级的工作积极性……

同月,安远县委在给苏区中央局的工作报告中也说:"七月份改造区委支部,同党的同志和群众,都受了很大的影响,消极怠工的较警醒了,消极怠工的,有自动来要求分配工作的……"

这里说的"改造"就是"整顿"。"改造"的结果,自然是党组织战斗力的提高。

在整顿健全区、乡党组织的基础上，邓小平又抓了各县委领导机构的整顿和健全。1932年10月，中心县委指导会昌县召开全县第一次党代表大会，正式选举成立了中共会昌县委，由中心县委组织部部长罗屏汉兼任县委书记。同年秋，中心县委又指导安远县召开全县党代表大会。对寻乌县委也进行了改组，加强了领导力量。

党员的数量与质量，直接关系到党的战斗力，关系到党的方针政策的贯彻执行，关系到党与群众的联系。邓小平用了很大的精力抓党员的发展与培训。下面一组数据很能说明问题：

安远县：5月前全县只有党员200多名，到12月止已有1 916名，其中7、8、9三个月发展590人，10、11两个月发展500人；

寻乌县：7月发展党员178人，8月发展187人，9月发展111人，三个月合计发展476人；

会昌县：7、8、9三个月全县发展党员1 638人，到11月底全县党员数发展到3 431人。

仅仅半年时间，三个县新发展的党员数就达3 000余人。这里面凝结了邓小平的多少心血！

作为中心县委书记，邓小平特别注重发挥党员干部的模范带头作用。无论是扩大红军、优待红军家属，还是购买革命战争公债、发展经济建设，他都要求党团员冲锋在前，以模范行动带动各县群众。会昌县在7、8、9三个月参加红军的人数中，党团员占46%。这个县麻州区第六乡苏维埃政府主席、共产党员刘定记，自己带头报名，一次动员和带领10人参加红军。在与敌人作战时，共产党员冲锋陷阵的事例，更是不胜枚举。

共青团、工会、妇女劳动委员会等群众团体组织，是党联系革命群众的纽带和桥梁。邓小平也十分注意加强对他们的领导，发挥他们的作用。

党的队伍扩大了，党的领导加强了，会昌、寻乌、安远三县各项工作迅速出现崭新的局面。

> 当兵就要当红军，处处工农来欢迎，
> 官长士兵饷一样，没有人来压迫人。
> 当兵就要当红军，帮助工农打敌人，

土豪劣绅坏东西，杀他一个不留情。

……

这些嘹亮的扩红动员歌声，当年在会昌、寻乌、安远苏区到处响起。

扩大红军，发展壮大革命武装力量，是革命战争的需要，也是摆在会昌中心县委面前的一项重要而紧迫的任务。

为了扩大红军，邓小平竭尽全力。

中心县委多次召开三县县委、县苏维埃主席和各部门负责人会议，进行部署。邓小平强调，既要坚决完成扩红任务，又必须反对强迫命令和欺诈、贿买等做法。他告诉大家：关键是要搞好宣传动员，使扩红的重大意义和苏维埃政府优待红军家属的条例家喻户晓，深入人心；在扩红时，广大党团员和苏维埃干部要起模范带头作用。

按照中心县委的要求，会昌、寻乌、安远三县扩红宣传形式多样，生动活泼。写标语、演活报剧、唱山歌、搞竞赛……到处是"送郎当红军"的歌声，到处是母送子、妻送郎、兄弟相争当红军的动人场面。1932年12月，仅安远县安城区就有11名妇女动员自己的丈夫当红军。会昌县下照乡，有一名儿童团员叫曾八庆，年仅13岁，报名要求当红军。工作人员说年龄太小，不要他。小家伙赖坐在区苏维埃政府不回家。区苏维埃政府只好送他去当红军通讯员。

1933年2月16日出版的《红色中华》报第53期，刊登了一则这样的新闻：会昌城区工人纪念"二七"京汉工人大罢工，"旋由县工联代表号召工人纪念'二七'当红军去，加强红军中无产阶级的领导，一呼百应，当场热烈自动报名，当红军的工人，计十四名。以（于）是全场当红军的空气极紧张（热烈），相继自动来报名当红军的，有城市各乡村赶会的群众亦十四名。"会昌麻州区"在'二七'纪念运动中，扩大了二十八个新战士到方面军去"。

《红色中华》第66期又报道说：

会昌模范少先队"动员了一个团开往前方参加作战"。"在该团模少队开拔的前一天晚上，开了盛大的茶话会，在这个会议上，除了有中少共会昌县委、县苏（维埃政府）、县工会等各机关团体代表均有诚恳的致辞勉励外，还有会昌各区妇委书记演说，城市儿童团唱歌，城市工人表演新戏，做了很热烈的政治鼓动，临时有十一个木船工人（门岭区来的）报名加入红军。出发那天（二十四日）县城各机关团体全体工作人员县城全体工人，附近群众，整队热烈欢送；在热闹的口号声和爆竹声中，二百多英勇的模少队员，都勇气百倍，雄赳赳地摩拳擦掌走上征途，到前线去粉碎敌人的大举进攻！"

优待红军家属，是扩大红军工作的重要一环。在中心县委的领导下，各级成立了拥护红军委员会，还成立了耕田队。会昌县委党史工作办公室曾在1991年编写了一份史稿，题为《中共会昌中心县委的建立及其活动》。史稿中记载说：

> 邓小平书记亲自带领中共、少共中心县委机关干部，到乡村实行"共产主义礼拜六"制度，帮助红军家属耕田、插秧、收割等，从而使"共产主义礼拜六"制度成了三县各级党政干部务必遵守的制度。当时流传着这样一首歌："共产儿童团，实行礼拜六，帮助红军家，多做半天工。"邓小平还经常带领干部走访红军家属，了解他们的生产和生活状况，发现问题及时解决。三县县委、县苏经常召开红军家属座谈会、茶话会，听取他们的意见和要求。在中心县委的重视下，使"参军光荣、拥军优属"在三县各地蔚然成风，大力地促进了扩红运动的深入开展。

邓小平在领导扩红工作中，既注意输送兵员给主力红军部队，又注意输送适量兵员给地方红军部队。他知道，会昌、寻乌、安远三县都是边区，面临的敌情严重，随时都有可能与敌人发生战斗。如果不注意扩大和发展地方红军部队，是难以抵御敌人进攻的。

战争年代，支前作战是地方党和政府的家常便饭。在中心县委领导下，会昌、寻乌、安远三县都动员和组织群众建立健全了支前参战组织。这些组织包括运输队、担架队、救护队、破坏队、向导队、慰劳队、洗衣队、交通队，一共有八种。安远县委1932年10月7日向中央局报告说，"七种参战队并交通队共有5 760人"，其中"动员担架运输工作，除六月间一、三、五军团经过进攻三南（龙南、定南、全南县）时，动员约四千担架运输外，天心、龙布、重石经常运输担架动员三千人以上"。寻乌县八种参战组织的人数，7月有3 359人，8月有4 053人。至于送往前线和后方红军医院的慰劳品就更多了。仅1933年3月，三县就送布鞋1万多双，食品200多担，还有大量的毛巾、雨具等日用品。

> 一做军鞋是新春,手拿军鞋来动针,
> 当先也有军鞋样,亏哩老妹用哩心。
> ……
> 十二做军鞋就一年,做双军鞋郎过年,
> 工农革命大胜利,共产主义早实现!

会昌、寻乌、安远三县妇女姐妹们,常常聚在一起,飞针走线,边做军鞋边唱歌。客家方言虽然难懂,可邓小平每次听了,总是笑眯眯的。

革命战争的迅猛发展,要求各级党和苏维埃政府大力开展经济建设,发展工农业生产,多打粮食,支援前线,同时改善人民群众的生活。邓小平自担任中心县委书记后,始终十分重视经济工作。

像在瑞金时一样,他把深入开展土地革命作为调动农民生产积极性的重要一环紧抓不放。他的宗旨,还是按毛泽东制定的土地分配方针政策办。当时,"左"倾领导者更加大力推行"地主不分田,富农分坏田"的土地政策,而且强令苏区广泛开展"查田运动",以使"左"倾土地政策能得到贯彻执行。这期间,邓小平却要求各县党和苏维埃政府将土地革命的重点放在新区边区。新区边区亟待开展分田工作,而赤白交界区域往往分田不彻底,留有尾巴,所以邓小平将这些区域作为重点来抓。中央局要求"查田",各县不能不执行。但是,邓小平反对将查田重点放在执行"地主不分田、富农分坏田"的"左"倾政策上,而是将重点放在清查豪绅地主隐瞒的土地。他要求凡是查出豪绅地主隐瞒的土地,都要重新分配给贫苦农民。这样,极大地调动和保护了农民的生产积极性,促进了农业生产的发展。

与苏区各地一样,会昌、寻乌、安远三县青壮年男子大部分上了前线,留在后方的很少。劳力不足,成了阻碍农业生产发展的一大障碍。会昌中心县委动员广大妇女积极参加农业劳动,学会各种农活。各区乡组织的妇女劳动委员会,在这方面发挥了很好的作用。

> 哎呀咦!
> 革命世界不比先,劳动妇女学犁田,
> 犁田耙田都学到,
> 心肝哥,

增加生产笑连连。

这是当时会昌、寻乌、安远苏区妇女们常唱的山歌，也是当时妇女参加生产的真实写照。

在会昌、寻乌、安远三县，苏维埃政府组织犁牛站、犁牛互助社，帮助农民调剂耕牛余缺。政府还组织农民兴修水利，积造肥料，串换种子。1933年春节刚过，政府又组织农民提早春耕，开垦荒田。三县的农业生产都获得了丰收。

工业方面，中心县委组织各县有计划地恢复和发展刨烟、造纸、染布、造船、烧砖瓦、烧石灰、熬蔗糖、造农具等手工作坊，发动工人努力生产各种人民生活必需品。会昌的铁山垅和安远的仁凤山，盛产钨砂。苏维埃临时中央政府成立了中华钨砂公司，毛泽民任总经理。邓小平知道，多产钨砂多出口，就能为苏维埃政府换回更多的现金和紧缺物资。他要求这两个县的党政组织，要像支援前方打仗一样，大力支援国家矿山建设，做到矿山要人给人，要物给物。会昌、寻乌、安远三县还开办了小型兵工厂，修理枪支、制造子弹，供给红军和地方游击队。

临时中央政府在1932年6月和12月，先后两次发行革命战争公债。这是支援革命战争和经济建设的一件大事。中心县委和各县县委、县苏政府领导全体军民，很快完成了上级分配的任务。三县共推销公债近20万元，其中会昌县两期公债分别超额完成8 000元。三县的少年儿童也不甘落后，他们热烈响应少共中央儿童局发出的号召，捐钱购买"儿童号飞机"送给红军叔叔，仅1933年1月，三县儿童共捐款209.77元。

"节省每一个铜板支援革命战争"，是当时苏区军民提出的一个口号。邓小平带头倡导开展节省运动。在他的带动下，中心县委机关和会昌、寻乌、安远三县党政机关的节省运动，持续不断地开展。机关工作人员普遍实行每日三餐两干一稀。寻乌县苏维埃政府1933年1月4日发出通令，重新规定机关干部的伙食标准为每人每天1斤米、3分菜金。后来，又在这个标准上开展节约"二两米一分钱"运动。群众中每人每天节省一把米，风气也很浓厚。节约出来的粮食，都支援给了红军。

会昌中心县委所辖各县的教育、文化、卫生等事业，都得到迅速发展。

所有这一切，邓小平都是照着毛泽东的样子去做的。

毛泽东在寻乌县进行调查的故事，邓小平多次听人说过。他对毛泽东提出的"没有调查，没有发言权"的口号，更是赞赏不已。他非常钦佩毛泽东的工作作风：深入实际，调查研究，从实际情况出发决定工作方针。他严格要求自己要以毛泽东为榜样。

中心县委刚成立不久的一天，他从筠门岭出发，步行100余里去寻乌县检查工作。在寻乌县城，他像当年毛泽东那样，走街串巷，了解情况。当他得知县委书记梁锡祜积极推行"左"的错误政策，把部分苏区干部随便当"AB团"杀害的事实后，非常气愤。他很快报请江西省委批准，将梁锡祜调离，从瑞金县调来一名叫胡荣佳的优秀干部，任寻乌县委书记。这一得力措施，制止了寻乌乱肃"AB团"悲剧的重演。

还有这样一个故事。

1933年初春的一天晚上，有个绰号叫"朱胖子"的区苏维埃干部，神秘兮兮地向正在主持会议的邓小平报告说：筠门岭区苏维埃政府主席朱秀歧暗中通敌，头天深夜与从外地潜回的国民党自卫队队长朱培初接头，还在镇上的"吴发记"酒楼喝酒，密商反叛之计。

在座的干部一听此事，恨得咬牙切齿，主张立即将朱秀歧抓来严惩。

邓小平听后，却心生疑窦。他知道，朱秀歧平日立场坚定，工作踏实积极；而朱胖子虽为区苏维埃干部，却为人狡诈，工作马虎。他觉得此事定有蹊跷，决定先派人去调查清楚再说。

被派往调查的人还未动身，区特派员又匆匆赶来报告："朱秀歧带枪逃跑，已派人把他抓了回来！"

铁证如山。大家都说非把朱秀歧宰了不可！

邓小平摆摆手："大家莫急，还是调查清楚后再处理吧。"

第二天一早，邓小平亲自来到朱秀歧家住的芙蓉寨。群众告诉他，朱秀歧前些年因与朱培初争屋基，早就结下怨仇，现在怎么会一起喝酒？

邓小平立即召开区苏维埃政府干部会议，当场盘问朱秀歧："朱秀歧，你为何叛变通敌？"

"没有此事。这实在是冤枉！"朱秀歧连连喊冤。

"那你为什么逃跑呢？"

"我不是逃跑。当时是朱胖子报告说朱培初溜回来了，去了鸭公村。我一听，马上就带了驳壳枪，想把朱培初抓回来。可是，追到鸭公村，连朱培初的影子也不见。这时，保卫局的人追来，不问青红皂白就下了我的枪，把我关了起来。"

邓小平命人把朱胖子找来。可是，找来找去，连他的人影也不见。人们很快得知：朱胖子与朱培初早就一起逃走了。

原来，这个朱胖子是国民党派来的奸细。头天晚上与国民党自卫队队长喝酒的不是别人，正是他自己，他与朱培初密谋定下"借刀杀人"计，要除掉朱秀歧。谁知他们的阴谋却被邓小平给识破了。

朱秀歧十分感激地说："不是邓书记英明，我可能含冤九泉了。"

这件事，被后人编成一个故事，名为《明察秋毫》，广为传播。

会昌、寻乌、安远以及与会昌、寻乌两县毗邻的武平县西北部，是中央苏区的边区。在这些县南边的信丰、三南（龙南、定南、全南）和广东兴（宁县）梅（县），以及福建上杭、武平等县，都驻有国民党粤军。武平的民团钟少葵部，凶恶残暴，有数百人枪。蒋介石为"围剿"中央苏区，封"南天王"广州绥靖公署主任陈济棠为赣粤闽湘边区剿匪总司令，千方百计诱迫粤军进攻中央苏区。钟少葵民团亦已投靠国民党粤军。会昌、寻乌、安远和武平西北苏区经常遭到敌军骚扰。加强这一地区的军事力量，保卫苏区南大门的安全，刻不容缓。

邓小平到会昌，走马上任后的第一件事，就是组建会昌县苏维埃政府军事部，将钟亚庆调来当军事部长。同年7月，中革军委和江西军区为使会昌、寻乌、安远、武平四县红军和游击队的作战指挥得到统一，又决定在这一地区成立江西军区第三作战分区，任命钟亚庆为三分区指挥（司令员），邓小平兼政治委员。分区指挥部组建后，驻在武平县的东留，后又迁驻武平桂坑、寻乌罗塘、会昌长岭、筠门岭芙蓉寨等地。

三分区指挥钟亚庆，是广东兴宁县罗浮镇七娘坳村人。邓小平先前不知其人。组建会昌县苏维埃政府军事部时，他要县委组织部部长罗屏汉推荐一个合适的人选。罗屏汉当即推荐了钟亚庆。他告诉邓小平：钟亚庆不识字，但作战很勇敢，有经验。今年3月初，国民党粤军一个营进攻寻乌车头时，钟亚庆主动带领部队前往与敌人激战一天，打败了敌人。战斗中，他自己左肩胛负伤，坚持不下火线。战斗结束后，他才由人护送到寻乌县澄江区的红军第二十一军后方医院。最近，他的伤势基本好转了。

听说钟亚庆是员战将，有勇有谋，邓小平非常喜欢，当即决定将他调来。

罗屏汉立即打电话找到钟亚庆，告诉了他这件事。

谁知钟亚庆接电话后却说："我没有文化，我不去！"

罗屏汉在电话中说："小平同志已来会昌当县委书记，我在县委组织部，调你，是我们研究决定的。没有文化，有文书，不用怕。"

钟亚庆仍然没被说通，他想去正规红军部队工作，不愿前来报到。邓小平以为是红二十一军不肯放人，毫不客气地打电话给红二十一军政治部主任，批评他们有本位思想，要他们催促钟亚庆赶快来上任。

钟亚庆还是没有动身。邓小平急了，又与罗屏汉一起先后打了三次电话催促。

没有办法再推辞了，钟亚庆只得打起背包，步行前往会昌。

三分区成立时，原在这一带活动的红军独立第三师，已和红军独立第六师一起编为红军第二十一军，随时都有可能调往其他地区作战。为加强分区的军事力量，邓小平和钟亚庆等人商议后，决定以原会昌县红色警卫连120余人做基础，加上原东江红十一军独立团伤愈出院的伤员20余人，共140余人，组成三分区游击大队，任命骆禄才任大队长，黄华任副大队长。游击大队是分区的直属部队。为提高部队素质，三分区还在筠门岭附近设立一所红军学校，有110多人。后来还建立了三分区兵工厂和医院。

三分区和中心县委还整顿加强了各县地方武装。

安远县原有一个独立团，7月间编入到红军独立第三师。8月，县里又集中部分游击队，新编一个独立团，有117人。此外，全县各区还建立了脱产的游击队，共584人，编成3个支队，实行统一指挥。全县还建立起半脱产的赤卫军模范营，辖17个连，共2 267人，模范少队5个连，共520人。11月又成立了安远县赤卫军模范师。

寻乌县原来也有一个独立团，7月也编到了红军独立第三师。8月，寻乌县军事部集中寻城、吉潭、澄江、三标4个区的红色警卫连共260余人，组建了一个新的独立团。9月，又将各区的零星游击队集中，编成2个游击队、6个游击大队。除此之外，全县各区还有红色警卫连共约500人、赤卫军模范营1 300余人、模范少队约800人。

会昌县原有的独立团，也编入到了红军独立第三师。后来，县里又调集各区游击队，编成县游击队第一支队和第二支队，共计390余人。此外，西江、站塘、门岭、板坑等区新成立了游击队。

三分区和各县军事部指挥各县的地方武装，密切配合在寻乌、安远地区活动的红军独立第三师和三分区游击大队，积极开展游击战争。他们向侵占信丰、安南、寻南及武平等地的国民党粤军和地主武装盘踞的土围堡寨频频出击，打击进犯苏区的敌人，保卫苏区的安全。

三分区直属游击大队组建后不久，就打了一个漂亮的胜仗。

一天，三分区指挥部得到一份紧急情报：武平钟少葵民团100多人，第二天要进攻武平西部山区的太阳桥。指挥部决定打击这股敌人。研究作战部署时，两位参谋长都主张正面与敌人顶着打。钟亚庆却主张：分区游击大队兵分两路，引诱敌人进入伏击阵地，然后集中火力消灭他。钟亚庆提出的这个方案获得通过。

太阳桥是一座11孔的木板桥。按预定方案，参谋长吕赤水和分区指挥钟亚庆各带一支部队，悄悄埋伏在西桥头两侧。待敌人进到东桥头，钟亚庆指挥赤卫队员"叭叭"开了几枪。听到枪响，敌人号叫着向桥西头冲来。埋伏在东桥头两侧的红军，见敌人冲到桥中间，猛烈开火。敌人一下子死伤八九人，只好狼狈往后退去。钟亚庆带领红军一跃而起，冲过木桥，一气将敌人追出几里外。

这一仗，三分区游击大队缴获敌人12支枪，自己却无一伤亡。战后，钟亚庆向邓小平汇报战斗情况。邓小平拍拍钟亚庆的肩膀，说："很好！你的部署、打法都对头！"

得到邓政委的支持，钟亚庆特别高兴。10月，三分区部队在赤卫队配合下，又取得了东留战斗的胜利。

东留也在武平县西部，距筠门岭约80里。盘踞此地的敌钟少葵、钟文才部，经常侵犯会昌的乌鸦泊、板坑等苏区，骚扰破坏，杀人抢劫。邓小平要求分区游击大队和会昌西江、罗田等区游击队一起出击，拔掉这颗钉子，打击敌人的嚣张气焰。

邓小平和分区其他领导一起，研究战斗部署，决定兵分两路：由分区指挥钟亚庆和副参谋长游端轩率领分区游击大队一个小队和罗田游击队共150余人为左路；由分区参谋长吕赤水率领分区游击大队两个小队和两江游击队共200余人为右路，同时从分区驻地罗塘出发，对东留之敌实行夹击。

邓小平因有别的重要事情，未随部队出发。第二天晚上，他得到战报：我军打败东留之敌，打死打伤敌人10多人，将敌人追到离东留10里路远的大禾。

这次战斗的胜利,不仅重挫钟少葵团匪,驻在上杭、武平的国民党粤军也受到震动。战斗中,钟亚庆又负重伤,被送到筠门岭三分区医院治疗。

邓小平十分关心他的安危,立刻打电话到医院询问,要钟亚庆乘船到会昌治疗。5个月后,邓小平调到江西省委去工作了。

因伤势较重,钟亚庆后来一直在疗养所休养。1934年10月主力红军长征后,会昌县失守。他只好埋藏证件,隐姓埋名,于1935年春回到家乡七娘圳,以耕田为生。直到1992年1月,他才享受红军失散人员待遇。几十年来,他将邓小平对他的支持和关心深深地埋藏在心头,从不外露。1993年邓小平的女儿毛毛所著《我的父亲邓小平》一书出版后,有人告诉他书中写了他与邓小平的事。他听后十分激动,特地请人代写了一封信,寄给《羊城晚报》,要求报社设法通过毛毛向小平同志转达一位昔日苏区老战友的无限思念与崇敬之情。

1994年7月上旬,中共中央文献研究室和中央电视台组成的邓小平资料摄制组来到会昌,拍摄有关资料。钟亚庆不顾自己91岁高龄,从家乡奔波150多公里,赶到会昌筠门岭,在当年会昌中心县委机关旧址,实地向摄制组生动地介绍了邓小平当年在会昌工作的情况。望着这位可敬的老人,摄制组的同志无不为他同邓小平的真挚友情所感动。

当然,这都是后来发生的事情了。

钟亚庆东留战斗负伤后,吕赤水接任三分区指挥。三分区政治部也建立起来了,邓小平的老战友、原红七军军长张云逸调来任分区政治部主任。

邓小平很高兴。两位老战友自1931年初在粤北乐昌河战斗中分别后,现在又战斗在一起了。他们与中心县委和三分区的同志们一起,共同谋划着如何更好地保卫中央苏区南大门的安全。

可是,邓小平万万没有想到,一场厄运就要降临到他的头上。

"邓、毛、谢、古"事件

1933年1月,由于国民党的白色恐怖和王明"左"倾冒险主义错误,使党的白区工作遭受严重破坏,中共临时中央政治局被迫由上海迁入中央革命根据地的瑞金。从此,中共临时中央直接领导中央苏区的工作。

中共临时中央在中央革命根据地也全面推行王明"左"倾冒险主义的错误路线,反对以毛泽东为代表的正确主张,排挤和打击坚决执行毛泽东正确主张的同志。从2月开始,在福建开展了反对所谓"罗明路线"的斗争,福建省委代理书记罗明以及省苏维埃政府主席张鼎丞,省委常委、军区司令员谭震林等一批省委领导干部受到错误的批判斗争,被撤销职务。省委其他部门及县区领导干部,绝大多数也因所谓"罗明路线"的牵连,或被撤职、批判,或被调动工作。

3月,在江西开展了反对以邓(小平)、毛(泽覃)、谢(唯俊)、古(柏)为代表的所谓"江西罗明路线"的斗争。

3月12日,中共江西省委和少共江西省委根据苏区中央局的意图,向江西苏区全党公布了有关"会昌、寻乌、安远"的指示文件,指责邓小平领导的会昌中心县委在敌人大举进攻面前"张皇失措""退却逃跑",犯了"单纯防御的错误","是与罗明路线同一来源"的"机会主义"。

3月下旬,苏区中央局直接召开会昌、寻乌、安远三县党的积极分子代表会议,并根据临时中央代表的政治报告和结论,于3月31日做出了《会寻安三县党的积极分子会议决议》。该《决议》指出:

> 会、寻、安三县过去在以邓小平同志为首的中心县委的领导之下,执行了纯粹的防御路线。这一路线在敌人的大举进攻面前,完全表示悲观失望,对于群众与党员同志的力量没有丝毫信心,以致一闻敌人进攻苏区的消息,立刻表示张皇失措,退却逃跑,甚至将整个寻乌县完全放弃交给广东军阀。这一路线显然同党的进攻路线丝毫没有相同的地方。这是在会、寻、安的罗明路线,说纯粹防御路线不是罗明路线的观点,是完全错误的。

决议还指出:"要坚决打击以邓小平同志为首的机会主义的领导",决定"加强和部分地改造中心县委和会寻安县委之常委","召集各级代表以及三县党各级领导保障三县工作的彻底转变,在中央局领导之下开展这一反机会主义路线的斗争,使这一斗争深入到支部中去"。会议责令邓小平向中央局提交《会寻安工作检查》。

邓小平被调离会昌中心县委,任江西省委宣传部部长。

邓小平没有屈服,在原则问题上没有做丝毫的让步。他在《会寻安工作检查》中陈述了自己所坚持的观点和做法,并把强加给他的污蔑、攻击和不实之词顶了回去。他解释说,"防御路线"中的"诱敌深入"等,是正确的军事原则和方针,不是单纯地为了防御而防御,而是为了更有效地消灭敌人的积极防御。

邓小平毫不妥协的立场,更加触怒了"左"的领导。一场更大规模的围攻开始了。

苏区中央局的机关报《斗争》发表了题为《试看邓小平同志的自我批评》的署名文章,逐条地对邓小平的《会寻安工作检查》进行"批判",指责它是"一大篇糊涂的哲学,用来掩盖问题的实质",是"替自己的机会主义辩护"。中共临时中央负责人张闻天也在《斗争》上发表了《罗明路线在江西》的文章。文章认为"不论从哪一方面的工作来看,会、寻、安党的领导机关过去是执行了一条同党的进攻路线完全相反的退却逃跑的所谓单纯的防御路线。这一路线同福建杭、永、岩的罗明路线没有什么大的分别"。文章最后要求:"江西省委必须最清楚地明确地指出单纯防御路线的内容与实质,指出有些边区所犯的单纯防御路线即是江西的罗明路线,把这一反对单纯防御的机会主义路线的斗争深入到群众中去,彻底改造各县,特别是边区各县党与群众的工作,来执行党的进攻路线,巩固与扩大江西苏区,完成江西革命的首先胜利!"

4月16日至22日,中共江西省委在中央局的指导下在宁都召开江西党的三个月工作总结会议。

会上,邓小平在革命道路、扩大红军、土地政策、财政政策、作战方针等问题上与"左"倾错误的代表进行了激烈的辩论。

会议期间,"邓、毛、谢、古"还被责令两次写申明书。邓小平在申明书中写道"自己感觉到不会走到小组织的行动,不成严重问题",而且"感觉自己没有什么问题,只是快到实际工作中去"。

这次会议错误地把邓小平等4人打成"罗明路线在江西的创造者""反党的派别和小组织的领袖"。并且集中所谓"布尔什维克的斗争火力",对他们进行残酷斗争,无情打击。

5月4日,中共临时中央代表到工农红军学校召开党团员活动分子会议,并做出了《关于江西罗明路线的决议》。《决议》列举了以邓、毛、谢、古为首的"江西罗明路线"的所谓错误,提出邓、毛、谢、古是"小资产阶级出身的同志","执行了与党完全不同的路线,而且更进一步根据一定的政纲及派别的观念,形成了小组织的活动"。"他们对革命斗争的估计,是悲观失望的;他们不相信群众力量,认为群众是消极的,他们对于群众工作是采取消极怠工的态度的;他们在会寻安、永吉泰各处,实行了退却逃跑的路线,采取了官僚主义的领导方式,使当地工作受到了损失。"他们"反对向中心城市发展,主张转移到穷乡僻壤的区域","是与国际的指示及党的策略完全相反的"。《决议》认为他们的"机会主义的小组织活动,是有它的历史根源的。在中共六届四中全会后,他们对于反'立三路线'的斗争,就始终以两面派的态度来敷衍,从未揭发自己在执行'立三路线'时的错误。他们对于中共六届四中全会后的新的中央领导表示极端的不信任,甚至以'洋房子先生'相呼,党大会以后虽经党与之斗争,仍没有什么转变"。《决议》指出:"这些同志如果再不彻底纠正其错误,我们建议中央局把他们洗刷出布尔什维克的队伍。"

5月5日,经中央局批准,做出了《江西省委对邓小平、毛泽覃、谢唯俊、古柏四同志二次申明书的决议》。《决议》指出:"邓小平同志对他自己机会主义路线和派别观念甚至派别行动的全部始终是隐藏的","实际上已成为谢、毛、古等小组织活动的一员"。《决议》要求"邓小平同志,必须无保留地揭发他由第七军工作时起经过党大会经过会寻安工作直到写第二次申明书止,一贯的机会主义错误和派别观念,以至派别活动,再不容许有任何掩藏"。

5月6日,中共临时中央代表在《斗争》上发表文章《为党的路线而斗争》,系统地批判了"江西的罗明路线者"的主张和"错误",指出,邓小平、毛泽覃、谢唯俊、古柏"四同志对于自己的根据特殊政纲而组织的派别和小组织,至今没有给以组织上的揭发,也没有宣布如何解散这种派别和小组织"。"很明显,邓、毛、谢、古四个同志是没有解除他们的武装,虽然受了党的严重打击,而表示暂时的投降,但这种投降是不能保证他们能成为真正的战士的,因为他们的武装还没有解除下来。"

关于对邓、毛、谢、古的批判和斗争,曾任中共临时中央组织局局长的李维汉在《回忆与研究》一书中写道:

罗明、邓小平、毛泽覃、谢唯俊、古柏等从实际出发，分别发表过一些正确的意见，抵制"左"的做法，如主张在红军弱小的情况下应向农村发展，不赞成向中心城市和交通要道发展；主张"诱敌深入"，然后集中力量各个歼灭，不赞成硬拼；主张中央红军、地方部队、群众武装都应发展，互相配合，不赞成用削弱地方武装和群众武装的办法来扩大红军；认为根据地的中心区和边界区的工作应加以区别，不能采取同样的办法；主张健全根据地的革命群众团体；坚持正确的土地革命路线和政策；主张根据地的行政、扩大红军、地方武装等工作都由政府负责，不应由党代替政府工作。结果，这些正确主张被"左"倾领导者指责为对革命悲观失望的右倾机会主义的退却的逃跑路线，被称为"罗明路线"。福建反"罗明路线"，江西反邓、毛、谢、古，与毛泽东有关系。

　　李维汉说："整个中央苏区反'罗明路线'都是根本错误的，实际上是进一步推翻以毛主席为代表的正确路线和他的正确领导。"

　　在这场斗争中，邓、毛、谢、古都受到了错误处理。邓小平被撤销江西省委宣传部部长的职务，党内给予"最后严重警告"处分。

　　此后，中共临时中央对邓小平进行审查，邓小平又一次提交了书面报告，进行了申辩和抗争。

　　不久，邓小平被派到乐安县属的南村区委当巡视员。

　　南村区是中央革命根据地的边沿地区，处于苏区的前线。邓小平来到南村后，自我介绍说："中央及省委都开过会，把我打成了'罗明路线'在江西的代表和执行者。""在会上我两次据理申辩自己的观点，不管他们怎样残酷斗争，采取什么样的措施，我坚信我执行的是马克思主义的正确路线，正确的就要坚持。"

　　到乐安还不足10天，中共临时中央又令邓小平回宁都，原因是乐安县南村是边区，怕邓小平出问题。

　　邓小平回宁都后，被指定到离宁都7里远的一个农村参加劳动。

　　后来，在李富春、王稼祥、贺昌等人的支持下，邓小平被调到总政治部任秘书长。不久，他主编红军总政治部机关报《红星》报。

　　毛泽东对中央苏区反对邓、毛、谢、古的斗争是一直记在心中的。1943年11月，在一次中央政治局扩大会议上，毛泽东发言说，反邓、毛、谢、古，是指鸡骂狗，邓、毛、谢、古四人中死了三个人，希望邓要为党争气。几十年后，当邓小平在"文化大革命"中又一次被关押在江西时，毛泽东在邓小平给他的信上批示："他在中央苏区是挨整的，即邓、毛、谢、古四个罪人之一，是所谓毛派的头子。"也就是说，邓小平在中央苏区执行的是毛泽东所主张的政策和做法。

"红星"闪闪亮

盛夏的一天，正在宁都劳动的邓小平突然得到通知，要他收拾行装赶回瑞金。组织上通知他到红军总政治部担任秘书长。

这对落难的邓小平来说，无疑是个喜讯。

如同在受到批判斗争、撤职劳动时，没有悲伤、没有颓废、没有动摇过自己对共产主义的坚定信念一样，处境好转后的邓小平，也没有因此而欣喜若狂。他只是从内心感激同志们的理解和信任。他想得更多的是如何珍惜这个来之不易的机会，为党和苏维埃事业做更多的工作。

红军总政治部秘书长这个岗位，当时需要做的事情不多。他请求去办《红星》报。王稼祥和贺昌同意了他的请求，派他担任《红星》报主编。

《红星》报是红军总政治部的机关报。它是1931年12月11日由中革军委总政治部（1932年1月改称红军总政治部）创办的。

出版红军报纸，指导红军建设和苏区革命斗争，乃红军政治机关的优良传统。早在1930年7月28日红三军团第一次攻占长沙后，红三军团总政治部即于次日创刊了大型的《红星日报》。红一方面军总政治部，也于1930年12月创办了3日刊《红星报》。中革军委在宁都小布成立后，也先后创办了两种红军报刊。红军总政治部继承了这个优良传统，成立后很快就创办了《红星》报。

《红星》报创刊之初，定为5日刊，实际不定期，一般是4开4版，有时出2版或6版到8版，铅印。自1933年3月3日第31期起，改为32开油印期刊。

邓小平对办报并不陌生。早在法国勤工俭学时，他就获得过"油印博士"的称号。在瑞金当县委书记时，又领导创办过《瑞金红旗》报。长期的党务工作和军队政治工作实践，练就了他敏锐的观察思维能力和生动朴实的文字风格。他也非常了解苏区和红军的实际情况,对办好《红星》报,用句俗话说,叫"五个手指捡田螺"——十拿九稳。

邓小平走马上任后,第一个大动作就是将《红星》报恢复成原来的4开铅印报纸形式,并重编期号。他认为,原来的油印期刊式报纸,虽便于携带保存,适应部队频繁的战斗生活,却因出版间隔时间长而不能及时反映部队生活,指导部队建设。恢复原来的4开铅印5日刊,可缩短报纸出版周期,加大信息量,充实报纸内容,更能适合部队建设需要。

《红星》报创办时,中革军委赋予它光荣的历史使命:"加强红军里的一切政治工作(党的、战斗员群众的、地方工农的)。提高红军的政治水平线和文化水平线,实现中国共产党苏区代表大会的决议,完成使红军成为铁军的任务。"

邓小平出色地完成了上述使命。

他将《红星》报真正办成了"红军党的工作指导员"。党中央和苏维埃中央政府、中革军委、红军总部做出的关于军事斗争和红军建设的重大战略部署、战略决策和方针政策,在《红星》报中都得到了及时宣传和反映。

他通过消息报道、"最后电讯""捷报""前线通讯""革命战争"等专栏,迅速及时地报道了红军的战斗情况和胜利消息。《红星》报真正成了"一架大无线电台"。1933年11月4日出版的《红星》第14期,就以整整两版篇幅,以《中央苏区红军历次战役胜利表》和《中央苏区的游击战争》为题,全面系统地介绍了从1933年春到1933年10月间主力红军和地方武装取得的战斗胜利。它极大地鼓舞了苏区军民的革命斗志。

1933年秋冬间,彭德怀率红军东方军入闽作战,这是一次重大的战略行动。《红星》报从各个侧面对其做了连续报道。

对"温坊战斗"的报道,更体现出《红星》报是"一架大无线电台"。这次战斗,发生在1934年9月1日至3日,是中革军委主席朱德亲自运筹指挥,红一军团和红九军团密切配合进行的。战斗结果,红军歼敌4 000余人,缴枪1 600余支,自己伤亡却很小。红军自第五次反"围剿"以来,打的都是阵地战,被动应敌,每战均损失惨重。唯独这一仗,运用的是运动歼敌战术,打得主动、漂亮,大获全胜。战后,邓小平迅速约请李聚奎、舒同、耿飙、赖传珠等9位战地指挥员写稿,提供战斗情况,然后将他们的来稿综合整理,写成一篇题为《温坊战斗的胜利》的"前线通讯",以生动的笔触,向苏区军民报道了这次大胜利，还初步总结了这次战斗的经验教训。

邓小平采用社论、署名文章和开辟"党的生活""支部通讯"专栏以及专题报道等形式，从各个侧面全面反映红军党的建设、青年工作、政治工作、群众工作、教育训练、文化娱乐等方面的情况，总结交流经验，指挥部队建设。《红星》报真正成了红军"政治工作指导员"和"红军政治工作的讨论会"，有效地促进了红军战斗力的提高。

他还决心使《红星》报成为"一面大镜子"。他在报纸上开辟了"铁锤""自我批评"等专栏，揭露红军中存在的官僚主义、消极怠工、贪污浪费、贪生怕死等不良现象，变消极因素为积极因素。《红星》报敢于碰硬，既敢于批评普通的干部战士，也敢于批评高级领导干部。

邓小平还将《红星》报办成为"红军的俱乐部"和红军中各种竞赛的"裁判员"。他通过报纸，帮助红军指战员获得了更多的军事知识、文化知识和生活知识，使红军部队中的文化生活更加生动活泼。

翻开《红星》报，诸如"军事测验""军事常识""卫生常识""猜谜""问题征答""小玩意""诗歌""列宁室工作"等专栏，每期都有一些。如第47期"小玩意"专栏，刊登有四首歌词。

其一，题为"莫走反"：

莫走反，莫走反！
你跑前面白匪站。
不如转身打敌人，
涌入红军更大胆，
千千万万上战场，
五次胜利能圆满！

其二，题为"快打火"：

快打火，快打火！
白匪来了不要躲！
梭镖土炮好武器，
游击战争更稳妥，

战争形势万万急,
我不杀敌敌杀我!

其三,题为"为自由":

由老公,由老婆,
打破封建旧绳索,
心肝妹,心肝哥,
战争胜利欢娱多!

其四,题为"快莳田":

快莳田,快莳田,
夏耕夏种切莫延,
老幼妇女都记着,
优待红军摆在前,
壮丁齐到红军去,
前方胜利后方收割两相连!

辛勤的汗水,浇灌出艳丽的鲜花。《红星》报办出了它自己的特色:它具有很强的思想性和专业性、战斗性。

围绕着将红军建设成强大的铁军这一宗旨,《红星》报注意从政治、思想、军事、文化娱乐等方面,对红军建设进行宣传指导。邓小平特别注重报纸言论。几乎每一期,他都要编发一篇社论或重要的署名文章。凡涉及红军建设的重大问题,几乎都有社论或文章给予指导。翻开《红星》报,其中未署名的社论,基本上都是邓小平亲自撰写的。

它很注意宣传典型,用先进典型带动红军部队建设。

《红星》报宣传报道的典型中,著名的有:1933年红五月全师当红军上前线的兴国模范师;1934年5、6、7三个月突击扩红模范瑞金县;1934年8月广昌高虎垴战斗中红三军团强有力的思想政治工作;等等。这些典型一经宣传,在苏区引起强烈反响。

它的版面生动活泼。

为使报纸内容丰富多彩，邓小平精心设计出20多个栏目，使每一期的版面都有十几个栏目出现。

文章短小精悍，文字生动流畅，通俗易懂，是邓小平办报刻意追求的目标。经过他的编辑加工，最重要的文章不过三四千字，一般的只有几百字，短讯只有几句话，非常适宜处于紧张战斗生活中的红军战士阅读。

《红星》报辟有"前线通讯"专栏，上面刊登的文章，文字优美，生动形象，特别受红军指战员欢迎。1934年8月，中央苏区曾出版过一本战地通讯专集，书名《火线上的英雄》。这本书就是由《红星》报将"前线通讯"刊发的近百篇文章汇集成书的。苏区军民凡得此书者，均爱不释手，如获至宝。

邓小平办《红星》，注重图文并茂，巧妙运用插图，既活跃版面，又深化报道内容，增强宣传效果。他写得一手好字，常常亲自为报纸题写标题。他那隽秀的字体与版面中的文章相配，整个报纸顿然增辉。从1933年10月22日起，《红星》报还加出32开本铅印的《红星附刊》，随报附送。

为办好《红星》报，邓小平倾注了自己大量的心血。

说是办报，其实人手极少。除他自己是主编外，只有一名通讯员给他当帮手。报纸每隔5天出版一期。每期近万字，数十篇文章，从征稿、写稿、编辑加工、版面设计甚至校对，几乎他一人包干。工作量之大，工作之紧张，可想而知。每天，他都要在菜油灯下工作到深夜。

《红星》报编辑部与红军总政治部在一起。它在瑞金沙洲坝的白屋子村。《红星》报的印刷地点，却设在中革军委机关所在的乌石垅村。两地相距约4里。每期报纸编好后，都要从白屋子送到军委印刷厂去。工人们排版后，又要将小样拿回来校对。校稿时，邓小平对每一字每一句都不马虎。翻开每一张《红星》报，都很难看到错漏之处。

办报人员虽少，邓小平并不显得吃力。这不仅因为他有充沛的精力和深厚的功底，更因他善于组织和发动广大红军指战员参与办报。

他建立了一支宏大的通讯员队伍。这支队伍共有500多人。他们中既有党政机关和红军部队中的各级领导干部，也有在连队基层工作的干部战士。许多通讯员，既是战士，又是战地记者；既持枪杀敌，又挥笔写稿，怎样打就怎样写，写出的文章生动真实。这些通讯员中有罗荣桓、袁国平、彭加伦、罗瑞卿、萧华、张爱萍、向仲华、张际春、舒同等人。毛泽东、朱德、周恩来、贺昌、博古等人，也为《红星》报写过不少社论和文章。

报纸通讯员是办报主力军。邓小平十分注意加强与通讯员的联系，培养和提高他们的写作水平。《红星》报辟有"通讯员"专栏，定期刊登指导通讯员工作的文章。1934年8月1日，邓小平以"红星编委"名义，在该报第56期第8版刊登了一封致红星通讯员的信，全文如下：

《红星》从诞生到现在，已经整整的一周年了。在这一年中，依靠于通讯员的努力，对红军生活的反映与战争的领导，都起了相当大的作用。因此我们谨向本报的通讯员致革命的敬礼！

然而，我们的成绩，并不能抹杀我们在通讯工作上的严重错误与弱点。我们的编辑部在组织通讯员、训练通讯员的工作上是很坏的。对于通讯员的稿件，尚未能很好地去运用，环绕在某一中心任务下，尽可能地采用通讯员的稿件，对于没有采用的稿件也未能指示其内容上的缺点和不能登载的原因，这当然是不会提高我们通讯员的积极性，改善我们的通讯工作的。

正由于我们对于通讯员组织工作的薄弱，所以在我们的五百个通讯员中，实际参加通讯的仅百余人，甚至不少通讯员因调动工作的关系，而失去了联络，当然这样的现象也是不能继续的。

正由于我们对于通讯员的训练工作很差，所以我们的通讯员常有不知如何通讯之感，所以许多重要的某一时期的中心问题，不能经过通讯员，把下面特别是连队的情形，很快地反映到《红星》上来，甚至有个别的通讯还缺乏真实的内容，这是我们通讯工作中的严重现象！

同样的弱点表现在通讯的不及时，有的通讯材料是在问题发生很久才写的，而且我们一般的通讯是偏于说好的例子，或只是打铁锤。用自我批评的态度，说明许多的现象以及部队中提出了一些什么办法来解决，这样的通讯却是非常之少的。同时我们许多通讯，有头无尾，不能抓住这个问题通讯到底，这也会降低我们报纸的领导作用。

至于如何经过我们的通讯员去发展报纸的订户，检查发行工作，组织读报工作，及时将群众对《红星》的意见迅速告诉本报的编辑部，这个工作几乎还没有开始。

我们在本报一周年的时候，提出这些错误与弱点，在改善本报的内容，提高本报的信仰与指导作用上，有重大的意义。我们的编辑正努力克服自己对通讯工作的错误，要求我们的通讯员能以同样的努力，我们的通讯员不是第三者，而正是本报的主人翁！

我们向通讯员的要求是：

一、每月每个通讯员至少给我们两次通讯，并力求迅速与实际；

二、担负起组织和领导读报的责任，随时将群众对本报的意见告知我们；

三、假使你调动工作时请尽快告知我们以新的地址。

同时我们要求各军团（独立师）政治机关，每月负责召集一次通讯员会议检查通讯工作并给通讯员以具体的指示。

我们相信在我们编委与通讯员共同努力之下，两岁的《红星》无疑要比一岁时更丰满而坚实起来。我们是这样热烈地期待着！

通过这封信，我们似乎看到了邓小平那双对《红星》通讯员寄予厚望的热切而诚挚的眼睛。我们也体会到了他对工作极端负责、严格要求自己的高贵品质和优良作风。

《红星》报犹如战火中绽开的奇葩，在苏区大地上争奇斗艳，芬芳四溢，受到苏区军民尤其是红军指战员的热烈欢迎。它的发行量，1933年仅在中央苏区就达17 300份，在苏区数十种报刊中名列第三，仅次于《红色中华》报和《青年实话》报。

邓小平主编的《红星》报，在中央苏区出版到第66期就办不下去了。

这不是《红星》编委们的责任，更不是主编邓小平的责任。《红星》在中央苏区停办，是"左"倾错误肆虐导致苏区第五次反"围剿"斗争失败的结果。

博古等"洋房子先生"们自到瑞金后，完全排斥了毛泽东对苏区党和红军的正确领导。他们的"左"倾错误路线和方针政策，在中央苏区得以全面贯彻执行。

这还不够，1933年9月底，他们又从上海请来一位"太上皇"——共产国际派来的军事顾问李德。这个黄头发、蓝眼睛、高鼻梁的日耳曼人，一到苏区，博古就将红军作战的指挥大权，拱手交给了他。这位"太上皇"在瑞金下肖村居住的"独立房子"，成了主宰红军命运的"皇宫"，博古和"太上皇"瞎指挥的结果，使中央苏区第五次反"围剿"斗争形势越来越糟。

广昌苏区失守……

建宁苏区失守……

筠门岭苏区失守……

令人心焦的坏消息不断传来。终于，瑞金也可隐约听到四面传来的隆隆炮声了。

邓小平主办的《红星》报，同样弥漫着第五次反"围剿"的硝烟。它不停地为前线浴血奋战的红军将士们呐喊助威。前线的红军将士们，也怀揣沾满血迹的《红星》，与敌人肉搏厮杀。然而，这一切都无济于事。尽管《红星》报依然每期都刊载红军胜利的捷报，却掩盖不住血的事实：红军的第五次反"围剿"斗争失败了。

1934年9月下旬的一天，邓小平坐在窗前，着手编辑《红星》第67期稿件。突然，他接到紧急通知：《红星》停止出刊，收拾行装，准备战略转移。

邓小平没有惊慌。这个结局，早在他的预料之中。他对博古、李德的错误指挥，从一开始就十分忧虑，只是限于处境，不能公开流露出来。他估计到，让博古、李德他们折腾下去，中央苏区早晚会被丢掉的。不幸的是，这一天果然来到了。

这时的瑞金，笼罩着紧张、忙乱而又神秘的气氛。为避敌机轰炸，红军总政治部已从白屋子迁移到云石山乡的田心村。《红星》编辑部也一同迁到这里来了。总政治部领导告诉邓小平：《红星》编辑部工作人员，与红军总政治部一起，随军战略转移，编在中央第一野战纵队第二梯队。第一野战纵队，代号又叫军委"红星"纵队。

邓小平的老战友贺昌，与项英、陈毅、瞿秋白等一起留在苏区。贺昌担任即将成立的中央军区政治部主任，同时任中共中央分局委员。中共中央分局书记和中央军区司令员、政治委员，都由项英担任。陈毅任中央政府办事处主任。他们在主力红军转移后要坚持苏区的游击战争。1935年3月10日，贺昌在率队突围途中牺牲于会昌县天门嶂。

这是一次整个苏维埃共和国的大搬家。博古、李德命令：凡能搬走的东西，包括修造枪炮的机器、笨重的印钞机等，坛坛罐罐几千副挑子，统统搬走，随军行动。

《红星》编辑部的行装却很简单。邓小平将来不及编发的稿件、一些必要的参考书籍和文房四宝，收拢整理，装入行军挎包，放在马背上驮着。《红星》报原在军委印刷所印刷，那里的机器另外做了安排。他准备在突围转移途中出版《红星》专号，而行军路上是不可能铅印报纸的，所以他准备了两对装蜡纸、油墨、纸张等物资的铁皮箱子，让人挑着行军。他还请求组织给安排两人专门负责刻蜡纸和油印。

10月10日黄昏，他跟随突围转移的"红星"纵队，从云石山乡田心村出发，踏上了突围转移的漫漫征程。

长征途中

在长征路上，敌人围追堵截，自然环境极其恶劣，在一面作战一面行军的艰苦条件下，邓小平等坚持出版《红星》报。当时担任《红星》报刻蜡版工作的赵发生回忆说："《红星》报工作人员用两条扁担，挑着4个铁皮箱子，随着中央军委昼夜行军。铁箱里装着办报的全部设备：一台钟灵牌油印机（因为太重，走到湖南时扔了，买了一个手滚油印机）、几盒油墨、几筒奥国蜡纸、两块钢板、几支铁笔和一些毛边纸等。""一到宿营地，铁箱子就是办公桌，经常在国民党飞机轰炸中，支起摊子坚持工作。"

长征初期，中共临时中央的领导者在军事上又犯了退却中的逃跑主义错误，使红军蒙受了巨大损失。到11月下旬，红军虽然突破了敌人第四道封锁线，渡过湘江，但是却付出了惨重代价，人员折损过半，红军和中央机关人员由出发时的8万余人锐减到3万余人。渡过湘江后，红军的处境仍然极其危险。

在这革命的危急关头，毛泽东根据敌我双方的军事态势，力主中央红军放弃北上同红二、红六军团会合的原定计划，立即转向敌人力量薄弱的贵州。周恩来赞同毛泽东的主张。博古、李德因军事失利，灰心丧气，一筹莫展。这时，部队的指挥实际上已由周恩来担当起来。1934年12月12日，在通道举行了一次临时会议，参加会议的人有博古、周恩来、洛甫（张闻天）、毛泽东、王稼祥和李德等。虽然李德仍坚持朝红二、红六军团所在的方向北进，但大多数人赞成毛泽东的主张，会议决定红军向贵州前进，相机进占黎平。15日，红军攻克黎平。

1934年12月17、18日，由周恩来主持，在黎平召开政治局会议。经过激烈争论，周恩来决定采纳毛泽东的意见——到川黔边建立川黔根据地。会议放弃同红二、红六军团会师和建立湘西根据地的原定计划，通过《中央政治局关于战略方针之决定》。《决定》说："鉴于目前所形成之情况，政治局认为过去在湘西创立新的苏维埃根据地的决定在目前已经是不可能的，并且是不适宜的。""政治局认为，新的根据地应该是川黔边区地区。"聂荣臻在《回忆录》中说："这是一个十分重要的决议，是我们战略转变的开始。其中主要的是指出，去湘西已不可能，也不适宜，决定向遵义进发。这样一下子就把十几万敌军甩在湘西，我们争取了主动。"

黎平会议后，中共中央军委决定紧缩机关，充实战斗部队，对干部进行调整，刘伯承由五军团参谋长调任军委总参谋长，邓小平由《红星》报主编调任中共中央秘书长，《红星》报主编由陆定一担任。在江西中央革命根据地时，党中央秘书长是邓颖超。1934年8月，邓颖超患了肺结核病，经常发低烧，痰中总带着血丝。邓颖超带病参加了长征，因身体不好，个人请求不再担任党中央秘书长职务。

当时中央秘书长的职责是整理会议记录、整理文件、文件归档、收发信件、起草命令等。邓小平除了以中共中央秘书长的身份经常参加中央的重要会议外，还兼管中央军委纵队警卫人员的政治思想工作。

1935年1月15日至17日，中共中央在遵义召开政治局扩大会议。出席会议的政治局委员有毛泽东、张闻天、周恩来、朱德、陈云、博古，候补委员有王稼祥、刘少奇、邓发、何克全，还有红军总部和各军团负责人刘伯承、李富春、林彪、聂荣臻、彭德怀、杨尚昆、李卓然。共产国际驻中国的军事顾问李德及担任翻译工作的伍修权，列席了会议。据杨尚昆回忆，邓小平以中共中央秘书长的身份参加会议，并担任会议记录工作。为遵义会议的召开，邓小平做了大量的准备工作。这次会议，集中全力解决当时具有决定意义的军事问题，"主要的是反对战争中的机会主义，把战争问题放在第一位，这是战争环境的反映"（《毛泽东选集》第二卷，人民出版社1991年版，第548页）。会议揭发和批评了第五次反"围剿"和长征以来中共中央在军事领导上的错误，批评博古在这次会议上的报告中为第五次反"围剿"失败进行辩护的错误。会议指定张闻天起草决议，张闻天根据与会多数人特别是毛泽东长篇发言的内容，起草了中共中央《反对敌人五次"围剿"的总结决议》。这个决议，在中共中央离开遵义到达云南省扎西（今威信）县境召开的会议上正式通过。《决议》明确指出：红军第五次反"围剿"的失败乃至退出苏区后遭受严重损失，其主要原因是博古、李德在军事指挥上犯了一系列"原则上的错误"。《决议》肯定了毛泽东等关于红军作战的基本原则。会议最后改组了中共中央领导机构，选举毛泽东为中央政治局常委，取消博古、李德的最高军事指挥权，决定仍由中共中央军委主要负责人周恩来、朱德指挥军事，周恩来为下最后决心的负责者。随后，在红军转战途中，根据会议精神，常委进行分工，由张闻天代替博古负党中央总的责任，中央军委决定设置前敌司令部，以朱德为司令员，毛泽东为政治委员。3月11日，在贵州鸭溪、苟坝一带，又成立了由毛泽东、周恩来、王稼祥组成的3人小组，负责指挥全军的军事行动。

遵义会议结束了王明"左"倾冒险主义在中共中央的统治，确立了以毛泽东为代表的新的党中央的正确领导。它在极端危急的历史关头，挽救了中国共产党，挽救了红军，挽救了中国革命。遵义会议是党的历史上的一个生死攸关的转折点。正如邓小平后来所说的："作为中央领导，可以说在1935年1月遵义会议确立了以毛泽东同志为核心的中央领导时，就成熟了。"遵义会议后红军的长征，就在毛泽东、周恩来、朱德、张闻天等集体领导和指挥下进行，毛泽东则起着最重要的核心领导作用。邓小平作为中共中央秘书长，直接参与了党中央领导机关的工作。邓小平回忆当年的情形时说：遵义会议以后，毛泽东同志对全党起了领导作用。那个时候行军，毛泽东同志、周恩来同志、张闻天同志和他是在一起的。每天住下来，要等各个部队的电报，一直等到深夜，再根据这些电报确定红军的行动。在重要问题上，大多是毛泽东同志出主意，其他同志同意的。尽管名义上他没有当总书记或军委主席，实际上他对军队的指挥以及重大问题上的决策，都为别的领导人所承认。朱德同志、周恩来同志、张闻天同志、王稼祥同志，确实照顾大局，确实有党性原则，只要毛泽东同志的意见是对的，都一致支持，坚决执行。

遵义会议以后，在毛泽东等的正确领导下，中国工农红军转战川、黔、湘、滇、桂等省，四渡赤水河，强渡大渡河，飞夺泸定桥，翻越夹金山，穿过一望无际的茫茫草地，展开了机动灵活的运动战，夺取一个又一个胜利。红军在通过少数民族地区时，遇到了特殊困难。在中国历史上，少数民族与汉族的隔阂是很深的。当时，由于国民党对少数民族的残酷统治，使少数民族对汉人充满了敌对情绪，民族隔阂加深。对红军是什么样的队伍，执行什么政策，他们全不了解，对红军存有戒心。红军严格执行党的民族政策，尊重少数民族的风俗习惯，耐心地对他们进行宣传教育工作，终于得到了少数民族的支持和帮助。1950年7月21日，邓小平在欢迎赴西南地区的中央民族访问团大会上的讲话中谈到西南少数民族问题时说："长征时，红军经过的地方，如云南、贵州，撒下了一些革命的种子，就是在西康，也有一些革命影响。红军北上时，为了自己的生存，做了一些犯纪律的事，那时饿慌了，没有办法。现在我们应该跟他们说，当时全国革命的负担放在你们的身上，你们对保存红军尽了最大的责任。对那时办得不对的事，应当向他们赔礼。这次我们到那里，一些藏族人士也很坦白地说，那时把粮食吃光了，心里不愿意，现在了解了。他们为自己的解放感到高兴。"

1935年6月，红一、红四方面军会合后，26日，中共中央在两河口召开了政治局扩大会议，讨论红一、红四方面军会合后的战略方针问题。28日，根据两河口会议精神，中共中央政治局发出《关于一、四方面军会合后战略方针的决定》。《决定》明确规定：我们的战略方针是集中主力向北进攻，在运动战中大量消灭敌人，首先取得甘肃南部，以创造川陕甘根据地。为了加强前线的领导力量，党中央决定调邓小平担任红一军团宣传部部长，由刘英接替邓小平中共中央秘书长的职务。康克清回忆当时的情况说："当时组织上要刘英接任中共中央秘书长工作，刘英不知秘书长究竟做些什么工作，为此来征求我们的意见。大家议论说，秘书长的工作就是上传下达，抄抄写写，收收发发嘛。"刘英回忆这段历史说，当她接到李富春写的条子："调刘英同志到中央纵队代替邓小平工作"，来到中央纵队报到时，毛泽东对她说："小平同志要上前方去，我提议你来接替他的工作。"刘英说："小平同志能文能武，精明能干，我怕我做不了。"毛泽东笑道："你做得了！"并进一步解释说：前方需要加强，小平同志很有才干，所以调他到前方去，让他更好地发挥作用。

"长征是宣言书，长征是宣传队，长征是播种机。"在长征途中，邓小平大部分时间负责宣传工作。先是主编《红星》报，后又担任红一军团宣传部部长，他对宣传工作极为重视。红一军团宣传干事潘振武回忆说："一天傍晚，部队在甘南某村镇宿营。这天行军路程很长，到达宿营地已经日落西山了。宣传队员吃过晚饭后就烧水洗脚，有的宣传队员抱来麦秸在摊地铺，准备睡觉。突然，邓部长推门进来了。'怎么搞的？街上为什么一条标语都没有？'邓部长面带愠色地问道。'今天……天黑了……大家烧水洗脚……'李光炳同志不知该怎么回答才好。邓部长批评说：'烧水洗脚有那么重要吗？

把我们宣传工作的传统都丢掉啦！'宣传队的小鬼们一骨碌都爬起来了，二话没说，提起石灰桶，扎起火把就去写标语了。以后，不管在什么情况下，凡是到了一个新地方，小鬼们放下背包第一个任务就是写标语，可自觉啦！"

邓小平对红军战士一贯是工作中严格要求，生活上十分关心。红军长征到达甘肃的哈达铺时，进行了休整。杨成武把哈达铺叫作"长征途中名副其实的加油站"。他回忆说："为了迅速恢复红军的体力，红军来了个别致的命令，全军上下，上到司令员，下到炊事员、挑夫，发大洋1块。别看这1块大洋，在当时确实是十分可贵的呢。""哈达铺是甘肃省的边缘，由于交通不便，物产运不到内地，东西十分便宜。1头百来斤重的肥猪，5块大洋就够了；1只肥羊，才要2块大洋；1块大洋可买5只鸡；1毛钱能买10个鸡蛋；蔬菜也只几毛钱一担……领导上根据当地物质条件和全体同志的体力消耗情况，提出了'大家要吃得好'的口号。"这时，毛泽东也来到哈达铺，在关帝庙召开的团以上干部大会上讲了话。会后，举行了会餐，吃了红烧肉。当时各级都举行了小会餐。

发给邓小平的1块大洋，被宣传部的红军小战士们打了牙祭。小战士们原打算每人凑1毛钱举行小会餐，正在这时邓小平去看望他们。小战士们围着邓小平说："邓部长，我们会餐，你参加不？"邓小平说："好呀，你们想吃什么？""每人凑1毛钱，买鸡吃吧！"小战士们回答。邓小平把发给自己的1块大洋交给警卫员说："去，买几只鸡来。"警卫员买来了几只鸡，大家围坐在一起，有说有笑，美美地吃了一顿。小战士们吃完鸡，把嘴上的油一揩，谁也不提那1毛钱的事了。邓小平看着这些天真活泼的小战士，想到他们在长征路上吃尽了苦，今天吃了一顿鸡，个个都美滋滋的，他既高兴，又心痛。几天后，邓小平又看到这些小战士，风趣地说："好呀，小鬼，我算是上你们的当喽！"

红军翻过六盘山，在青石嘴歼敌两个连，并有不少缴获。邓小平看到宣传队队员身上的衣服破烂不堪，便向红四团团政委杨成武说："听说你们团在青石嘴一仗，缴获了敌人不少布？"杨成武回答道："是的，上交了不少，还留了一点儿。"邓小平说："关心一下宣传队的同志，给剧团（即战士剧社）的小鬼每人做套衣服怎么样？"杨成武爽朗地答应说："好，照指示办！"在邓小平的关怀下，"战士剧社"的小战士们每人添置了一套新衣服，上台演出显得更加精神了。

中央红军行进到四川省藏族聚居的阿坝地区，红军总政治部动员筹备干粮准备过草地，不论是上级下级还是连队的士兵，全体总动员，想方设法筹粮，无一例外。著名剧作家李伯钊回忆道，有一天，她和黄镇以及在懋功参加红军的藏族姑娘九香在河边洗粮食的时候，捡到河里漂浮着的麦粒，多做了几个馍馍。在交足了15个馍馍后，多余的9个就留下了。后来，别的同志把此事报告给了管粮食的人，管粮食的人找到李伯钊郑重其事地说："不管你们是怎样弄到的麦粒，既然做成了馍馍，你们应该一律交公，不得私存。"李伯钊只好把9个馍馍交出来，可她心里老大不高兴，坐在地上生闷气。这个时候，邓小平提着个小布袋走了进来，坐在地铺上，慢慢从小布袋里拿出几个馍馍，那是交公的。但是小布袋里还剩下几个馍，他见李伯钊在那里生闷气，就从袋子里取出一个馍，说："你饿了吧，给你！"李伯钊说："我不要。你留着自己吃吧！"邓小平急忙说："这是我送给你的，不要你还。"李伯钊接过馍馍，心里忽然一酸，扑簌扑簌地眼泪直往下滴，心里留下了一个深刻的印象：小平同志对人真好，在困难的时候这么关心人，多么难能可贵啊！

邓小平到红一军团不久，罗荣桓就回到了红一军团，任政治部副主任兼地方工作部部长。邓小平与罗荣桓的交情颇深。邓小平在瑞金中央苏区主编《红星》报时，罗荣桓任总政治部巡视员和动员部长，两人经常在一起。现在，他们两个人又走到了一起。在长征路上，他们和红一军团全体将士共同经受着险恶环境、艰苦生活、频繁战斗的考验，过渭河、翻越六盘山、跨越黄土高原数不清的深沟幽壑，终于在1935年10月19日胜利到达红一方面军长征的终点——陕北吴起镇。

初到陕北

1935年10月，由毛泽东率领的中国工农红军陕甘支队到达陕北。

11月，中共中央决定，恢复中国工农红军红一方面军番号，下辖第一军团、第十五军团等，共1.1万多人。

11月7日，中共中央机关到达陕甘根据地安定县瓦窑堡。

对于红一方面军在陕北的动向，国民党已不能安枕，即调驻陕西的东北军5个师的兵力，分兵两路，对红一方面军进行"围剿"。

11月21日至24日,红一方面军英勇迎击国民党军的"围剿",打响了直罗镇战役,最后取得了歼敌1个师1个团共8 300人的重大胜利,为中共中央把全国革命的大本营放在西北奠定了基础。

邓小平参加了这次战役,并遇上了险情。据他自己说,直罗镇战役打响以后,他和罗荣桓等人在一个山头上"观战",突遭敌人一股部队袭击。敌人火力密集,十分危急。他身上穿的那件傅钟送给他的狐皮大衣,给子弹打了好几个洞,万幸的是人没有负伤。正在危急之时,原红七军的一个连冲了上来,解了围。

直罗镇一仗打完后,在陕北的红一方面军获得了休养生息的好时机,这一段行军不多,仗也打得不多。但宣传部门的工作并没有轻松下来,相反要利用这样的时机进行宣传鼓动。因此,作为红一军团政治部的宣传部部长,邓小平到陕北后,顾不上休息,就投身到工作中。

后来成为共和国将军的梁必业是1936年1月来到红一军团政治部宣传部的宣传队当队长的,他回忆说:"这以后我就在小平同志直接领导下工作了。小平同志很注意宣传队。他说:'宣传队不只是做宣传工作,还是准备干部、培养干部的地方。'宣传队要做群众工作,要做部队工作,还要做敌军工作。邓小平总是说:'宣传队是培养干部最好的地方。'那时宣传队的成员大部分是干部。有一次演出,3个团级干部唱歌,张国华、谭冠三、陈雄,唱《大路歌》,唱苏联歌曲和《马赛曲》。在宣传队,我们经常进行政治学习,还要测验考试。东征以后,政治教育就更多了。我们办宣传队需要人,记得有一次有一个新兵入伍,有点文化,可年龄较大,有30岁了。邓小平告诉警卫员:'把他分到宣传队。'我一看,是个老头儿,就不要。警卫员告诉邓小平,梁队长不要。邓小平就说:'要也得要,不要也得要。'邓小平处理问题就是这么简明扼要。结果这个人很不错,演老太太很像,工作勤勤恳恳,宣传队里的小娃娃也全靠他照顾。我们宣传队演宣传抗日的节目,还编了一首《中央红军长征歌》。"

就在中国工农红军到达陕北前后,国内的形势在迅速变化。日本帝国主义在侵占了中国东北三省后,加紧了对华北的侵略,把吞并河北、山东、山西、察哈尔、绥远华北五省作为直接目的。

在日本的压力下,国民党南京政府于1935年6月、7月,相继与日本方面签订了《秦土协定》和达成了《何梅协定》。这两个协定迫使中国屈服于日本的扩张要求，撤退驻河北省的中国军队，禁止全国抗日活动，实际上把包括北平、天津在内的河北、察哈尔两省的大部分主权拱手相让。

日本侵略者一方面加紧对华北地区进行经济控制和掠夺，另一方面加紧制造"华北自治"。

日本帝国主义侵略华北的行动和国民党政府丧权辱国的政策，使中国人民更加强烈地感到民族危机的严重性，各阶层人士要求国民党政府改变屈辱的对日政策的呼声也日益高涨。

在这民族危亡的紧急时刻，中国共产党连续发表了《为抗日救国告全体同胞书》（8月）、《为日本帝国主义并吞华北及蒋介石出卖华北出卖中国宣言》（11月）和《抗日救国宣言》（11月），郑重呼吁全国各党派、各军队、各界同胞，不论过去和现在有任何政见和利害的不同，有任何敌对行动，都应当停止内战，集中一切国力去为抗日而奋斗，共同救国，建议一切愿意参加抗日救国的党派、团体、名流学者、政治家和地方军政机构进行谈判，共同成立国防政府，组成统一的抗日联军。声明中国共产党人愿首先加入抗日联军，以尽抗日救国的天职。

中国共产党的呼吁，在全国引起了强烈的反响。

1935年12月9日，北平爆发了一二·九运动。

长期被压抑的怒火和爱国热情，像火山喷发般地爆发出来。深感沦亡危机的数千名北平青年学生，打起标语，走上街头，举行了群情激昂、声势浩大的抗日救国游行，向国民党北平当局请愿。游行队伍遭到了国民党军队和武装警察的残酷镇压，30多名学生被捕，数百人受伤。

翌日，北平学生宣布举行全市总罢课。12月16日，北平的爱国学生再次冲上街头，与广大爱国市民一起，有万人之众，举行了更加声势浩大的示威游行。国民政府又一次实施镇压，学生被捕数十人，受伤者达300余人。

在一二·九、一二·一六北平学生爱国斗争的影响下，天津、保定、太原、杭州、上海、武昌、成都、重庆、广州、南宁等地的学生先后举行抗日集会和示威游行。广州、上海工人召开大会，发表通电，要求抗日。上海文化名人沈钧儒等组织成立救国联合会。一时之间，愤怒的呼声、爱国的呼声、抗日的呼声，遍及中国的大江南北和黄河上下，形成了一股势不可当的抗日救国群众运动高潮。

1935年12月17日，中共中央在陕北瓦窑堡召开政治局会议。瓦窑会议决议指出，当时中国国内政治形势的基本特点是，日本帝国主义"正准备并吞全中国，把全中国从各帝国主义的半殖民地变为日本的殖民地"，一切不愿当亡国奴、不愿当汉奸的中国人的唯一出路，就是"向着日本帝国主义及其走狗卖国贼展开神圣的民族革命战争"。决议呼吁结成最广泛的抗日民族统一战线。

驻在陕北的中国共产党和红军，出于建立统一战线的目的，加强了对驻扎在陕西的东北军的工作，毛泽东和周恩来特别加强了对张学良的工作。1936年2月，红军与东北军达成了互不侵犯的口头协定。此后，周恩来与张学良秘密会谈，商定双方互不侵犯，互派代表，张学良还表示要争取蒋介石抗日。

与此同时，中国共产党还加强了与驻在陕西的西北军杨虎城将军的联系，双方停止了敌对状态，互派代表，联合抗日。

与张学良、杨虎城的协作关系的建立，为中共中央和中国工农红军在陕北建立稳固的根据地，提供了有利的外部条件。

在举国上下抗日呼声日益高涨的形势下，蒋介石也开始秘密与共产党谈判。

为了以实际行动表示红军抗日的决心，1936年2月20日，红一方面军以中国人民红军抗日先锋军的名义，在毛泽东、彭德怀等人的率领下，实行东征。

邓小平随军东征，领导红一军团宣传部积极做好宣传工作。据梁必业将军说："在东征途中，我们宣传部在小平同志的带领下，一路宣传，宣传共产党的主张，宣传抗日。我们还要做敌军工作和俘虏工作。小平同志在东征途中还亲自编写宣传提纲和教材。"

红军抗日先锋军冲破了山西军阀阎锡山的防线，胜利渡过黄河。

蒋介石与共产党谈判是假，企图通过谈判达到"溶共"的目的是真。一见到共产党真的过黄河来抗日了，蒋介石赶紧调集20万大军，增援山西的阎锡山，意欲消灭红军于黄河以东。

红军东征队伍过黄河后，仅用三天的时间便控制了黄河东岸南北50余公里、东西35公里的地区，并在关上村之战中歼灭阎锡山一个团的兵力。到3月底，红军左、中、右三路军分头作战，迅速扩大战果。

到了1936年5月，为了避免内战，中共中央决定红军撤回黄河以西的陕北地区，结束了历时两个多月的东征。

东征回来以后不久，红一军团政治部副主任罗荣桓奉命调到红军大学学习。邓小平被任命为红一军团政治部副主任，接替罗荣桓的工作。那时红一军团政治部的驻地是陕北的雨珠。

这期间，中共中央在大相寺召开了一次会议，总结工作和纠正作风，邓小平和红一军团、红十五军团其他的高级干部出席了这次会议。

这期间，邓小平还领受了一个任务，和罗瑞卿一起，受党中央直接派遣，在红一军团的一些部队做调查研究、考察干部。

王平老将军就是在这时认识邓小平的，那时候他是在第四师当团政委。他回忆说："邓小平找我们大部分干部谈了话。我有什么就说什么，邓小平说我讲话坦率。后来罗（瑞卿）和他还给我们讲了话。那次邓小平给我的印象是，很冷静，严肃认真，讲话不多，但简明扼要。他讲话句子短，好记录，而且观点明确，讲的都是有用的话。"

党中央直接派邓小平去执行调查研究的任务，这是第一次。调查完以后，罗瑞卿和邓小平二人向党中央做了汇报。

红军回师陕北后，蒋介石又调集16个师加3个旅的兵力，准备对红军陕甘根据地发动新的"围剿"。在这种形势下，中共中央决定红军向陕西、甘肃、宁夏三省交界国民党军事力量薄弱的地区实行西征。

从1936年5月出发至7月底，红军在陕甘宁交界地带迅速开辟了纵横200余公里的新的根据地，并与陕甘老根据地连成一片，红军和地方武装力量都得到了相应的发展。

此后一段时间，局面相对稳定，前方基本无战事。利用这个机会，部队进行了训练和教育工作。

据梁必业将军回忆："东征回来以后，我们筹了款，筹了粮，还从山西带回不少的骡子。西征以后，仗打得少了，张学良和杨虎城的部队已开始与我们搞统一战线。这段时间里，小平同志任红一军团政治部副主任，主任是朱瑞。邓管党的组织工作、宣传工作和教育工作，特别是抓干部教育。我们这些人，从小参军，要讲比较系统地学政治常识，就是在这个时候。学习班的课，从政党、领袖、群众讲起，讲社会发展史。我们听课、讨论，还测验、打分数。朱瑞、小平同志都讲课。许多部队的同志在这里把参加革命的朴素的阶级觉悟，逐渐向理性上升，建立了理性觉悟。我们办学习班的地点在（现在）宁夏七营镇一带。"

当时在红一军团做侦察工作的苏静将军说："1936年小平同志组织我们

学习，办了一个多月的学习班。学世界知识，学社会发展史和马列主义。小平同志给我们讲课，给我们发学习材料，出卷子考试，还打分数。有时开讨论会，我们问问题，他解答问题，以前我们大多数时间都是打仗走路，这次小平同志组织的学习，使我们学到了不少的东西。"

红一军团政治部除了抓学习教育工作以外，还要管敌军工作和对东北军的统一战线工作。同时，宁夏是回民居住比较稠密的地区，因此，政治工作还要面对民族问题，开展对回民的工作。另外当地哥老会的势力很大，也要注意对他们的工作。这些工作大部分是由邓小平管的。

1936年8月到9月间，红一军团政治部驻在宁夏豫旺地区的五里洞，这时中央军委托邓小平带一个检查团到红十五军团检查工作。

据梁必业回忆："邓带了我、唐亮和蔡元兴3个人，由一个12人组成的精干的警卫班掩护，到驻陕北的红十五军团的第八十一和第七十五两个师去检查工作。邓主要是和师团干部谈话，我们是和下面的干部、战士谈话。这个任务不是红一军团派邓去的，而是中央和中央军委派邓去的，这是一项很重要的任务。回来后，邓向中央做了汇报。"

这是中央第二次派邓小平去做调查研究工作。可见，毛泽东、周恩来等中央和中央军委的领导人，对邓小平是十分信任的。

这个时期，许多红一军团的重要材料和《战士报》的社论，都是由邓小平亲自编写的。梁必业将军说："小平同志写东西快，大家形容他写东西是'倚马可待'。有一次朱瑞主任催他写一个连队讲话材料，他说：'这个好办。'马上找来一张纸，没有桌子，用一支铅笔，就在膝盖上写，很快就写好了。这也是他的特点。"

就在红一方面军驻扎在陕甘宁根据地的时候，发生了红军史上的一件重要大事。

1936年10月间，红军第二、第四方面军，经过极其艰难的跋涉，战胜了张国焘的分裂主义，终于胜利到达陕甘宁，与红一方面军胜利会师！

正当抗日战争的烽火即将在全国燃烧起来的时候，这三支红军主力为担负起中国革命的新任务在西北会师，这是一个具有伟大历史意义的事件。以此为起点，中国历史开始跨入一个新的历史阶段。中国共产党人将更高地举起抗日民族解放的旗帜，去开辟一个全新的局面。邓小平和他的战友们也将随之走向那如火如荼的抗日战场。

交往

毛泽东的功绩是第一位的——与毛泽东

毛泽东与邓小平结识，最初是在1927年中共八七会议上。会后，毛泽东前往湖南组织秋收暴动，邓小平随中央机关迁往上海。4年以后，两人重逢在中央苏区。

1931年秋天，毛泽东与中共苏区中央局的几位领导人项英、朱德等转战来到瑞金，着手筹备中华苏维埃第一次全国代表大会的有关事宜，同时检查地方工作。当时，邓小平是中共瑞金县委书记，领导着一个十几万人口大县的工作。

邓小平是同年8月赶到瑞金的。那时的瑞金，正惨罹肃反扩大化之祸。原县委书记李添富为了肃清所谓的"社会民主党"，在全县范围内大搞逼供信，县苏维埃、县工会许多干部被害，一些群众被错杀。邓小平到任后，果断地纠正乱捕滥杀的错误，并重组各级政权，安抚无辜受害群众，恢复正常的生产和生活秩序。这样，民心甫定，社会又回到正常的轨道上来。

毛泽东听了邓小平等人的汇报，相当满意。27岁的县委书记，在短短的两个月时间内，胼手胝足，励精图治，创出如此佳绩，实属难得。这在毛泽东心中留下了深刻的印象。

毛泽东、邓小平同处一城，彼此接近，但是时间很短。次年春，邓小平调至会昌。邓小平是个勇于进取的人，他在会昌任职直至担任会（昌）寻（乌）安（远）中心县委书记期间，一直是为政察察，兴利除弊，工作热火朝天。但是，邓小平与临时中央在一系列问题上的原则分歧，终于导致了他革命生涯中的第一次坎坷。

第二编 红军时期（1927—1937） | 167

从 1931 年起,邓小平即表现出了对中共六届四中全会后中央领导的"不信仰"。赣南会议之后,他又与曾任苏区中央局秘书长的毛泽覃、任赣东特委书记的谢唯俊、任红一方面军总前委秘书长的古柏等同志对临时中央的"左"倾政策进行了公开抵制,进而在实际工作中提出或执行了与之不同的政治、经济、军事等方面的原则和方针。例如,在经济政策上,主张平均分配土地,"给富农以经济出路";在作战方针上,主张诱敌深入,反对军事冒险;在扩大红军问题上,主张由群众武装逐级发展为主力红军;等等。这些思想,可以说是受了毛泽东的影响,也是若干年来被苏区的革命斗争反复验证的成功经验。这时,邓小平与毛泽东的心是相通的。在当时苏区党、军队和苏维埃政权的中高级干部中,持有或支持类似观点的同志不在少数。这在 1931 年以后王明"左"倾路线占统治地位的情况下,恰如一股潜行的地火在积蓄、汇集,形成了维护毛泽东正确主张的坚强力量。

这股坚强力量的主要人物都遭受了不同程度的打击。邓小平既有所谓"寻乌事件"所招致的"失地"之咎,也因其不肯按中共临时中央领导人的要求做检查,于是,被作为"江西罗明路线"的代表人物而遭到"残酷斗争,无情打击"。他相继被免去了县委书记和中共江西省委宣传部部长的职务,先去一个偏远的地方做"巡视员",继而又到乡村参加垦荒,近似于"劳动改造"。

适逢此时,红军第五次反"围剿"的斗争日趋紧张,对毛泽东或明或暗的指责以及对邓小平、毛泽覃、谢唯俊、古柏的批判,不久就一起湮没于黎川和广昌前线那震天的枪炮和喊杀声中了。

对苏区的这场党内斗争,"左"倾机会主义领导以颠倒的方式反映了其基本面貌。"小组织"和"派别活动"当然是子虚乌有的,而邓小平等人从思想到行动皆站到毛泽东的立场上则是事实。毛泽东对此心里十分清楚。

1934 年 10 月,邓小平、谢唯俊被允许随队长征,毛泽覃、古柏则被留在苏区坚持武装斗争。1935 年,毛、谢、古先后在赣南、陕北和粤东战死,邓小平成了"江西罗明路线"代表中仅存的人物。遵义会议前后,邓小平的境况逐渐改善,由《红星》报主编改任中共中央秘书长。

抗日战争爆发,邓小平先任八路军政治部副主任,半年之内,又被任命为一二九师政委,成为独当一面的统兵大员。这充分表明了毛泽东对邓小平的器重。

……

1943年10月以后，延安整风进入第三阶段。11月，在一次中共中央政治局扩大会议上，毛泽东发言：反邓、毛、谢、古，是指鸡骂狗，邓、毛、谢、古死了3个人，希望邓要为党争气。不难看出，毛泽东在这里是把邓小平当作坚持党内正确路线的重要人物来维护和褒扬的。

整风结束时，全党尤其是党的高级干部在批判"左"倾错误路线方面的认识已趋一致，重用一批德才俱佳、忠实执行毛泽东正确路线的干部的良好环境已经形成。邓小平多年与刘伯承领兵在外，披霜蹈雪，艰苦征战，加之有着与"左"倾机会主义做斗争的经验，不仅被毛泽东所倚重，而且在党内其他高级干部中也树立起了声望。

邓小平与毛泽东不同，没有那种诗情远举的文人气质和高古奇谲的诗人心态。他是一个胸有丘壑、深藏不露的实干家，胆大多谋，为人严谨，做事干练，分析问题切中要害，善于处理各种错综复杂的矛盾。这恰恰是毛泽东非常欣赏的。战争年代，他把邓小平与年长12岁的刘伯承放到一起，两人配合默契，相得益彰，可以说毛泽东知人甚深，用人得法。从组织山地和平原游击战到开展反顽斗争，从挺进中原到指挥淮海战役，从挥师渡江直至进兵大西南，只要是邓小平负责的工作，毛泽东就非常放心。对毛泽东的许多重大决策，邓小平都能心领神会，力争在实际工作中圆满地完成。尤其是刘邓率军渡河南下，任务艰巨，在中原拖住蒋军劲旅，减轻陕北和山东战场我方的压力，更显出了栋梁之材的本色。所以，当淮海战役打完以后，毛泽东将邓小平由中原局第一书记调任华东局第一书记，而原担任华东局书记的饶漱石则任第二书记。这除了有统一事权，便于开展南下工作的考虑之外，也表明了毛泽东对邓小平的信任。

邓小平善于辩证地思考问题，他的一些真知灼见也引起了毛泽东的重视。1938年，邓小平在太行山工作时讲过一句话："一切都是辩证的，一切都是发展变化的。要按辩证法办事。"这句话传到毛泽东那里，他以哲学家的深邃和政治家的敏感察觉到邓小平思想中的精微。他认为这句话很深刻，抓住了马克思主义的实质，富有哲理性。一连四五年，毛泽东常常提到这句话。

缘于早期的耳濡目染，并结合中国革命的斗争实践悉心研求，邓小平深得毛泽东思想的精髓。毛泽东历来重视调查研究，将之作为得到真实情况、做出正确决策的关键。因此他也欣赏能同他一样掌握这个法宝的人。而邓小平在这一点上深深契合了毛泽东。邓小平长期主持一个战略地区的总体工作，因此他把对各类情况的全面把握当作一项基本的功夫。从战略到策略，从对敌到对友，从舆图战阵到兵民用度，无不了然于胸。真实的情况掌握了，实事求是的前提就具备了。这样，邓小平作为中原局书记反映给毛泽东的情况、所提的建议就能做到言之有物，参考价值极高。毛泽东非常爱看邓小平的报告，多次给予了肯定和赞扬，并加上批注，转发各地参考。如邓小平1944年8月起草的对毛泽东所询减租减息等十个问题的答复、1948年6月《贯彻执行中共中央关于土改与整党工作的指示》等，为中共中央做出正确决策提供了第一手材料，为各地区贯彻中央指示提供了宝贵的经验。毛泽东对此视为珍宝。他的许多思想和著作的形成，邓小平有着独特的贡献。遇有疑难，毛泽东亦咨以函电。

此外，毛泽东对邓小平的作风也十分满意。邓小平生性恬淡，不喜交际，这与毛泽东的以诗文会友、周恩来的广结各路名士有很大的不同。战争年代，邓小平军务繁重，鞍马劳顿，中华人民共和国成立后更是忙于党政庶务，即使偶有闲暇，也习惯于一个人独处静思，对于如何与人交游似乎无所用心。他对同事相待以诚，相忍为公；对下属也是约束极严，向来不肯假以辞色；对拉山头、搞宗派深以为戒。其组织纪律性和修养功夫如此之强，令毛泽东十分放心。这些特点在邓小平1952年调到中央工作以后，尤其是"高饶事件"发生后为毛泽东体察得十分清楚，也更以为难得。

因此，从1956年党的八大到1959年庐山会议以前，毛泽东对邓小平的赞誉之词和倚重之举次第而出。

1956年9月，在党的七届七中全会上，毛泽东在提及中共中央核心领导层的人事安排时，提议邓小平任中央委员会总书记。

邓小平当场表示："我还是比较安于担任秘书长这个职务。"

毛泽东向邓小平（也是向全场）解释："秘书长改为总书记，那只是中国话变成外国话……外国的总书记就相当于中国的秘书长。"

接下去，毛泽东不厌其烦，反复表示要为邓小平"宣传宣传"。他说：我看邓小平这个人比较公道，他跟我一样，不是没有缺点，但是比较公道，是个厚道人。他比较有才干，比较能办事。他跟我一样，有许多事情办错了，也有的话说错了，但比较起来，他会办事，也比较周到。毛泽东还说：大体说来，这个人比较顾全大局，比较厚道，处理问题比较公正，他犯了错误对自己很严格。几番"比较"，爱护、褒奖之情溢于言表。

1959年4月，在中共八届七中全会上，毛泽东发言，诙谐恣肆之中则另有一番深意：我这个人叫毛泽东，我挂正帅，就是大元帅，邓小平为副总司令、副元帅，我们两个人，一正一副。他还对邓小平说：你是总书记嘛，邓小平，你挂帅了，一朝权在手，就把令来行，你敢不敢呀？你是书记处的总书记，你也是常委的总书记，你也是政治局的总书记，你也是中央委员会的总书记，你也是我的总书记。

　　对邓小平的赞赏，毛泽东对一些外国领导人也曾流露过。

　　在新民主主义革命和社会主义革命时期，毛泽东和他的战友们在没有现成经验可资借鉴的情况下，不断摸索，大胆实践，以其卓越的智慧和超人的胆略，以其对人类发展规律和中国社会特征的深刻认识，将中国革命一步步引向胜利。这个过程，充满了一种神奇、瑰丽和惊心动魄，使无数置身于其中的优秀人物坚信这项事业的伟大与神圣，也坚信其代表者毛泽东的正确与英明。邓小平便是其中的一个。1943年，他在中共北方局党校整风动员会上讲道："把党的事业完全放在中国化的马列主义即毛泽东思想的指导之下，直到现在已经九年的时间，不但没有犯过错误，而且一直是胜利地发展着。"1962年，他在扩大的中央工作会议上更是剀切直言："中国的革命，不是由别的思想引导到胜利的，而是由毛泽东思想引导到胜利的。"从20世纪30年代开始，邓小平对毛泽东思想及毛泽东形象十分维护。

　　……

　　1959年，庐山会议后期，彭德怀从国防部部长的位置上被罢官。

　　当时，邓小平因腿骨骨折留在北京，没有参加会议。但凭着多年政治斗争的经验，他敏锐地感受到党内愈来愈浓重的不正常气氛。

　　自此以后，毛泽东的个人专断作风日益明显，虽然他也一度强调民主，强调实事求是，但"左"的提法和错误决策时有发生。而邓小平更讲求实际，思想和理论上能摆脱某种原则限制而进行灵活的多方面思考，因此他对一些问题的看法与毛泽东越来越不一致。

　　1956年以后，毛泽东多次提出，不再担任国家主席，要退居二线，不过问日常事务，以专心研究理论、政策。经过党内充分酝酿，这个提议在1959年4月召开的全国人大二届一次会议上得到通过。从此，中央工作分为一线、二线。邓小平任总书记，处理中央经常性工作，站在一线。

　　然而，不过几年的时间，毛泽东对邓小平的态度就发生了变化。

1966年10月，在中共中央工作会议上，毛泽东不满地说：邓小平什么事都不找我，几年不找我。毛泽东还说：他这个人耳朵聋，听不见，开会坐得离我很远，对我是敬鬼神而远之。

毛泽东的叙述很生动，尽管是发生于"文化大革命"初期，至少可以看出毛、邓二人在工作关系上的疏远。

更为关键的是，毛、邓之间的思想隔膜表现在对一些重大问题的主张和见解上。如在经济政策上，在文化方针上，两人之间都存在分歧。

这种矛盾有一个积蓄的过程。

1960年底，毛泽东为人民公社、"大跃进"的灾难性后果所震动，重新提倡调查研究，着手解决农业问题。1961年他主持制定了"农村工作六十条"。但是，他坚决反对"包产到户"，认为"三级所有，队为基础"这个原则不能动摇。

1962年，全国农村许多地方出现包产到户，中共中央常委里的同志有的支持，有的也不予反对。邓小平的话说得更明白。他在1962年7月一再提出要进一步调整农村生产关系。在7月2日的一次内部讲话中，他表达了这样的意思。时隔5天，他又对共青团一次中央全会的全体代表说道："生产关系究竟以什么形式为最好，恐怕要采取这样一种态度，就是哪种形式在哪个地方能够比较容易、比较快地恢复和发展生产，就采取哪种形式，群众愿意采取哪种形式，就应该采取哪种形式，不合法的使它合法起来。"把自己的观点公之于众。

不久，毛泽东批评了包产到户。邓小平的讲话记录稿下发后被追回。

对在"反右倾"等运动中受过错误批判和处理的干部进行甄别平反工作，邓小平态度非常积极。1962年4月，中共中央书记处在邓小平的主持下，建议对全国县以下干部的问题来个一揽子解决，不留尾巴。4个月之内，全国有600多万党员、干部和群众得到平反。

工作做得干净利落，邓小平的话讲得同样鲜明、深刻。在1962年2月召开的扩大中央工作会议上，邓小平说，这几年，在干部工作上，我们有些缺点，"特别是几个大运动，有相当数量的干部是处理不适当的"。"我们的重要教训是：干部状况不稳定，一批一批地变动，就不是好现象，看到这样的现象，就要引起警惕。"

在职权范围内，邓小平对文化、科学工作中存在的问题也颇有自己的看法。

1961年11月，他在一次中央书记处会议上指出：这几年，我们对技术干部关心不够，对他们的使用有问题。要大胆提拔工程师，有多少提多少。提拔的条件主要是根据专业技术水平。政治条件是不反对共产党，忠于祖国。是共产党员但专业技术不合格的也不能提。同时，对意识形态领域里盛极一时的"左"的错误，邓小平也毫不客气地进行了批评。1965年3月，他指出：现在有人不敢写文章了，新华社每天只收到两篇稿子，戏台上只演兵，只演打仗的，电影哪有那么完善？这个不让演，那个不让演。他还提出可以演帝王将相，写历史剧可以表现帝王将相的智慧。这就与毛泽东对文艺工作的有关批示和主张明显不同了。

不仅仅是思想倾向上的分歧，邓小平的工作方式和工作作风也越来越让毛泽东感到不习惯、不满意了。1964年12月，毛泽东在中央工作会议上批评北京有两个"独立王国"，一个是指邓小平领导下的中央书记处，另一个是指李富春领导下的国家计委。这时的毛泽东已经认定邓小平与自己离心离德了。

"文化大革命"初期，邓小平被认定是"刘邓司令部"的主要成员，被"打倒"是"必然"的。但即使如此，毛泽东对邓小平仍能区别对待。

1980年10月，邓小平与中央有关负责同志谈话，在提到"文化大革命"期间毛泽东对待老干部的态度时说，毛泽东"虽然谁不听他的话，他就想整一下，但是整到什么程度，他还是有考虑的"。

1972年8月3日，邓小平致信毛泽东，揭发批判林彪，并在信中做了检讨。毛泽东看后，挥笔写下了一段批语：（邓小平）"在中央苏区是挨整的，即邓、毛、谢、古四个罪人之一，是所谓毛派的头子。""他没有历史问题，即没有投降过敌人。""他协助刘伯承同志打仗是得力的，有战功。""除此之外，进城以后，也不是一件好事都没有做的。例如率领代表团到莫斯科谈判，他没有屈服于苏修。"

可以看出，毛泽东对邓小平始终有一个基本估计：没有历史问题，有着被错误路线打击的经历；抗战以后执行正确的战略和策略，作战有功；在中苏论战中持强硬态度，反对苏联的大国沙文主义。

所以"文化大革命"一开始，毛泽东在锋芒直指刘邓"资产阶级反动路线"的同时，对两人做了区别。1968年10月，在中共八届十二中全会上，林彪、江青等人鼓噪要开除邓小平的党籍，由于毛泽东的出面干预，才未能得逞。林彪事件发生后，毛泽东的心灵遭受到了巨大的创伤，出于种种考虑，他让邓小平复出。

1973年3月，邓小平带着他在江西新建县"将军楼"小院积压三年的思考，以及对国家和人民前途命运的深深忧虑，重新回到了国务院领导岗位，并于同年8月召开的中共十大上当选为中央委员。

1973年12月，毛泽东召集政治局有关同志和北京、沈阳、济南、武汉军区负责人谈话，为给邓小平以重任铺垫道路。他说："我们现在请了一个参谋长，他呢，有些人怕他，但是办事比较果断。他一生大概是三七开。你们的老上司，我请回来了，政治局请回来了，不是我一个人请回来的。"他转而对邓小平说道："你呢，人家有点怕你，我送你两句话，柔中有刚，绵里藏针，外面和气一点，内部是钢铁公司。过去的缺点，慢慢改一改吧。"

这番话，情意绵绵，有评价，有敦促，有扶掖。最为明显的，还是浓浓的期望。

1972年5月，周恩来已查出患有癌症。作为日理万机的大国总理，他深感独力难支和助手的缺乏。他让邓小平复出的建议很快得到了毛泽东的同意。通过党的十大，江青反革命集团的大批骨干分子进入了中央委员会，并在中央核心机构窃取了更多的权力。这批人，靠造反或投机起家，才具有限，军国大事则不足与闻。毛泽东要借重邓小平的智慧、才华和声望，起衰振弱，收拾混乱的政局。

在毛泽东的提议下，1973年12月22日中共中央发出通知，决定邓小平为中央政治局委员、中央军委委员，参加中央和军委的领导工作。在此后一年多时间里，毛泽东排除江青一伙的种种干扰，先后提议任命邓小平为国务院第一副总理、军委副主席、人民解放军总参谋长和中共中央副主席。为了让邓小平放手工作，毛泽东还一度批评江青、王洪文、张春桥、姚文元不要搞"四人帮"。他盛赞邓小平"人才难得""政治思想强"。一直到1975年夏秋季节，他对邓小平还是信任的。

但是，这种信任又遇到波折。

毛泽东晚年，总结平生成就的事业，一是把蒋介石赶到一个海岛上去了，二是发动了"文化大革命"。出于其胸怀的广阔和目标的高远，他把前者看得很淡，而后者则寄寓了他毕生的理想和为实现这个理想所需的全部手段，对此他一度有着很强的成就感。但是"文化大革命"并没有完全解除他的忧虑：社会处于动乱后的萧索和沉寂，人与人的关系十分紧张，国民经济濒于崩溃，社会产品极度匮乏……这些问题不解决，毛泽东心目中的"由天下大乱达到天下大治"就无从谈起。

邓小平顺应了历史的呼唤。他虽已年届古稀,而锐气不减,以不怕"第二次被打倒"的气概,大张旗鼓地发起了全面整顿。整顿,就是要在各个领域建立正常的秩序,使国家摆脱那种盲动和混乱,使经济和政治生活走上正轨。这样,就必然与"文化大革命"以来那套"左"的政策发生冲突。而这恰恰是毛泽东所不能容忍的。他要邓小平出来主持工作,是让他把国民经济搞上去,恢复全党全国的安定团结,以此来巩固"文化大革命"的"成果"。但邓小平在复出以后尤其是1975年将近一年的工作,其实质就是从具体问题入手,一步步地纠正"文化大革命"的错误。在毛泽东看来,这就是"算文化大革命的账",是"倒退",是"资本主义复辟"的危险信号。

尽管毛泽东对是否再次打倒邓小平曾一度心存犹疑,还曾设想让邓小平"专管外事",但是,作为老年人受到周围亲近人的蒙蔽,一经认定他与邓小平的分歧已经无法弥合,邓小平已经成了他继续推行其思想、路线的障碍,他就继"批邓、反击右倾翻案风"之后,错误地判断了"四五"天安门事件的性质,提议撤销邓小平的党内外一切职务,把邓小平从中央领导核心"赶出去"。这其中,"四人帮"的蛊惑起了极其恶劣的作用。

邓小平没有因为毛泽东对他的批判和剥夺他的权力而对毛泽东产生不满或怨恨。他既没有像林彪那样当面吹捧毛泽东,也没有像赫鲁晓夫对待逝世后的斯大林那样全面否定毛泽东。邓小平毫无个人私怨,他以无产阶级政治家的宽阔胸怀和历史唯物主义的科学态度,客观、公正地评价了毛泽东的历史功过,肯定了毛泽东在为中国革命和社会主义建设斗争中建立的丰功伟绩和历史地位,肯定了毛泽东思想在中国革命和建设中的指导作用。

邓小平始终一贯地把毛泽东看作我们党的领袖,把自己看作毛泽东的学生。毛泽东逝世以后,他仍然以十分钦佩和敬重的态度,积极维护毛泽东的形象。

1980年,邓小平在回答意大利记者奥琳埃娜·法拉奇提问时说:"尽管毛主席过去有段时间也犯了错误,但他终究是中国共产党、中华人民共和国的主要缔造者。""毛泽东思想是毛主席一生中正确的部分。毛泽东思想不仅过去引导我们取得革命的胜利,现在和将来还应该是中国党和国家的宝贵财富。所以,我们不但要把毛主席的像永远挂在天安门前,作为我们国家的象征,要把毛主席作为我们党和国家的缔造者来纪念,而且要坚持毛泽东思想。

我们不会像赫鲁晓夫对待斯大林那样对待毛主席。"

毛泽东逝世以后，如何评价毛泽东的功过，是一个十分严肃而又必须做出回答的问题。邓小平认为，毛泽东在长期革命斗争中立下的伟大功绩是永远不可磨灭的，就毛泽东的一生来看，他的历史功绩远远大于他的过失，他犯错误毕竟是一个伟大革命家所犯的错误，是一个伟大的马克思主义者犯错误。毛泽东的功绩是第一位的，他的错误是第二位的。

为什么说毛泽东的功绩是第一位的，他的错误是第二位的呢？邓小平着重从两个方面论述了这个问题。

首先，邓小平认为，毛泽东一生中大部分时间是做了非常好的事情的，他的错误只是从20世纪50年代后期开始的。

邓小平对毛泽东在中华人民共和国成立以后的社会主义事业中所做的贡献也给予了充分的肯定。他指出："1957年以前，毛泽东同志的领导是正确的……新中国成立后17年这一段，有曲折，有错误，基本方面还是对的。社会主义革命搞得好，转入社会主义建设以后，毛泽东同志也有好文章、好思想。""应该说，在20世纪60年代以前或50年代后期以前，他的许多思想给我们带来了胜利，他提出的一些根本的原理是非常正确的。"

其次，邓小平认为："毛主席最伟大的功绩是把马列主义的原理同中国革命的实际结合起来，指出了中国夺取革命胜利的道路。""他创造性地把马列主义运用到中国革命的各个方面，包括哲学、政治、军事、文艺和其他领域，都有创造性的见解……我们党在延安时期，把毛主席各个方面的思想概括为毛泽东思想，把它作为我们党的指导思想。正是因为我们遵循毛泽东思想，才取得了革命的伟大胜利。"在邓小平看来，毛泽东的最大功绩，就是把马列主义中国化，不搞教条主义，不照抄照搬别国的模式，从本国的实际出发，运用马列主义的基本原理，有针对性地解决中国革命中的实际问题。实事求是是毛泽东思想的精髓。邓小平说，毛主席晚年犯错误，有相当部分违背了他原来的思想，违背了他原来十分好的正确主张，但是，不能因为毛主席晚年犯有错误，就从根本上否定毛泽东的历史地位和毛泽东思想。

1980年10月25日，邓小平在同中央负责同志谈话时指出：毛泽东思想这个旗帜丢不得。丢了这个旗帜，实际上就否定了我们党的光辉历史。不充分肯定毛泽东的历史地位，不坚持毛泽东思想，我们要犯历史性的大错误。邓小平认为，毛泽东同志不是孤立的个人，他直到去世，一直是我们党的领袖。

对于毛泽东同志的错误,不能写过头。写过头,给毛泽东同志抹黑,也就是给我们党、我们国家抹黑。

但是,邓小平不是历史虚无主义者,他主张在充分肯定毛泽东的功绩是第一位的前提下,对毛泽东的错误也要讲清楚,这样,才符合历史事实,也才有利于我们在总结经验教训的基础上更好地前进。

党的十一届三中全会以后,随着拨乱反正的深入开展和真理标准问题的深入讨论,对如何看待毛泽东的错误,在一段时间里很难取得一致的认识。有的人仍未摆脱个人崇拜的影响,不愿意接受毛泽东犯有错误这样的事实。有的人则出于对"左"倾错误所造成后果的愤恨,存在偏激心理,把一切错误都归罪于毛泽东个人。显然,这两种态度都不利于对毛泽东的错误做出正确的评价,也不利于对"左"倾错误的切实纠正。为此,邓小平及时地引导人们客观、公正地评价毛泽东的错误。他指出:"毛主席的许多好的思想,我们要继承下来,他的错误也要讲清楚。"邓小平用实事求是的观点分析毛泽东的错误,回答和解决了当时面临的几个迫切的热点问题:

第一,毛泽东这样的领袖人物会不会犯错误?"文化大革命"刚刚结束的时候,不少人对毛泽东也会犯错误的提法,总觉得在心理上有些接受不了。这很难怪,因为个人崇拜和神化领袖在中国有着长远的历史文化背景。我国在长达两千多年的封建社会里,不少人在封建意识的影响下,往往把希望寄托于出现一个"好皇帝",把皇帝的话称为"圣旨",是必须句句照办的"金科玉律";加之其他一些原因,导致后来在中国党和国家政治生活中的个人崇拜和神化领袖之风达到了无以复加的程度。

在1958年3月的成都会议上,柯庆施提出"相信毛主席要相信到迷信的程度,服从毛主席要服从到盲从的程度"。林彪、康生这些野心家则利用所谓"正确的个人崇拜"这种说法,完全否定反对个人崇拜这一正确原则,并且竭力鼓吹对毛泽东的个人崇拜,以达到他们不可告人的政治目的。1958年夏,康生提出"毛泽东思想是马列主义的顶峰";1959年底,他又说"毛泽东思想是马列主义的最高标准,最后标准"。20世纪60年代,林彪更把毛泽东吹得神乎其神,说毛泽东是世界几百年、中国几千年才出一个,毛主席的话是"最高指示""句句是真理,一句顶一万句""理解的要执行,不理解的也要执行"等,使个人崇拜愈演愈烈。

邓小平从来不搞个人崇拜,也不神化领袖。早在1956年9月16日,他在关于修改党章的报告中就明确指出:"我们党从来认为,任何政党和任何个人在自己的活动中,都不会没有缺点和错误,这一点,现在已经写在我们的党章草案的总纲里去了。因为这样,我们党也厌弃对于个人的神化。"在邓小平看来,毛泽东是一位伟大人物,但也不是没有缺点、错误的,要求一个革命领袖没有缺点、错误,那不是马克思主义。

1977年5月,邓小平在同中央两位负责同志谈话时,引用了毛泽东本人讲过的话,来说明领袖人物也会犯错误的道理。邓小平说道:毛泽东同志自己多次说过,他有些话讲错了。他说,一个人只要做工作,没有不犯错误的,马、恩、列、斯都犯过错误,如果不犯错误,为什么他们的手稿常常改了又改呢?改了又改就是因为原来有些观点不完全正确,不那么完备、准确嘛。毛泽东同志说他自己也犯过错误。一个人讲的每句话都对,一个人绝对正确,没有这回事情。他说:一个人能够"三七开"就很好了,很不错;我死了,如果后人能够给我"三七开"的估计,我就很高兴,很满意了。所以,邓小平主张,"对于错误,包括毛泽东同志的错误,一定要毫不含糊地进行批评,但是一定要实事求是"。

第二,毛泽东犯了哪些错误,是什么性质的错误?邓小平在这方面,讲过他的一些看法。邓小平在讲到毛泽东的错误时说:"他在一生的后期,特别在'文化大革命'中是犯了错误的,而且错误不小,给我们党、国家和人民带来许多不幸……由于胜利,他不够谨慎了,在他晚年有些不健康的因素、不健康的思想逐渐露头,主要是一些'左'的思想。有相当部分违背了他原来的思想,违背了他原来十分好的正确主张,包括他的工作作风。这时,他接触实际少了。他在生前没有把过去的良好作风,比如说民主集中制、群众路线,很好地贯彻下去,没有制定也没有形成良好的制度……我们党的政治生活、国家的政治生活有些不正常了,家长制或家长作风发展起来了,颂扬个人的东西多了,整个政治生活不那么健康,以致最后导致了'文化大革命'。'文化大革命'是错误的。"

邓小平还这样谈论毛泽东:"错误是从(20世纪)50年代后期开始的。比如说,大跃进是不正确的……完全违背客观规律……肯定要受损失。但大跃进本身的主要责任还是毛主席的。当时,经过几个月的时间,毛主席首先很快地发觉了这些错误,提出改正这些错误。由于其他因素,这个改正没有贯彻下去。1962年,毛主席对这些问题进行了自我批评。但毕竟对这些教训总结不够，导致爆发了'文化大革命'。搞'文化大革命'，就毛主席本身的愿望来说，是出于避免资本主义复辟的考虑，但对中国本身的实际情况做了错误的估计。首先把革命的对象搞错了，导致了抓所谓'党内走资本主义道路的当权派'。这样打击了原来在革命中有建树的、有实际经验的各级领导干部，其中包括刘少奇同志在内……毛主席犯的是政治错误，这个错误不算小。"

邓小平在讲到毛泽东发动"文化大革命"这一错误时说："'文化大革命'同以前17年中的错误相比，是严重的、全局性的错误。它的后果极其严重，直到现在还在发生影响。说'文化大革命'耽误了一代人，其实还不止一代。它使无政府主义、极端个人主义泛滥，严重地败坏了社会风气。"

邓小平的上述看法，基本上讲清了毛泽东所犯的主要错误及其错误性质和带来的严重危害，是很客观的、恰如其分的，既没有夸大毛泽东的错误，也没有回避或缩小毛泽东的错误。这是没有任何水分的评价，是实事求是的评价。

第三，毛泽东犯的错误是否可以归结到他的个人品质问题上？邓小平针对某些人把许多问题都归结到毛泽东的个人品质上，讲了十分中肯的意见。他说："实际上，不少问题用个人品质是解释不了的。即使是品质很好的人，在有些情况下，也不能避免错误。红军时代，中央革命根据地打AB团，打AB团的人品质都不好？开始打AB团的时候，毛泽东同志也参加了，只是他比别人觉悟早，很快发现问题，总结经验教训，到延安时候就提出'一个不杀、大部不抓'。在那种异常紧张的战争环境中，内部发现坏人，提高警惕是必要的。但是，脑子发热，分析不清，听到一个口供就相信了，这样就难以避免犯错误。从客观上说，环境的确紧张。从主观上说，当然也有个没有经验的问题。"邓小平认为，对"文化大革命"这样严重的、全局性的错误，也不能归结到毛泽东的个人品质上。就主观来说，毛泽东一是不大谨慎了，滋长了骄傲自满情绪，搞家长作风，听不进大多数人的意见了；二是接触实际少了，违背了他自己注重调查研究的正确主张，脱离实际，对党内、国内形势做了错误的估计；三是头脑发热，违背了经济建设的客观规律；四是发动"文化大革命"的本意是出于防止资本主义复辟，是好心办了错事。邓小平的这些看法，既中肯，又合情理，统一了全党的认识，既使人们恰如其分地认识到了毛泽东的错误，又实事求是地维护了毛泽东的伟大形象，并使人们增进了对毛东的理解和敬重。

第四，如何看待毛泽东犯错误的客观条件和历史背景问题？邓小平认为，在分析毛泽东的缺点和错误的时候，我们当然要承认个人的责任，但是更重要的是要分析历史的复杂背景。只有这样，我们才是公正地、科学地，也是马克思主义地对待历史，对待历史人物。如果谁在对待这样严肃的问题上离开了马克思主义，那么，他就会受到党和群众的责难。

首先，邓小平认为，毛泽东晚年犯错误，是和他同意康生概括整理的所谓"无产阶级专政下继续革命"的理论联系在一起的，也就是在这个错误理论指导下犯的政治错误。直到他去世之前，都未能从全局上认识和改正这一错误，甚至还始终认为自己的理论和实践是马克思主义的，是为巩固无产阶级专政和防止资本主义复辟所必需的，这是他的悲剧所在。毛泽东执意坚持"无产阶级专政下继续革命"的理论，同他对当时国际国内形势的错误判断不无关系。当时，苏联共产党内出现赫鲁晓夫，对内全面否定斯大林，对外实行霸权主义政策。毛泽东担心中共党内会出现赫鲁晓夫式的人物，里通外国，内外勾结，颠覆我国的无产阶级专政。所以，在那些年，他多次提醒全党，警惕党内出修正主义，特别警惕在中央出修正主义。20世纪50年代初，高饶反党集团企图阴谋篡夺国家最高权力；1957年，国内少数右派分子借共产党整风之际向党猖狂进攻，叫嚣要共产党下台，这更引起了毛泽东的高度警惕。后来他越来越认为，"资产阶级就在共产党内"，"党内走资本主义道路的当权派"是资本主义复辟的主要危险，而且"走资派"到处有，从中央到地方都有一大批资产阶级的代理人。他在做了这样的错误判断之后，便发动了一场"一个阶级推翻另一个阶级的政治大革命"。错误的"文化大革命"就是在这样的历史背景下产生的。

其次，邓小平认为，毛泽东的重大失误以至于错误得不到纠正，与制度问题也有很大关系。他深刻地指出："我们过去发生的各种错误，固然与某些领导人的思想、作风有关，但是组织制度、工作制度方面的问题更重要。这些方面的制度好可以使坏人无法任意横行，制度不好可以使好人无法充分做好事，甚至会走向反面。即使像毛泽东同志这样伟大的人物，也受到一些不好的制度的严重影响，以致对党对国家对他个人都造成了很大的不幸。""斯大林严重破坏社会主义法制，毛泽东同志就说过，这样的事件在英、法、美这样的西方国家不可能发生。他虽然认识到这一点，但是由于没有在实际上解决领导制度问题以及其他一些原因，仍然导致了'文化大革命'的十年浩劫。这个教训是极其深刻的。"

第五，毛泽东犯错误与其他中央负责同志是什么关系？有人认为，"文化大革命"以前的错误和"文化大革命"中间的错误，统统都应该由毛泽东一个人负责。对此，邓小平公正地指出：犯错误的不只是毛泽东一个同志，包括自己在内的许多中央负责同志都有错误。邓小平说："讲错误，不应该只讲毛泽东同志，中央许多负责同志都有错误。'大跃进'，毛泽东同志头脑发热，我们不发热？刘少奇同志、周恩来同志和我都没有反对，陈云同志没有说话。在这些问题上要公正，不要造成一种印象，别的人都正确，只有一个人犯错误。这不符合事实。中央犯错误，不是一个人负责，是集体负责。"当邓小平谈到毛泽东晚年接触实际少，没有把过去良好的作风很好地贯彻下去的时候，他说："这不仅是毛泽东同志本人的缺点，我们这些老一辈的革命家，包括我，也是有责任的。"尽管邓小平在"文化大革命"中挨了整，撤了职，但他没有把过去的错误都推给毛泽东一个人，而是再三地表示，毛泽东犯的错误他也有份，也要承担责任。这种公正地评价毛泽东错误的态度和自我批评精神，是他胸襟宽阔、心底无私的生动表现。

在对毛泽东一生的评价上，邓小平指出："我们共产党人是彻底的唯物主义者，只能实事求是地肯定应当肯定的东西，否定应当否定的东西。毛泽东同志在他的一生中，为我们的党、国家和人民建立了不朽的功勋。他的功绩是第一位的，他的错误是第二位的。因为他的功绩而讳言他的错误，这不是唯物主义的态度。因为他的错误而否定他的功绩，同样不是唯物主义的态度。"

邓小平在毛泽东领导之下的时候，总是把自己当作毛泽东的学生；同样，在他成为党的第二代中央领导集体核心的情况下，仍然把自己的规格放在毛泽东之下。

1989年9月，邓小平在即将退休之前，找中央几位负责同志谈话时，恳切地讲道："对我的评价，不要过分夸张，不要分量太重。有的把我的规格放在毛主席之上，这就不好了。"

邓小平是我们党的第一代中央领导集体的成员，20世纪50年代和60年代中国挂七个人的领袖像，他是其中之一；在毛泽东、周恩来等老一辈革命家去世以后，他成为我们党的第二代中央领导集体的核心，改革开放的总设计师。但他仍然把自己摆在毛泽东的历史地位之下，把他新开创的伟业和建立的功绩，看作对毛泽东所开创的事业的继承和发展。邓小平认为，不能把我们在新的历史时期要完成的事业同毛泽东开创的事业完全对立起来。他说："党的十一届三中全会以后，我们就是恢复毛泽东同志的那些正确的东西嘛，就是准确地、完整地学习和运用毛泽东思想嘛。基本点还是那些。从许多方面来说，现在我们还是把毛泽东同志已经提出但是没有做的事情做起来，把他反对错了的改正过来，把他没有做好的事情做好。今后相当长的时期，还是做这件事。当然，我们也有发展，而且要继续发展。"

不能浪费人才——与王稼祥

在中央苏区时，邓小平遭到王明"左"倾路线的打击和迫害，作为"江西罗明路线"的代表，列为"邓、毛、谢、古"之首，被撤职、批斗后，下放到乐安县南村区当巡视员。时任中革军委副主席兼红军总政治部主任的王稼祥是从江西省委书记李富春的一次汇报中知道此事的。王稼祥是一个正直的中央领导干部，他对邓小平是了解的。在莫斯科留学时，他就知道邓小平精明强干，回国后领导了广西百色起义，创立了红七军，既有政治远见，又有指挥才能。他想：中共临时中央领导人怎么凭个人意气办事，把这么一个重要的军事干部下放到农村去劳动改造？中央苏区战斗如此频繁，有才能的干部奇缺，这不是浪费人才吗？于是他对红军总政治部副主任贺昌、组织部部长罗荣桓说："我想把邓小平请来当代理秘书长，你们意见怎样？"贺昌、罗荣桓同志都认为王稼祥的意见很好，表示赞同。

王稼祥是1931年冬天从上海来瑞金的，开始担任苏区中央局委员，后来又担任中华苏维埃共和国临时中央政府外交部部长、中革军委副主席兼红军总政治部主任。他年轻有为，善于做政治工作，被称为"红军政治工作之父"。他才华横溢，重视人才，关心干部，为红军指战员所称赞。第四次反"围剿"后，他和周恩来在乐安县谷岗村一座大庙里召开全军政治工作会议时，被敌机炸伤，这时正卧床养病，总政工作由贺昌一人承担。因此，他提议邓小平任总政秘书长是深思熟虑的，是十分正确的。

中共临时中央个别领导人听说王稼祥提议邓小平担任总政治部秘书长，

当时以惊奇的口气回答:"邓小平是'江西罗明路线'的代表人物,一贯反对临时中央的进攻路线,在江西省委三个月总结工作会议上又不检查,又不接受批评,我看暂时不行,还是考验一段时间再说。"

王稼祥反驳道:"我们不能称邓小平为'江西罗明路线'的代表,这个提法本来就不太妥,我看邓小平同志一些观点是符合马克思主义和中央苏区实际情况的,例如诱敌深入的方针,是毛泽东同志提出来的,把敌人从白区引到中央根据地的深处,利用有利的地形地物和群众条件,加以歼灭,这种积极防御的策略在一、二、三、四次反'围剿'时应用成功,使苏区出现了大好形势。这不是反党中央的进攻路线,也不是反国际路线的问题。现在应当考虑我们对邓小平的批评是否合乎道理、合乎实际的问题。"王稼祥越说越激动。"临时中央不用邓小平,真是偏见,偏见!"他气冲冲地把电话筒一甩,用手捂着伤口,来回踱步,连连说"埋没人才"。

过了一段时间,中共临时中央个别领导人仍没有答复。眼看当前战事紧张,红军总政治部工作十分缺人,王稼祥十分着急,于是从病床上坐起来,吩咐警卫员给驻扎在瑞金县沙洲坝下肖村的博古同志打电话。电话接通后,他从床上下来接电话:"喂,你是博古同志吗?我是稼祥。我上次提议邓小平到总政治部担任秘书长的事,中央研究定了吗?我等着他来工作。你看我负伤有病,总政已经空了,如不同意邓小平来,那你就来兼任总政主任,我不干了。"

博古和王稼祥在莫斯科留学时也是同窗好友,非常尊重王稼祥的意见,他也深知邓小平性格刚强,办事老练,是难得的人才,便一口答应和中央组织局局长李维汉研究,把邓小平从宁都农村劳动地点调来沙洲坝白屋子担任中央军委总政治部秘书长。李维汉支持博古的意见,王稼祥这才会心地笑了。

无话不谈的挚友——与罗荣桓

邓小平认识罗荣桓并开始在一起工作,是1933年在中央苏区。当时,邓小平在中央苏区被"左"倾领导人排斥,下放到农村劳动改造时,经王稼祥征求罗荣桓、贺昌同志意见后,报请中共中央批准,将邓小平调到红军总政治部任秘书长职务。不久,邓小平被调到总政治部宣传部,负责编印《红星》报。这时,罗荣桓也被王明路线排挤,调离红一军团,在总政治部当巡视员、武装动员部部长。他们同在瑞金沙州坝一座土坯砌的两层楼内办公。20世纪80年代初，邓小平的女儿毛毛曾向父亲询问他同罗荣桓同志这一段时间交往的情形，邓小平说："交了一个朋友。"

邓小平和罗荣桓随总部机关一起参加长征。遵义会议后，罗荣桓被任命为红一军团政治部副主任，邓小平任红一军团政治部宣传部部长。他们两人在一起一直走完了整个长征路。从过湘江到遵义，从过草地到俄界，从过岷山到哈达铺，再过渭河，翻越六盘山，最后到陕北吴起镇，两人一直没有分开。

他们一起行军，一起工作，一起下棋，一起抽烟，一起摆"龙门阵"。过草地时，他们两个人还在河里洗澡——四川人、湖南人都爱干净。他们行军时并辔而行，休息时促膝谈心，宿营时抵足而眠，经常在一起议论"左"倾冒险主义给革命事业造成的危害。他们认为，教条主义者在平分土地时规定"富农分坏田"实际上是把富农当成地主打，超越了革命发展阶段。他们还认为，对地主富农兼工商业者，只保护前面店堂里的东西，而没收后面住家的财产，实际上很难起到保护工商业的作用。邓小平后来回忆起这段情况时说："我们是无话不谈。"

到了陕北，直罗镇战役打响以后，邓小平和罗荣桓在一个山头上共同"观战"，突然遭到一小股敌人袭击，火力密集，相当危急。他们身上的大衣，被敌人子弹打了几个洞，万幸的是人没有负伤。正在危急之时，原红七军的一个连冲了上来，解了围。这真是在一个战壕里生死与共啊！

抗战爆发后，罗荣桓到八路军一一五师，邓小平到八路军一二九师。他们分别在山东和晋冀鲁豫抗日根据地，领导抗日军民，坚持敌后抗战。

解放战争时期，邓小平和罗荣桓各在一个独立战区的部队或一个野战军担任政治委员，相互接触不多。解放后，他们经常往来。罗荣桓有病期间，邓小平和卓琳经常去看望他。20世纪50年代在北京东交民巷盖了四幢房子，本来分给邓小平一幢，邓小平说："我不去住，让罗帅去住！"罗荣桓不肯去住，邓小平就限期让罗荣桓搬了进去。有一次，邓小平和卓琳去看罗荣桓，还送给他一个从苏联带回来的淋浴用的喷头。1955年授元帅衔时，罗荣桓请客吃饭，邓小平夫妇都去了。1963年，罗荣桓逝世时，邓小平全家悲痛不已。卓琳还让毛毛搬到罗家，陪罗荣桓的女儿一起住了几天。他们两家人一直十分亲密，卓琳和罗荣桓夫人林月琴，还不时地相互探望。

邓小平对罗荣桓的评价是：为人朴实、诚恳和厚道，在干部中很有威信。

他们两人相知甚深，不仅在性格上合得来，生活上相互关心，而且在政治观点上也甚是投合。

庐山会议以后，林彪在大肆制造对毛泽东的个人崇拜的同时，还大搞形式主义，把毛泽东思想庸俗化。他率先在军队提出了"背警句""立竿见影"等把毛泽东思想庸俗化、教条化的主张。他荒谬地提出：马克思、列宁的著作很多，不一定都要读他们的原著，学习毛著是学习马列主义的捷径，可以一本万利。还说：学毛著就是要背警句，挑选最好的，背上那么几十句，就差不多了。他还把毛泽东给抗日军政大学的题词称为"三八作风"。总政治部主任谭政不同意林彪的这些说法和做法，没有传达贯彻。林彪对此非常不满，提出召开军委扩大会议，讨论政治思想工作问题。1960年9月12日，军委常委举行扩大会议，林彪在会上谈政治工作领域的四个关系，提出"四个第一"，即"人的因素第一，政治工作第一，思想工作第一，活的思想第一"。在9月14日至10月24日举行的军委扩大会上，根据林彪的提议，把加强政治思想工作作为中心议题。林彪在会上继续制造对毛泽东的个人崇拜，歪曲思想工作。他说：现在的马列主义就是我们毛主席的思想，它今天在世界上站在最高峰，站在时代的思想顶峰。我们这种政治思想统统叫作阶级思想，就是阶级斗争的思想。

受林彪的影响，当时的思想理论界也出现了把毛泽东思想庸俗化的思潮。有人甚至牵强附会地将体育运动中所取得的成绩也归功于学习毛主席著作的结果。对于这种做法，邓小平同志提出了严厉的批评。据王任重同志后来回忆：1959年容国团获得世界冠军后，邓小平同志说过这样的话：打乒乓球打赢了说是毛泽东思想胜利了。打输了呢？能说是毛泽东思想失败了吗？不能这样简单化、庸俗化。后来，他在山东、天津等地也多次谈到正确宣传毛泽东思想的问题。1960年3月25日，他在天津的一次会议上的讲话中又进一步明确阐发了这一观点。他尖锐地指出："现在的主要问题是把毛泽东思想用得庸俗了，什么东西都说成是毛泽东思想。例如，一个商店的营业额多一点就说是毛泽东思想发展了，打乒乓球也说是运用了毛泽东思想。"他明确指出，我们在宣传毛泽东思想的时候，一定要把学习马克思列宁主义和学习毛泽东同志的著作并提。当然，也可以单独提毛泽东思想，但是一定不要忘记了马克思列宁主义，不要丢掉这个最根本的东西。他说："一定要把毛泽东思想这个旗帜掌握得好。光讲毛泽东思想，不提马克思列宁主义，看起来好像是把毛泽东思想抬高了，实际上是把毛泽东思想的作用降低了。""对待毛泽东思想是一个很严肃的原则性的问题，不要庸俗化，庸俗化对我们不利，对国际共产主义运动也不利。"

1961年4月下旬，林彪在一次视察部队的谈话中，又一次别出心裁地提出："《解放军报》应经常选登毛主席有关语录。"5月1日，按照林彪的指示，《解放军报》开始在报眼刊登毛主席语录，要求内容与当天报纸版面相吻合，以便大家"活学活用"。为此，报社抽出专人查找语录，但有时把毛选从头翻到尾，也找不到一条合适的语录。尤其是登了一段时间之后，就更是难以为继了。报社的同志感到这是林彪的明确要求，不选不登不好交代，选又实在选不出，更难以选准，弄不好还是政治问题，于是请示罗荣桓怎么办。罗荣桓立即明确答复，他说：办报纸主要是贯彻毛主席《对〈晋绥日报〉编辑人员的谈话》的精神，贯彻群众路线，坚持真理，要有生动、鲜明、尖锐、毫不吞吞吐吐的战斗风格。至于毛主席语录，找几条可以，找不到也可以。毛主席著作不可能对现在的什么事情都谈到。要学习精神实质，不能像和尚念经，敲破了木鱼，还不知道西天佛祖在哪里呢！

然而，林彪并没有采纳罗荣桓的不同意见，仍然一意孤行。于是，罗荣桓向总书记邓小平报告了他和林彪在这个问题上的分歧。

邓小平感到罗荣桓所反映的问题十分重要，便拿到中共中央书记处会议上讨论。大家赞成罗荣桓的意见。10多年后的1975年，邓小平从江西返回北京，住在招待所里，便约见了罗荣桓的夫人林月琴和她的三个孩子。邓小平满怀感情地对罗东进等人说：要记住你们的爸爸，他是真正维护毛泽东思想的，他反对"活学活用"完全正确，我和他的观点是一样的。1975年9月，邓小平在农村工作座谈会上回忆道："林彪把毛泽东思想庸俗化的那套做法，罗荣桓同志首先表示不同意，说学习毛主席著作要学精神实质。当时书记处讨论，赞成罗荣桓同志的这个意见。"1977年5月，在需要端正党的思想路线的关键时刻，邓小平又提起这件事。他说，"'两个凡是'不行"，"毛泽东思想是个思想体系。我和罗荣桓同志曾经同林彪做过斗争，批评他把毛泽东思想庸俗化，而不是把毛泽东思想当作体系来看待。我们要高举旗帜，就是要学习和运用这个思想体系。"邓小平的这几段话对1961年他和罗荣桓同林彪的这场斗争的意义做出了恰如其分的历史评价。

军长和政委——与张云逸

张云逸是邓小平最早共事的将军。他们一起酝酿筹划，共同发动群众，铲除反动武装，发动了我党我军历史上著名的百色起义，建立了雄师劲旅红七军，一个任军长，一个任政委，为创造革命武装做出了重大贡献。

广西右江地区地处桂、滇、黔三省交界，聚居着壮、瑶、苗等兄弟民族。由于长期遭受反动统治阶级的残酷压迫和剥削，这里的人民极富反抗精神。为了领导这里的群众斗争，第一次国内革命战争时期，中国共产党就派出党员到这里开展工作，建立农民游击队，领导群众打土豪，分田地，播下了革命的火种。即使大革命失败后，这里的革命斗争也没有停止过，壮族人民的优秀儿子、共产党员、农民领袖韦拔群及其他一些同志仍坚持在这里领导群众进行土地革命和武装斗争。1929年9月，根据广西形势的新变化，广西党组织派雷经天等到右江去，建立党的右江特委，加强党对右江工作的组织领导。

俞作柏、李明瑞反蒋失败后，我们党在南宁立即组织大批部队和民工，把省军械库储存的五六千支步枪以及山炮、迫击炮、机枪、电台和大量的弹药，搬上了汽船，准备运走。

10月17日，按照我党预定的计划，中共中央代表邓小平（此时化名为邓斌），率领党的机关和地方做秘密工作的同志离开南宁，并指挥军械船和警卫部队向右江上游驶去。两天后，根据邓小平的指示，张云逸带领教导总队和第四大队从陆路掩护前进。这样，几千人的武装在我党的领导下，几天之内成功撤出南宁，到右江去开辟革命根据地。

随后不久，李宗仁、黄绍竑、白崇禧又卷土重来，广西重新处于桂系军阀的反动统治之下。

10月20日，张云逸带领的教导总队和第四大队到达恩隆县平马镇不久，沿江而上的军械船也到来了。这天，秋高气爽，艳阳灿烂，和风徐徐。干部、战士有的在忙着操练，有的帮着从船上卸下货物，一派繁忙景象。其时，张云逸正在大队部研究工作，忽然，看见叶季壮陪着一个不认识的人朝教导总队和第四大队的队部走来。来人个子不高，却十分精神，显得年轻精干，朝气蓬勃。张云逸马上走过去迎接。叶季壮给张云逸介绍说："这位就是邓斌同志！"

张云逸激动地握着邓小平的手说："啊，你就是邓斌同志！"

此时的他，不由得想到在南宁的三四个月当中，面对复杂尖锐的斗争，总是不断得到邓小平的具体指示，正是有了这些正确及时的指示，才使许多棘手的问题迎刃而解。他多么希望见到这位出色的领导人啊！但在党的秘密工作的条件下，为了防止组织的暴露和避免敌人的破坏，党员之间实行单线联系，在军队和地方工作的党员之间不发生关系。在南宁工作期间，张云逸只是跟陈豪人联系，陈当时的公开身份是俞作柏的机要秘书。党对张云逸的工作指示，张云逸向上级请示、汇报工作，都通过陈豪人进行转达。而现在，经常给自己指示工作的中央代表邓小平就在面前，怎不使他万分喜悦呢？

这时，邓小平也十分激动，紧紧地握住张云逸的手不放："你就是张云逸同志，久闻大名啊，咱们过去虽未见过面，但都相知啊！"

随后不久，中共右江特委的负责人雷经天等人也来了。大家坐下来，互相介绍，兴奋地交谈。邓小平说："我们明天到百色去，大部分军械都带去，目前不用的重武器和弹药，则疏散到东兰、田东的山区里保存起来。"

"赞成中央代表的意见。"张云逸首先表态。

其他同志也都一致赞成这个意见。第二天一早，大部队继续前进，10月22日胜利到达右江重镇百色。

在百色，邓小平主持召开党委会，研究武装起义和创建工农民主政府的各项准备工作。会议决定：公开在部队和群众中宣传我们党的主张，广泛发动群众；整顿、补充部队，实行官兵平等，建立士兵委员会，发扬民主，反对军阀制度，反对贪污，反对虐待士兵；组织和武装群众，在有工作基础的地方，通过地方党组织将枪支发给群众，以便开展对土豪劣绅的斗争；继续清洗部队中的反革命分子。

会议考虑到用教导总队和第四大队的名义不便于指挥地方政府，必须有一个公开的行政机构，决定利用旧有的督办官衔，那么由谁任督办呢？邓小平考虑到张云逸是广西名将，在军地都有威望，就提议由张云逸任右江督办，俞作豫任左江督办。大家一致赞同。

由邓小平主持的这次党委会，抓住了当前最需要解决的两个问题：发动群众和整顿部队。这是部队得以发展壮大、政权得以巩固的基础。张云逸深表赞同。这是他第一次同邓小平坐在一起商讨重大问题，看到了邓小平驾驭全局的能力，领略了其斗争艺术，对邓小平更加尊重。

会后，张云逸和其他领导同志一起，认真贯彻党委会的各项决定和邓小平的指示精神。首先，认真抓紧部队的整顿工作。在部队中宣传我党的政治主张，进行细致的思想政治工作，发动士兵揭发旧军官的罪恶行为和军阀作风。在广大士兵起来斗争的基础上，严办了一个一贯克扣军饷、打骂士兵、深为大家痛恨的营长。这样就大大推动了部队的民主，提高了部队官兵的政治觉悟和革命积极性。对其他屡教不改的旧军官和兵痞流氓，张云逸则采取撤换、"调训"或"礼送出境"等办法加以处理。同时，从教导总队抽调一部分党员加强基层党组织，并从农军中抽调一些优秀分子补充连队。这样，就使部队很快出现了崭新的面貌。

张云逸还根据党委和邓小平的决定，充分行使"右江督办"这个公开的行政长官的职权，并以这个名义通知右江各县县长、税务局局长将全部税款上缴。这样一次便收到了几万银圆的税款，为下一步举行武装起义准备了经费。

第四大队和教导总队开进百色，使整个右江的气氛为之一变。在邓小平、张云逸等人的领导下，群众迅速发动起来，打土豪、分田地、镇压反革命，群众斗争迅猛发展。革命风暴如同从天而降的狂飙，席卷着整个右江沿岸。右江地区的豪绅阶级把群众的革命斗争视为洪水猛兽，恨得要死，怕得要命。他们跑到南宁去，请求广西警备第三大队到右江驻防。

广西警备第三大队的头目熊镐原是个土匪头子，他手下的1 000多人原来都是流氓、散匪、兵痞。这支土匪武装原在广西云南边境打家劫舍，残害群众，真可谓无恶不作。俞作柏、李明瑞执政时，善于投机的熊镐表示愿意接受收编，把队伍拉到南宁，编为广西警备第三大队。俞、李反蒋失败，桂系军阀李宗仁、黄绍竑卷土重来，熊镐又摇身一变，开始反对俞、李，投靠新的主子。我们党领导的第四大队和教导总队开进右江地区后，熊镐秉承桂系军阀头目的旨意，带领手下的1 000多人尾随第四大队窜到右江，妄图伺机绞杀革命力量。右江地区的革命势力同反革命势力的斗争日益尖锐起来。

邓小平、张云逸等人认真地分析了右江的政治形势，认为革命力量如果不迅速将反革命力量打下去，桂系反动武装第三大队就可能同右江的地主、豪绅、恶霸勾结起来，或同南宁方面的反动军队联合起来，向我发动进攻，后果将是十分严重的。决定对反革命的第三大队采取果断措施。正在这时，我方查获了一份桂系军阀头目要熊镐对我军发动突然袭击的密电。

根据面临的严峻形势，邓小平、张云逸马上召开紧急会议，全面分析敌我双方的情况，决定先发制人，歼灭第三大队。

就在这时，自以为聪明的熊镐自动往网里钻：一天，正在思谋歼灭第三大队对策的张云逸忽然收到了熊镐从平马发来的一封信，他要求到百色来同我方"商谈防务"问题。

原来，熊镐正根据主子的命令，加紧实施其消灭我第四大队和教导总队的计划。为此，他准备先到百色来以"商谈防务"为名，摸清我方的情况。

凭熊镐那两下子，又怎是邓小平、张云逸的对手？邓小平、张云逸马上识破了敌人的阴谋，决定抓住这个难得的机会，将计就计，打一个漂亮的歼灭战。于是，张云逸给熊镐复信，同意他来百色"商谈防务"，并准备"设宴"招待他。

10月28日，风和日丽，百色街头人群熙熙攘攘。和往常一样，商店里顾客盈门，生意兴隆，码头上工人们在忙碌地装卸货物，操场上士兵们在进行着正常的操练。

整个百色一片和平景象。

这一天上午，熊镐带着随从人员按照商定的时间，乘汽轮来到百色。土匪出身的熊镐，一上岸，那双贼眼就东瞧西望，观察周围的动静。当他看到一切正常，没有什么异常情况时，就大摇大摆地朝大街上走去。此时的他，由于投靠了新主子，颇有点威风八面的派头。

这时，张云逸和几位负责接待的工作人员也到了，和熊镐一起来到我方选好的"商谈防务"的地点"公兴当铺"。双方坐下交谈了一会儿，"招待"熊镐的宴会随即开始。由于邓小平是中央代表，与熊镐也不相识，决定不与熊镐见面，一切由张云逸处置。张云逸及我方官员同熊镐及其主要随从在一席，双方警卫人员的酒席安排在另一个房间里。张云逸首先在宴会上讲话，对熊镐到百色来表示"欢迎"，希望他多喝几杯，然后再"商谈防务"。

酒过三巡，熊镐借着酒劲，开始说出自己的如意算盘："兄弟的第三大队人多枪多，现有防地太小。希望第四大队把右江地区让出来，到别的地方去驻防。"

张云逸不温不火，显出一派大度，继续劝酒说："老兄酒量大，别的暂不说，来来来，再干几杯！"

见酒不要命的熊镐在张云逸连劝带灌下，又喝了几杯。

在另一个房间，我方警卫人员也已将熊镐的警卫队员灌得酩酊大醉。

正当"宴会"热烈进行，熊镐酒兴正浓的时候，预定歼敌的时间到了。只听"咣当"一声响，张云逸将手中的酒杯猛地掷到了地上，这是按原计划发出的擒敌信号。

顿时，我方的"陪客"和"招待人员"，同在宴会厅外面佯装出操的几十个武装人员一起，以迅雷不及掩耳之势扑上前去，只经过短短几分钟搏斗，就将熊镐及其一伙全部生擒活捉。

在同一时间，根据邓小平的部署，智歼敌第三大队的战斗也在顺利地进行。

就在熊镐动身来百色的同时，我党调集的奉议、恩隆、思林等县的农民自卫军，开始悄悄地从四面八方向第三大队驻地平马集结，并分别在指定地点埋伏起来。上午10时，按预定计划，雷经天统一指挥各县农民同第四大队驻平马的部队，向敌第三大队在平马的三个驻地发动突然袭击，只用了几十分钟，即将平马镇的敌人全部缴械。第二天，张云逸又亲自带队消灭了敌第三大队驻扎在那坡的反动武装。

在邓小平、张云逸携手运筹下，围歼反动的第三大队的战斗取得了完全胜利，俘敌1 000多人，缴枪700多支。智歼第三大队计划的实现，粉碎了敌人的反革命阴谋，为举行百色起义扫清了障碍。

11月初，党中央批准在广西举行武装起义的指示传达到百色。中央要求在左右江地区创立革命根据地，创建红军，并颁给了红七军的番号，委任了领导人：由张云逸任红七军军长，邓小平任红七军政治委员。邓小平召开党委会议传达中央的指示，并就武装起义的重大问题和具体部署做出决定：坚决执行党中央指示，用40天左右的时间完成起义准备工作，在广州起义两周年纪念日宣布起义。

会议结束后，邓小平带领一部分干部到左江地区去部署龙州起义事宜，随后到上海向党中央汇报工作。右江地区的武装起义，委托张云逸等人负责组织指挥。

邓小平走后，张云逸根据党委会议的决定和邓小平的部署，同其他负责同志一起，领导右江地区军民，紧张地进行着百色起义的各项准备工作。

在组织上，整编部队，将参加右江起义的部队和地方武装编成三个纵队。第一纵队由原第四大队组成，纵队司令李谦，政治部主任沈静斋；第二纵队由原机关枪营、特务营以及思林、奉议、恩隆等县地方武装组成，纵队司令胡斌（后为冯达飞），政治部主任袁任远；第三纵队由东兰、凤山一带地方武装组成，纵队司令韦拔群，政治部主任李朴。同时，扩大教导总队，以培养初级干部。经过整编和扩充，起义前夕，部队总人数扩大到4 000多人，部队成分也有了很大变化，大部分是农民、工人和进步学生。

在思想上，进行了充分的发动。张云逸和其他领导同志深入基层，亲自给部队做报告，宣传我党的革命纲领，讲清进行武装起义的目的和意义，激发广大干部、战士当红军的光荣感，并就红军的任务进行了热烈的讨论。经过这一系列活动，营区内外到处是一片热气腾腾的革命景象，雄壮激昂的《国际歌》响彻云霄。

1929年12月11日，在中共中央代表邓小平和张云逸、陈豪人、雷经天、韦拔群等的领导下，百色起义胜利举行。这一天，百色城里旌旗猎猎，迎风招展，鞭炮齐鸣，锣鼓喧天。早上，一面鲜艳的"中国工农红军第七军"的军旗在城楼冉冉升起。驻百色的起义部队、工人、农民、教师、学生、商人和居民5 000多人，在百色东门广场集合，举行中国工农红军第七军成立典礼，红七军领导同志在群众大会上讲了话，大会庄严宣告在中国共产党领导下举行的百色武装起义胜利成功，宣告中国工农红军第七军成立！大会公布了红七军及3个纵队领导人的名单：中央任命张云逸为红七军军长，邓小平为政治委员，陈豪人为政治部主任，龚鹤村为参谋长。红七军成立后部队党委改为前敌委员会，邓小平为前敌委员会书记。

继南昌起义、秋收起义和广州起义之后，又一支中国共产党领导下的工农红军诞生了！

它是在邓小平和张云逸携手策划、共同发动下取得的伟大胜利，它增强了党开展武装斗争的力量。

红七军诞生和右江工农民主政府成立后，在邓小平、张云逸、雷经天等人的领导下，右江沿岸各县也先后成立了工农民主政府。

百色起义前，李明瑞也从龙州来到百色。这正是做李明瑞工作的好机会，邓小平找到张云逸："云逸兄，你是广西名将，和李明瑞素有交往，想请你多做做他的工作。李明瑞和蒋介石及新桂系矛盾都很深，如果能将他争取过来，化消极因素为积极因素，对我们这次起义，对革命事业，都将具有重大意义。"

张云逸略加思忖，赞同道："好，李明瑞现在处境困难，对共产党也有一定的认识，工作做好了，有争取的可能。我将尽力而为。"

张云逸做李明瑞的工作后，邓小平、张云逸又代表党组织同李明瑞进行了恳切的谈话。他表示愿意留在革命队伍里工作，随即返回龙州参与领导龙州起义。后来，李明瑞经张云逸、陈豪人介绍参加了中国共产党。1930年2月1日，龙州起义胜利举行，成立了中国工农红军第八军和左江革命委员会，俞作豫任红八军军长，邓小平任政治委员，李明瑞任红七军、红八军的总指挥。左江地区的各县随后也成立了革命委员会。

红七军、红八军的诞生和左右江革命根据地的建立，开创了广西革命斗争的新局面，它给了广西反动派以沉重打击，给灾难深重的广西各族人民带来了希望，对全国的革命武装斗争也给予了战略上的配合和支持。

不久，红七军转战桂、黔边界，获得一些胜利。部队在榕江城休整了三天后，张云逸军长同军部其他领导人商量，认为我军在桂、黔边境的游击战争中歼灭了大量敌人，补充了武器装备，解决了部分军费，扩大了我军的政治影响，预定的目的基本达到。同时，也考虑到榕江是贵州军阀王家烈的后方供应点，他绝不会轻易让给别人，我军久驻榕江不是良策，决定迅速撤出榕江，回师右江。

5月中旬，红七军主力经河池返回东兰县。邓小平、张云逸等在武篆区魁星楼召开军前委扩大会议，做出了收复百色和右江沿岸各县的决定。6月初，张云逸和李明瑞率领红七军第一、第二纵队开赴百色。

1930年7月，为了巩固革命成果和适应形势的发展，中共红七军前敌委员会书记、红七军政治委员邓斌（小平）和红七军军长张云逸商量："军长，我想了好久，想在恩隆县平马镇西街创办右江党政干部训练班，为右江各县培训干部，壮大队伍，积蓄人才，为以后的斗争做好准备。"

张云逸立即表示支持："好，我完全赞成。还是政委站得高，想得远。说干就干，马上筹备成立。"

这个训练班的人员来自东兰、果德（平果）、镇结（天等）、恩隆、奉议（田阳）等县共50多人。为这个训练班讲课的有邓小平、雷经天等党政领导同志。邓小平穿着十分朴素，常穿半新的白色汗衫和半新的灰色裤，光着头，赤着脚，平易近人。他讲课精力充沛，态度和蔼，声音清晰、洪亮、有力。邓小平讲课的内容，是阐述国内外阶级矛盾和如何利用矛盾，壮大自己力量的道理。他指出，各帝国主义国家由于夺地盘，争利益，引起冲突，打了起来。这样，各殖民地国家的人民就可以趁机开展革命活动，不断削弱帝国主义势力，取得革命的胜利。同时，国内各派军阀混战也有利于发展革命力量。他以这一年六七月间滇军军阀头目带几万人沿右江直下攻打南宁反蒋部队时，红七军采取的战略战术为例来说明问题。这些课，理论联系实际，深入浅出，通俗易懂。学员们听后提高了思想觉悟和斗争艺术。邓小平还讲解了中国共产党有关土地革命的方针政策；要求在农民运动中组织农民焚烧契约，不再给地主交租还债，并介绍了东兰县东里共耕社的情况。

邓小平讲课时，张云逸只要有空，就带着笔记本，与其他学员一起，认真听讲，不时记着要点。学员们看到张军长如此尊重邓政委，听讲如此认真，学习也更加努力。邓小平见有军长在台下助威，讲得越发带劲。

这时，主持党中央工作的李立三，错误地估计形势，认为全国革命的新高潮已经到来，推行脱离实际的"左"倾路线，提出要争取一省或数省的首先胜利，强令各地红军执行其冒险计划。在这一思想指导下，中央交给红七军的任务是：打下柳州、桂林，在广东的小北江建立革命根据地，阻止两广军阀向北增援，最后夺取广州，以保证全国红军夺取武汉的胜利。

9月30日，中共中央南方局代表邓岗（邓拔奇）到达平马镇。10月2日，邓岗在红七军前委会议上，传达中共中央6月1日通过的决议和中共中央给红七军的命令。

对中共中央给红七军的命令，军前敌委员会有不同的看法。邓小平首先发言，认真分析说："两广军阀势力比较大，红七军刚刚成立不久，人数不足万人，武器装备很差，要完成中央交给的任务，打下柳州、桂林，消灭两广军阀是很困难的。"

张云逸接着发言，支持邓小平的意见，说："我赞成政委的意见，我们应该先巩固革命根据地，发展壮大革命武装力量，不应把红七军拉去打大城市。"

但是，邓岗坚决不同意，中央的命令必须执行。张云逸和邓小平商量，先按照中央的指示办，待行不通时再说。

11月初，红七军各纵队先后到达河池。11月7日，红七军第一次党代表大会在这里举行，大会在中共中央南方局代表邓岗的主持下，通过了执行中央命令的决议，提出了"打到柳州去""打到桂林去""打到广州去"的口号。会后将红七军的4个纵队整编为第十九、第二十、第二十一3个师。张云逸任军长，邓小平任政治委员，李明瑞任总指挥。龚鹤村任第十九师师长，李谦任第二十师师长、黄治峰任副师长，韦拔群任第二十一师师长、黄明春任副师长。红八军第一纵队剩下的几百人，经过艰苦转战到达右江，在河池编入红七军。

部队整编后，邓小平与张云逸为了鼓舞民心士气，把红七军3个师集中在河池县西南端的大草坪上，举行阅兵式。战士们斗志昂扬，精神抖擞，排着整齐的队伍，迈着坚定的步伐，威武雄壮地走过主席台前，接受张云逸军长、邓小平政委、李明瑞总指挥的检阅。数千群众参加了阅兵式，充分显示了军民团结共同对敌的坚强意志。

11月9日清晨，天麻麻亮，雄壮的军号声划破了黎明前的寂静。红七军的健儿们一切准备停当，在邓小平、张云逸的率领下，就要出征了。欢送的人群纷纷拥到河池街道的两旁，恋恋不舍地为子弟兵送行，一句句嘱咐的话语，一篮篮鸡蛋，充分表达了人民群众对子弟兵的一片深情。当朝阳普照大地的时候，红七军第十九师、第二十师的指战员们高举鲜艳的红旗，浩浩荡荡地走上了艰苦的征程。

邓小平、张云逸在积极准备北上的同时，也细致地布置了右江根据地的工作。他们认为韦拔群和陈洪涛是右江农民运动的领袖，对右江各县的情况很熟悉，决定留他们在右江坚持斗争。在红七军离开右江之前，军前委书记邓小平和军长张云逸同准备在根据地工作的右江党委负责人陈洪涛等谈了话，对以后如何坚持斗争做了具体部署。

邓小平一边抽着烟，一边说："红七军主力北上后，根据地的斗争将是长期的、艰苦的。右江党委要立即着手整顿组织，建立县区的常备武装，加强军事训练，要大力发动群众，提高群众的阶级觉悟，坚定胜利的信心；要组织群众抢收作物，把粮食收藏好，以便继续坚持根据地的斗争。"

这时，邓小平转向张云逸说："下面请军长给你们做指示。"

张云逸接着说："邓政委的指示很重要，你们一定要照办执行。我们大队走后，右江地区的革命斗争任务很艰巨。你们一定要在党的领导下加强团结，紧握枪杆，依靠群众，捍卫苏维埃政权，打倒反动派，为着胜利的明天，坚决奋斗到底。"

红七军第一次党代表大会之后，军前委正式向全体指战员宣布，军部率领第十九、第二十两个师北上，执行党中央交给的任务，第二十一师大部分人员编入第十九、第二十师。第二十一师师长韦拔群坚决执行党的决定，表现了一个共产党员顾全大局,一切从革命的整体利益出发的高尚品质。他把自己从右江带到河池来的2 000多人中最优秀的战士、最好的枪支,拨给主力部队。而自己的第二十一师,只留下一连体弱多病的战士和一些残破的武器。

1931年2月5日,邓小平、张云逸率领红七军经过两天的急行军,从梅花村到达杨溪渡口,准备从这里横渡乐昌河,然后向江西前进,去同毛泽东、朱德领导的中央红军会合。

乐昌河又名武水,从石坪经乐昌县城往南昌直向曲江流去。邓小平、张云逸驻马河边,但见河水冲击着沿岸岩石,哗哗作响,激起千堆雪浪,犹如万马奔腾。显然,要在这样深的河流徒步渡河是不可能的。张云逸与邓小平、李明瑞一起对渡口两岸仔细观察后,主动提出由邓小平、李明瑞率领第五十五团先渡河,自己率领第五十八团和军直属队殿后。

邓小平先是不肯,对张云逸说:"你和明瑞先渡,我来殿后。"

张云逸则对邓小平说:"你是前委书记,是这支部队的核心,负有带领大家寻找朱、毛红军和向党中央汇报的重任,你应先渡。"

邓小平紧紧握着张云逸的手,然后和李明瑞一起,大步走向第五十五团,组织部队渡河。

杨溪渡口河宽水深流急,而可供部队渡河的工具只有两条破旧的小船。一次只能乘坐20多人,来回一次需要10多分钟。渡河进展十分缓慢,花了将近一天的时间,才渡过了第五十五团和第五十八团一部分指战员。张云逸及一个特务连、两个步兵连和卫生队、休养连、供给处等非战斗人员,共六七百人还没有过河。

当夕阳西下,残阳如血的时候,河那边突然传来了密集的枪声,河这边及河中也落下了炮弹。河水被激起一丈多高的水柱。等待渡河的队伍引起了一阵骚动。原来,广东军阀已从乐昌和韶关两地用汽车运来了大量敌军,向我军发动了突然袭击。

邓小平、李明瑞率领已渡过河的第五十五团和第五十八团一部分指战员,同敌人展开激战,掩护后续部队渡河。

张云逸在河这边来回奔跑,组织部队冒着敌人的炮火抢渡。小船每次过来,他都要和船夫交谈几句,了解那边的战况。他在担心着邓小平的安危。太阳快落山的时候,敌人又增加了几个团的兵力,分三路向我已过河的部队展开攻击。我军指战员在敌我力量悬殊的情况下,同敌人顽强拼搏,一直打到太阳落山。小船利用鲜血换来的时间，不停地在河面上来往穿梭。

由于我军寡不敌众，最后，敌人占领了河对岸的渡口，已渡河的第五十五团和第五十八团人员被迫转移，红七军被截为两部分。

敌人从河对岸向我军开枪打炮猛烈射击，我未渡河的部队大部分是非战斗人员，枪支、弹药也不多。面对这突如其来的情况，大家茫然不知所措。突然，有人喊道："军长来了！"只见张云逸骑着大马迎面跑来。原来张军长在敌人封锁了渡口之后，亲自去探索渡河的路径。张军长临危不惧，沉着坚定，他的出现顿时使几百人的紧张心情慢慢地平静下来。由于敌情极其严重，已无立即渡河的可能。张军长跳下战马，同叶季壮处长等负责同志做了短时间的研究之后，便站在一个高地上镇静地对大家说："同志们，现在过不了河，我们暂时后退几十里休息。敌人再凶恶，也是挡不住我们前进的。无论如何我们一定能够渡过乐昌河，到中央红军那里去……"

张军长坚定的话语，鼓舞了在场的每一个红军战士，大家深信：有共产党在，就有我们的出路。跟着张军长，就一定能走到毛泽东、朱德领导的中央红军那里去。

经过艰苦转战，张云逸率部到达苏区，与朱、毛红军会合。不久，到上海向党中央汇报工作的邓小平也来到中央苏区，两人又开始了共同战斗的征程。

第一个军事"搭档"——与李明瑞

李明瑞是邓小平军事生涯中的第一个军事"搭档"。李明瑞年长邓小平8岁，是赫赫有名的北伐将领。当年25岁的邓小平之所以能够在广西成功地领导了百色起义、龙州起义，创建红七军、红八军和左右江革命根据地，与这位杰出的军事家息息相关。

20世纪20年代末，在中国的政治舞台上，军阀之间的混战从来没有间断过。1929年3月，蒋桂战争爆发。同年11月，蒋冯战争爆发。同月，第二次蒋桂战争爆发。在这些军阀混战中，蒋介石与桂系势力的斗争最先爆发。在1927年10月爆发的蒋介石和汪精卫的宁汉战争中，蒋介石曾联合桂系攻打武汉。后来，桂系又与蒋介石一起北上共讨盘踞京、津的奉系旧军阀张作霖。在这两度攻伐之中，桂系军队能征善战，锐勇无敌。桂系利用战争之便，迅速扩张势力,占领地盘。李济深坐镇广西,李宗仁统辖两湖,白崇禧进驻唐山、山海关。一时间,桂系势力从广东至长江,再到华北,大有虎视眈眈,欲与蒋氏一决雌雄之势。与此同时,桂系又乘势免去了蒋介石信任的鲁涤平湖南省主席的职务,以何键取而代之。此事恰如一根导火线,使本来就已岌岌可危的蒋桂联盟终于破裂。

1929年3月,蒋介石下令讨伐桂系,准备以南、北两路夹击武汉。而桂系方面亦严阵以待,加紧在武汉一带布防,准备与蒋决战。正在双方剑拔弩张,大战行将爆发之际,桂军大将李明瑞突然率领所部第四旅由武汉南撤至湖北孝感,然后又宣布服从蒋介石的"中央"。李明瑞的这一行动,顿使桂系惊慌失措。这就好似抽掉了桂军的一根主筋。很快,桂军便兵败如山倒,显赫一时的桂系李宗仁、白崇禧等丢兵弃甲,逃往香港。蒋桂之战以蒋胜桂败而告终。

倒桂成功后,李明瑞立即挥师南下,经广东而回广西,未遇任何抵抗就占领了梧州,继而占领桂平,最后占领南宁,一举平定广西局势。

蒋桂战争结束后,李明瑞和他的表哥俞作柏一起主政广西。俞作柏任广西省政府主席,李明瑞当上了广西绥靖司令。他们俩虽然执掌了广西军政大权,但根基比较薄弱,又深知蒋介石不可靠,于是他们听取了俞作柏的弟弟、共产党员俞作豫的建议,主动要求中共方面派干部支援。

中国共产党抓住时机,决定在混乱的广西发展党的武装力量。这年的七八月间,邓小平被中共中央派往广西工作,以党中央代表的身份,领导广西党的工作和准备组织武装起义。

邓小平到广西后化名邓斌,并公开以广西省政府秘书的身份出入俞作柏的官邸。在他的影响下,俞作柏、李明瑞释放了一批大革命失败后被捕的共产党员和进步人士。紧接着,邓小平又以培训初级军官,加强广西军事力量的名义,通过俞作豫向李明瑞建议成立了广西教导总队,并派进了100多名共产党的干部学员。驻守在南宁的广西警备大队实际上也被共产党掌握,共产党员张云逸任第四大队大队长,共产党员俞作豫任第五大队大队长。与此同时,李明瑞还积极采纳共产党的主张,扶持农民运动。

广西的这些变化引起了国民党军阀的密切注意,失去广西地盘的李宗仁惊呼,俞作柏、李明瑞"南归后,为虎傅翼,共祸始炽,桂省几成为共党之西南根据地"。同时也有人高喊:"俞作柏、李明瑞来捣乱,致使左、右两江赤焰滔天，原东兰之共匪，也就死灰复燃。"

李明瑞思想开明、同情革命，对蒋介石十分不满。1929年10月，李明瑞因反蒋心切，未听共产党的忠告，仓促起兵讨蒋。结果惨遭失败，南宁失守。邓小平抓住时机，去信说服李明瑞撤兵左右江地区再图大业。不久，邓小平、张云逸、李明瑞、俞作豫就把部队分别拉到了百色和龙州。一到百色，邓小平等就积极进行政治工作和组织工作，根据当时当地的情况，立即筹划武装起义。与此同时，还派了龚饮冰去上海向中共中央汇报了他们准备在广西左右江举行武装起义、建立红军和革命根据地的计划。11月初，龚饮冰带回了中共中央的指示：党中央批准了在左右江地区举行武装起义的计划，要他们在广西左右江地区创建根据地，创建红军，颁给的番号是红七军，委任张云逸为军长，邓小平为政委。左江地区的部队番号为红八军。邓小平根据党中央的指示，立即在百色和龙州筹划一切，具体部署武装起义的各项准备工作。

11月下旬，在百色起义的前夕，邓小平突然接到上海党中央发来的电报，要他去上海报告工作。于是邓小平便同张云逸等做了工作布置，于百色起义的前几天，也就是12月初，由百色动身，化装成商人，由一个向导带路，准备首先到龙州布置检查工作，为龙州起义和成立红八军做准备，然后再由龙州经越南海防乘船到香港，再乘船去上海。邓小平等由百色出发，先到田东住了一宿，第二天，他们在路上，正巧遇见李明瑞。原来，李明瑞、俞作豫到了龙州后，一方面筹集军饷，另一方面整顿部队。而俞作柏此时已离开广西去了香港。11月末，李明瑞欲乘粤桂两军对峙、广西政局混乱、南宁空虚之际，发动攻势反攻南宁。他已命令俞作豫率领左江部队开进崇善待命，并亲自过右江与右江的部队商议联合攻南宁。正在他去右江的途中，遇到了邓小平。

邓小平和李明瑞虽然早就相互闻名，但这次路遇却是他们的第一次见面。邓小平和李明瑞谈了一会儿，发现李明瑞对于是否打红旗，还持犹豫态度，但又感到除此之外没有别的出路。于是邓小平又和李明瑞一同返回百色，在粤东会馆，邓小平做李明瑞的政治思想工作，宣传革命道理，指出军阀混战的危害，说明党的计划是建立左右江革命根据地，准备百色、龙州起义，成立红七军、红八军，到时请他出任红七军、红八军总指挥，希望他跟共产党走革命的道路。李明瑞欣然接受了邓小平的劝告，毅然决定跟着共产党，走革命的路。从此，邓小平和李明瑞结下了深厚的战斗友情，并开始了一段并肩作战、生死与共的战斗历程。

告别了李明瑞，邓小平再度踏上了回上海向中央汇报工作的路程。在他赶往上海的途中，1929年12月11日，百色起义举行，红七军成立。次年2月1日，龙州起义爆发，红八军诞生。一时间，左右江区域20多个县、百万人口，成为全国瞩目的红色根据地之一。

1930年1月的一天，邓小平回到了上海，他首先向党中央和中央军委汇报了广西的工作。中共中央肯定了左右江起义"是在全国范围内最有组织最有意识的一次兵变"。但在讨论对广西红军工作布置时，有人对广西红军的工作提出了一些明显带有"左"的倾向的意见和建议。特别是有人提到对李明瑞绝对不要存"丝毫的幻想"，并要加紧与之斗争，否则将被其出卖，表现了对李明瑞极大的不信任和排斥。邓小平与李明瑞虽相识不久，但相知甚深。邓小平认为，他最了解李明瑞，也最信任李明瑞。面对中共中央和中央军委一些领导的不同意见，他十分诚恳地解释道："对李明瑞，我们当然不好怎样还存幻想，但是现在，在左江我们主观的力量还不够赶走他，我以为暂时利用他的线索去发动其下层群众的工作也不是不可以的。当然，主要的要发动下层群众的工作是对的，但是我们不能把建立工作的上层线索忽视掉！"邓小平还向中央建议吸收李明瑞加入共产党，他的这一建议得到了中共中央的批准。不久，中共中央任命李明瑞担任红七军、红八军总指挥，邓小平为红七军、红八军总政委兼前敌委员会书记。

1930年2月，邓小平再次经香港取道越南，回到了广西龙州。一回到龙州，他就宣布了中共中央的决定：中央批准，根据李明瑞的要求，接受李明瑞为中国共产党党员。并主持了李明瑞的入党仪式。从此，李明瑞由一位具有爱国民主主义思想的旧军队将领，成长为一名具有坚定的共产主义信仰的革命战士。

李明瑞没有辜负革命的重托。他和邓小平顶住"立三路线"的巨大压力，在极其艰难困苦的情况下，率领起义部队南征北战，历经11个月，行程数千里，终于把这支被毛泽东誉为特别能打仗的部队带到了江西中央苏区，为革命做出了巨大的贡献。

万万没有想到，1931年的10月，李明瑞到中央苏区后不久，便遭到王明"左"倾错误路线的迫害，被打成"改组派首要"，不幸惨遭枪杀，年仅35岁。直到1945年，在党的第七次代表大会上，党中央为李明瑞公开平反昭雪，恢复名誉，追认他为革命烈士。

几乎是与李明瑞受迫害的同时，邓小平也受到了"左"倾路线的迫害。在这期间，邓小平在一次大会上远远地看到过李明瑞，但没有想到这竟成为永别。

对于李明瑞的牺牲，邓小平一直深为痛惜。他曾几次对毛泽东说："李明瑞是错杀的！"

几十年过去了，邓小平对李明瑞一直念念不忘。一提起这位老战友，他总是心绪难平。1986年，邓小平重回广西，他回忆起红七军、红八军的情形，特别提到了李明瑞，向人们讲述了他与李明瑞的患难之交，他说："我同李明瑞第一次见面，我是从百色到龙州，他们驻龙州。那个时候还没有打红旗，那个时候见面……李明瑞很不错，参加了革命非常刻苦。我和他从广西到江西，他没有骑过一次牲口，就是走路。我也陪着他一块儿走，我们两个走前面，带个先遣连。""李明瑞入党是我到上海请中央批准的，我们两人一路走向江西。李明瑞是红七军、红八军的总指挥，我是总政委，苏维埃主席是雷经天。红八军被打垮了，红七军能打。俞作柏跑到香港去了，李明瑞是坚决的！"邓小平还询问了李明瑞家属、后人的情况，指示一定要照顾好这位革命功臣的家属、后代。

拔哥——与韦拔群

在邓小平领导百色起义所创建的红七军中，有一支以壮族为主体的革命武装，这就是韦拔群领导的第三纵队。

韦拔群，是广西东兰县壮族的一个贫苦农民。早年曾参加护国讨袁运动和孙中山领导的民主革命，任黔军参谋。1924年在广州农民运动讲习所学习后回广西发动农民运动。1926年，当大革命在全国迅速发展之时，广西右江地区由韦拔群领导的东兰、凤山等地农民运动发展得如火如荼，成为当时全国最发达的农民运动地区之一。韦拔群不但建立了农民协会，而且建立和发展了农民自卫武装。他们反贪官、抗捐税、打土豪、毁契约，把农民运动搞得热火朝天。1926年春，桂系军阀慌忙派兵镇压，制造了骇人听闻的"东兰惨案"。面对强大的敌人，韦拔群率领农民军坚决打击敌人，占领了县城，迫使当时的桂系省政府承认了东兰农运的合法地位，取得了这次斗争的胜利。1927年，革命处于低潮，而在这一片白色恐怖之中，独有东兰韦拔群率领的这支农民队伍，始终坚持公开的武装斗争。他在右江地区创下的武装力量和建立的深厚的群众基础，为邓小平发动百色起义打下了良好的革命基础。邓小平后来回忆说：广西右江地区，是一个比较有群众基础的地区，这里有韦拔群同志那样优秀的、很有威信的农民运动的领袖。东兰、凤山地区是韦拔群同志长期工作的地区，是很好的革命根据地，这给红七军的建立与活动以极大的便利。

1929年，邓小平到南宁后不久，就约见了韦拔群，他和当地的农民兄弟一样叫韦拔群"拔哥"，并称他是位了不起的农民领袖。

1929年12月11日，百色城头高高升起了武装起义的红旗，宣告中国工农红军第七军正式诞生。按照中共中央的任命，张云逸为军长，邓小平为政委。下辖3个纵队，韦拔群任第三纵队司令。第二天，在平马召开的右江地区第一届工农兵代表会议上，韦拔群又当选为右江苏维埃政府委员。

百色起义后，右江的形势一片大好。但是在大好的革命形势下，前委没有将工作中心放在深入发动群众进行土地改革上，而是决定攻打南宁，结果连吃败仗，部队伤亡很大。1930年2月中旬，红七军主力在粉碎了敌人围歼他们于右江河谷的企图，摆脱了敌人的尾追后，终于进入东兰、凤山一带休整。约半个月时间，前委决定向外游击一个时期。第一、第二纵队由张云逸军长带领向北边河池方向活动，韦拔群率领的第三纵队留在东兰守卫右江。

1930年3月，邓小平和红八军第一纵队的一个连，从靖西一带冲到右江。这时，右江沿岸已完全被敌人占领，红七军已退入东兰一带。3月下旬，邓小平终于在敌人的重围之中，迂回到了东兰。4月的一天傍晚，邓小平到达东兰县武篆区，他来到魁星楼旁，找到在县妇联工作的黄美伦。黄美伦立即带他去见韦拔群。

邓小平和韦拔群两人相见，格外亲切。韦拔群安排邓政委换下湿衣服，吃了饭，坐在壮家的火盆边，彻夜长谈。

第二天一早，韦拔群便带邓政委来到了农协和苏维埃政府办公的地方——魁星楼。在这里，韦拔群在二楼增加了一张竹床和一张旧的八仙桌，供邓政委住宿、办公和学习之用。

到武篆后，邓小平一面设法同已向北行动的红七军主力取得联系，一面与韦拔群一起进行土地革命的调查研究和试点工作。他和韦拔群经常在魁星楼上一起召开军政干部会议和党员领导骨干会议,研究制定有关土地革命的方针政策。他还经常和韦拔群一起下乡,宣传土地革命政策和布置工作。他们在进一步发动群众进行土地革命时,提出要纠正政权"新豪绅化"的富农倾向和"平分一切土地"的过"左"做法。他们提出了"平分""共耕""没收豪绅地主反革命的土地分给贫苦农民"三个办法,以适应不同的地区和由农民群众自己选择。5月1日,右江苏维埃政府颁发了《土地法暂行条例》,宣布没收地主阶级的土地,分给贫苦农民耕种。同时,针对右江地区苏维埃政权内部一些领导和党员腐化和新豪绅化的问题,提出在"重新分配土地"的口号下来改造、改组苏维埃。

由于右江地区开展工作主要的困难是干部能力太弱,许多地区找不出足以胜任的领导干部,邓小平听说韦拔群曾兴办过农民讲习班,很高兴,让他再办起来。4月,韦拔群就首先办起了党员训练班。第一课就是请邓政委讲的。

邓小平在武篆的魁星楼住了近两个月。5月底,他们得知红七军主力向河池方向移动,邓小平便决定去河池一带寻找红七军。为保存根据地,邓政委让韦拔群留下来坚持武装斗争。分别时,两人依依不舍。后来,韦拔群坚持在右江打游击,不幸于1932年10月被叛徒杀害。当时,他只有38岁。

对于韦拔群这位壮族农民领袖,邓小平一生都充满着深厚的战友情谊。1962年,在韦拔群牺牲30年之后,邓小平为他的"拔哥"题词:

> 韦拔群同志以他的一生献给了党和人民解放事业,最后献出了他的生命。
>
> 他在对敌斗争中,始终是英勇顽强,百折不挠的。他不愧是无产阶级和劳动人民的英雄。
>
> 他最善于联系群众,关心群众疾苦,对人民解放事业,具有无限忠心的崇高感情。他不愧是名副其实的人民群众的领袖。
>
> 他一贯谨守党所分配给他的工作岗位,准确地执行党的方针和政策,严格地遵守党的纪律。他不愧是一个模范的共产党员。
>
> 韦拔群同志永远活在我们的心中,他永远是我们和我们的子孙后代学习的榜样,我们永远纪念他。

你要指挥部队，离不开好马——与贺晋年

贺晋年曾是邓小平的老部下，他第一次见到邓小平是在 1935 年的秋天，当时他是中国工农红军第十五军团第八十一师师长，邓小平则是红一军团政治部的宣传部部长。贺晋年后来回忆道：

> 我那年刚满 25 岁，打了几个胜仗，年轻气盛，加上自幼喜爱骑马，来往于师部与总部之间，常常是带几十名骑兵策马扬鞭，在水中呼啸而过，水花飞溅，水声哗哗，倒也不失为壮观。有时遇到总部的负责同志，避让不及，不免打湿对方的衣服。记得宋时轮同志就曾经大呼小叫道："你这个家伙，几十匹马这么一冲，把我们这几匹马都弄惊了！"而小平同志对此只是微微一笑。而就是这微微一笑给我留下了深刻的印象。我知道，他是红一军团政治部的宣传部部长，当过红七军政委，是一个颇有才华的人。

1936 年 2 月，红军开始东征。在东征战役中，贺晋年和邓小平有过一段 50 多天的交往。在这 50 多天朝夕相处的日子里，他们俩结下了深厚的战斗情谊。直到 40 多年后，邓小平仍然没有忘记东征时的"贺师长"。1977 年，邓小平在家中接见了贺晋年，一见面，他就爽朗地说道："你是八十一师的贺师长，东征时，我还跟着你们师走了好几十天呢！"

贺晋年回忆道：

> 那是在兑九峪战斗后，经过稍事休整，总部决定，第八十一师调出第十五军团，归总部直接指挥。
>
> 奉总部命令，红一军团和八十一师为右路军，继续南下，相继夺取赵城（洪洞）、临汾，并向曲沃、闻喜、运城前进。
>
> 就在这时，红一军团派邓小平同志来八十一师指导工作。
>
> 小平同志只带一名饲养员，骑着一匹大青骡子，单骑简从来到了八十一师。
>
> 东征前，总部已派李寿轩、张树才、谭冠三、方国安、林忠照等长

征干部来充实师团领导力量，从他们身上我学到了不少东西。小平同志的到来更令我十分高兴。

3月17日，红一军团和八十一师突破了敌汾河堡垒线，由霍县地区向南急进，迅速占领了霍县、赵城、临汾、襄陵（襄汾）、曲沃等地区。我忙于指挥部队，顾不上照顾小平同志，看着他日益消瘦的面孔，心中充满内疚之情，而小平同志仍旧是一副若无其事的样子。

此前不久，在清涧县袁家沟，我与毛泽东同志有过一次长谈，毛主席高屋建瓴，引古论今，话锋所至，恰似狂风扫落叶。而小平同志则不然，他话语不多，经常下到基层检查工作，与干部战士谈话，了解情况。考虑问题周到、细致、实际。参加师领导会议时，发言简明扼要，直入话题，常常是一语中的。他那钢铁般的意志往往通过平静的语言表述出来。

我当时骑的是一匹与刘志丹同志换来的黄骠马，那是匹难得的好马，是我心爱的至宝，但我觉得小平同志应该有匹好马，便提议用自己的黄骠马换他的大青骡子。谁知小平同志又是微微一笑，说还是骑骡子稳当些，你要指挥部队，离不开好马。婉言谢绝了我的好意。

晋南是山西的富庶之乡，土地肥沃，人烟稠密，物产丰富。八十一师沿途宣传我党抗日救国的主张，筹措粮款，扩大红军。在20多天时间里，八十一师扩充红军800多人，组建了两支地方游击队共50余人，筹集黄金20余两，银币1万余元，粮食40余万斤，并在晋南地区播下了抗日救国的火种。

小平同志有着丰富的政治工作经验。赵城有个马牧村，村子很大，有几千村民，我师在那里休整了一下。当地群众在阎锡山及封建宗族制度的统治下，思想闭塞，文化落后，对我党我军不够了解，见了我军指战员常避而远之。针对这种情况，小平同志亲自拟定宣传口号，带领政治部的同志到驻地周围搞调查研究，严厉制裁了欺压百姓的恶霸地主和高利贷者，将他们的财产没收并分给贫苦群众，迅速打开了工作局面。不少青壮年踊跃报名参军，一下子就补充了200多名新兵。

小平同志看到八十一师政治部有个宣传队，常对我讲要重视宣传队的建设，说那是个培养政治工作干部的好地方，对鼓舞士气，提高部队战斗力有直接作用。在小平同志的支持下，我将马牧村死缠硬磨非要当兵的一些十五六岁的娃娃都放在师宣传队里。后来，这些娃娃经过战争的锻炼，大多成了八十一师建设的骨干。

  4月上旬，红一军团北移，邓小平同志回军团工作，我与小平同志依依惜别。

  20世纪80年代初，贺晋年离开了第一线的工作岗位。从此，离休在家的老将军开始学画墨竹，他多方拜师求艺，刻苦研练，"画兴一发而不可收"，先是结集出版了《将军竹——贺晋年画集》，后又萌生了到香港举办首次个人画展的念头。

  在筹备赴港画展的日子里，他产生了请邓小平题词的念头。因为在此之前，一些中央领导同志及老战友都在他的部分画作上留下了宝贵的墨迹。但是，他还没有小平的题词。于是，他精选了一幅作品送到邓小平办公室，过了一个多月，他收到了邓小平在他的画作空白处的题词：

  为贺晋年同志画竹题
  邓小平
  一九九○年六月

  望着邓小平的题词，老将军激动不已。他后来回忆说："苍劲洒脱的笔触与几株翠竹相辉映，看出时年86岁的小平同志深厚的书法功底和高远的意境，令人爱不释手。题词看似平凡无奇，实则深刻含义尽在不言之中，令人回味无穷。随画所呈的五条代拟词均未采用，这就是小平同志独特的风格，集中反映了他谦虚、质朴的本色。"

  1990年10月5日下午3时，"将军竹——贺晋年画展"在香港艺术中心画廊开幕。时任新华社香港分社社长的周南同志亲自到场祝贺，场面盛大热烈。有小平题词的作品赫然而立首位，引起了香港各界朋友的极大关注，他们纷纷在作品下摄影留念，向这位中国社会主义改革开放和现代化建设的总设计师表示极大的敬意。

珍闻

指挥高唱《国际歌》

1929年10月初，广西省政府主席俞作柏，省绥靖司令李明瑞，发动反蒋战争。不出我党所预料，俞、李反蒋不到半个月便以失败告终。12月13日，邓小平审时度势，当机立断，决定由张云逸、俞作豫等同志率领五六千人在南宁举行革命兵变，然后挥师左、右江，开始了广西革命斗争史上具有深远历史意义的进军。参加起义的广西警备第五大队，由李明瑞、俞作豫率领从水、陆两路向左江地区龙州开发，邓小平、张云逸等同志率领参加起义的广西警备第四大队和教导总队也从水、陆两路并进，开赴右江地区百色。

10月20日，邓小平、张云逸等率领的部队同时到达恩隆县（今田东县）平马镇后，邓小平立即召开会议，明确提出了我们党在右江地区的根本任务和当务之急，就是做好建立红军和进行百色起义各项准备工作。

部队进驻百色后，邓小平考虑到的第一件事，就是宣传舆论工作。他回忆起当年在苏联莫斯科中山大学学习时，曾看到列宁撰写的《从何着手》一文中的论述："没有政治机关报，就不能有称得上的政治运动的运动；没有政治机关报，就绝对不能实现我们的任务——把一切政治上不满和反抗的分子集合起来，用他们来壮大无产阶级的革命运动"，"我们需要报纸，没有报纸，就不可能系统地进行有坚定原则的和全面的宣传鼓动"。他觉得办报刊是件迫在眉睫的事情，于是，立即亲自草拟筹办《右江日报》和《士兵之友》杂志的计划。

这一年11月1日，一份8开2版的《右江日报》创刊号问世了，该报每周的宣传纲要和社论，邓小平都亲自审阅批示。

《右江日报》像黑暗里的一盏明灯，照亮了右江两岸军民的心，为右江地区农民运动和百色起义提供了一块重要的舆论阵地。

一天晚饭后，一位叫孙醒侬的年轻女学生来找邓小平汇报宣传鼓动工作。汇报完后，她思索了一下说："百色五中师生们叫我教他们唱革命歌曲，我不知道教他们唱哪首歌曲才好。"

"你就教他们唱《国际歌》嘛，这是一首好歌。"

"《国际歌》我还不会唱呀。"

"来，我先教你唱。"

于是邓小平以满腔的激情，一句句地教唱了起来："起来，饥寒交迫的奴隶！起来，全世界受苦的人！……"

邓小平教唱两个晚上之后，孙醒侬就会唱了。她就到百色五中教唱这首歌，师生们也很快就学会了。

有一天，邓小平应百色五中学生自治会的邀请向全校师生职工做了精彩的国内外形势报告。结束后，他高兴地说："师生们，大家唱个歌，好不好？"

师生们齐声说："好！"

孙醒侬站起来提议："请邓代表给大家指挥唱《国际歌》，好不好？"

师生们立即爆发出热烈的掌声。

邓小平笑了笑，就挥舞着双臂，指挥大家高唱《国际歌》。那激昂悲壮，有千钧之力的战斗旋律，震撼着师生们的心，引起他们内心强烈的共鸣。当唱到"起来，全世界受苦的人，满腔的热血已经沸腾，要为真理而斗争"时，大家的热血随之沸腾起来，被真理所点燃的烈火越烧越旺。当唱到"一切归劳动者所有，哪能容得寄生虫！最可恨那些毒蛇猛兽，吃尽了我们的血肉，一旦把它们消灭干净，鲜红的太阳照遍全球"时，激起了大家对"劳者不获，获者不劳"的世道的无比憎恨之情，连唱的声音也带着火药味。当最后唱到"这是最后的斗争，团结起来到明天，英特纳雄耐尔，就一定要实现"时，歌声把全体师生的心带到了斗争的战场。

这支团结、战斗、胜利的歌，从此不翼而飞。先学校，后百色城内，继而广大农村，一传十，十传百，那激越高亢的战斗旋律，雷霆万钧的思想力量，冲破层层乌云，响彻右江两岸和红河畔，成为左右江革命根据地最流行的革命歌曲之一。

用南瓜瓢治病

1930年春，红七军、红八军在广西的左右江与敌人血战。红军伤员一批又一批地抬回医院。那时的红军缺药品又少医生，看护伤员的姑娘们愁得吃不香、睡不甜。

这天晚上，担架队又抬回来十几个重伤员，姑娘们又是包扎，又是喂汤，忙个不停。邓小平政委到东兰传达党中央的指示。他刚开完会，就和几个同志来探望伤员。邓政委一个病床一个病床地细细看、细细问。看着伤员们缺药品又少医生医治的情况，心情很沉重。他想了想，把姑娘们叫来围个圈子坐下，又把一个大腿挨马刀劈掉一大块肉的伤员扶到中间坐下。

邓政委问："你是怎么掉了一块肉的？"那伤员一时傻了，说："刚才首长不是问过了吗？"邓政委说："你再说一遍吧，我刚才听不清。"那个伤员当着姑娘们的面，羞怯地说："我也不知道，我在山头上醒过来的时候才见自己大腿掉了肉，也许是肉搏的时候叫白匪的马刀砍的。我一看守在山顶的全班人都牺牲了，白匪又已经翻过山头去拦我们的援兵，我挣扎着找了一支枪来打，打完了子弹又去找一支，几支枪都打完了子弹，我就用头和手去顶大石头打敌人。恰恰砸死了白军的营长，白军慌乱的时候我们又杀回了阵地。"姑娘们听了都嘻嘻地掩着嘴巴笑。

邓政委扫了姑娘们一眼，说："看看，一个伤腿佬都能打枪，还滚石头砸死了白军营长，守住阵地。我就不相信你们这么多心灵手巧的姑娘对付不了我们这些杀敌立功的伤员！"邓政委说完还把嘴一噘。有个在农运训练班听惯邓政委讲话的姑娘，最先体会出了首长的批评，委屈地叫起来："这可不一样呀，我们也是不怕死的，就是没有药呀！"其他姑娘也七嘴八舌地叫起缺药的苦来。邓政委说："我猜你们今晚谁都睡不着，我们就比赛想办法，看有没有办法叫这么多淌血的弟兄们好受点。"说完就出去办事去了。

深夜，邓政委和几个同志摸黑从医院去红七军兵工厂检查工作，半路被一枝竹尖刺穿草鞋，在右脚板上刮了一块肉，邓政委悄悄弯下身去用手捂住伤口使劲地磨擦，又从衣袋里掏出张纸垫了进去。前面的同志回过头来问有什么事，邓政委说："哎，鞋带脱了，绑上。"说完"噔噔"地又跟了上去。

邓政委到了车间，了解他们的生产、生活，又来到伙房。老工友"啪"的一刀，劈开了一个磨盘大的南瓜，笑呵呵地对邓政委说："听厂长的吩咐，眼下正赶着为首长做一顿南瓜夜饭哩。"邓政委说："夜深了，别麻烦你啦，谈谈我们就回去。"哪知道他靠火灶前坐下时，老工友叫道："首长，你脚背流血了！"还慌忙站起来要撕围裙。邓政委急忙按下老工友，笑道："没什么！"他满不在乎地解开草鞋绳，撕下一张红殷殷的纸，用左手食指伸到南瓜片里钩了一团瓜瓤糊到伤口上，贴上纸条绑好绳，就攀谈了起来。临走的时候，邓政委笑着说："嘿，这南瓜瓤糊伤口真凉呢！老同志，这个大南瓜给我吧！"老工友说："拿吧，拿吧！"

第二天，天刚蒙蒙亮，邓政委就来看伤员，姑娘们见邓政委捧着一个剖开的大南瓜，一时弄不明白，围过来叽叽喳喳地笑着围观首长的礼物。邓政委问："你们把想办法的事给忘了？"姑娘们个个把嘴噘得老高。正在这时，昨晚那个倔脾气的伤员拄着条棍子，一摇一摆地凑上前来，俏皮地说："首长，不得了，这帮姑娘一夜里全都神啦！"姑娘们一个个都忍不住地嚷了起来，争着摆出自己的办法，有的想起了打柴挨刀砍时父母敷的草药，有的要回家背会治刀伤骨折的老奶奶来，有的要化装成回娘家的样子外出买药，有的要拿训练班的问答课本来教伤员，集中轻伤员唱歌……邓政委听完舒了一口气，夸姑娘们想的办法又多又实在。他说："现在我也说说我的意见！"接着他把昨晚拿瓜瓤敷伤口的事讲了，还解开草鞋绳，拿出纸片瓜瓤，露出鲜红而没有一点血污的伤口叫大家看。那个被砍掉大腿肉的伤员一看，三下五除二就解开腿上的一大圈布条，拿手指捏了捏满是血污的伤口叫道："我也试一试！"邓政委打开大南瓜，抓了一把瓜瓤轻轻给这个伤员敷了上去，伤员大眼珠一转，美美地叹道："哎！凉丝丝的！"

姑娘们一看这情形，全嘻嘻哈哈地叫了起来："哎呀呀，有办法了，谁家的楼上不堆有老南瓜呀！""马上动手！马上动手！"

当天晚上，邓政委要马上离开武篆，他去跟伤员们告别的时候，跟大家说："同志们，总有一天我们能住上人民自己的好医院！"

护送邓政委

1930年2月的一个傍晚，东吞村口的沙滩上烧着三堆火，周围坐着数十名赤卫队队员。他们是右江农民赤卫军指挥部的，当天上午接到上级命令，邓斌政委（即邓小平）从龙州出发，晚上要在东吞村过夜，要保卫好邓政委的安全；接应的暗号是在村头烧上三堆火，对方的暗号是晃三下火光。

东吞村离思林县城15里，北通东兰，西南通龙州，面向右江，背靠大山，是个偏僻的小村庄。1929年11月下旬，邓政委从百色去上海向党中央汇报，曾经过这个村子。如今赤卫队员们听说邓政委从上海回来了，个个都很高兴。当他们接到接应邓政委的通知后，便在村头村尾路口设了岗哨，检查来往行人，并规定只许进村，不许出村，免得走漏风声。天快黑的时候，思林县县委书记陈鼓涛带领赤卫队员在村口的沙滩上烧了三堆火，等待着邓政委的到来。

"八点钟过去了！"

"九点钟又过去了！"

队员们既着急又担心地议论着，一双双眼睛都注视着河对岸。就在大家焦急的时候，对岸突然闪了三次火光，一名队员高兴得情不自禁地叫了起来："邓政委来了！邓政委来了！"紧接着又是三下火光。对上了暗号，这边立即把三堆火都熄掉了。

不巧，这时突然狂风大作，下起大雨来了。为了保证邓政委的安全，赤卫队员们冒雨坚守着岗位。半个小时过后，雨逐渐小了，邓政委坐着渡船来到了沙滩上。

陈鼓涛把邓政委带到赤卫队员黄本朝家里休息。吃罢晚饭，已经是深夜11点了。邓政委问黄本朝："你们这里有一个脸圆圆的、头发蓬蓬的农民赤卫军总指挥，现在他到哪里去了？"黄本朝知道邓政委问的是黄永达，就回答说："他外出执行任务了！"邓政委点了点头又说："你把农会干部和村里受苦最深的农民找几个来，开个座谈会。"黄本朝见邓政委走了一天的路，够辛苦的了，便劝他先歇息。可邓政委却乐呵呵地说："时间还早着哩！"黄本朝只好按邓政委的要求找来20多个人，把屋子挤得满满的。

邓政委详细地询问了当地农民运动的情况，向大家讲了实行土地革命的好处和怎样进行土地革命，大家越听越想听，觉得他讲的每句话都是新鲜的。

讲完后，邓政委问大家："起来革命，你们敢不敢？"大家说："敢！有田耕还怕啥！"

"对！干革命就是要不怕死嘛。记得你们这个地方有个姓黄的同志（指黄治峰，奉议县人，曾担任过右江赤卫队总指挥）刚参加革命就写了'男儿立志出乡关，报答国家哪肯还。埋骨岂须桑梓地，人生到处有青山'的诗句，很有气魄，干革命就是要有这样的雄心壮志。"

大家听得入神了，虽然已经是深夜，但谁也不想离开，一直谈到凌晨四点多钟，大家才散去。

天刚蒙蒙亮，东吞村村头的大树下，陈鼓涛领着一个40岁上下的老乡对邓政委说："这是向导黄大龙同志！"

"哦！老黄同志，你辛苦了！"邓政委紧紧地握住他的手说。

头天，陈鼓涛知道邓政委要马上去东兰武篆革命根据地后，总放不下心来，因为自从红七军去攻打贵州后，右江一带敌"剿共大队"活动很疯狂，这一路又是羊肠小道，山高路险。他找了一个熟悉这一带地形的向导，又增派了赤卫队一个班配合红军警卫排护送。

为了缩小行动目标，预防在路上发生意外，邓政委把队伍分成三个战斗小组：赤卫队一个组做前卫，邓政委带着警卫排一组在中间，另一组为后卫。一路上，邓政委和战士们谈笑风生，还经常帮战士扛枪，战士们很受感动，越走越有劲，一点也不觉得累。

天快黑了，队伍到了东江村。吃过晚饭后，邓政委记起昨天陈鼓涛介绍说东江村的群众革命积极性高，基础好，于是便带小张到农民家里了解情况去了。

深夜了，邓政委刚回到屋里准备睡觉，忽然村头南面山上响起了枪声，紧接着村口小河上也有枪响。这时，叶排长向邓政委报告说："村头、村尾都发现敌人，我们被包围了！"邓政委沉思了片刻，叫小张把向导找来，详细地了解了地形和分析了敌情：东江村四周环山，只有一条道通往东兰，现在敌人把道路堵住了，如果天亮前冲不出去，将有全部覆灭的危险。情况是严重的。

叶排长问邓政委："怎么办？"邓政委像平常一样反问道："你说怎么办？"

"现在，只有打，才能突围出去！"

"那就打吧！"邓政委说，"我们主要是冲出去，不能恋战！"接着和大家一起具体研究了突围方案。

深夜一点多，突围战开始了，赤卫队老黄带着3名队员往村口的山头上引诱敌人，其余的在邓政委亲自指挥下，向村南面小路前进。愚蠢的敌人满以为红军不敢突围，等到天亮那就插翅也难飞了。当他们突然听到村口山边的枪声，便急忙从南面调兵增援。趁敌人慌乱之时，邓政委带着战士们迅速向南面发起猛烈进攻。敌人知道上了当，又急忙从村口山头上掉头回来，妄图把红军重新包围。在这紧急关头，突然村南面敌人的背后枪声大作，敌人乱作一团。

原来，陈鼓涛与邓政委告别后，得到报告，说思林县保安团慌慌张张调集人马向东江方向追去。陈鼓涛当时估计，邓政委一行被敌人发现了。于是，他二话没说，迅速地把赤卫队集合起来，紧随在敌人的后面。果然不出所料，他们快要接近东江村时，见敌人分成两路，包围了东江村，当敌人从村口山头退回村南面还未站稳脚跟时，陈鼓涛就率领赤卫队赶到，向敌人开火了。

枪声逐渐稀少，敌人被赶跑了。邓政委紧握陈鼓涛的双手说："谢谢你们！"

这时，东方露白，天已经亮了。邓政委和陈鼓涛带着队伍继续赶路。

经过一天的急行军，邓政委和红军战士来到了那塘村。邓政委再三劝陈鼓涛不要送了，陈鼓涛执意地说："敌人是不甘心失败的，他们还会来追，我们一定要把你们送到七里区！"

果然，思林县保安团在东江被打跑后，他们迅速把消息报告给了敌右江"清剿大队"，妄图调集各县民团围歼这支队伍。当时，这个"清剿大队"的队长叫黄贵朝，满脸麻子，当地群众习惯叫他黄麻子。黄麻子得到报告后，立即调集三县民团，向那塘村反扑过来。

这时，陈鼓涛向邓政委建议："把三个县赤卫队集中起来，在这里与敌人展开决战！"当时，黄麻子指挥的三县民团共有1 000多人，三县赤卫队顶多只有600人，武器也比民团差。

"不能硬拼！"邓政委回答说。接着他详细地向向导老黄同志了解了这里的地形。这个村两面环山，好像一个猪槽，只要把两头山路路口守住，就能顶住敌人；另外，黄麻子调集民团前来追赶，他的老巢必然空虚，如用各县赤卫队直捣敌人的老巢，必能打他个措手不及。邓政委把自己的想法告诉了陈鼓涛，老陈表示赞同，但担心100多人的队伍在这里要顶住1 000多人民团的围攻，要冒相当大的危险，万一顶不住，后果将不堪设想。邓政委看出了老陈的心思，拍了拍他的肩膀说："老陈啊！红军战士都是钢铁汉，能顶得住！只要坚持3天，敌人自然会跑掉！"

邓政委把队伍分成三路，一路迅速占领村北山的制高点，守住路口；一路在村南山坡上，堵住敌人从后面反扑的路；一路留在村里做预备队。黄麻子带着民团，大摇大摆向那塘村方向过来，但还没接近村子，就遭到红军的袭击。敌人拼命想占领山头，却被山头上的战士们顶住了。激战了整整一天，黄麻子的民团没能前进一步。

就在同一天，陈鼓涛按照邓政委的指示，分别派人向思林、恩隆、果德三县的赤卫队发出战斗命令：迅速集中攻打县城。这三县的赤卫队接到命令后，集中土枪土炮，还买了许多鞭炮，用火药做好炸药包，分别向三县城进攻。他们在县城周围，大放鞭炮虚张声势，以假乱真，把县里敌人吓得晕头转向，敌人马上派人向黄麻子报告，要求民团立即赶回。

魁星楼上的灯光[①]

1930年4月的一天，飘着毛毛细雨。近掌灯的时候，一位精悍的年轻人，戴着竹笠帽，拄着拐棍，穿着草鞋，裤脚卷得高高的，后面跟着一位红军战士，神采奕奕地来到我娘家的门口。

我娘家住在东兰县武篆区魁星楼旁边。当时，我虽然已跟拔哥的弟弟韦菁同志结了婚，又在县里搞妇女工作，可是见到这两个不认识的男同志，还是有点害羞，不敢抬头看哩！

"你们找什么人呀？"我低着脑袋，羞怯怯地问。

"找韦拔群同志。"红军战士抢先回答。

"你们贵姓？从哪个地方来？"我把眼皮稍微挑高一点，看见他们的草鞋、裤子和上衣都被泥水打湿了，知道他们一定走了很远很远的山路！

"我叫邓斌，从左江方面来。"精悍的年轻人一边擦着脸上的汗水，一边回答。他的声音亲切、和蔼，使我那紧张的心情，一下子缓和多了。

我真不敢相信，站在我家门口的竟是我们的邓小平政委！我高兴地跑进

---

① 此文节选自黄美伦的回忆。

屋里，把这个好消息告诉拔哥。

拔哥正在我哥哥黄书祥的小房子里看书。我哥哥到果德县（今平果县）工农民主政府工作去了，空着的房子比较安静，拔哥经常在里面看书。他听说邓政委冒雨来了，喜出望外，立即放下书本出来迎接，亲切地说："邓政委，辛苦了！"

"拔群同志，你好！"

他们两人紧紧地握手，格外亲切。两双炯炯发亮的眼睛，互相在对方的身上端详了很久很久。

邓政委跟拔哥握过手后，又转过来想跟我握手。那时，我们壮族妇女还没有跟男同志握手的习惯，我不敢伸出手来，脸涨得绯红。接着，他问我叫什么名字呀，做什么工作呀，慢慢地，我也不感到那么拘束了。

拔哥安排邓政委换了湿衣服，吃了晚饭，坐在我们壮家的火盆边，说个没完。他们谈的都是公事，我不好去打听。后来才知道邓政委刚从中央汇报工作回来。他趁红七军第一、第二纵队到贵州打军阀的机会，直接来到武篆找拔哥一起进行土地革命的调查研究和试点工作。

第二天一早，拔哥便带邓政委上魁星楼去了。

魁星楼，是一座六角形塔式的楼房，一共四层，四丈多高。朱红的墙壁雕龙画凤，倒映在水里，把我们壮乡装点得更漂亮。以前，这里是人们祭祀文魁星的地方。现在，神牌菩萨被搬掉了，变成了农协会和工农民主政府办公的地方。平时，拔哥经常住在二楼上。这次，邓政委来到武篆，拔哥就在二楼上增加了一张竹床和一张旧的八仙桌，供邓政委办公和学习之用。从此，魁星楼上的灯光经常亮至深夜。

邓政委在魁星楼上经常和拔哥一起召开军政干部会议、党员领导骨干会议，研究制定有关土地革命的方针、政策。他向第三纵队主要党员领导干部，介绍了他在中共中央工作时从红四军报告中学来的土地革命的做法，大家展开了热烈的讨论。

为了加强党对土地革命运动的领导，培训骨干力量，军前委和右江工农民主政府在武篆旧州屯举办了一期干部训练班。学员共有100人左右，其中女学员十几人，我也是其中一个。邓政委亲自给我们讲课，每隔三天来讲一次，主要是讲土地革命的方针政策和工农民主政府的建设问题，有时也联系到妇女翻身解放的问题。他一口四川话，遇到我们听不懂的地方，就请拔哥做翻译。

记得有一次，邓政委在讲课时，采用启发式，向我们女学员提出了这样一个问题："过去妇女受苦受难，走路讲话都抬不起头来。现在为什么能和男人一起参加学习？"

这个问题提得好！我搞妇女工作以来，经常听到一些女伴不是叹命苦、投错胎，就是埋怨丈夫和公婆。我原来也是这样的想法，参加革命工作后，才逐步认识到只有打倒封建统治阶级，我们妇女才有出头的日子。想到这里，我鼓起了勇气，大胆站起来发言，我把自己前后的思想认识说了一遍，不知道是不是答得对路，心里"怦怦"直跳。

邓政委听了我的回答，没有说话，只是微微点头。他接着问："你再讲一讲，革命给妇女带来什么好处？"

"读书明理，婚姻自主；男女平等，共掌政权；团结互助，铲除压迫……"我把过去在拔哥办的农讲所里学到的道理，一口气搬出了十条好处。

邓政委听后，高兴地笑了笑。这时，课堂气氛活跃起来，男女学员们都在七嘴八舌地评论我的发言。最后，邓政委联系我们武篆地区妇女的实际情况，从妇女过去受到政权、神权、族权和夫权的压迫，说到妇女翻身解放的重大意义。他还赞扬了武篆妇女们的作用：组织妇女赤卫队、配合红军上山剿匪、护理伤病员、做军鞋、做米袋等。同时，还指出了今后妇女工作的方向。

在学习期间，我们每个学员都领到了两本油印教材：一本是《土地革命的政策和口号》，另一本是《苏维埃的组织和任务》。这是邓政委亲自在魁星楼上的桐油灯下编写的。他写好后还叮嘱刻钢板的同志说：我们的干部，大多数文化水平低，你们刻写时，字体要写得端正，笔画要写得清楚，使大家容易看懂！

训练班结束后，我到太平区检查妇女工作，在陆浩仁同志家里碰见了邓政委。我爱人也陪他到了那里。我一点也不拘束了，主动伸出手去，同邓政委握了手。他说起刚到我家时的情景，诙谐地说："现在不害羞了吧！大有进步！"接着，邓政委问我到太平区做什么事，我说召开妇女会议，研究成立妇女赤卫队和发动妇女参加土地革命、搞好后方生产和保卫工作的问题。邓政委听后指示说：要注意在斗争中发现和培养妇女骨干。他的话，说到我心上了。

邓政委从左江到右江，沿途跋山涉水，走到哪里，就在哪里开会布置工作，找群众谈心，关心群众生活。听说路过向都县印茶区一个小山村住宿时，看到村子里挑水困难，他便跑到很远的山泉边去洗脸。没有房子，就跟护送人员一起搭地铺，七八个人挤在三张破旧的棉被里。夜里，他珍惜老乡的灯油，见油灯点着两根灯芯，就把它拔掉一根。这次，他来到武篆，也是深入土舍茅棚与群众促膝谈心，用通俗生动的语言向群众宣传土地革命的意义。拔哥和我爱人经常陪邓政委下乡，看见邓政委在干部或群众家里，同群众一起吃玉米糊、木薯、猫豆，而且吃得津津有味。群众说："邓政委像我们壮家人一样！"

武篆善学村设有一个临时野战医院，住有三四百名伤病员。邓政委很关心他们，曾抽空和拔哥一起到医院逐个看望伤病员。同时，还同拔哥骑马到武篆板勉村红军兵工厂召开工人座谈会，勉励外地来的工人要与本地工人搞好团结。互相帮助，安心搞好兵工生产。

有一天，他和拔哥、雷经天、陈洪涛等同志一起，去东里屯参加了土地革命庆祝大会。我也跟在他们后面一起去了。一路上，他们有说有笑。当邓政委听到拔哥家里带头烧毁田契时，高兴地称赞说："做得对，给党员干部们做出了榜样！"走着走着，东里屯传来了欢乐的锣鼓声，我们加快了脚步。邓政委他们进入会场时，首先佩上了红领带。那时，我们开群众大会，都要在衣领上挂红布条。大会开始后，拔哥讲了话，邓政委也讲了话。他代表红七军前委向我们东里屯各族群众表示热烈祝贺，鼓励大家分到土地后要努力生产，多打粮食，支援红军，巩固和建设好右江革命根据地。他说，要把眼光看远一点，心里想远一点，今天实行耕者有其田，明天要走社会主义道路。邓政委的话不长，却使我久久不能忘记。

邓政委为革命工作废寝忘食，日夜操劳，头发长了也顾不得理。一天，雷经天同志向邓政委汇报工作后，看见他的头发太长了，便对他说："我们警卫班战士什么都懂，理发手艺有两下子，让他们给你理发吧！"说着，就叫来了两个警卫员，一个给他剪发，一个给他修容。邓政委一边理发，一边跟战士们聊天，虽然战士们听不大懂四川话，但都感到这是邓政委在关心他们。邓政委很喜欢这些生龙活虎般的警卫战士，后来，还向雷经天同志提出调几个到他身边工作哩！

邓政委在武篆魁星楼住了近两个月，经常工作、学习到深夜。凌晨，我们妇女赤卫队员们迎着朝霞来到魁星楼下的草坪上操练，经常看到楼上的灯光仍在闪耀……

右江情深

1930年3月，邓小平同志向党中央汇报工作后，从上海回到广西龙州。他在那里停留了几天，向红八军俞作豫等领导同志传达党中央的指示，听取他们对龙州方面情况的汇报，并指示红八军要尽快向右江靠拢。接着，邓小平同志就翻山越岭，经靖西、向都过右江，到东兰武篆。一路上，他经过的地方，一住下来就不知疲倦地去检查指导革命根据地的建设工作。

一天下午，邓小平同志在几个赤卫军战士的护送下，来到向都县一个山村（今属田东县）的一位壮族贫农家里，准备晚上召开骨干会。主人听说是"上头来的客人"，他身边还跟着几个赤卫军战士，心里就明白了："准是个领导同志！"霎时间，全家人都乐了起来。

主人为了表达内心的尊敬，决定要杀只母鸡来表心意。不料，主人的秘密被邓小平同志发觉了。还没等主人动手，邓小平同志就告诉主人说，都是一家人，不用客气，煮点青菜就行了。他怕主人听不懂，又叫来一个战士做翻译。七说八说，主人实在无法坚持了，转身从一个瓦罐里掏出几把黄豆，一本正经地说："这，是我们壮家的家常菜。"

其实，这话也瞒不了邓小平同志。他对群众的疾苦，早已有了调查。这一带群众跟拔哥闹革命，被反动派三番五次翻箱倒柜，能用的拿走，可吃的抢光，这几把黄豆，不知藏在哪个角落里，才保存了下来。邓小平同志不但操心群众的柴米油盐，而且也深深懂得壮族的风土人情。如果对主人的深情厚谊执拗地辞却，他们的心情是不愉快的，甚至说你不是"同队"（壮语：同志），不够朋友。邓小平同志只好勉强地点了点头。

护送的战士看在眼里，内心非常激动。昨晚，邓政委工作到鸡叫，今天又走了那么多山路，吃得如此不好，睡，可要设法让他安稳点才是。于是，大家就动起手来，搬门板的、架板凳的，一心要给首长搭个平整的睡铺。

这时，正在埋头写工作日记的邓小平同志看到了，立即扯起一张平时晒东西用的竹垫子走过来："看，这又省事又平坦！"说着，把竹垫铺在地上。战士看了他这心满意足的神色，谁也不好坚持搭铺了。但是，大家的心里很不明白："门板一架就得了，为什么偏要睡地铺？"越想心里越过意不去。

壮乡的春夜，北风还是刮得很猛。等邓小平同志开完会，与战士们一起躺在地铺上时，一阵阵刺骨的寒风，从天井刮了进来，把主人的房门吹得"砰砰"作响。顿时，战士们才恍然大悟，终于明白了邓政委为何不准用门板搭铺。原来他是考虑夜里起风，如没有门板遮挡，主人一家老少就要挨冻受冷。大家不胜感慨：政委这颗心呀，总是装着我们壮家的冷暖！

真是"人逢喜事精神爽"。天没亮，主人就起来烧火做饭，盆不碰，水不响，一点声音也没有，好让客人养足精神。哪晓得，当主人开门挑水时，邓小平也悄悄地跟了出去。主人挑多少担水，花多长时间，他都心中有数。

天一亮，战士们准备进厨房洗脸，邓小平一手拦住，忙把战士们带到水泉边去。主人一看急眼了："没有什么招待，几瓢水还拿不出来？！"

邓小平笑了笑："一担水又何尝容易，往返要走几里路呵！"主人哪里知道在他挑水时，邓小平同志站在树底下，进行了一番"侦察"。

主人以尊敬的目光，久久地，久久地，望着邓小平的背影，眼里噙着激动的泪花，心里唱起了平日大家爱唱的那首《工农革命军人歌》：

谁是革命主力军，
我们工农兵，
工农和士兵，
原来都是一家人。
……

在田东县印茶乡，每当人们提起烈士黄绍谦的事迹，大家就自然而然地想起邓小平跋山涉水，日夜兼程，亲自登门找黄绍谦言传身教的故事。人们说得那么生动，那么亲切，仿佛邓小平和黄绍谦谈完了话，才刚刚离去。

有一天，赤卫军大队长黄绍谦正在家里聚精会神地擦着他那支心爱的小手枪。这枪，是百色起义前夕，邓小平亲自指挥军械船运来发给他的。此外，还有30多支步枪。

黄绍谦边擦边想，突然间，前几天派出去送信的小战士喜气洋洋地闯进门来，后面还跟着好几个不认识的赤卫军战士。一个头发剪得短短的青年人，肩背斜挂着一顶斗笠，走了进来。他眼睛炯炯有神，给人一种刚毅和充满信心的感觉。"这，不就是邓政委吗！"黄绍谦激动得喊了起来。他立即迎上前去,紧紧握住邓小平的双手,全身的血液都沸腾起来!

邓小平亲切地笑笑,仿佛在说:"没有想到吧?"

可不是,在红七军主力部队已转移到黔桂边境攻打贵州军阀,右江流域的反动势力又嚣张起来的时刻,邓小平却不辞艰险劳累,越过多少深沟险壑,走了多少山路,把心血浇在右江两岸的革命星火中,把汗水洒遍山山水水,这怎能不使黄绍谦感到激动,油然生起一股崇敬之情!

邓小平的到来,使黄绍谦有点手忙脚乱,一时不知该怎么办才好。

愣了一会儿,黄绍谦才想起烟茶待客的常礼,于是把家里那把玲珑精致的小烟壶拿出来,高高兴兴地递给邓小平。邓小平接过来看了看,然后边从衣袋里掏烟边说:"还是我这个好!"接着对战士们招呼道,"来尝尝我这个。"一路上战士们已同邓小平有了交情,也就毫不客气地围了过来,你一撮他一捻地卷起烟来了。黄绍谦看了这亲密无间的气氛,自己那拘束的心情也一下子解除了。邓小平刚进家门,就不声不响地给他上了一堂"官兵一致"的政治课。

饭后,黄绍谦准备安排邓小平休息。他从护送人员那里了解到,昨晚邓小平为了赶路,根本没有合过眼。可是邓小平半点倦意也没有,还是兴致勃勃地问长问短。开始,黄绍谦都认真做了回答,但当他一看到邓小平的眼里已布满了血丝,不由得心里一阵难受。他借口要准备准备,好让邓小平休息一下。邓小平心里明白,也来个随机应变,先不谈工作,要跟他拉家常。黄绍谦对邓小平这种忘我的工作精神,打从心里敬佩,但听说拉家常,心里就有点不好意思了。

邓小平叫他从"投笔从戎"谈起。邓小平这轻松的话语,一下子就给黄绍谦心里搬开了块大石头,于是他和邓小平促膝谈心,从"四一二"反革命政变,说到学校反动当局对他的怀疑;从回乡组织青年宣传群众,讲到他变卖家产支援革命。说到这里,邓小平语重心长地指出:看一个青年革不革命,不是看其家庭出身如何,主要看他本人的表现怎样。邓小平的教导,使他心头发热,浑身是劲。接着,他就讲起攻打向都县县城的战斗。邓小平问他:"反动县长怎么跑掉了?"

提起这问题,黄绍谦心里很难过。可是,邓小平毫无责怪的意思,而是循循善诱,从力量对比、兵力部署、情况的了解、行动的保密,大大小小的问题上,引导他去找原因,查漏洞,好让黄绍谦"吃一堑长一智",千万不可单凭热情蛮干。

　　白天没谈完,晚上住在后山的岩洞里,又心贴心地谈个痛快。邓小平的谈话没有长篇大论,而是深入浅出。当他讲起形势和任务时,说得你心明眼亮;讲起有利条件时,管叫你充满信心,干劲十足;摆起困难来,他启发你开动脑筋,知难而进……就像那呕心沥血的老师教导学生一样。

　　第三天,邓小平要离开了,黄绍谦那既感激又难舍的心情,从他那湿润的眼角里流露出来。邓小平看了,鼓励了他一番。完了,看到书桌上摆着方便的纸笔,一时心有感慨,就随手拿起笔来,书写了一首当时广为流传的诗抄:

　　　　男儿立志出乡关,
　　　　报答国家哪肯还。
　　　　埋骨岂须桑梓地,
　　　　人生到处有青山。

　　从此,黄绍谦就把邓政委这笔锋刚毅挺拔的诗抄揣在怀里,把邓政委的音容话语刻在心头,成了他鼓舞斗志、战胜困难的力量。

　　邓小平离开右江,率领红七军北上之后,反动派更加疯狂起来,恨不得把革命力量一举消灭。这一来,黄绍谦也成了敌人的"眼中钉"。国民党反动派给他写来一封封诱降信,但始终动摇不了他那革命到底的坚定信念。敌人一计不成,又来个围山堵洞,搞得鸟儿不敢投林,野狸也无处藏身。在这艰苦异常的日子里,黄绍谦经常把藏在怀里的诗抄,捧在手上吟诵,回忆邓政委对他的教导,以此来勉励自己、鼓励战士。任凭敌人围困万千重,他总是那么坚决顽强,敌人动不了他半根毫毛。久而久之,革命战士和群众由于对邓小平言传身教的敬佩,和出于对黄绍谦良好的祝愿,就誊写这首诗作为"护身符"。一传十,十传百,越传越神。就连那残暴的敌人,也信以为真,好不害怕!

　　1936年,敌人以重金收买叛徒,把黄绍谦杀害了。黄绍谦身中三枪,在生命的最后一刻,还大声疾呼"冲呀!"扑向匪徒,吓得敌人鬼哭狼嚎。最后,黄绍谦终于倒下了。敌人在他身上搜来搜去,搜到了那首诗抄,鲜血已把它染得鲜红鲜红!

1930年夏,红七军从黔桂边境回师右江,给敌人杀了个回马枪。收回百色、奉议、恩隆等县之后,队伍就集中整训。这时,邓小平为了部队的整训工作,忙得不可开交,头发长得老长也顾不得去理。可是,他还是千方百计挤出课余饭后的时间,经常深入到村里去访贫问苦。

　　有一天,邓小平在农民赤卫军梁连长的陪同下,来到一个穷人家里,这算是什么家呀!邓小平站在门口,满怀心绪地这里瞅瞅,那里看看:房顶是用茅草盖的,由于雨淋日晒,茅草已经霉烂零乱。东边开了洞,西边穿了孔,怎能遮风挡雨!再看四周墙壁,也是稻草拌泥巴糊起来的,只要轻轻一捅,就会穿个大窟窿。越看,邓小平的心里越沉重。他正想说什么,突然屋里传出几声咳嗽。接着,又是一阵使人心寒的呻吟。邓小平一头钻了进去,走近一看,一个老大娘上气不接下气地躺在床上。邓小平不管老大娘懂不懂他的话,急着问她:得了什么病,家里有几口人?梁连长替病人做了回答:她叫梁姆蕊,原来家有9口人,由于天灾人祸,男人受苦受累被折磨死了。从此,她生活更是难上加难,儿女7个,病死饿死了4个。实在无法度日,她咽泪吞声,把8岁的男孩和10岁的女孩卖掉,她和大儿子相依为命,一把粗糠一把野菜活了下来……邓小平听到这里,立即转过身去,对老大娘安慰一番。

　　回去后,邓小平拿出200个铜板交给梁连长,要他送给老大娘。此外,还吩咐梁连长带领战士,上山割些茅草,把她家的房子修好。老大娘接过这200个铜板时,满脸泪花,连声称赞红七军是穷人的救星,把邓小平当作贴心人。

　　党的关怀和温暖,使老大娘的病很快就好转了。她带着大儿子来找邓小平,恳求他把儿子收下当红军。邓小平见她一片诚意,态度坚决,也就答应了。后来,红七军要北上了,邓小平为了照顾这无依无靠的大娘,就把她的儿子编入当地的赤卫军。

　　右江人民都晓得,邓小平总是不辞劳苦,今天串这村,明天到那寨,走遍壮乡的山山水水,把党的主张和温暖送到人们的心坎上。

　　这天,邓小平来到奉议县花茶屯,准备找当地干部开个会。会前,庙堂门口围着一伙人,在说说笑笑观看几个赤卫队队员煮饭。邓小平也走过去与队员们亲切地交谈起来。当时,赤卫队员们不但筹粮不容易,就连厨具也被敌人抢劫一空。当中一位手拿铁锹做锅铲用的队员,正在比比画画跟大家开着玩笑,说过去的皇帝权力很大,他使的家伙也比一般人用的大。邓小平听了,也笑哈哈地说开了:"皇帝有什么了不起,今天,我们也拿起大铲,把那些皇子皇孙铲除干净！"他这生动的比喻，说得大家哄笑起来。接着邓小平一本正经地问道："怎么样，你们敢不敢？"赤卫队队员们坚定地回答："怕什么，怕就不来当赤卫队员了！"邓小平听了这掷地有声的回答，满意地笑了。邓小平善于抓住一切机会，用那幽默而又富于感染力的语言，去宣传党的主张，鼓舞人们的斗志。

会议开到深夜，邓小平还有事要赶到仑圩去。护送他的有4位赤卫队员。这晚天气转冷，走到一条夹道口，一股寒风迎面吹来。大家感到刺骨的寒冷。邓小平看到前面那个队员穿得比较单薄，立即把自己的棉衣脱下来，披在他的身上。那位队员极力推让，邓小平只好以命令的口吻，叫他赶快穿好，还提醒他"注意敌情！"这下可把那队员唬住了，再也不敢吱声，只好老老实实把棉衣穿起来。顿时，觉得周身都热乎乎的，脚步迈得更轻更快……

血战梅花圩

1929年12月，邓小平、张云逸领导了百色起义，成立红七军。邓小平任军前委书记、政委，张云逸任军长。1930年10月，红七军奉命东征。1931年1月，当红七军占领全州时，邓小平召开前委会议，经讨论研究，确定红七军在小北江建立立足点，向湘赣边靠拢，并立即向粤北进军。

1931年1月17日，邓小平率领红七军经过3个月的艰苦转战，首先进入粤北连县的东陂、星子一带活动。连日来，红七军一路无阻，并且得知连县只有数百民团驻守，周围亦无敌军正规部队，连县又是粤桂湘边最繁华的城镇。根据种种情况，邓小平立即召开前委会，研究分析了连县的政治、经济、军事、地理等方面的情势，决定西下连县。21日黄昏后，红七军陆续进抵连县外围。此时的红七军已从原来的两个师缩编为两个团，约3 500人。

红七军进入连县的目的在于筹集给养，以便进发江西，和朱、毛率领的中央红军会合。因此，对城内的敌军采取围而不攻的战术。但反动民团都以为红七军软弱可欺，一再进行挑衅。邓小平、张云逸、李明瑞等领导决定迅速攻打连县，以保证筹款任务的完成。

邓小平对攻打连县采取了速战速决的作战方法。经过数日的围城、攻城，终于取得胜利。击败了守城之敌，缴获了一批枪支弹药和马匹、药品、服装等，同时，在连县商家的支持下，又筹得了4万块大洋和一千多包大米及一百多头肥猪。红七军利用这些战利品，重新武装，使这支部队面貌一新。

当邓小平率领红七军攻下连县时，广东军阀陈济棠部的邓辉、黎道明两个团由韶关开向连县，湖南敌第十九师唐伯寅团也逼近宜连边。此时，邓小平、张云逸等当机立断，撤出连县，巧妙地摆脱了众敌的追踪，朝着乳源方向东进。

2月1日，邓小平率领红七军经过阳山县的西江、朝天等地，爬过连绵起伏的群山，到达乳源县北部的梅花圩（今属乐昌县）。梅花圩坐落在高山夹峙间的一片丘陵起伏地带，一二里见方的小盆地，住着二三百户人家。周围的群山，森林茂密，古木参天。梅花圩的地理位置很重要。它处于湘南和粤北的交界处，位于乐昌、乳源、连县、宜章、临武等县的中心。1928年，朱德、陈毅率领南昌起义的部分部队曾到这里活动，并在梅花大坪杨家寨策划了宜章暴动。因此，这里常有地下党和农民游击队的活动。

邓小平、张云逸等军前委同志了解了这里的情况后，便决定：部队在梅花圩休整，开展群众工作，建立革命根据地。岂料，次日凌晨，发现了敌情。军部侦察员报告说："敌人约有一个团的兵力，向我军扑来。"原来，这是粤敌邓辉团从连县星子尾追而至。

邓小平等军前委领导面对这突如其来的情况，进行了认真的分析研究，认为：按照我军的兵力，利用梅花圩的有利地形，消灭一个团是完全有把握的。于是，决定迎击敌人，打一场歼灭战。

中午时分，战斗首先在第五十五团阵地前沿打响。敌人的前卫部队控制了红七军阵前一个山口的制高点，用猛烈的火力掩护后续部队向两侧进攻。第五十五团担任警戒的一个连顽强地扼守山口阵地。激烈的战斗展开了。枪声和炮声交织在一起震撼山岳，阵前沙尘滚滚、硝烟弥漫。敌人轮番向红七军阵地组织进攻，均被红七军英勇击退。由于敌人不断增加兵力，终于接近了红七军阵地。连指导员王天见此情景，高声喊道："同志们，敌人上来了，赶快上好刺刀，把敌人捅下去！"话音刚落，他一跃而起，带头冲入敌群，战士们紧跟其后，只见刀光闪闪，上下飞舞，左刺右劈，杀得敌人东躲西逃，溃不成军。

不一会儿，敌人又发起攻击，先是一阵密集的炮火轰击，接着吹起了冲锋号，一群群敌人黑压压地向我军阵地压来。

一直注视着敌军的覃亮之连长，一再告诉同志们："别慌，做好准备，待敌人冲到最近处再动手。"10米，7米，5米……"打！"覃连长一声令下，猛烈的火力射向敌群，敌人大片倒地，尸横遍野，敌攻势顿时受挫。

不久，敌人再次组织更大规模的梯队进攻。指战员们不畏强敌，严阵以待，顽强作战，英勇献身，终于又一次打退了强敌的进攻。

红七军经数次交战后，才发现来犯之敌不是一个团，而是三个团。敌众我寡，战斗异常激烈，情况万分危急。在这危急关头，邓小平政委、张云逸军长处变不惊，临危不惧，沉着应战，亲临前线指挥战斗。

邓小平政委见第五十五团的正面进攻吃紧，即与红七军总指挥李明瑞商议，命第二营营长李显率队以侧翼迂回敌后夹击敌人。这时，敌人又企图从左翼偷袭第五十八团阵地。双方在一处松林遭遇，因双方均取攻势，战斗顿成白热化。这股敌人夹在红七军第五十五团和第五十八团之间，腹背受击，见势不妙，正欲后撤，但为时已晚，很快被红七军打垮了。

就这样，梅花圩战斗持续到将近黄昏，红七军凭着大无畏的革命精神，英勇顽强的战斗作风，连续7次打退了强敌的进攻。但是，敌人仍不死心，他们凭着人多势众、武器精良的有利条件，想孤注一掷，做最后决战，倾其全部兵力，组织第8次进攻。

敌人收拾残部，分三路全线向红七军阵地发起总攻。顿时，炮声、枪声、号声、喊杀声响成一片，烟雾弥漫，沙尘滚滚。坚守在曹家坪岭上的第五十八团一营营长李谦（原师长）心急如焚，主动向李明瑞请命：率队冲锋，反击敌人！以勇猛著称的李谦受命后，亲率一个排的战士冲向敌阵，与敌人展开白刃格斗，勇猛异常，手起刀落，杀得敌人尸横遍野。正当他追杀敌人逃兵之际，突然一颗子弹击中他的腰部，身负重伤。

此时，邓小平政委、张云逸军长正在指挥所指挥战斗，接到报告：李师长负伤了！这一消息使邓小平、张云逸心情沉重。两人不约而同地来到李谦的担架旁。张军长用手摸摸他的前额，邓小平细心地看着他的伤口。过了一会儿，李谦醒来了，吃力地睁开眼睛。他看到邓政委、张军长站在他的身边，非常感动，想挣扎着坐起来，但已经没有力气了。邓政委、张军长赶忙扶着他，亲切地说："不要动，你的伤势很重。"

李谦伸出手，紧紧地握着邓政委、张军长的手，嘴唇动了动，艰难地挤出了一句话："军长、政委，我没有很好地完成党交给的战斗任务……"

邓政委、张军长望着即将离去的战友，心里一阵难过，眼睛也湿润了。两位首长附在李谦耳边亲切地说："你出色地打退了敌人的多次进攻，很好地完成了任务。"李谦脸上浮现了笑意，眼睛慢慢地闭上了……红七军失去了一位坚毅、刚强、勇敢的指挥员。战士们化悲痛为力量，继续与敌人进行着殊死战斗。战斗一直持续到入夜才结束。

梅花圩战斗，在邓小平、张云逸、李明瑞的亲自指挥下，在敌强我弱、敌众我寡的情况下，一共打退了敌人的8次进攻，毙伤敌人1000多人。但我军亦伤亡四五百人，干部伤亡过半。李谦师长、章健团长光荣牺牲；龚楚（乐昌人、参谋长）、袁也烈（团长）、李显、王展营长光荣负伤。

红七军的指战员们用自己的鲜血染红了梅花圩这片土地，使这片土地上的梅花更加艳丽，绚烂多彩。

61年后的1992年，当邓小平来到广东视察时，还念念不忘红七军在梅花圩的战斗历程。他不无惋惜地说："梅花圩这一仗，我军牺牲了许多重要干部，比如李谦。"表达了他对红七军及先烈们的无尽思念。

除恶记

1931年8月，邓小平到江西任中共瑞金县委书记。没过几个月，一桩重大案件在瑞金叶坪发生了。邓小平听了案情报告，当即下令迅速查清，坚决严惩！

1932年2月的一天午后，一个中年妇女急匆匆地推开谢正平家的门。谢正平是瑞金县苏维埃裁判部的审判员，他一眼认出了来者是叶坪村谢深润的老婆朱秀秀，忙招呼她坐下。她头发散乱，眼睛红肿，见屋内人多，只是埋头痛哭。谢正平知道她有不便明说的事，便将她领到裁判部。朱秀秀见无外人，便将村苏维埃主席谢步升的丑恶倾吐出来。

谢步升家原本十分穷苦，12岁时就给地主打短工。1929年，年届30岁的谢步升参加了杨金山领导的工农武装暴动队，并一度成为云集暴动队队长。不久，面对"红""白"拉锯的险恶形势，他不辞而别，离开暴动队做起了贩运生意，从此家境逐渐好起来。1930年，他忽又抛开生意参加打土豪、分田地的斗争。由于他斗争积极，打土豪屡建功绩，被吸收加入了中国共产党，成立叶坪村苏维埃政府时，被推举担任村苏维埃政府主席。这时，他的声望陡然骤增。由于他熟悉情况，办事干练果断，得到诸多苏区党政领导的赏识。这个"穷苦工"一改往日的质朴，开始注意打扮自己，还常常自我陶醉地高昂着头，在往日的穷弟兄面前炫耀一番。

叶坪村的谢深润，是谢步升做生意时的老搭档，两人感情甚笃。谢步升回家参加打土豪的斗争时，谢深润仍继续在"黑白"交界地贩盐、贩米，有了积蓄，买了几亩田地。苏区丈田划阶级时，群众根据家庭状况，要定谢深润为富农。谢步升凭着往日的交情和已有的权力，给谢深润定为贫农。谢深润为此既保住了田，还分得一些土地和生产工具，谢深润一家无不感激。为报答谢步升，谢深润的妻子朱秀秀做了什么好吃的，总要请谢步升来家坐坐。谢步升见朱秀秀颇有几分姿色，也有事没事常往她家钻。一天，谢步升趁谢深润出远门做生意去了，趁着酒兴将朱秀秀诱奸。从此，只要谢深润一出远门，谢步升就必来。朱秀秀提心吊胆，很怕事情泄露出去。

一次，谢深润挑着担子出门去了，当晚，谢步升又来找朱秀秀。午夜时分，突然门外有人叫喊，朱氏一听是丈夫的声音，当即乱了方寸。屋子无后门无法脱身，谢步升只得迅速钻进床底下躲起来。谢深润半路返家，是因钱没有带够，他的钱又正好藏在床下砖堆缝里。谢深润点灯到床底下取钱，却见一男人蜷缩在那里。谢深润见"老搭档"这般无义，顿时火冒三丈，抄起木棍就打，谢步升乘机夺路而逃。谢深润越想越气，说要到政府去告他。谢步升却反咬一口，说谢深润恩将仇报诬陷他，后又编造一些证据，利用当时肃反扩大化之风，说谢深润是个隐藏的社会民主党分子，从事破坏工农政权、陷害革命干部等勾当。尽管这样，谢步升还不放心，一不做二不休，指使人将谢深润秘密杀害了。

朱秀秀得知丈夫被害，再也忍不住心中的愤懑，跑去厮打谢步升，向他索要自己的丈夫。谢步升不仅暴打朱氏，还威胁说：你如不老实，同你丈夫一样的下场！想到自己的命运难测，她鼓起了勇气，趁谢不在，跑到县苏维埃裁判部将谢步升的罪恶检举出来。

邓小平要求县苏维埃裁判部必须在3天内把案情搞清楚。负责审查该案的谢正平、杨世珠决定与谢步升直接接触。

谢步升家在叶坪老屋。谢、杨二位前往调查，发现了新情况。原来谢步升的妻子"改嫁"已有一年了，其女儿也托付给了他的母亲，现家中仅谢步升一人，他常夜不归宿，行动十分诡秘。好端端的一个家庭，谢步升的妻子杨氏为何要改嫁？为弄清事由，谢、杨二位颇费周折，终于在云集牛坑谢步升妻子的表姐家找到了谢步升的妻子杨氏。杨氏原本才30出头，却已两鬓挂白，当谢正平问及原因时，杨氏禁不住泪如泉涌，哭诉检举谢步升。

原来，谢步升在一年前就与"妖婆"相缠，嫌妻子碍手碍脚，暗中将杨氏卖给大柏地山河村的一个老光棍，明里又告诉邻里，说杨氏回娘家去了，没过多久又说她改嫁了。被卖的杨氏其实并未进老光棍的家门，偷偷跑到表姐家躲藏起来。杨氏深知丈夫心狠手辣，不敢露面，暗中一直紧盯着他的行踪。

那位与谢步升相缠的"妖婆"原来就住在云集圩上。在圩东头青砖瓦房里，谢正平、杨世珠看见一个年轻女子正坐在窗下看书。她，就是"妖婆"，20多岁，长得眉清目秀，细皮嫩肉，身段匀称苗条。

"妖婆"名叫汪彩凤，原是瑞金大地主谢益金的后妻。1930年春，谢益金被镇压了，汪氏只身一人住在谢宅。谢步升曾在谢益金家打过工，对汪彩凤很有好感，当谢益金被镇压后，谢步升便对汪氏起了歹心。一天晚上，谢步升敲响了谢宅的房门。汪氏在谢的淫威之下，被迫满足了他的兽欲。从此，谢步升常找机会往谢宅跑。汪氏十分害怕，不久就离开谢宅回到云集娘家。可谢步升仍不死心，常到云集与汪相约，还以同妻子离婚并娶她为妻相许，搞得汪氏无法脱身。

杨氏还检举：谢步升把一包打土豪所得的金银首饰拿回家藏起来，他还把100多斤食盐，衣物数件拿到家里；将公家3 000多斤大米又私自卖给了大米商……

县苏维埃裁判部弄清了谢步升的大部分犯罪事实。邓小平听了报告，怒不可遏。他马上召开县委、县苏维埃领导及裁判部负责同志的碰头会。邓小平说："同志们，我们的苏维埃政权建立才几个月，有的干部就腐化堕落，贪赃枉法，这叫人民群众怎么相信我们的党，相信我们的苏维埃政府？"邓小平要裁判部迅速将案情报告给中央裁判部。

谢步升被抓，轰动了瑞金。可是，一股来自上头的阻力随之而来。谢步升的入党介绍人谢春山，时在苏区中央局任职，他认为谢步升并无大错，是杨世珠等人为泄私愤，故意向他发难。谢春山在苏区中央局领导面前替谢步升说情，并攻击中共瑞金县委和瑞金县苏维埃政府是在推行右倾机会主义和右倾宗派干部政策，与中央路线相对抗。于是，苏区中央局的个别领导在没有调查的情况下，通知瑞金县苏维埃裁判部：将谢步升释放，谢步升的问题，由中央局调查处理。对此，邓小平坚持自己的意见。几十年后，杨世珠忆起当时的情形时，他这么说："当时邓小平同志就拍着桌子说：现在有些人什么事总是往'路线'上牵扯，这怎么能把事情办好？他接着表态说，人既然抓起来了，就不能轻易放掉。像谢步升这样的蜕化变质分子不处理，我这个县委书记怎么向人民群众交代？！于是，邓小平决定亲自到苏区中央局去反映谢步升的犯罪事实。同时，他要我向中央政府主席毛泽东汇报情况。当时，毛主席在东华山休养，我连夜跑去将谢步升的问题及所遇到的情况向毛主席汇报了。毛主席说：'腐败不清除，苏维埃旗帜就打不下去，共产党就会失去威望和民心！与贪污腐化做斗争，是我们共产党人的天职，谁也阻挡不了！'毛主席的指示，为我们果断处理谢步升增添了勇气和决心。"

1932年5月5日，瑞金县苏维埃裁判部对谢步升进行公审，判处枪决。谢步升向中华苏维埃共和国临时最高法庭提出上诉。4天后，以梁柏台为主审的临时最高法庭对瑞金县苏维埃裁判部的判决予以核准，否决谢的上诉。5月9日，红都瑞金响起了苏维埃中央政府成立后第一次惩治腐败分子的枪声。

暗访

1932年秋天，正是第四次反"围剿"决战前夕。当时常有国民党反动派的暗探、特务化装混入苏区，探听军情。邓小平一到第三作战分区驻地会昌县筠门岭，就加强了赤色戒严工作。

有一天，一个穿短衫、戴草帽、挑货郎担的小贩，路过筠门岭儿童局负责的一个检查路口。检查站的几个儿童团员手执红缨枪，雄赳赳、气昂昂地站在交叉路口放哨。儿童团员们见来了个小商贩，便上前问道："有路条吗？"

那商贩放下担子，在口袋里翻了一阵，说："小同志，真对不起，路条，出门时忘了带来。你们行个方便，让我过去吧。"边说边打开货笼子，拿出一大包饼干和糖果塞给儿童团员们。

儿童团员们把饼干、糖果放回货笼里，毫不客气地说："谁要你的东西！没有路条，走，跟我们到儿童局去！"他们留下两人继续放哨。

区儿童局局长小朱查问这个商贩：从哪里来？什么地方人？为什么没有

路条？听着小贩用外地口音支支吾吾地讲不清楚，顿时想起了苏维埃主席传达县委要"提高警惕，严防特务、暗探混进苏区"的指示，于是加紧追问。

那小贩无奈，一边求情，一边从衣袋里掏出一把钞票递给小朱说："真的是忘了带。我是好人，你就让我这一回吧！"

小朱看他来这一套，怒气冲冲地说："谁要你的钱，我们要的是路条！"说完就和儿童团员一起，推推搡搡地把商贩送到筠门岭区政府去。

到了区政府门口，小朱进去对区苏维埃吴主席说明了情况。

吴主席仔细一辨认，忍不住哈哈大笑起来。

小朱和儿童团员们莫名其妙，愣了好一阵，吴主席才慢慢地说："你们抓错人了，他就是布置我们加强赤色戒严工作的第三作战分区政委邓小平同志。他是化装来检查工作的。"

听了这话，小朱和儿童团员们都不好意思地笑了。

邓小平拍拍小朱的肩膀，笑着说："你们儿童团的工作做得不错，以后要发扬光大！"说完，打开货笼，把一大包饼干、糖果送给儿童团员们，边分边笑着说："吃吧，吃吧，这是奖励你们的。"

儿童团员们高兴地接过糖果，连蹦带跳地站岗放哨去了。

七营镇留佳话

"有盐同咸，无盐同淡"

1936年西安事变之前，红一军团政治部设在甘肃固原县七营镇。当时，邓小平任政治部副主任，与政治部文书科的五六个干部战士，住在离镇不远的吊咀子村的一个四合院里。

由于国民党反动派的经济封锁和军事围剿，当时红军的生活条件十分艰苦。端午节到了，伙房供应的仍是高粱馍、腌萝卜。文书科有的战士嘴里不说，心里却巴望加个餐，变个味哩！

准是邓副主任已经猜透了大伙的心思，这天下午，他在百忙中挤出时间，带着猎枪，到附近山里打回来几只野鸽子，交给了伙房。开晚饭的时候，炊事员把炖好的野鸽子汤，分给文书科领饭菜的同志。可是，连最想加餐变换口味的战士也双手直摆,抓过馍馍、腌萝卜,飞快转身,躲回文书科的小屋里。过了一会儿,邓副主任的通信员端来两大碗野鸽子汤,要大家喝,但还是无人接手。大家想到邓副主任日夜操劳,平日和干部战士一个样,过着馍馍加腌萝卜的苦日子,如今有了一点难得的野鸽子汤,该让邓副主任稍稍滋补一下身子,怎么还能去分享呢?

正在这时,邓副主任出现在文书科的房门口,关切地望着正在推让的干部战士,操着四川乡音笑道:"今日过节打个牙祭,讲啥子客气嘛!我们红军的老规矩,就是有盐同咸,无盐同淡。大家快把野鸽子汤报销啰!"

文书科的干部战士,见邓副主任发出"命令",嘻嘻哈哈地举筷拿勺,共享着鲜美的野鸽子汤。

背粮

为了便于行军转移,驻在七营镇的红军部队,身边都只带着三五天的粮食。政治部的干部战士也经常要到30里外的后方山里,把粮食背出来,供生活所需。

一天,政治部的干部战士接到命令,全体出发,到后方山里背粮。出发的当儿,邓小平也匆匆赶来了。

大家一见邓小平也要去山里背粮,纷纷嚷了起来:"邓副主任,你工作太忙,就别去了吧!"

可是,一贯严于律己、以身作则的邓小平,坚决要去背粮。他风趣地回答道:"命令是我下的,我能不带头执行?要吃饭,就得干……"

邓小平挤进队列,同干部和战士一起,向山里进发了。

唱《马赛曲》

1936年8月1日,红一军团团以上干部集中在七营镇开会。晚上,为庆祝建军9周年,举行联欢晚会。

河滩上,搭起了一个小舞台;入夜,汽灯点亮了。来开会的干部、战士,还有镇上的群众,挤满台前,席地而坐,观看军团文艺宣传队的精彩演出。

幕间,直属队突然响起洪亮的呼喊:"欢迎邓副主任唱一支法国歌,大家说要不要?好不好?"

"要，要！好，好！"一呼百应，台下响起雷鸣般的回声。

接着，啦啦队的呐喊声伴着有节奏的掌声，此起彼伏，在河滩上呼啸翻卷。

"欢迎邓副主任来一个，来一个，唱个法国歌！"

"来一个，快快快！"……热烈欢腾的呐喊声，在群山之中回荡。有些新战士渴望听到邓小平唱"法国歌"，却又担心邓小平不会上台。

可是，邓小平乐呵呵地大步登台了！他还是那满嘴的四川口音："来一个就来一个，我给大家唱一支法文的《马赛曲》，歌词的意思是……"他润润嗓门，便雄浑高亢地唱开了。

台下的观众为邓小平的博学多才、平易近人，发出由衷的赞叹。直至今天，这歌声仍像进军的号角，催人奋发……

第三编 立马太行

（1937—1945）

历程

奔赴抗日战场

1936年12月，因朱瑞调往红二方面军任政治部主任，邓小平接替朱瑞任红一军团政治部主任。

此时，为了进一步做好奔赴抗日战场的准备，红军开展了较为集中的军政训练。邓小平身为红一军团政治部主任，主管红一军团的政训工作。

军团政治部办了政训班，军团直属机关的干部在这个学习班里，有计划地学习马克思主义哲学、政治经济学和社会发展史。

梁必业将军对那段生活记忆犹新，他说："我们进行军事和政治训练，学习中央瓦窑堡会议决议，学习统一战线的方针政策。学员们每天早上起来出操、跑步、学军事、武器、运动战，还搞比武活动。政治课是小平同志给我们讲。他每天早晨起来看书、备课。他备课的时候，不让我们吵。他给我们讲课，讲政治经济学，从商品的两重性讲起。他给我们讲什么是劳动，劳动创造价值，给我们讲社会主义必然会代替资本主义。我们一礼拜上一堂课，课堂是自己搭的。在院子里，我们用席子搭了一个棚子做教室，一个黑板，向老乡借了二十几个长条板凳。邓每次都是一到时间就讲课。有一次供给部部长邝任农的人迟到了，邓一开课，拿起笔就在黑板上写下：'供给部迟到。'写完就开始讲课。供给部的人来了，一看这几个字，赶快悄悄坐下。邓没有批评人，但是以后再没有人迟到了。小平同志给我们讲的都是基本道理，很朴素的道理。许多工农出身的干部，都是第一次接受这样的系统教育。他还教我们唱《国际歌》，因为《国际歌》是外国歌，许多人不会唱或唱不准。我学会唱《国际歌》的音调，就是从邓那里学会的。"

他还说:"在王家楼,我们住一个小院子,两个窑洞,小平同志和我住北面的一个,警卫班住南面的一个。我们每个人每月发五元钱,邓的钱由我管。他喜欢喝可可粉,我有机会去三原时就给他买点。吃饭政治部一个锅,很简单,有时有肉。我们军团政治部有一个炊事员是从江西来的,会做红烧肉,来军团开会的干部都喜欢来政治部吃红烧肉。邓的生活很简单,但很有规律。邓同总部联系多,特别与当时的总政副主任杨尚昆联系多,杨每次来信都是鼓鼓的一大信封,邓几乎每天都要去驻在宫河镇的军团司令部看电报,或者和聂荣臻、左权同志谈事情。邓对干部要求很严,他说:'我这个主任,是要管师长的!'红一军团的师长、政委们,不管谁到司令部来,都要到政治部来请示邓主任。我那时当总务处处长,机关的一些同志想买点好的东西,买好一点的信封、信纸,连糨糊也不想自己做了,想买香糊用,邓批评了,以后就不敢了。1937年上半年,刘伯承、萧克他们率领的援西军经过宫河镇时,他们都来王家楼看了小平同志。小平同志还对他们说:'你们的任务艰巨呀!'西路军失败后,援西军停在庆阳一带,后撤回陕北。中共中央召开了一、四方面军团以上干部会,批判张国焘的错误,中央委托杨尚昆、罗瑞卿和小平同志3个人负责。开会的地点就在我们王家楼。尚昆同志来后,和小平同志、我3个人住一间房子,罗瑞卿个子高,一个人住那间警卫班的房子。这次会议的组织工作由我们政治部负责,要管组织会议、生活和安全保障。这是一次很重要的会议。"

在回想红一军团政治部的工作时,梁必业又说:"我们红一军团前后一共有过5位政治部主任,罗荣桓两任,时间最长。小平同志两年,在他的那个时期军团政治工作主要由政治部主任来抓。朱瑞任过一段,李卓然时间最短。我学习做政治工作,第一是向罗帅学习,第二是向小平同志学习。小平同志有理论水平,写作能力强,有用不完的精力。对问题抓得住,放得下。原则问题抓得很紧,其他问题放得开。"

1937年6月的一天,邓小平对梁必业说:"我要调工作了。"

梁问:"到哪里呀?"

邓答:"到总部。"

梁:"谁来接替你?"

邓:"罗荣桓。"

梁:"什么时候走?"

邓："很快就走。"

梁："你的伙食费还剩下几块钱怎么办？"

邓："你怎么这样认真！"

梁必业后来用这几块钱买了几条火腿让邓小平带走了。

离开红一军团政治部，邓小平接替杨尚昆，被任命为中国工农红军前敌总指挥部政治部副主任，也同时任中国工农红军总政治部副主任。

前敌总指挥部组成如下：

彭德怀任总指挥，任弼时任总政委兼政治部主任，左权任参谋长，邓小平任政治部副主任。

这表明，中国共产党和中国工农红军已做好奔向全国抗日战场的准备。

1937年7月7日，在日本侵略军的阴谋策划下，爆发了卢沟桥事变。由此日本发动了对中国的全面侵略战争。

7月下旬，日军向北平、天津发动大规模进攻并占领了北平、天津。随后，再向华北腹地大举进攻。

8月13日，日军猖狂至极，把战火燃烧到华东地区，向我华东最重要的城市上海进攻，构成了对南京国民党政府的直接威胁。

在这种敌军大举入侵、国难当头的危急时刻，蒋介石迫不得已，最后下定了进行抗日战争的决心。

卢沟桥事变发生后，中国共产党于次日即通电声明，"只有全民族实行抗战，才是我们的出路"。同月，共产党再次呼吁，实行"全国海陆空总动员"，"全国人民总动员"，进行"统一的积极的抵抗，立刻集中抗战的军事领导，建立各个战线上的统一指挥，决定采用攻势防御的战略方针，大规模地在日军周围及后方发动抗日的游击战争，以配合主力军作战"。

迫于华北、华东的紧张形势，国民党政府开始认真地对待国共合作这一重大问题。

8月，国民党在南京召开国防会议。共产党应邀派遣周恩来、朱德、叶剑英率团赴南京参加军政部谈话会，并同国民党进行谈判。

这次会谈最终达成协议，将陕甘宁地区的红军主力改编为国民革命军第八路军，下辖3个师。

8月22日，南京国民党政府军事委员会正式发布命令，将红军改编为国民革命军第八路军，任命朱德、彭德怀为正、副总指挥。

8月25日，中共中央革命军事委员会发出改编命令，宣布中国工农红军第一、第二、第四方面军和陕北红军改编为国民革命军第八路军。红军前敌指挥部改为第八路军总指挥部，朱德为总指挥，彭德怀为副总指挥，叶剑英为参谋长，左权为副参谋长，任弼时为政治部主任，邓小平为副主任。八路军下辖第一一五、第一二〇、第一二九3个师。1937年12月，南方的红军游击队改编为国民革命军陆军新编第四军。

红军接受改编为八路军后，一方面，全军认真学习洛川会议精神，为走上抗日战场做好准备；另一方面，广大指战员对于改编、换装的做法存在一些情绪。

要让这些红军战士摘下他们心爱的、佩戴了10年的红星八角帽，穿上原来对他们进行过疯狂剿杀的国民党军队的军服，他们的心里，怎么能够平静！

因此，这个时候，八路军政治工作的一个很重要的内容，就是认真学习和领会中共中央关于国共合作和抗日统一战线的方针政策，尽快克服八路军广大指战员中存在的这种情绪，以便以高昂的斗志奔赴抗日前线。

邓小平作为八路军政治部的副主任，肩上的担子更重了，工作更忙了。

据当时在八路军总部政治部当组织部部长的王平老将军回忆："邓小平找我去，说：'离出发还有半个月，你可以到部队了解一下情况，特别是部队接受改编后的思想状况，看看有什么问题。'我去了三十军，见到萧克、李聚奎他们。在那里了解到，我们的部队对于改编成八路军，把红军的帽子换成国民党军队的帽子不满意，情绪还没有转过来，许多人把红星八角帽摘下来，悄悄藏起来。他们说：我们外面是白的，里面却永远是红的！回总部后，我把情况向邓汇报了，邓说我了解的情况很真实，很好。"

由于八路军的前身是红军，是中国共产党领导下的人民军队，政治素质好，经过教育和学习，广大指战员很快克服了存在的情绪，士气高昂，开始向着东方，向着黄河，向着被日本侵略者踩躏的华北大地挺进。

1937年9月初，八路军总部出发东进。

邓小平说，他们在朱德总司令率领下，从三原出发，先是骑马，在风陵渡东渡黄河，再到达山西的侯马。

在侯马，邓小平曾在一个特务团召集的积极分子会上讲了话，讲形势，讲统一战线思想，讲为什么由红军改编成八路军，讲党的洛川会议精神。

9月21日，朱德、彭德怀、任弼时、左权、邓小平等乘火车到达太原。

太原的八路军办事处设在成成中学内。这时，朱德、彭德怀、周恩来、任弼时、刘少奇、邓小平、徐向前等八路军和中共北方局的高级领导都已先后到达太原。

在太原，八路军总部和中共北方局主要领导同志召开会议，讨论华北抗战形势和八路军的行动方针。会议指出，华北面临全部沦陷的危险，我党、我军要准备广泛发展游击战争，扩大八路军使其成为拥有数十万人枪的强大集团军，建立起很多根据地，这样才能担负起独立坚持华北抗战的重大任务。

9月23日，朱德总司令率八路军总部抵达山西五台县南茹村。从此时开始，八路军总部即设在五台县。邓小平他们的政治部，设在邻近的东茹村。

从此，共产党领导的八路军，正式进入抗击日本侵略者的最前线，投身于抗日战场的熊熊战火之中。

建立动委会

以山西五台为中心的晋东北地区，是八路军挺进山西后，最早开辟的敌后抗日根据地。八路军总部机关到晋东北后，驻扎在五台县县城东面的南茹村、东茹村一带。

邓小平到总部机关时，正是第一一五师于9月25日取得平型关大捷的第二天，总部机关沉浸在欢庆胜利的喜悦之中。为了尽快落实周恩来在敌占区和可能成为敌占区的地方建立动委会的指示，他和任弼时在总部机关召集第一一五师、第一二〇师团以上政治部门领导开会，提出要立即和地方党组织相配合，大刀阔斧地吸收各方面人士，建立各级动委会。根据邓小平的指示，中共晋东北特委书记王逸群首先向浑源、山阳、应县、忻县、繁峙、代县、五台等地派出县动委会主任，迅速建立动委会。

从10月上旬起，山西的战局更加紧张起来。10月1日，日军参谋本部向华北方面军下达了攻占太原的命令，其主力部队沿代县至原平的公路发起进攻。中国军队为了保卫太原，集中8万余兵力发起忻口战役。从13日起，国共合作发动的忻口战役，历时半月余，歼敌2万，创造了抗战以来华北战场上大举歼敌的纪录。

战事越紧，动委会的工作越显得重要。邓小平全身心用在指导动委会在战区发动群众上。很快，在晋北雁门关长城内外的天镇、阳高、大同、怀仁、广灵、灵邱、浑源、应县、山阴、朔县、平鲁、左云、右玉、繁峙、代县、宁武、神池、偏关，晋北南部、太原北部的五台、定襄、静乐、岢岚、岚县、忻县、兴县、保德、河曲、临县、五寨、崞县等地，以及察哈尔南部的蔚县、阳原、怀安、宣化、涿鹿和绥远全省广大区域内，建立起动委会。

动委会建立过程中和建立以后的工作中，一些地方的共产党组织内"左"的急躁情绪仍时时干扰着充分发挥动委会作为合法的统一战线组织的作用。有的党组织只愿单干，不愿和党外的左派或中派合作；在组织上不善于运用动委会的名义，也不愿参加牺盟会（山西牺牲救国同盟会），处处想以八路军的面目出现，在工作中，往往包办代替，有的在群众集会上笼统地骂晋军，引起中间人士的反感；对友军、同盟者的错误态度，不善于批评和采取适当的纠正措施。阎锡山本来对成立动委会是被动的，害怕左派同共产党接近，担心民众倾向共产党，而进入山西的中央军又有倒阎的动作，因此，他对动委会逐渐采取了消极的态度。

邓小平及时地把实际情况汇报给周恩来。10月14日，周恩来致电洛甫、毛泽东、朱德、彭德怀：

> 从大局看，要推动阎锡山前进。在共产党方面，要以团结反对分裂，以信任反对挑拨，以争取合法反对取消。策略是：巩固左派，联合中派，孤立右派。具体办法是：凡事可为阎接受者，尽量向他建议，由他出头去办，影响他周围的人，以改变其内部成分；战委会的活动范围可暂限定于指定县份，不必再求扩大；对民众的动员名义一律通过战委会，密切同牺盟会、教导团等的合作。要同阎锡山、梁化之做进一步的恳切谈话，提出双方的共同前途，消除他们的怀疑与恐惧，改变他们的一些不正确观念，以取得彼此信任，推诚合作。

10月19日，洛甫、毛泽东复电周恩来：

> 山西须坚持与阎合作，不参加任何倒阎阴谋；按照一定政治原则与阎及其部下合作，对原则决不让步，对执行原则的方法必须十分讲究，不可锋芒太露，引起晋军分裂。

邓小平在动委会的问题上，和周恩来、中央的意见保持了一致，使动委会在广大战区和敌后大刀阔斧地开展了工作，为下一步开辟创建根据地打下了基础。

八路军在山西的战略任务，是要在晋东北、晋西北、晋东南、晋西南山区，广泛发动群众，开展游击战争，创建抗日根据地。当忻口战役正在激战，日军又从娘子关突破中国军队防线沿正太路突入山西东部时，中共中央电示八路军总部，要派人到目前距敌尚远的吕梁山脉之晋西南地区做适当部署，以创建根据地。八路军总部首长研究，并经周恩来同意，将"适当部署"晋西南的战略任务，交给邓小平去完成。

晋西南吕梁山脉地区是邓小平较为熟悉的地方。1936年春他随红军东征时，曾在这一带活动，深知吕梁山区在山西、华北的战略地位和对屏障陕甘宁根据地起的重要作用。领受任务后，他立即带领政治部的傅钟、陆定一、黄镇等民运、宣传两部的同志，连同韦国清带领的总部随营学校，共500余人，离开在晋东北的八路军总部和八路军主力，单独向晋西南的汾阳、孝义一带挺进，去开辟一块新的战略基地。

10月中下旬，邓小平率领大批人马陆续到达汾阳、孝义一带。

此时，太原已在日军的飞机轰炸之中，从北、东向太原推进的日军加速向前，太原保卫战已到紧急关头。邓小平到汾阳后，收到周恩来10月18日的两封电报，电报强调指出："注意支持与发展晋军中的左派力量，凡在八路军驻地及附近如有决死队、教导团驻扎，不管他们有无中共党组织关系，应积极争取和影响他们，同他们密切合作；有时用他们的名义帮助其发展，如此方能推动阎锡山的进步。""在友军中，中共党的组织要保持极端秘密，采取垂直线的个别领导，不宜发生多方面横向的关系。"

汾阳、孝义是太原保卫战的后方基地。邓小平到后，根据周恩来的指示，立即让民运部组成各地地方工作团，到各地去发动群众，开展抗日活动；指示孝义县牺盟会特派员曹诚、平遥县牺盟会特派员李文炯，以牺盟会名义组织游击队，准备在敌人南下后开展游击战争；同时让八路军随营学校在孝义县城内中阳楼下的县牺盟会公开挂出招生布告，吸收有志抗日的青年学生。曹诚、李文炯组织起游击队后，起名"八路军晋西游击支队"。邓小平根据周恩来"用他们名义帮助其发展"的意见，将游击队名称改为"牺盟会晋西游击支队"。为了帮助其发展，邓小平从八路军政治部和随营学校抽调了一些干部去加强游击队的工作，使这支名义上为牺盟会的游击队，按照八路军的一套办法训练、管理，很快就发展成有2 000人的游击支队，后在第一一五师的帮助下编成游击第三团。

根据太原日益吃紧的形势，邓小平分析，汾阳、孝义县县城在太原失守后，很难保住。因此，他让韦国清组织随营学校的青年学生，将兵站的粮食、布匹、棉花等抢运、疏散送到安全地区。让派出去的各个地方工作团组织当地群众，防止国民党撤退时的骚扰、抢劫。

晋西南吕梁山区是红军东征时重点开辟的地区，东征时有许多积极分子加入了共产党，一部分随红军到了陕北。八路军政治部到晋西南时，将一部分本地的红军带回来，同留在当地的共产党员、抗日积极分子结合起来，开辟当地工作。邓小平确定，以当年红军东征时开辟过的兑九峪、大麦郊一线为中心，首先在孝义、平遥、介休、永和、石楼、蒲县、大宁等县开展工作。为便于指导上述各县的工作，邓小平将黄镇派到离孝义较远，靠近陕西的石楼、永和去主持开展工作，自己移驻到孝义县城西吕梁山边的下堡村。这些县都有牺盟会组织，特派员大多为共产党员。邓小平很快和各县牺盟会特派员建立了联系，让他们大刀阔斧地开展工作。

11月初，续范亭、程子华、南汉宸带领战动总会机关及直属单位从太原撤到汾阳，邓小平要他们尽快在晋西各县建立动委会，公开打出招牌，领导抗日活动。

11月6日，邓小平将战动总会干部召集起来，听取干部们关于前一段动委会在各地开展工作的汇报。汇报完后，邓小平说："太原就要失守了，这将是一个战略性的转折。这种形势，可以概括为两个前进，一个后退。这就是：日军在继续前进，我八路军也在向敌人占领的两侧继续前进。而国民党的军队则还在继续后退。我们要在这里组织动委会，广泛发展抗日势力，造成一个声势浩大的抗日局面。"

有人提出："汾阳还不是战动总会的工作地区，我们怎么好公开打出动委会的牌子活动呢？"

邓小平果断地说："当仁不让。他们逃走了，他们不干你们干！太原失守后，溃兵很快就会退到汾阳，你们要做好准备，尽量减少群众的损失。最好把群众组织起来。学生呀，商会呀，居民呀，都打着小旗子上街游行。再就是组织纠察队，维护社会秩序，保护群众的生命财产。我们还要组织群众家家蒸馒头，熬稀饭，在城门上挂上'欢迎从前线回来'的旗子，使过往士兵们有吃有喝。"

11月8日，太原最终被日军占领。如潮水般涌来的败将溃兵，如惊弓之鸟，没命地从汾阳向西南方向跑。阎锡山的军政要员和太太、少爷、小姐，带着大包小包，蜂拥而至。阎锡山的地方官员，已逃得无影无踪，在沿路维持秩序、负责接待的只有佩戴蓝底白字臂章的八路军，和佩戴绯红色"战地动员"臂章的战动总会的工作人员。

逃亡大军过后，邓小平指示战动总会向晋西北地区敌后发展，靠拢第一二〇师主力，在离石、中阳、临县、方山、清徐、文水、交城、汾阳等地开展工作。此后，邓小平工作的重点，转回到八路军政治部。

在领导动委会工作的时期内，邓小平深感当时党内，特别是不少干部中还存在着追求虚名、不图实效的"左"的情绪。最为普遍的是只愿用八路军、共产党的旗号，不愿用牺盟会、阎锡山的牌子。一些地方的干部，不注意取得山西当局的支持与合作，因而发生了一些矛盾。同时，又有一些干部，过分拘泥于统一战线中的合作，不敢理直气壮地去发动群众。他及时向周恩来、刘少奇、朱德等汇报了他了解到的情况。周恩来和北方局、八路军总部也注意到了"左"的和右的这两种倾向。太原失守前的10月27日，周恩来和刘少奇联名发出关于在不同地区处理同阎锡山的关系和开展党的工作原则的电报指示。

太原失守后，由于阎锡山军政官员忙于溃逃，晋军、国民党军溃败后在群众中的威信一落千丈，统一战线中的"左"倾情绪又有所抬头。为此，在延安的毛泽东、周恩来、彭德怀于12月2日联名致电在山西的朱德、任弼时、邓小平、杨尚昆、彭雪枫：

> 在日军缓进，阎锡山继续留在山西的条件下，八路军仍须着重巩固统一战线，尤其注意同阎的关系，避免发生不必要的磨擦。

根据以上精神，12月18日，朱德、彭德怀、任弼时、邓小平联名，以第十八集团军军分会的名义发出训令：

巩固民族统一战线,是我们工作的中心与方针。在山西方面的地方工作中,必须注意尽量取得与山西当局及地方政府、民众团体与附近友军的协同与合作。

邓小平从9月下旬领受周恩来要他领导动委会工作之日开始,到12月,前后仅3个月时间,就在山西省的晋东北、晋北和晋西广大区域内,建立起了组织动员民众抗日的统一战线组织——各级动委会。邓小平的雄才大略,在山西战区很快显露出来。3个月的实践,为邓小平在1938年进入太行山区,充分发挥其才干,同军事战略家刘伯承密切合作,为创建中国敌后最大的、巩固的晋冀鲁豫抗日根据地,奠定了坚实的基础。

坚持独立自主

1938年1月2日,朱德、彭德怀、任弼时在马牧八路军总部听取从太行回来的刘伯承、彭真汇报太行山地区的工作。刘伯承重点汇报了分遣部队和反"六路围攻"的情况以及军队建设的情况;彭真汇报了省委工作情况和开展统一战线的情况。彭德怀告诉他们,中央计划让邓小平出任第一二九师政委。刘伯承听了非常高兴,邓小平也忍不住内心的喜悦。1月5日,中共中央军委任命电报正式下达。军分会和北方局还决定,彭真在传达完后仍以北方局代表身份到太行山去指导工作。

1月6日,北方局、军分会在马牧召开会议正式传达。

传达会刚刚结束,邓小平和彭真就去刘少奇住处,提出了一系列的问题:12月政治局会议和洛川会议的精神为什么明显不同?如果今后在敌后一切都要通过统一战线,一切都要服从统一战线,我们在实际工作中怎样去独立自主地开展游击战争、发动群众、开辟根据地?1927年大革命失败的最沉痛的教训,就是我们党放弃了领导权,没有自己掌握的军队。现在又要把领导权让出去,只有通过国民党当局的同意才能去开展工作,这不又是走大革命时期陈独秀的右倾老路吗?如果国民党当局不同意我们分兵发动群众,不同意我们建立抗日政权,不同意我们建立抗日武装,不同意我们建立敌后抗日根据地,我们还怎样开展工作?

刘少奇边听，边沉思着。在12月的会上，王明指责毛泽东在《上海太原失陷以后抗日战争的形势和任务》的报告中对形势的分析有错误，认为刘少奇写的《抗日游击战争中各种基本问题》一文观点有问题。刘少奇清楚地记得王明在会上对他的点名训斥。现在，邓小平和彭真提出的问题，正是自己也想不通的问题。但刘少奇一贯严守党的纪律，对于不同意见，他一句也不表露。邓小平、彭真一再提出问题，刘少奇最后只说了两句："中央会议精神要保证传达下去，实际工作中不要公开提和中央会议精神不一致的口号。独立自主是洛川会议定了的，这次会也没有否定，实际中去干就行了。"

从刘少奇住处出来后，邓小平等又找任弼时谈了他们的观点，得到任弼时的支持。

晚上，刘伯承、彭真到邓小平的住处，一起研究回去怎么办的问题。三个熟人聚在一起，谈论起来就随便得多了。刘伯承首先说出了自己憋在心里的话："彭总传达的内容，有许多使人费解的问题。洛川会议我是参加了的，至今，我还认为那次会上提出的路线、方针、政策没有错，毛主席对形势的分析和对我军作战方针的意见是正确的。我们在敌后有深切的体会。王明懂什么？他对敌后情况了解多少？刚从国外回来，就指手画脚。什么'一切经过统一战线''一切服从统一战线'，又不准提统一战线中的领导权，又要搞什么'共同负责''共同领导''共同奋斗''共同发展'，还要搞什么'统一指挥，统一纪律，统一武装，统一供给和统一作战计划'，这不是把领导权都'共同'和'统一'到国民党手中去了吗？到前线去看看，到敌后去了解一下，能行得通吗？洛川会上毛主席就强调，要在坚持统一战线、巩固统一战线的同时，保持共产党在政治上、组织上的独立性，吸取1927年大革命失败的教训。因此，才有独立自主原则的提出。按照王明的意见，还有什么独立自主可谈？都统一到国民党方面去了，谁来领导敌后抗战？谁去发动游击战争？谁在敌后开辟创建根据地？太行山中的国民党快跑光了，和谁去'共同'，找谁去'统一'？我是想不通。"

"看来，英雄所见略同啊！"彭真乐呵呵地打趣说。他是个乐天派，不管遇到什么事，总是乐呵呵、笑眯眯的。

"我们已在少奇、弼时处讲过了，你又在这里讲，看来太行山上的意见是一致的。"邓小平也笑着说。他沉思了一下，又点燃一支烟，说："依我看，王明从国外带回的意见，不符合中国目前的抗战实际。离开具体情况空谈统一战线，对抗战无益。他认为，国民党转向抗日以后，国民政府开始成为全中国统一的国防政府，人民开始有充分的民主自由，政治制度也开始民主化。事实上，根本不是这回事嘛。我看，他过高地估计了国民党政策的转变，忽视了抗日民族统一战线中不同阶级和集团的原则区别，抹杀了国共两党两条不同抗战路线的原则分歧和斗争。他把抗战胜利的希望主要寄托在国民党军队身上，同当年陈独秀把大革命胜利的希望寄托在国民党身上一样，注定是要失败的。"

彭真盘腿坐在炕上，接上话说："从半年来的事实看，直到现在，国民党不但没有彻底改革政治机构，或排除亲日派，反把亲日派在政府中的地位提高了。国民党虽被迫下了抗战的决心，但始终没有勇气改革军队中的政治工作，开放民运，发动民运。相反，他们直到在前线退却时，还把民众压得紧紧的，不让民众起来与军队共同抗战，不让民众起来改善自己的生活，怎么会有人民'已有充分的民主自由，政治制度开始民主化'之说呢？"

邓小平接着按他刚才的思路说下去："毛主席在延安党的活动分子会上的报告中，尖锐地提出了在党内要反对阶级对阶级的投降主义；在全国要反对民族对民族的投降主义。这一问题提得好。洛川会议上，毛主席就说过：在统一战线中，是无产阶级领导资产阶级呢，还是资产阶级领导无产阶级？是国民党吸引共产党呢，还是共产党吸引国民党？是把国民党提高到共产党所主张的抗日救国十大纲领和全面抗战上来呢，还是把共产党降低到国民党的地主资产阶级专政和片面抗战？这些问题，现实地摆在我们面前。核心问题是谁占主动，谁领导谁，谁影响谁的问题。"

说到这里，邓小平把烟掐掉，挥动着右臂坚定地说："我看，共产党在抗战中必须有当仁不让的气魄，主动地、勇敢地挑起领导抗战的担子，用我们全面抗战的路线，去影响国民党，去带动国民党。在汾阳时，我就对动委会的干部说过，要在抗战和动员民众方面当仁不让。如果没有当仁不让的勇气，在敌后就站不住脚，也不会在敌后独立自主地开展游击战争，开辟创建起巩固的根据地。"

"当仁不让，用得好！古人云：'当仁不让于师。'为了中华民族的生存，为了国家、人民不受日本帝国主义的欺辱，就应该当仁不让。少奇同志不让我们在会上说，只让我们在实际中干。我看，在这里的会上可以不说，但在太行山中的会上总可以说吧？"彭真赞同邓小平的意见，提出了回去说的意见。

军分会一结束，刘伯承和朱德、彭德怀到洛阳去参加蒋介石召集的军事会议。1月18日，邓小平、彭真一起回到太行山中。刘伯承一开完会，赶回辽县西河头。他们本着独立自主的原则，以当仁不让的气魄，采取了一系列有力的措施：

根据中共中央和八路军总部的指示，为了迅速开展冀南地区的工作，从第三八五旅第七六九团抽调了3个步兵连、1个机枪连和1个骑兵连组建成东进纵队，由第三八六旅副旅长陈再道任司令员、省委书记李菁玉任政治委员，于1月挺进冀南。李菁玉走后，李雪峰接任省委书记。

1月28日，以师教导团派出的干部为骨干，建立起第一二九师游击大队，谢家庆任大队长、张国传任政治委员（亦称谢张大队），到榆社、武乡、襄垣、黎城一带活动。

2月9日，以师教导团的30多名干部和地方党相配合，建立起第一二九师游击支队，桂干生任司令员、张贻祥任政治委员（亦称桂张支队），到平（定）和（顺）公路以东、正太路以南、平汉路石家庄至内丘段以西地区活动。

2月10日，以师教导团两个连为骨干，建立起第一二九师先遣支队，张贤约任司令员、张南生任政治委员，到辽县以东、平汉路邢台至磁县段以西及漳河以北地区活动。

2月17日，以第三八六旅第七七一团的1个步兵连和教导团的部分干部为基础，建立起第一二九师独立游击支队，赵基梅任司令员、涂锡道任政治委员（亦称赵涂支队），在白（圭）晋（城）公路以东、漳河以南、平汉路以西的地区活动。

在大刀阔斧地分遣部队、发展游击战争的同时，师部和省委召开了一系列会议，全面部署太行山区的工作：

2月2日到3日，刘伯承、邓小平召开了第一二九师第5次军政会议，强调要迅速在晋、冀、豫区打开工作局面，大胆放手地去搞，只要把群众发动组织起来，建立起游击队、自卫队，就为开辟根据地打下了基础。会上，提出要大力扩军，不仅各游击队、支队要扩军，第一二九师主力部队也要扩军。到太行山以前，邓小平写了《动员新军及新兵政治工作》一文，到太行山后，该文发表在2月12日出版的八路军总政治部刊物《前线》第3、4期合刊上。邓小平在文中提出："应以最大努力，利用一切可能，动员广大民众加入军队，补充现有兵团，组织新的部队，积蓄与扩大国家的武装力量，以支持长期艰苦的战争。"到太行山后，邓小平将他在文中提出的动员新兵工作付诸实施。

2月4日到5日，第一二九师召开高级干部会议，邓小平在会上传达了中共中央12月政治局会议和北方局、军分会1月会议精神。邓小平在一般传达后，强调分遣到各地去工作的同志，一定要学会单独工作，善于团结一切抗日力量，把各阶级、各阶层都团结在自己的周围，把党的方针、政策变成一切抗日力量的行动，迅速打开局面，奠定建立根据地的基础。刘伯承在会上做了军事报告和反倾向斗争报告，强调要勇敢地挑起动员武装民众的担子，在整个太行山上发动起群众性的游击战争，这是我们肩负的神圣责任。徐向前就分兵发动群众、进一步实行战略展开的问题进行了部署，强调在建立游击队时，必须坚持党的绝对领导，配备强有力的领导骨干。否则，便不能保证其革命性、战斗性、独立自主性。

第一二九师开会的同时，彭真、李雪峰召开了有各特委、县委、区委（工委）领导同志参加的晋冀豫省委活动分子会议。彭真传达了中共中央12月会议和北方局1月会议精神，综合大家讨论中提出的问题，做了会议总结报告。李雪峰代表省委做了党的工作报告。会中，邓小平、倪志亮和彭真、李雪峰一起研究了根据地建设中的武装、政权、群众工作三大问题，并召开了一次有各特委书记参加的小型的党领导骨干会议。彭真在会上针对讨论中一些同志提出的"独立自主本身是否错误"的问题，明确指出，中央过去指示我们的独立自主本身是没有错误的。它的正确应用，是在保障党的政治和组织的独立性，在任何情况下，哪怕是同盟者张皇失措动摇逃跑的情况下，我们都必须独立自主地坚持动员领导广大群众积极抗战。大革命失败的深刻教训就在于没有强调独立自主，结果吃了大亏。在抗战中，我们绝不能再犯大革命时期的右倾错误。

3月中旬，邓小平、倪志亮协助李雪峰在西河头村以中共晋冀豫省委名义，召开了建立太行山根据地的会议。参加这次会议的有晋冀豫地区北部已初步建立起根据地的辽县、和顺、昔阳、平定、井陉、元氏、赞皇、临城、内丘、邢台10个县县区委委员以上的党的干部。这10个县的军队和政权，都在共产党掌握之中，因此，实际上这是太行山抗日根据地内第一次执政党的会议。会议讨论了怎样利用自然山建立人造山的问题，强调领导与组织武装，是我党在目前阶段中唯一重要的任务，要在太行山上建立起八路军基干游击队、县干队、区干队、游击小组等脱产的抗日武装和不脱产的自卫队。这些武装必须在地方党各级组织领导之下组织起来，并保证党在其中的绝对领导。讨论到在统一战线中和抗日政府中党的作用和地位时，会议认为，党应该成为实际上的组织者、领导者，要有负责的独立自主精神，使自己成为统一战线的核心力量。

这一系列的措施，把王明带给敌后抗战的阴影一扫而光。邓小平、彭真坚持独立自主的原则，以当仁不让的气魄开展工作，使抗日的烽火很快燃烧在太行山上。

领导抗日反顽斗争

1939年3月7日，刘伯承、邓小平率领第一二九师师直部队及第三八六旅返回太行山中，驻扎在距八路军总部所在地潞城县北村不远的黎城县乔家庄。

此时，太行山区根据地的腹心地带，刚刚经历了正太路、同蒲路沿线日军，分别对和顺、辽县及翼城、浮山、安泽地区的"扫荡"，日军占领了和顺、翼城、浮山、安泽等县城。由于第一二九师主力在冀南，反"扫荡"作战从晋西南向山东开进，路经太行的第一一五师代师长陈光、政委罗荣桓，指挥第一一五师第三四三旅、第一二九师第三八五旅和决死第一纵队进行。6 000余日军在根据地内东撞西碰，死伤数百人后撤回各个据点。日军虽未达到寻歼主力八路军的目的，但是在根据地内抢占了几个县城，对根据地造成了威胁。

刘伯承、邓小平返回太行后，首先总结了挥戈东进冀南的工作。3月10日，邓小平在总结会上做了《关于在新的环境下我们的工作总结》的报告，就对目前形势的估计，党如何领导游击战争，党怎样领导政府工作、群众工作，怎样进行党的工作，如何在敌我交界处工作，怎样加强党内团结等问题提出了意见。邓小平认为，敌人进攻西北和西南之前，会"扫荡"华北。冀南处在华北平汉、津浦两铁路之间，又是泰山和太行山两个据点的连环，所以敌人"扫荡"华北，一定会进攻冀南。敌人进攻冀南，是想占领城市，在根据地内钉钉子，而我们则要拔钉子。他提出，我们的战术原则是运动游击战，特别是用普遍的游击战争，来坚持冀南抗战，不断袭扰疲惫敌人，打敌交通部队、运输队，包围县城，伏击敌人的增援部队，断绝敌人交通。拔下一个钉子，地方就宽广一些，再继续拔。要不断地消灭和消耗敌人，但不为敌人所算，避免被敌人消灭。硬拼正是敌人所希望的。我们要想巧妙的办法对付他，不为他所算。邓小平在报告中指出，在广大平原上开展游击战争，各级党组织要有独立性和战斗性，特别要加强对游击队的领导，这是今后党的工作中占第一位置的工作。县以上党组织必须随游击队活动，用游击队掩护自己、掩护党、掩护抗日政府、掩护群众团体，党和抗日政府要依靠军队武装，检查领导工作。游击队应配合正规军作战，要统一指挥，使游击队、自卫队、正规军三位一体，配合作战。报告的最后，邓小平强调：

> 现在环境是复杂了，磨擦不免要多起来，在敌人进攻的时候，似乎是少了，但并不是完结。我们要站在统一战线原则下，互相让步，求得团结。但要认识，如果没有我们的阵地，巩固与扩大统一战线是不可能的。没有力量是处处做不通。
>
> 我们党与八路军，是在艰难困苦斗争当中锻炼出来的。只有这样的党，才是最坚固最有力量的党。

会议后，刘伯承、邓小平又于3月15日、22日分别签发了《关于冀南反扫荡战术指示》《关于在严重情况下坚持平原游击战争给各部的指示》，重申了会议精神，部署了反"扫荡"工作。

部署完冀南工作后，刘伯承、邓小平于3月18日在乔家庄再次召开干部会议，根据2月7日朱德、彭德怀、左权、傅钟签发的八路军总部的整军计划训令，研究整军问题。这时，晋冀豫区内的八路军，经过1938年的大发展，主力部队、地方兵团、游击部队都有迅速增长，成为开辟、保卫根据地的强有力的武装力量。由于部队发展快，原有的干部大量调出，新成分大批增加，政治素质有所下降；新建立的部队基础还不十分稳固；在大批新加入的成分中，既没有应付敌人残酷进攻的经验，又缺乏在统一战线中与国民党顽固派进行斗争的思想准备。由于部队在开辟工作阶段长期分散活动，政治工作受到削弱，军阀主义、游击主义倾向有一定滋长。根据中共中央和总部的指示，第一二九师确定整军的目的是：在大发展的基础上，进一步加强党对部队的绝对领导，加强思想教育，加强政治工作，加强内部团结，发扬人民军队的光荣传统，克服军阀主义与游击主义倾向，使部队在思想上、政治上、组织上大大提高一步，把大发展的成果巩固起来，以适应当前斗争形势的需要。总部要求，整军从3月1日开始。由于第一二九师部署得较晚，实际工作，从3月下旬正式开始。

这是自从开上山西抗日前线后，部队第一次整军。整军期间，正值抗日反顽斗争紧张阶段，结合晋冀豫区的实际，部队反复进行了斗争形势、统一战线与保持红军光荣传统的教育。整军中，提出了"建立党军"的口号，加强了党对军队的领导，建立健全了各种政治组织和制度，整顿了部队的供给、卫生制度，总结了抗战以来的工作，对所属部队进行了局部整编。整军之后，全军政治觉悟明显提高，内部团结进一步加强，战术技术水平得到了提高，战斗力大为增强。这次整军，巩固了1938年以来战略展开、大发展的成果，有力地保障了反"扫荡"、反磨擦斗争。

刘伯承、邓小平回师太行山后，华北敌后战场上空的反共妥协投降阴云越来越密。蒋介石在1938年12月下旬于陕西武功召开向敌后的八路军"收复失地"的会议后，中共中央于1939年1月针对国民党"溶共、防共、限共、反共"的方针，发出《关于我党对国民党防共限共对策的指示》，指出："国民党目前的进步同时包含着防共限共工作的强化，这种进步中的恶劣现象，一时尚不会降低"，要求八路军要"以冷静而严正之态度对之"。国民党召开五届五中全会后，其反共政策已定，并陆续发出《限制异党活动办法》《共产问题处理办法》《沦陷区防范共党活动办法草案》《第八路军在华北、陕北之自由行动应如何处理》《异党问题处理办法》《处理异党实施办法》《运用保甲组织防止异党活动办法》等反共、反人民的文件，并成立了"防共委员会"，公开破坏抗日民族统一战线。国民党内的反共顽固派由过去对共产党偷偷摸摸地进攻，变为明目张胆地制造磨擦，公然向根据地内的抗日武装、抗日民主政权和抗日群众团体发动军事进攻，向共产党、八路军"收复失地"。2月10日，中共中央发出了《关于华北各地磨擦问题的指示》。

在3月下旬召开的整军会议上，邓小平根据中共中央的指示，强调在政治教育中，要向广大干部、战士指出抗战的长期性与艰苦性，指出大地主、大资产阶级的投降妥协倾向，八路军既是民族战士，又是阶级战士，在抗日民族统一战线中要进行必要的斗争。通过斗争，克服妥协投降危险，巩固统一战线，巩固根据地。整军中的反顽斗争教育，使广大指战员明确了抗日和反顽的关系，提高了反顽斗争的自觉性。

3月，阎锡山在陕西省宜川县秋林镇召开晋绥军政民高级干部会议，矛头直指在共产党领导下发展起来的山西新军和在动员组织民众进行抗日中起着重要作用的牺盟会。山西的妥协投降分子和河北的反共顽固派，形成对太行山根据地的夹击之势。刘伯承、邓小平率领的第一二九师在太行山上，向东可密切注视鹿钟麟、张荫梧等在河北的行动，监视日伪军在平汉路沿线的布防活动，向西紧靠太行山根据地腹地，可指挥主力部队同进攻根据地的日伪军作战，打击山西妥协投降分子对根据地的进攻。

河北是晋冀豫区中磨擦迭起的地区。国民党五届五中全会后，鹿钟麟有恃无恐，更加放肆地进行磨擦活动。蒋介石在任命石友三、庞炳勋为冀察战区的副总司令时，要石"在万难中拿住冀局，以对付八路军"，并给鹿钟麟拨了12万元，让他在河北发展国民党组织。此后，令人痛心的事件连连发生：

1939年2月12日，国民党民军第十团将路经新河县邢家庄的第一二九师东进纵队第二团的8名战士的武器、财物抢走，并把他们全部推入河中。

2月22日、23日和3月10、25日，国民党赵云祥部在冀县宋家庄、广宗县刘家庄和威县枣科庄等地，活埋东进纵队第五支队、第二团的指战员44名。

4月25日，国民党王子耀部在任县邢家湾向第一二九师青年纵队第二团进攻，打死1名、伤8名，枪支弹药被抢去。

5月5日，国民党丁树本部在馆陶县善乐村偷袭第一二九师某部回民连，将60余名指战员的武装解除。

5月15日，石友三部将第一二九师存在清河县以北的两门迫击炮、600余支步枪及许多炮弹、子弹、军衣抢走。

5月下旬，在河北的国民党反共顽固派头子张荫梧、赵云祥、乔明礼、王子耀等部在深县、束鹿之间的磨头、南北马庄一带集中，暗中和伪军勾结，准备突袭八路军。

对于反共顽固派一而再，再而三的挑衅，刘伯承、邓小平非常气愤，决定狠狠回击，打消其嚣张气焰。在动员会上，刘伯承说："我们对这些磨擦专家不能太软了。我们是前门拒虎，后门进狼，处在虎狼夹击之间。这只狼虽然不敢惹老虎，可是它敢吃人。不狠狠地教训一下，他们是不会规矩一点的。"

邓小平根据中共中央5月13日发出的关于秋林会议后对山西我党工作方针的指示精神，要求在反顽斗争中防止和克服一切可能发生的惊慌失措与悲观失望的情绪，防止党员（特别是有公开职务的）丧失自己的立场或轻易离职。当前，特别要使党组织更坚强更有战斗力。此时，刘伯承、邓小平已接到彭德怀副总司令将赴冀南与鹿钟麟谈判解决河北省问题的通知，蒋介石、卫立煌也给彭德怀去电，希望彭、鹿会谈成功。邓小平要求在反击顽固派时，要迅速解决问题。

5月22日，张荫梧、赵云祥等部向八路军再次公开挑衅，刘邓下令将挑衅的部队包围，经一昼夜激战，全部击溃，活捉了乔明礼，张荫梧、赵云祥化装逃走。26日，彭德怀和鹿钟麟会谈，使鹿暂时有所收敛。

7月初，日军抽调5万余人，在驻山西第一军司令官梅津的指挥下，再次向晋东南抗日根据地发动了大规模的进攻。刘伯承、邓小平在反顽的紧迫形势下，指挥第一二九师开展了反围攻战。此次反围攻作战一直进行了一个多月，第一二九师进行了大小战斗70余次，歼敌2 000余人，收复了榆社、武乡、沁源、高平等城，粉碎了围攻。在"第二次九路围攻"中，日军重兵占据了根据地的大部分县城，控制了白晋路北段和邯长、平辽等路，晋冀豫抗日根据地被分割。在根据地内的八路军，面临严峻的局面。第一二九师在这种形势下，一方面分遣一部分主力结合地方部队、游击小组组成游击集团，依靠人民群众的支持，寻机打击敌人；另一方面严密注视反共顽固派的不断挑衅活动，严惩顽固不化者。

正当日军大规模围攻根据地之际，逃走的张荫梧又集中起部队，于8月1日包围了八路军驻赞皇中马峪的工作队，在黄北坪包围了独立二支队第二大队。冀西的局势，日趋严重。

师部机要室内的收发报机"嘀嘀嗒嗒"昼夜响个不停，一封又一封报告反共顽固派挑衅进攻的电报接连不断。机要科科长刘华清迅疾地翻译着电文，及时送给李达参谋长。

8月12日，刘伯承、邓小平正主持召开师、旅领导会议，李达把一封刚收到的独立支队发来的关于张荫梧已开始向独立二支队第二大队进攻的紧急电报，交给刘伯承。刘伯承拿过电报，一边看，一边听李达汇报张荫梧最近的猖狂活动，李达说："据报，张荫梧已集中了3 000余人，在中马峪、黄北坪一带向我们发动进攻，大有消灭独立第二大队的势头，情况很危险，我们需采取紧急措施。"接着，李达又列举了其他几起磨擦事件的情况。

刘伯承看完后把电报递给邓小平。邓小平看完电报，气愤地说："这些磨擦专家欺人太甚，应该教训教训他们。没有斗争，抗日统一战线就巩固不了。我们的部队都叫人家搞垮了，哪里还有什么统一战线可言，就只剩他国民党一家独裁了。"

停了一下，邓小平接连吸了几口烟，思考一下后提出："根据中央和总部的指示，我们还是政治的、军事的双管齐下。河北的这几个人，也要区别对待。石友三这一段有些活动，在向鹿钟麟靠；孙殿英在和陈赓谈判后，表示仍然愿意同我们合作抗日，目前可以先不惊动他们二人。张荫梧是一个死硬派，他的第四团在6月下旬宣布脱离他的领导，自愿接受我军指挥后，在他内部引起了混乱，这次要在军事上毫不客气地打击他一下。我看，政治部门搜集整理张荫梧等人反共、通敌的罪行材料，要确凿，无懈可击，报给总部。建议朱总和彭总给蒋介石去电，陈述张荫梧的罪行，要求撤他的职。"

刘伯承接上说："这就叫作'枪打出头鸟''杀鸡给猴子看'。谁搞磨擦最凶，我们就迎头把他打回去。对这些磨擦专家，不能太软。不狠狠教训一下，他们是不会规矩一点的。"

刘伯承边说，边拿起一份关于孙殿英部第八支队偷袭我先遣支队的材料，对李达说："先起草一封给孙殿英的抗议电报，让他老实一点。电报写好后，以师部的名义发给他。这个人嗅觉灵得很，不用明说，就知道我们要动手了。"

邓小平点头赞成这个做法。刘伯承又对邓小平说："鹿钟麟那儿，我再去一趟，先稳住他。告诉他我们打张荫梧的理由。他和张荫梧有矛盾，不会积极援助张荫梧的。"

8月13日，彭德怀在晋冀豫区各界民众"纪念八一三两周年暨追悼平江惨案殉难烈士大会"上发表演讲，痛斥了张荫梧的罪行。他说："河北的顽固分子张荫梧，他执行日本帝国主义的命令、汉奸汪精卫派的命令，专门暗杀共产党员，暗杀八路军的指战员。张荫梧在6月21日晚上，派队袭击包围我冀中驻深县刘家庄的吕正操部，一个晚上杀死我们400多人。张荫梧从本年3月到5月两个月，杀死我们的人中仅支部书记以上的干部就有80多人……统计起来，我们共产党员、八路军指战员死在顽固分子毒手里的已经有1 074人，其中干部占67人！

"同志们，这些事国家不是不知道的。自从去年9月鹿钟麟先生来到河北后，河北便被张荫梧等闹得乌烟瘴气，磨擦事件一天比一天增多，一天比一天严重，暗杀、活埋共产党八路军的事天天都有发生。我们曾经一再打电报给（国民党）中央政府，给（国民党）军事委员会，给蒋委员长、程主任，阎、卫司令长官，请求制止上述不幸事件的发生。但是至今始终没能得到合理的解决……

"同志们！这件事不仅政府要管，全国抗日同胞要管，我们共产党、八路军、新四军也要管，我们决不能再让人家任意屠戮，决不能再这样忍受下去。新四军是八路军的兄弟，八路军、新四军同是国民革命军的一部分，同是中华民族的武装，老百姓的武装。他们决不能这样白白地被杀死，他们的血决不能这样白白地流在自己的后方。我们坚决反对这样的杀人办法！我们一定要号召全国同胞起来反对这样的杀人办法。"

第一二九师的指战员，早已摩拳擦掌，纷纷请战，要求严惩张荫梧这头恶狼。彭德怀讲话以后，刘伯承、邓小平当天召开师营以上干部会，部署反顽斗争。刘伯承在邓小平动员之后，对各部队打张荫梧的任务提出了要求。会议结束时，刘伯承再次站起来说："同志们，我们要把巩固抗日根据地和保卫家乡密切联系起来，把反对反共与妥协投降分子的运动深入到群众中去，这是巩固根据地、发动民众、补充兵员的先决条件。统一战线是阶级的联合，因此，磨擦就是阶级斗争的表现。目前我们每一个干部都要学会对付磨擦，叫作'硬不破裂统一战线，软不丢失政治立场'。对张荫梧这样疯狂反共的顽固派，我们的办法是'必要的磨擦不可无，不必要的磨擦不可有'。具体做法呢？10个字：'争取、说服、瓦解、孤立、打击'。太行山是战略的据点，敌人和顽固分子都重视它，争夺它。我们一定不能让步，这是党中央、毛主席的指示。目前，我们要孤立、打击的是张荫梧这位专搞磨擦的'英雄'，为我们被杀害的阶级兄弟报仇！"

打张荫梧的任务，由东进纵队政委刘志坚、第八支队支队长汪乃贵指挥独立第一团、青年纵队第三团和冀西游击队承担。同时，由第三八五旅旅长陈锡联、政委谢富治率第七七二团、第七六九团相配合。8月16日，早就憋足了劲头的第一二九师主力部队一部发起进攻。张荫梧看起来很凶，但与八路军主力交起手来，却是一只不禁打的癞皮狗。战斗进行到24日，张荫梧已招架不住，率残部越过平汉路向赵县方向逃窜。9天中，张荫梧部的2 000余人当了俘虏，剩下的1 300余人已失去了战斗力。27日，仓皇逃到赵县东北唐家寨的张荫梧残部全军覆没，张荫梧本人乘混乱之机落荒而逃。

张荫梧挨打后，八路军总部将张荫梧破坏抗战的罪证送给蒋介石。在确凿的证据面前，蒋介石被迫于9月19日下令"着张荫梧停职查办"。鹿钟麟因在河北大搞磨擦，声名狼藉，怨声载道，被迫辞去了河北省省主席职务。

敌后的磨擦事件，根源还在重庆。11月，蒋介石主持召开国民党五届六中全会，将五中全会上确定的政治限共为主，改为军事限共为主，一场更大范围的反共恶浪再次掀起。这股恶浪在山西首先出现高潮。

阎锡山在秋林会议后，一步一步向反共妥协投降的路上滑去。12月初，阎锡山首先在晋西集中了6个军的兵力，向新军决死第二纵队和八路军晋西支队发起进攻，继而在山西各地大规模地进攻新军、八路军，袭击捣毁牺盟会和抗日政府，大批抗日军政干部和进步人士被逮捕、被杀害。阎锡山一手导演了山西十二月事变。

在晋东南，阎锡山的第八集团军总司令兼第三行署主任孙楚勾结太行区南部的国民党中央军，捣毁了7个抗日县政府及第五专署、牺盟会长治中心区、《黄河日报》上党分馆、阳城《新生报》社等，屠杀400余名共产党员和进步分子，绑架3 000余人。反共顽固派还在决死第三纵队发动叛乱，卷走3 500余人。

12月6日，刘伯承、邓小平接到毛泽东、王稼祥签发的《中央军委关于晋西南事件及我们的方针的指示》，指出："晋西南阎部新旧两军已发生严重武装冲突，表现着山西旧派投降日寇的表面化，其性质是对抗日的叛变。"中央军委要求各地"准备坚决应付事变，对叛军进攻绝不让步，坚决有力地给予还击"。9日，又发来补充指示，再次强调："坚决反击阎之进攻，力争抗战派的胜利""坚决保卫抗日进步力量，原则上决不让步""必要时八路军应以适当力量支持新军打退旧军"。

坏消息一个接一个传到师部，刘伯承、邓小平密切注视着事态的发展。蒋介石将张荫梧撤职后，任命朱怀冰（国民党第九十七军军长）接替张荫梧，兼任冀察战区政治部主任及河北省民政厅厅长；任命乔明礼为河北民军总指挥。两人上任后，自恃有正规军，继续搞磨擦活动。朱怀冰将其第九十七军向高平、陵川、辉县开进。针对朱怀冰的行动，刘伯承、邓小平发布确保太行山阵地的命令，令第三八六旅、第三四四旅、晋豫支队到武乡、襄垣、平顺、壶关、阳城等地；第三八五旅、冀西游击队到内邱、宋家庄、松烟镇以北地区；

青年纵队第二团、东进纵队第一团到冀西，协同先遣支队到宋家庄、松烟镇以南，邯长路以北地区；冀南军区主力部队到南宫、枣强、巨鹿以南，卫河以西地区。命令中强调："磨擦重点在太行山，望令各部星夜到达指定地点，勿误！"

各部队刚刚到达指定地区，河北的另一位反共顽固派石友三派出国民党独立第四旅进至束鹿、宁晋地区，和朱怀冰的第九十七军形成对太行山根据地东、南两面夹击的态势。如果他们的阴谋得逞，在正太路、德石路以南，将形成一个反共地带，这样，势必使在西北、华北的八路军与华中的新四军隔断。确保太行区在八路军手中，是反顽斗争的战略目标。

反顽同抗日是紧密联系的两项战略任务。刘伯承、邓小平在紧张的反顽斗争中，寻机向日军发动进攻。12月初，太行区周围的日军正在进行较大的调动。原驻平汉路和邯长大道的日军第十师团调回日本，白晋路南段及长治地区的第二十师团也大部调走，余部正经邯长大道东运，白晋路及邯长大道西端由第三十六师团接防，邯长大道东段由独立混成第一旅团接防。换防后，太行南部的日军减少，新来的部队人生地不熟。刘伯承、邓小平认为，可以利用新的日军刚刚到位的时机，组织邯长战役，打断日军分割太南、太北的封锁线，改变第一二九师及太行山根据地在敌顽夹击下的不利形势。经八路军总部同意，从12月8日开始，发起邯长战役。战役到26日结束，毙伤日伪军700余人，收复了黎城、涉县两城及23处据点。此次战役，使太南、太北连成一片，巩固了后方，为紧接着进行的严重斗争做了准备。

第一二九师在同日军作战时，在晋冀豫区的反共顽固派却继续制造磨擦。朱怀冰在"创建根据地、驱逐八路军"的口号下，到处派兵抢占八路军占领的要点，包围青年纵队和冀西游击队，抢粮食物资；庞炳勋的第十四军攻进陵川抗日县政府和长治县县公安局；石友三在威县东北贺钊地区袭击了八路军医院；乔明礼和侯如墉联合向我驻在赞皇地区的范子侠部发动攻击。

面对反共顽固派的步步进逼，刘伯承、邓小平已到忍无可忍的地步，向中央军委和八路军总部要求反击。12月23日，中共中央发出对时局的指示，指出："凡遇军事进攻，准备在有理又有利的条件下坚决反抗之，极大地发挥自己的顽强性，绝不轻言退让。"25日，八路军将领联合通电全国，反对国民党顽固派枪口对内。29日，朱德、彭德怀致电阎锡山，控告孙楚的罪行。31日，朱德在接见《新华日报》华北版记者时指出，八路军对孙楚的行径，不能漠不关心，正在密切注意中。1940年1月12日，刘伯承、邓小平下令反击侯如墉、乔明礼部，将其大部消灭。残部经日军救援，逃窜至赞皇投向敌人。

时局的发展，在进入1940年后，更加恶化。1月17日，蒋介石发出命令，要太南、太岳地区的八路军一律撤至白晋路以东，邯长路以北。第一二九师不能坐等反共顽固派的进攻。刘伯承、邓小平根据中共中央和八路军总部的有关指示精神，于1月13日发出反顽斗争指示。19日，朱德、彭德怀向蒋介石提出抗议，并于同日致电刘伯承、邓小平，令陈赓部主力立即移驻太岳区，同决死队会合，统一指挥该地区的八路军和决死队。陈赓部到太岳后，狠狠打击了国民党第二十七军，同时争取其他国民党军，制止了蒋阎军向临屯公路以北进攻的企图。紧接着，刘邓又令第三四四旅在太南地区向阎锡山的反共先锋孙楚部发起反击，恢复了太南被反共顽固派占领的地区。

对于抗日阵营内出现的这股反共逆流，第一二九师指战员中有许多人想不通。为了使广大指战员，特别是各级干部站在全局的高度认识当前妥协、投降和反共的逆流，提高抗日反顽斗争的自觉性和自信心，刘伯承和邓小平于1月20日在辽县桐峪镇召开了干部大会，邓小平在会上做了《关于目前形势的报告》，分析了目前出现反共逆流和投降妥协逆流的原因后，向干部们提出：

> 中国今天的抗战，正处在十字路口，正在激烈斗争中。时局尚未最后绝望。我们的任务，是争取时局好转。我们全体指战员和根据地的干部群众，都应该有高度的警惕性，准备应付随时可能到来的突然事变。突然事变可能有两种形式：一是全国下大雨，一是部分地到来。无论是哪种突变，我们仍然采取"人不犯我，我不犯人；人若犯我，我必犯人"的立场。

对于太行山根据地来说，更大的威胁在东部地区。为了制止反共顽固派的进攻，刘伯承决定再去找一次鹿钟麟和朱怀冰。1月31日，刘伯承亲赴冀西，去同鹿、朱会谈。鹿此时虽被迫辞去河北省省主席，但仍掌握着军权。经过和八路军较量，鹿有所收敛，而朱却趾高气扬。刘伯承耐心地向他们陈述了八路军以抗日大局为重的态度，同时指出："一二九师一个师抵御了10万日军和十几万伪军，并非怕你们。"

但朱怀冰不以为然，油腔滑调地说："师长不要看得过重嘛，这都是下面不听约束搞起来的。"

就在刘伯承离开后，朱怀冰部的第九十七军第八十四团围攻第一二九师驻磁县贾璧的先遣第一大队和驻武安县固义、徘徊的青年纵队第二团，打死打伤数百名八路军。朱怀冰反咬一口，致电刘伯承，反诬青年纵队第二团向他的部队进攻。

接到朱怀冰的电报，刘伯承气得狠狠一拍桌子说："没想到朱怀冰厚颜无耻到了如此地步，非让他尝尝八路军的厉害不可！"

当即，刘伯承亲自草拟了给朱怀冰的一封长电，据理据实驳斥。

电报发出后，刘伯承、邓小平立即着手制订反击朱怀冰的计划。2月3日，毛泽东致电八路军总部和第一二九师，指出：对石友三部采取争取的方针已不适用，应在其向我出击时坚决彻底消灭之。八路军总部接此指示后，立即令第一二九师反击朱怀冰等部。

反击首先在冀南以打石友三为主展开。在冀中军区政委程子华、冀南军区政委宋任穷统一指挥下，冀南、冀鲁豫和冀中部队联合作战，从2月11日至18日，用了8天时间，歼顽军2 800余人，石友三余部被赶出冀南地区，逃到漳河以南清丰、濮阳地区。朱怀冰、鹿钟麟等部被迫南撤。

蒋介石对于冀南形势的发展非常恼火。石友三部受挫后，蒋介石令朱怀冰、鹿钟麟、孙殿英等部进占磁（县）、武（安）、涉（县）、林（县）地区，与直南石友三、丁树本及山东沈鸿烈等部相互呼应；同时令在黄河以南的国民党第四十一、第七十一军向太南开进，南北配合，向太行山、冀南抗日根据地进攻。为打破国民党反共顽固派军队据守太南，联结直南、鲁西，隔断华北、华中抗日根据地的联系，调动大军向八路军主力进攻的阴谋，八路军总部决定在平汉路以东发动打石友三部的卫东战役；在平汉路以西发动反击朱怀冰部的磁武涉林战役。

朱怀冰自恃有蒋介石支持，竟然向八路军总部提出，要八路军让出河北部分抗日根据地给他的部队，否则，将向八路军进攻。朱德在八路军总部会见朱怀冰，向他明确指出："抗日根据地是八路军从日寇手里夺回来的地方，你们要占领，人民不会同意。你们要地盘，有的是地方，你们去把日寇占领的广大沦陷区夺回来，不就行了嘛！如果你朱怀冰不明大义，胆敢进攻，我们一定坚决自卫。"

然而，朱怀冰对朱德的忠告只当耳旁风，仍然我行我素。朱德、彭德怀决心给其以狠狠打击。3月4日，程子华、宋任穷指挥的卫东战役打响，一举歼灭石友三、高树勋、孙殿英等部6 000余人。

反击朱怀冰部的磁武涉林战役由刘伯承、邓小平指挥。2月下旬，开始调动部队，研究作战计划。

反击顽军的猖狂挑衅，是第一二九师上下早已摩拳擦掌的事情。在师部研究时，邓小平提出："朱怀冰是进攻我们的急先锋。根据目前顽军的态势，我们的作战意图应该是：集中主力歼灭朱怀冰部，监视鹿钟麟和孙殿英部，尽可能争取他们中立。"

刘伯承问李达："除去参加卫东作战的部队外，我们还能抽出几个团？"

"13个团。"李达回答。"我看，这次战役我们有把握取胜。"刘伯承分析说，"我们目前能抽出集中起来的兵力共有13个团，是朱怀冰部队的3倍左右，这次全用上，分左、中、右3个纵队，采取包围穿插战术，插入朱怀冰部的纵深，直捣他的心脏。关键在于迅速，让朱怀冰来不及跑掉，其他顽军也来不及救援。这次战役的成败，关系整个华北的抗战局面，各部队都要加强政治动员，要讲清打这个战役的重大意义，坚决消灭他们！"

邓小平接着说："我们要把这个屡次争取无效的'磨擦专家'打个落花流水。对于鹿钟麟，还是要区别对待，对于孙殿英，可采取相约不打枪的办法，劝他尽量离开战斗区域，免得麻烦。"

按照八路军总部的安排，由邓小平在前线指挥，刘伯承在师部坐镇。

3月5日2时，邓小平命令各部队全面出击。

早已怒气冲天的第一二九师健儿，一接到攻击的命令，从各自的位置上向朱怀冰部发起猛烈的攻击。朱怀冰做梦也没有想到八路军会对他展开如此大的攻势，仓皇之中，组织反击，但为时已晚。遭打击的部队一和八路军主力交战，立刻感到攻势的猛烈，没等朱怀冰下令撤退，各部已自顾保护自己，寻路逃遁。朱怀冰见部队已不听他指挥，为保性命，丢下溃不成军的部队和全部辎重、后方机关，自顾夺路逃跑。第一二九师主力紧追不舍，将朱怀冰残部和前来增援的其他国民党反共顽固派军队统统消灭。整个战役，从5日发起，到8日结束，仅用了4天时间，歼灭1万余名反共顽固派，活捉了朱怀冰第九十四师参谋长蒋希文、鹿钟麟部参谋长王斌、国民党武安自卫军军长胡象乾等大批官兵，并俘虏了150多名混杂在军中的官太太。

3月9日，八路军总部电告第一二九师，国民党第一战区司令长官卫立煌出面，请求我军停止进攻，愿同我军谈判。刘伯承、邓小平遵照上级指示，下令各部队就地休整。中旬，在太南地区的八路军主力北撤至平顺、漳河之线。后经朱德与卫立煌谈判，议定以临屯公路和长治、平顺、磁县之线为界，南面为国民党军队驻防区，北面为八路军军队驻防区。

抗日反顽斗争，是抗战进入相持阶段后，共产党、八路军被迫进行的一场艰苦复杂的斗争。斗争结束后，刘伯承、邓小平在5月24日总结这一斗争时指出：

> 我们在这一时期中一方面要对付敌人的严重"扫荡"，另一方面又要对顽固反共派进行必要的防御性的反磨擦斗争。在严重斗争中要巩固扩大统一战线，巩固扩大抗日根据地和继续发展自己的力量。这一时期斗争最艰苦，处境最困难。

在百团大战中

1940年7月中旬，清漳河畔的第一二九师师部内，八路军副参谋长左权，同刘伯承、邓小平、李达正谈得热火朝天。师部作战室内，一片振奋人心的欢乐气氛。左权挥着手臂，讲得津津有味："彭总的设想，是要借鉴你们白晋战役中突袭的办法，在华北敌后组织一次大规模的破袭战役。春天聂荣臻来晋东南时，彭总就和我们议过，让荣臻和伯承再度协力，从南、北两面对正太路来个大破袭。"

"那次议论，是在谭家村。当时伯承提议，各打一面，不如各打一段。荣臻他们破袭东段，我们破袭西段。"邓小平说。

"现在的形势，对我们并不利。敌人利用平汉线割断我山区和平原的联系，利用正太线分割了太行山和晋察冀。国民党妥协投降的势头有增无减，在敌后造谣我们'游而不击'。不打一仗，这个局面不会改观。敌人要搞以战养战，主要靠交通。对于敌人来说，铁路和公路，好比人体上的大小血管，据点则好比淋巴腺。切断血管，就会使敌人日趋消瘦枯萎，使敌完全困厄于城市之中。要打，就要切断它的血管，使其无法向根据地内延伸。"刘伯承谈了他的看法。

"彭总正是这个想法。他认为,为了打击敌人的企图,配合晋南及华中各友军作战,保卫大西北,打破日寇妄图消灭我华北抗日根据地的阴谋,坚定全国人民抗战胜利的信心,实现中央提出的克服困难、克服投降、争取时局好转的任务,必须打一个大的破击战役。破击的主要目标放在正太路上,同时,在平汉、同蒲、白晋、平绥、北宁各线配合行动。大战的主角是你们师和晋察冀部队,第一二〇师和豫、绥、热的八路军及决死队都要参加作战。"左权转达了彭德怀的意见。

邓小平听了,明确果断地说:"这个设想我看行,可以这么干!打破敌人'囚笼政策',这一着棋太好了,彭总设想很好。我看,在正式命令下达之前,我们可以着手准备。打这个大仗,越快越好!"

他们一直谈到深夜。第二天,左权返回在武乡王家峪的八路军总部,向彭德怀汇报了第一二九师领导的意见。

左权走后,刘伯承、邓小平将李达、蔡树藩、黄镇等司政首长召集到一起,研究着手进行大战前的准备。7月14日,以山西第三行政区专员公署和太行纵队司令部的名义,联合下达了《关于军民协同进行破路清野的指示》,命令"我各地方军队团、营、游击队以及县政府依托县武装科领导不脱离生产的半武装组织(县依武装科领导全县一切不脱离生产的半武装组织参战应成为经常工作,不要因某种突击参战工作的组织而失其作用),协同群众团体把抗战区与敌占区民众一体动员组织起来,或各区军民独立地或配合野战军与敌人展开交通斗争,到处机动转入敌后方,乘虚破坏敌人铁路公路"。这一命令下达后,在太行山区,首先开始了紧张的破路准备工作。

7月22日,刘伯承、邓小平收到了八路军总部《关于破击正太路战役的预备命令》。

接此命令的第二天(23日),又接到朱、彭、左签署的《关于进行正太路战役中之侦察重点》,接着又接到八路军总部关于战役发起后各部队与总部、各部队相互之间通信联络的规定。北方局、八路军野战政治部对动员民众、战地勤务、政治工作等,分别发出指示和进行了部署。刘伯承、邓小平根据以上指示、命令,于7月22日当天,签署发出了《一二九师关于准备进行正太路战役的指示》,指定第三八五旅、第三八六旅、新第十旅、决死第一纵队各以两个团共8个团参加正太路破袭战;8月2日,以刘、邓、蔡、黄的名义发出《一二九师关于克服部队右倾情绪的指示》;8月4日,以刘、邓名义发出《一二九师综合破路经验通报》。第一二九师和晋冀豫区内的备战工作，一直紧张繁忙地进行着。

8月8日晚，刘伯承、邓小平接到朱德、彭德怀、左权联名发来的《战役行动命令》和《破坏战术之一般指示》，对战役部署、作战区域、战役指挥、战役发起时间和大破正太路的战术要求做了明确的规定。战役发起时间定在8月20日。任务为：

> 刘邓集团以主力8个团附总部炮兵团一个营，破击平定（含）至榆次段正太线，破坏重点在阳泉至张净段；对元氏以南至安阳段平汉线、德石路、邯（郸）大（名）路、榆次至临汾段同蒲线、平遥至壶关段白晋线、临屯公路，应同时分派足够部队正面地破袭之，阻敌向正太线增援，相机收复某些据点；对辽（县）平（定）公路应派有力部队积极活动，相机收复沿线某些据点；另以一个团之兵力位于潞城、襄垣间地区。

刘伯承、邓小平根据八路军总部的电示，于16日发出《一二九师关于正太战役的作战命令》，命令陈赓、陈锡联和谢富治统一指挥正太路破袭战，"占据正太路阳泉至榆次段（均含）的铁路与建筑物，进行连日的彻底的破毁"。17日，他们收到左权签发的"一律在8月20日20时开始攻击"的命令。这一时间，正是白晋战役全线总攻击开始的时间。

正太路破袭战，比白晋战役的规模要大得多。收到左权电令后，刘、邓把李达、黄镇叫到一起，并电话征求了在部队布置工作的蔡树藩的意见，以刘、邓、蔡、黄、李的名义，于17日当天上午，又发出一份电令。

大战在即。各部队、各地党委、各抗日民主政府，都在紧张地工作。

8月18日，离大战发起只剩下两天时间。这天午后，在和顺县石拐镇，刘伯承、邓小平召集最后一次作战会议。这时，参战各部已秘密到达指定地点集结，各项准备工作亦大致就绪。参加作战会的左、中、右翼破击队指战员都到齐后，刘伯承首先传达了8月8日八路军总部下达的战役行动命令，接着，根据对破击地段内日军片山独立混成第四旅团兵力、布防等情况的分析，提出了战役纲领。战役纲领规定，此役主要是对正太路阳泉至榆次段（均含）的铁路和建筑物进行连日的彻底的破毁，特别是对于桑掌至晓庄与马首至芦家庄两段铁路的技术工物，要着重破毁。各破击队为了保障铁路确实破毁，应兼用专门的便衣队或有力部队,突然潜入或袭击铁路、公路线上的必要据点,以破毁其要害,烧夷其建筑物。对于路侧远伸的据点,只用少数部队监视,先不要强攻,也不要被其抑留。当日军片山独立混成第四旅团部队由阳泉、平辽公路向我右侧背迂回时,则各个消灭之,保证破击顺利进行,并造成将来收复榆(社)辽(县)的基本条件。对榆次方面来援之敌,则进行牵制。刘伯承宣布,全师用在正太战役上的兵力为10个团,另准备抽相当于28个团的武装分别在平汉、白晋、同蒲诸线上,进行广泛的破路袭敌,以策应正太路的作战。最后,他宣布了各路的组成和任务,宣布师部指挥所将扎在安丰以北的明水头,前方联络所在上龙泉以南的马鞍桥。

部署完后,邓小平讲话:

> 同志们,这是一场硬仗、大仗,必须打好,坚决粉碎敌人的"囚笼政策"和经济封锁,巩固和扩大抗日根据地,锻炼和提高八路军的战斗力。特别重要的是,这一战役打好了,不仅对推动我国抗战,提高有志人士坚持抗战的信心有重大意义,而且对国际反法西斯斗争也会有重大影响。我们各个破击队要齐心协力,把这次大战打好,夺取全胜!

会议从下午一直开到深夜。各破击队指战员匆匆吃过晚饭,立刻连夜返回各自指挥所,传达命令、部署战斗。

8月的太行山中,正是一年中的闷热季节。虽说8日是立秋,23日将是处暑,但气压仍低。19日、20日白天,刘伯承、邓小平不断询问各破击队准备情况,报上来的都是令人满意的回答。

20日午后,沉闷的空中开始下起小雨,到傍晚时,仍不住地飘落,给大战增加了掩护的条件。

时间在一分一秒地向20时逼近,刘伯承、邓小平在师指挥所内静静地等着前方的消息。20时刚到,猛然间,整个正太路上如发生大地震一般,震天动地的爆破声将大地震得阵阵跳动,枪炮声、喊杀声响彻云霄。与此同时,平汉、同蒲、德石、沧石、白晋、北宁、津浦等交通线上,同时响起爆破声、喊杀声。刚刚准备休息的日军,遭此灭顶之灾,不知所措;互相打电话,谁也联系不上谁,彼此失去了联络。

21日晨,刘伯承、邓小平向八路军总部发去第一份战报:第一二九师左翼破击队陈赓旅攻击寿阳西南之芦家庄，连克碉堡4座，全歼守敌，占领车站；芦家庄以西10里以内之铁路桥梁完全被我破坏。当夜，太岳军区部队向平汉、德石、白晋、同蒲等敌交通线广泛出击；冀南、太行军区部队各一部攻克邢台车站；决死第三纵队政委董天知在潞城王家庄战斗中光荣牺牲。

21日白天，战斗更加激烈。第一二九师主力攻克正太路燕子沟、坡头、上湖敌据点。阳泉的日军在天亮后组织反击，与第一二九师展开狮垴山阵地争夺战。其他各路攻击部队继续发起猛烈破袭。到25日，正太路上的狼峪、张净、芹泉等车站、据点及外围的冶西据点又被攻破。31日，主力又顺势攻占了正太路南的落摩寺据点。正太路西段除寿阳等少数据点外，其余已为第一二九师主力控制。

主力部队攻克据点的同时，各路破击队步兵、工兵和广大参战群众相结合组成的破路队，在沿线炸桥梁、拆铁轨、烧枕木、平路基，将铁轨源源不断运往后方。

八路军在华北发动的大规模破击战，使日军交通线陷入瘫痪之中。8月22日，刘伯承、邓小平收到彭德怀、左权签发的第一份战斗通报，第一次使用了"百团大战"这一名称。8月23日，华北《新华日报》印发八路军总部司令部发布的《华北交通总攻击战》第1号《捷报》，肩题：保卫大西北，粉碎敌"扫荡"，我总攻正太同蒲平汉铁路；主题：八路军胜利展开百团大战；副题：捷报纷传，已切断正太全线，包围阳泉攻克井陉。同一日，刘伯承、邓小平收到朱德、彭德怀、左权、罗瑞卿、陆定一签发的嘉奖电。

百团大战第一阶段的胜利，极大地振奋了全国军民的抗战信心。毛泽东得此消息，致电彭德怀：

百团大战真是令人兴奋，像这样的战斗是否还可组织一两次？

国民党方面，也纷纷发电、发消息，宣传百团大战。蒋介石也于9月11日发出嘉奖电。

中共中央和全国军民异口同声的赞扬和鼓励，使八路军总部领导决心在第一阶段大战胜利的基础上，发动第二阶段的再战。

正在准备第二阶段的攻击时，日军集中兵力于9月9日至18日向太行山中的晋中地区发动"扫荡"。刘伯承、邓小平乘各部战斗情绪正高涨之际，组织反击，焚毁敌机3架、击伤1架，烧毁敌仓库2座，歼日军1个中队，俘日军10人，攻克敌一据点车站，粉碎了日军的"扫荡"。在反"扫荡"期间，第一二九师各部积极准备发起百团大战的第二阶段作战。

9月23日午夜23时，刘伯承、邓小平指挥所属各部在榆社至辽县公路线上发起第二阶段的攻击。该阶段的任务是，拔除榆辽线上敌军据点，相机收复和顺、辽县两城。榆辽路是日军深入到太行山根据地内平辽公路的前锋段。日军想把此公路从榆社向西南伸展，经武乡与白晋铁路连接起来，以达到分割太行山区和灵活调动正太、白晋两线兵力的目的。23日午夜发起攻击后，到24日，攻克沿华、小岭底、铺上等据点。25日攻下榆社县城，并攻克南北李阳、寒王、凤居等据点。紧接着，又在27日攻克石匣，29日攻克管头，辽县以西各据点的敌人被肃清。30日，主力又在榆社、红崖头、关家垴地区将由武乡东援之敌包围，歼敌300余人，胜利结束了第二阶段的战斗。

第二阶段战斗结束后，八路军总部于10月2日提出"迅速准备妥当一切必要条件，于最近期内在一个命令之下再做大规模的进攻。"然而，还没有等这个命令执行，华北的日军却抢先组织向八路军发动了报复"扫荡"。

10月1日，日本华北方面军参谋部制定《对华北方面共产党势力之观察》，提出为防止八路军再次发动"全面的、有组织的"、出其不意的进攻，令驻山西的日军第一军立即进行"第二期晋中作战"。日军第一军在百团大战中受打击最重，接命令后，立即下令"报复""消灭"第一二九师主力，"毁灭其根据地，以绝后患"的命令，规定"各纵队应分别配属工兵，令其携带炸药燃料，并且要教导他们如何进行破坏"，以"烧光敌根据地"。10月11日，日军第一军2万余人，向辽县、涉县、潞城、武乡一带北方局、八路军总部及第一二九师主力所在地发动大规模的报复"扫荡"。在此形势下，彭德怀、左权于10月19日发出《百团大战后反扫荡计划》，指出："敌此次'扫荡'太北教训之一，就是敌残酷的烧杀，企图变我根据地为焦土，又由于我战斗之动员不够深入，民众受害极大"，要求各部队要"以进行坚决的游击战为展开（方针），消耗疲劳敌人，求得部分地消灭敌人"。

刘伯承、邓小平在日军以大兵力"南北呼应""扫荡"太行山抗日根据地后，先于10月15日指挥新十旅一部在和辽公路上的弓家沟设伏，歼敌运输队百余人，击毁汽车40余辆。接着于10月30日又指挥所部，在武乡蟠龙镇以东的关家垴歼敌400余人。11月9日，攻克榆社城。14日，"扫荡"太行区的日军被迫撤走，太行区反"扫荡"作战结束。

在太行山"扫荡"作战中失利的日军并不甘心失败，从11月17日起，日军又集中起7 000余人，向太岳抗日根据地发动报复"扫荡"，同时，在太行区继续寻机烧杀抢掠。11月19日，日军在昔阳县西峪村一次屠杀村民386人，制造了华北一大惨案，更激起军民与日军血战到底的决心。"扫荡"太岳的日军，在太岳军区和决死第一纵队主力部队的打击下，于12月5日退出根据地。在反"扫荡"作战中，第一二九师和太行、太岳区的地方部队在广大民众配合下，歼敌2 800余人，保卫了根据地。

刘伯承、邓小平指挥第一二九师及太行、太岳、冀南各区的抗日武装，在长达3个半月的百团大战和反"扫荡"作战中，同13.5万余名群众相配合，破坏铁路240公里、公路500余公里，进行大小战斗529次，一度收复9座县城，攻克摧毁敌碉堡59座，毙伤日伪军7 500余名，俘日军官兵70名、伪军官兵410余名，击毁4架飞机、47辆汽车，缴获大量枪炮子弹、军用物资。第一二九师参战兵力38个团，有2 249人为国捐躯，5 113人负伤，其中有1名旅级干部、4名团级干部、372名营连排干部牺牲。

百团大战结束后，刘伯承、邓小平组织全师指战员进行了认真的、多方面的总结。12月下旬，刘伯承在师干部会上做了《一二九师百团大战总结》报告，指出：

> 轰动全球的英勇的百团大战，经过整整3个月又15天的时间，从此就算结束了。它的光辉成绩不仅在中国是罕见的，即使在世界历史上，亦是永垂不朽的。它不但粉碎了敌人的"囚笼政策"，而且改变了国内战局和太平洋的局势。

1941年4月28日，邓小平在北方局机关刊物《党的生活》上撰文指出：

> 百团大战给了晋冀豫边区各方面工作以最大的考验，也给了一二九师以最大的考验。百团大战证明了晋冀豫边区无论在军事上、政治上，以及党和群众工作上，都有了相当基础，足使敌伪胆寒，足使全体军民具有充分的信心走向抗战胜利的道路。

视察太岳、中条区

1942年春,李达送上陈赓发来的一封急电,内称阎锡山第六十一军继续向太岳第四军分区进犯,将浮山游击队80余人缴械。太岳区面临敌顽两面夹击的严重局面。刘伯承看完,将电报交给邓小平。邓小平迅速看完电报,对刘伯承、李达说:"敌人进攻刚刚被打败,还会卷土重来。阎锡山的六十一军同日本人已经勾结,下一步会联合进攻根据地。现在的局势,对我们不利。过去我们主要在太行区,对太岳、中条区的斗争情况并不完全了解。他们现在的处境,仍在敌顽夹击中,拒虎打狼的斗争还很严重。我提议,军政委员会立即开一个会议,研究一下太岳、中条的问题。我看,我有必要去那里一趟,了解一下那里的情况。"

刘伯承沉思了一会儿,对李达说:"你通知武承先,让他准备带第七七二团一部和邓政委一起出发。"

3月8日晚,太行军政党委员会和第一二九师联合召开会议,研究粉碎日军春季"扫荡"后,下一步的工作。

"现在,我们虽然已打退敌人对太行、太岳的春季'扫荡',但是,我们仍处在被动的形势中。下一步,敌人还会有更大规模的进攻。据我们了解,敌华北方面军在2月底召开了所属各兵团参谋长会议,确定本年度作战的重点在'剿共'上,太行仍是进攻的重点。对此,我们要有清醒的认识,决不可麻痹大意。"刘伯承简明扼要地介绍了敌情。

"还有一个问题,应该引起我们的注意。"邓小平接着说,"去年阎锡山和日寇已经正式谈判,并在9月缔结了勾结合作的所谓基本协定和停战协定,10月又缔结了停战协定细则。阎锡山和日寇谈判的主要目的,是要借助日军的物资充实自己的实力。日寇则是要通过阎锡山公开降日,加入南京汪精卫卖国政府,拉拢其他国民党将领当汉奸。前几天阎锡山已派代表到南京和汪精卫直接会面,商谈合作事宜。阎锡山要得到日寇的物资,就要做出向我们进攻的姿态。因此,下一步,我们同阎军接壤的太岳、中条地区,反顽的任务还会加重,斗争还会更加尖锐。"

说着,邓小平拿出一份材料,指着材料继续说:"这是陈赓同志送来的太岳纵队1941年工作总结报告。在这份报告中，他们分析说，太岳、中条地区，除东边为根据地外，其余南、北、西邻地区，均为敌顽区域，使该区形成虎狼夹击的局面。1941年敌寇对该区施行空前的残酷'扫荡'后，工作遭到相当大的损失，群众情绪低落，敌探奸细乘隙造谣，离间我军民关系。在临屯公路南面和汾河以西的友军，不断向我进行武装磨擦，而路南的友军一贯执行反共政策，对我方形成威胁。现在，敌人和反共的六十一军，一个提出'共同防共'、一个提出'讨伐叛逆'，联合对付我们。我们必须认真对待这种严酷的现实。这次我去太岳，刘师长留在太行，就是要把党政军民各方面的力量组织动员起来，尽力扭转上述不利局面。"

会议以后，经过短暂的准备，邓小平率第七七二团一部离开赤岸村，向西南面的太岳区开去。

太岳抗日根据地位于山西中南部太岳、中条山区，一直延伸到黄河边上，包括河南省黄河以北的王屋、济源、孟县所在的部分豫北地区。根据地处在白晋公路、晋（城）博（爱）公路以西、南同蒲铁路、汾河以东及以南，呈三角形。其间太岳、中条两山交错回环，沁河穿越其间，形成千峰万壑、纵横盘结的自然地理形势。

太岳区原为晋冀豫抗日根据地的一部分，由八路军、决死第一纵队和中共地方党组织共同开辟。1940年反顽斗争后，从晋冀豫区分出，成为独立的战略区。开始，根据地主要在临屯公路以北地区。1941年5月日军发动中条山战役后，原驻扎在太岳山南部和中条山地区的国民党军溃退，八路军不失时机地开辟岳南和中条山区。

3月中旬，邓小平刚刚上路，刘伯承就把李达叫去，嘱咐说："现在敌人'扫荡'很频繁，我很不放心。对邓政委的安全，一定要绝对保证，不能出任何一点差错。你立刻通知邓政委将要路过的几个地方，要他们把接送情况，在当天电告师部。有什么紧急情况，立刻报告。"

3月19日，邓小平一行来到白晋路东侧。白晋路上的日伪军岗哨林立，白天过不去，要在晚上设法通过。刘伯承知悉这一情况后，立刻到师部值班室，亲自查收来电来报。时间一分一秒地过去，两个值班参谋困得直打盹。刘伯承见了，硬把他们拉到隔壁房间，按到床上，盖上被子，自己又返回值班室。深夜，陈赓发来电报，邓小平已安全过了白晋路，到达太岳区。刘伯承接报，欣慰地长出一口气，叫醒睡觉的两个参谋，自己才回房躺在床上。

邓小平到太岳区后，先从岳北地区开始视察。

岳北地区是太岳抗日根据地的发轫地，包括沁源、沁县、漳西、襄南、屯留、襄漳、洪洞（汾河以东）、赵城（汾河以东）、安泽、岳阳、临汾、绵上、平遥、介休、灵石、霍县、漳源等县。该地区是太岳山区，为八路军、决死队抗战开始后最早开辟的地区。冀太联办时期，安子文任区党委书记，薄一波兼任专员，陈赓兼任军区司令员（1941年1月后薄一波兼任司令员）。晋冀鲁豫边区政府成立后，安子文仍任区党委书记，牛佩琮出任太岳行署主任，陈赓兼任军区司令员。

邓小平到太岳后，住在沁源县阎寨村，详细了解太岳区各方面的工作，并到一些地方实地考察了根据地的工作。3月30日，邓小平召集太岳区军政党委员会领导同志开会，集中听取他们关于太岳区过去工作的检讨和今后工作方针的汇报。汇报完后，邓小平对太岳区的工作提出了自己的看法，对今后的中心工作和努力方向提出了自己的意见。

邓小平首先肯定了中共太岳区党委1941年2月在阎寨村召开地、县委书记会议后一年来的工作，认为是有进步的。

邓小平在肯定太岳区工作有进步后，明确指出，这些进步并不是巩固的，而且进步的速度也是不够快的。过高地估计这些进步，会使我们趋向盲目的乐观，以致麻痹了自己。他认为，北方局最近指出太岳区一年来有了基本的转变，这是带着若干促使太岳区工作更加上进的鼓励的成分，而不能因此放松了对自身工作中缺点的检讨。邓小平指出："我觉得，太岳区工作最大的缺点是零乱，对许多重要工作没有根据细密的研究而确定明确的一致的方向，更没有根据明确的一致的方向规定一套具体的办法。这表现在三三制的执行上，表现在武装政策的执行上，表现在群众工作与群众运动上，等等。总之，是政治上、组织上及工作上的零乱，这是太岳区工作中最严重的一个缺点。"

邓小平进一步分析了造成这一缺点的原因。他认为，第一个原因是对中共中央和北方局历次的指示与决议研究得不够，对政策研究得不够，把上级的指示与决议和实际情况结合起来研究得更不够。第二个原因是领导人对本区的实际情况了解得不够，更谈不上什么深入的研究了。第三个原因是本区领导同志间的观点与意见往往缺乏高度的一致性，影响了本区领导的统一性，影响了本区各种工作步伐的统一性。第四个原因是本区存在着松懈散漫的不良作风，缺乏高度的坚持性、战斗性。

针对太岳区存在的问题，邓小平提出了1942年的中心工作和今后努力的方向。他认为，1942年的中心工作是群众工作和财经任务。只有充分做好群众工作，才能保证财经任务的完成。他提出，太岳区在财经上要做到自给自足，今年开始，不可能依靠太行区的帮助。群众工作的出发点，是坚决执行中共中央关于土地问题的指示。邓小平提议，组织一个工作团，下去一是检查与推动减租减息的工作；二是实行丈量土地，规定合理负担的分数，奠定将来实行统一累进税的基础。在这两项工作中，把群众发动起来。他强调，太岳区的领导同志应更多地注意与研究群众实际的疾苦与利益，善于说服群众，善于诱导群众，和群众一齐前进，而不要脱离群众，一意孤行。

在重点谈了以上两个问题后，邓小平还就三三制问题、武装问题提出了意见。

在发言的最后部分，邓小平专门讲到了太岳区领导问题，即党政军民四位一体的问题。

邓小平讲完，安子文、薄一波、陈赓、牛佩琮等，表示完全赞成，并对如何落实邓小平的指示，提出了自己的意见。

汇报会结束后，中共太岳区党委立即开会，讨论以减租减息为中心的群众工作，以自给自足为目标的财经工作和以群众游击战争为主的武装工作。4月，根据邓小平"组织一工作团"的建议，从太岳纵队、各救会、各专署机关及沁县、沁源、安泽、绵上、屯留等县，抽调了150人组成春耕检查团，由区党委书记安子文任总团长，区党委组织部部长薛迅、宣传部部长顾大川任副团长，下分3个分团，分头到沁县、沁源、屯留3个腹心地区县领导开展以减租减息为中心的群众运动，在太岳区掀起减租减息高潮。

视察完岳北地区后，邓小平南下，到新开辟的岳南地区视察。

岳南地区是联结岳北和中条地区的重要地带。1941年5月中条山战役后，第一二九师派主力一部向南发展，经过半年多的艰苦作战和工作，在岳南地区建立起了中共岳南地委、岳南军分区和山西第三专署岳南办事处；由于刚刚开辟，整个岳南地区的抗日民主政权工作还只是政治性的武装宣传，各县抗日民主政权控制的地方，有的只有一个区、半个区，有的是几个村，有的甚至是军队来政权来，军队走政权走。在岳南地区，共产党的政策未能认真贯彻执行，群众工作只开了个头，群众的疾苦尚未解决。这里的日军和阎锡山的第六十一军、第四十三军相互勾结，使得奸细、特务、土匪横行，日伪政权恣意活动,反共顽固派军队不断挑衅。

1942年2月下旬,日军向太岳南部地区发动"扫荡"时,阎军第六十一军、第四十三军认为有机可乘,调动集结部队,向在岳南地区的八路军主力部队发动进攻。面对阎军的步步进逼,刘伯承决定于3月30日在浮山、翼城进行反击。邓小平支持刘伯承的这一决断。

此时,日阎之间由于阎锡山迟迟不愿公开发表降日声明发生矛盾,日军驻山西第一军奉命用武力压迫阎锡山,于3月19日、25日两次向阎军发动攻击。为争取阎锡山继续抗日,毛泽东、朱德、王稼祥、叶剑英于3月24日致电彭德怀、刘伯承、贺龙、聂荣臻等,指出:"日寇进攻山西乡宁、吉县甚急,阎锡山正坚决抵抗,我军须及时予以援助。"此后,八路军各将领致电阎锡山和致函第六十一军,表示愿意出击同蒲线,打击日军后方交通线,策应阎军粉碎日军对乡宁、吉县的进攻。阎锡山虽不愿公开降日,但还想和日军合作。对于八路军主动修好的表示,不管不顾,却于3月31日令其第六十一军向太岳部队浮山县佛庙岭阵地发起进攻,以此讨好日军,换取日军停止对乡宁、吉县的进攻。与此同时,阎锡山派其心腹赵承绶到太原,同日军谈判,继续暗中勾结。此种形势下,如果不给阎军以打击,其反共气焰会越来越嚣张。刘伯承、邓小平电报商量,请示八路军总部同意后,决定给气焰嚣张的阎军第六十一军以狠狠打击。

反击反共顽固派在岳南地区的挑衅,是岳南军民早已盼望的行动。第一二九师决定,由邓小平亲自领导这场反击反共顽固派的浮(山)翼(城)战役。第一二九师集中了第三八五旅、第三八六旅和决死队第一旅、第二一二旅等部10个团。邓小平将10个团分为左、右两个纵队,左纵队由李聚奎、刘忠、周希汉指挥,右纵队由陈锡联、谢富治指挥。战役于4月15日拂晓发起,仅用了2天时间,就结束了战斗,毙伤敌官兵392人,俘敌官兵665人,缴获各种枪支354支,轻机枪43挺,重机枪5挺。阎军遭此打击,损失惨重。4月19日,第六十一军军长梁培璜被迫写信给刘伯承、邓小平,表示愿意团结抗战,和平共处。邓小平果断下令停止进攻,取消了原定20日实施的新的进攻计划。

浮翼战役胜利后,邓小平和薄一波于4月下旬到达中共岳南地委所在地冀氏县石槽村,于26日参加了地委在这里召开的党政军干部会议。

这是开辟岳南地区后,全面研究、总结岳南地区工作、确定扭转岳南地区形势的会议。在邓小平、薄一波指导下，会议从检查近一年来的工作入手，指出岳南工作的主要问题是，在执行政策上"左"右摇摆，主要倾向是右；在群众工作中消极被动，主要是畏首畏尾；在对敌斗争上有忽视的倾向。针对存在的问题，会议根据邓小平提出的岳南主要任务是站稳脚跟，打通岳南、中条之联系的指示，确定当前主要是打击阎锡山顽固派，歼灭日伪控制的红枪会反动武装。在迫使阎军不敢再发动对八路军的进攻后，红枪会的问题，成为急需解决的问题。

岳南地区的红枪会，是在抗战后由豫北发展过来的，本是民间利用迷信组织起来的地方武装会门。抗战一开始，一些地区的红枪会曾掩护过抗日力量，有的曾与日军对抗作战。后日伪拉拢其上层首领，以"保家除匪"的名义，把红枪会拉过去，由秘密到公开，利用其同抗日武装、抗日民主政府对抗。在石槽会议上，邓小平指示，要坚决打击少数反动头目，揭露其反动罪行。

石槽会议刚刚结束，传来红枪会在沁水县关爷岭进攻我军第七七二团，残杀1名连指导员和多名战士的消息。于是，陈赓下令第七七二团、第十六团立即发起打击红枪会反动头目的战斗，打散了聚集的红枪会。5月10日由沁水县抗日政府逮捕了制造关爷岭事件的45名反动分子，11日召开大会，揭露公布了红枪会首领的种种罪行，处决了反动首领，当场释放了认罪较好的胁从分子。

反顽和反红枪会两场紧紧相接的斗争，使岳南地区的局势很快稳定下来。紧接着，邓小平又指示地委乘势发起以争取伪军、伪组织为主的对敌政治攻势，同时派出工作队深入到群众中去调查研究、宣传发动群众，建立抗日武装和政权。很快，在岳南地区建立了9个抗日县政府、30个抗日区政府，开展了减租减息，使岳南地区的形势发生了根本的变化，逐渐建成了稳固的根据地。

邓小平到岳南后，日军准备发动夏季攻势的情报不断传来。邓小平一方面和陈赓、薄一波研究准备迎击日军新的更大规模的"扫荡"，另一方面考虑整个晋冀鲁豫边区的工作。5月3日，邓小平致电刘伯承、李达等：

> 我拟于一礼拜内去中条山，在日攻苏（联）、蒋（介石）北进条件下，集中力量干下列三件事：
>
> 一、根据地军民紧急动员，积极准备粉碎敌人的"扫荡"，反动派胆敢向我进攻坚决消灭之。

二、严密党的组织。

三、发展统战工作，在一定原则下发动群众斗争。

收到电报后，刘伯承立即指示李达，把邓小平来电转发全师各旅、各军区、各军分区，并指出："小平同志提的这三件事，对太行、冀南都是适用的。在敌顽的进攻面前，我们不能右倾，要敢打。在开展政治工作中，不能'左'倾，要大力开展统战工作，争取多团结一些人，多发动一些群众，这样才能扭转退缩的局面。这次日寇先'扫荡'太岳区，马上就要腾出手来'扫荡'太行。我们也要着手准备。"

邓小平在岳南指导反红枪会斗争取得胜利后，动身向南面的中条山区进发。中条区原为国民党军队集中驻扎区，日军在1941年5月发动中条山战役后占领了该区，建立伪政权，修筑敌据点，发展伪军。日军极力拉拢残存的国民党地方团队和土匪武装，使其成为日军的帮凶。中条山战役后，刘伯承、邓小平就指示中共晋豫区党委，要乘势开辟中条山局面。至1942年4月，中条山抗日根据地初具规模。

邓小平从岳南地区南下时，日军正准备发动"第二期驻晋日军总攻击"（又称晋冀豫边区肃正作战，即C号作战）。

5月12日，刘伯承以刘邓的名义签发了反"扫荡"命令。14日，日军就以7 000人之众，向岳南地区发动了大规模的"扫荡"。邓小平12日离开岳南地区后，13日，到沁河一带布置反"扫荡"。这时，日军正在集中，向岳南地区开进。邓小平一行向南于17日到达阳城董封镇以南的一个村子。这里是南进支队司令部所在地。邓小平到后，王新亭、聂真得到消息，日军已从阳城向这里奔袭。邓小平果断决定，第二天一早立即转移。18日晚，日军先头部队已到董封镇，19日晨，日军大部队奔向该村时，邓小平、王新亭、聂真已率支队司令部及直属部队转移到了安全地带。

邓小平一行转移到中条山中的上河村后，邓小平抓住敌人一时寻找不到我领导机关的时机，于5月27日在上河村召开了有县、营以上党政军干部参加的中条区高干会议，研究进一步开辟中条山根据地的方针政策。

高干会议由中共晋豫区党委书记、太岳南进支队政委聂真主持。聂真在会上总结了3个月来中条山区的工作，指出在已打开根据地的局面后，今后的工作方针是：争取一切时间，从各方面发展力量，主要是武装的扩大，要尽快使中条区变为巩固的抗日根据地。

聂真报告后，请邓小平讲话。

邓小平首先阐述了当前的国内外形势，指出，进入1942年后，特别是敌人开始实施第4次"治安强化运动"后，根据地正面临严重困难的考验。在这种形势下，中条区的任务，仍然是1941年北方局提出的，"要把中条区变为巩固的抗日根据地"。邓小平指出："当前的基本环节，是要从各方面大量地发展组织，积蓄力量。同时，在组织上，首先在党的组织上及群众的组织上，采取党的绝对精干隐蔽政策，隐蔽地积蓄我们的力量。发展力量与隐蔽政策二者不是矛盾的，而是公开工作与秘密工作的配合问题。"

在讲到积蓄力量时，邓小平强调指出："目前应争取一部分知识分子参加抗日工作，将来即使退出此区，这批知识分子可到太行太岳根据地工作；若是再来此区，这批知识分子仍可继续工作。"

邓小平认为，发展力量、积蓄力量是各方面的，并且是相互联系的。党、政权力量要发展，包括统战力量及争取可变的顽固分子，争取伪军、伪组织，都要去做工作。但决定的因素，是武装力量的发展，包括尽力收集资财在内。在发展武装上，愈多愈好。成分上，要多多吸收劳动生产的农民参加，建立政治工作及党的工作。对已发展起来的游击队，不能随便改编，过去已经有过教训，吞并游击队，正规军也巩固不住。游击队坚决不能要地痞流氓分子。收集资财坚决反对像土匪那样强制吊打群众。

在讲话中，邓小平提出了政权的建设与改造问题。他认为，有武装就必须有政权，才能养活军队，以政权的组织形式才便于进行各种工作。没有政权，会形成军队与人民的对立，这是不利的。因此，目前应首先建立政权，愈快愈好。政权的基本职务应掌握在进步分子及共产党员手里。鉴于目前中条区的实际情况，在一定阶段里允许吸收个别顽固分子，以政府名义聘请为参议、咨议，但不让顽固分子直接参加政权工作。由于中条区不同于其他根据地，这里的群众组织应有各种各样的形式，如打进会门工作，逐渐改造会门。妇救、青救会，可以建立，万一有事情，损失不会很大。

针对中条区复杂多变的局势，邓小平专门讲了党的秘密工作如何配合公开工作的问题。他指出，党的秘密系统不能与军队公开机关发生关系。党的政策经过党内传达，党员要保证党的任务实现。敌占区的党员，应打进伪军、伪组织里工作，与人民站在一起，减轻人民负担，积蓄我们的力量。

在谈到发展力量与统一战线的关系时，邓小平提出，发展力量也就是统战的扩大，统战的扩大也就是更加发展力量。在农村中只有把地主压下去，使农民抬头，才能巩固农村中的统战。统战不包括死心塌地的汉奸。统战中必须照顾中间势力的利益，争取中间势力的同情。推行宽大政策才能争取大多数，打击最少数的顽固分子，这是长期的政策，不仅今天适用，将来也适用。中条区是这样，其他根据地亦是这样。对于根据地内的维持会，在中条区当前形势下，以马虎的态度暂时允许它的存在，但不能给敌人送粮送钱。在接敌区，要建立革命的两面政权，减轻人民负担。发展力量决定于正确的政策及一套办法。发展力量必须研究每一政策在具体问题上的应用，把大刀阔斧与一点一滴的作风恰当地配合起来，党政军民有机地结合起来。

在讲话快结束时，邓小平再次讲到知识分子问题。他说："发展力量决定我们的干部。在加强现有干部质量的同时，要大量地吸收大批知识分子，反对农民的狭隘及知识分子排挤知识分子的不正确观点。这批知识分子在开辟工作时作用很大。"

上河村会议的第二天，即5月28日，日军第三十五师、第三十六师团集中了4 000余人，向豫晋区领导机关所在的地区发动进攻。由于群众和联防区侦察员及早把日军行动报告给了领导机关，日军扑了空。外线部队和内线部队在日军转移"扫荡"时，多次伏击日军，迫使日军在6月15日退回原据点。

日军退走后，在中条区检查工作的邓小平于6月17日再次和中共晋豫区党委、豫晋联防区，豫晋边区人民抗日联合办事处的领导座谈，根据视察中了解到的情况，对中条区的工作提出了更为具体的意见。

对于邓小平从中条区实际情况出发，确定工作方针的态度，参加座谈会的同志十分佩服。

邓小平又把话锋转向中条区工作中存在的问题。他说："5月中条会议时，我即提出，这里对发展力量无足够认识，应引为注意。2月指示和最近中条本身工作之决定，均未指出发展力量，在历次工作指示中，也未指出一个区域的发展主要是发展武装与掌握政策。我们有些同志将统战工作与发展力量对立起来，这是不正确的。开始南下时，因对情况不了解，工作上'左'或右一点，都无大的关系。但是，当我们情况明了之后，就应该有正确的方针。

"在政权问题上，这里还缺乏政权观念，不是执行'三三制'，而是放在争取某些旧政权的整套机构上，因此，在政权上未能给群众新的印象。

"武装政策上，主要问题是束缚野战军发展。群众工作上存在的问题，主要是束缚得很紧，局面没有打开，组织群众的工作尚未开始，不会利用旧形式，加强其内部工作，使其变质，把其改造成为我们的力量。

"在党的工作中，组织恢复过迟。在我们的基本区内，4个月仅恢复90个党员。目前要迅速恢复党，加强训练，好好进行教育。"

说到这里，邓小平看看在座的领导人，严肃地指出："在晋豫工作的同志，缺乏创造根据地的经验，亦缺乏根据地的观念，过高地估计了晋豫工作的成绩及其他根据地的缺点。因此，客观上形成拒绝接受其他抗日根据地的经验，而着重在秘密工作。对财经工作，毫无建树。"

邓小平的批评，使晋豫区党政军领导头脑清醒过来，看到了自己的差距和弱点。

对于今后中条区的工作，邓小平提出了大量发展自己的力量、收集资财、重视财经、加强政权、发展军队、打入伪军伪政权和配备干部7项工作。

在座谈会上，邓小平还谈到岳南的工作，指出，在岳南我们尚未站稳脚跟。我们除军事上占优势外，其他均表现薄弱。如果认为我们已在岳南站住了脚，尚有点过早。

邓小平在中条山视察完后，于6月下旬回到太行山抗日根据地。彭德怀主持北方局开会，听取了邓小平关于视察太岳、中条区工作的汇报。6月30日，北方局发出《对中条区工作的指示》，指出："北方局听了小平同志对中条区工作的报告，及其所提出的意见，除同意外，并依据当前情况，作如下指示。"指示指出，中条区的任务"是用一切努力创造成为巩固的抗日的根据地，依靠中条区抗日根据地，坚持中条区的抗日游击战争，并须加倍警惕，随时准备粉碎敌人对我中条区的进攻"。

出任太行分局书记

1942年6月25日，邓小平视察太岳、中条区后，从太岳区经天桥巷、王家峪，回到南委泉师部。反"扫荡"的胜利，师部跳出合围安全转移，邓政委平安返回，喜事一个接着一个。邓小平回太行后，到北方局汇报了视察情况，紧接着和刘伯承一起，总结夏季反"扫荡"经验，部署向敌占区挺进，发动对敌政治攻势。

夏季"扫荡"后，日军深感仍用单纯军事手段，通过反复"扫荡"达到摧毁根据地的目的是极其困难的。因此，在"扫荡"结束时，紧接着又于6月25日，开始实施4个月的"夏防计划"。这一计划的要点是着重加强据点工事，进行防御；在新占领区推行伪乡保组织，加紧对人民的统治；对伪军、伪组织人员进行清理，加强特务控制；在据点内大修仓库，准备秋后抢粮之用。为加强政治进攻根据地，日军在华北加强特务机关与扩大、巩固治安圈。

7月7日，北方局和八路军总部野战政治部联合发出《展开对敌政治攻势指令》，要求"以两个月时间展开全华北对敌全面的政治攻势"，任务是加强对敌占区民众与对敌伪军、伪组织之宣传工作，反对敌人的"治安强化运动"，加紧瓦解敌军与争取伪军、伪组织的工作，展开反汉奸反"维持"运动，同时广泛开展游击战争。《指令》要求党政军民密切配合，一齐进行，务求发挥武装斗争与政治斗争相结合之威力，动员各种力量，向敌占区广泛出动，猛烈进攻。

根据这一指令，晋冀鲁豫边区从7月起，开展了声势浩大的对敌政治攻势，一直延续到年底。边区政治攻势的主要内容是：以两年胜利为中心口号，展开群众性的普遍宣传运动，揭露敌人的各种阴谋，动摇和瓦解敌伪军，提高人民的抗战胜利信心，争取敌占区群众心向抗战；同时开展敌占区游击战争。在组织开展对敌政治攻势时，在党的一元化领导下，成立了各级对敌斗争委员会，以县为重点，组织党政军各部门参加，使政治攻势与其他斗争密切结合。

为指导对敌政治攻势，刘伯承于8月19日在《新华日报》华北版发表谈话《怎样把政治攻势变为物质的力量》。在谈话中，刘伯承指出：

> 共产党领导下的军队是与人民有血缘关系的子弟兵，不同于其他军队的主要特点，也在于它不但能够以窳败的武器，数量较少的兵力，战胜强大的敌人，而且它真正懂得为什么而战！也只有当它懂得了为什么而战——掌握了真理，它才成为不可战胜的力量！这也就是说，它善于以政治来战胜敌人。
>
> 我们相信，开展对敌政治攻势，用我们已掌握了的真理，向目前失道寡助的日本法西斯进行政治战，只要我们能够很好地掌握各种有利条件，组织和运用我们的力量，发动广大的群众，那么，胜利是有完全把握的。

8月20日，邓小平亦在《新华日报》华北版发表谈话《政治攻势与敌占区同胞的关系》。邓小平指出：

> 敌占区同胞的灾难愈深，他们对祖国的怀念将愈切。目前我们所发动的政治攻势，就是要拯救他们，帮助他们，反对敌人的掠夺，保护他们的生命财产，也就是保护国家的力量，以为将来配合反攻的准备。这里，敌占区同胞应该认清，政治攻势不仅是抗日军、抗日党派的事，更应是敌占区人民自己的工作，是伪军、伪组织内中国同胞的工作。如真正是"身在曹营心在汉"的人，就应做抗日准备工作，欺骗敌人，反对强编，打击死心塌地的汉奸。现在，保存一分抗战力量，就是增加一分反攻力量。
>
> 在敌人压迫之下的壮丁、伪政府人员，假若不能生存，可以到根据地来，我们一定要为之介绍工作，使之安家立业。不要相信敌人到根据地就得当兵的鬼话。伪军兄弟，如果不能生存，也可以过来，对你们绝对原谅，不咎既往，像抗日军一样对待。绝对遵守朱、彭总副司令早已宣布的三大条令：不缴枪，不编散，帮助扩大抗日武装。我们的敌人只有一个，就是日本法西斯。所有的中国人，只要不是死心塌地的汉奸，都应该一致起来，反对接近死亡的敌人。

在政治攻势中，刘伯承、邓小平强调要采取"敌进我进"的战略，组织武装工作队，挺进敌占区。武工队的主要任务是向敌占区群众宣传共产党的方针政策，发动与组织抗日；建立、恢复党的组织，建立秘密的人民政权；运用各种斗争方式打击与瓦解日、伪军，摧毁伪组织和伪政权；铲除罪大恶极的汉奸特务分子；配合根据地的反"扫荡"、反"蚕食"斗争。9月3日，第一二九师政治部颁发《关于武装工作队的几项规定》，对敌后武工队的组成做出了具体的规定。

在严酷的对敌斗争中，加强党的一元化领导，已成为渡过难关、对敌取胜的关键。中共中央于9月1日发出经中央政治局讨论通过的《关于统一抗日根据地党的领导及调整各组织间关系的决定》。

中共中央的这一决定，将根据地中党的领导机关的职责，扩大为整个党政军群，这就便于统一调动和组织根据地内的所有力量，进行对敌斗争和根据地建设。中央在讨论这一决定的会议上，决定成立中共中央北方局太行分局，由邓小平、李大章、李雪峰、刘伯承、蔡树藩组成，为分局委员。邓小平任书记，李大章任副书记。分局成立后，以中共晋冀豫区党委机关为办事机构，李雪峰兼任组织部部长，李大章兼宣传部部长。

分局成立后，加强了对政治攻势工作的领导。在派出众多的武工队挺进敌占区后，展开了多种形式的宣传工作，据太行、太岳两个区统计，在进行政治攻势期间（一直到年底），在敌占区召开群众会议1 200余次，参加会议的群众有40多万人。太行、太岳、冀南3个区共散发70余万份宣传品，5万余条标语。政治攻势的另一个成果是在伪军、伪组织中建立了关系，如冀南区在7月就建立了1 280多个，到10月底，关系增至1 390多个。由于政治攻势和武工队的深入，许多维持会被摧毁，建立了抗日政府。仅太行区在7月至8月的一个月内，就摧毁336个维持会，逮捕伪组织、伪军人员435个，建立起100余个村及部分县区抗日政权。太岳区在沁县、长子、安泽、洪洞等县，将距敌据点2.5公里以外的伪组织全部摧毁。与此同时，民兵组织有了进一步的扩大，群众性的游击战争普遍开展起来。从10月开始，敌人在实施第5次"治安强化运动"的同时，向太行、太岳发动了秋季"扫荡"，企图抢夺物资，特别是粮食。刘伯承、邓小平指挥第一二九师及各个军区、军分区主力部队，在地方武装和民兵的配合下，发动了反"扫荡"，仅用了1个多月时间，粉碎了敌人"扫荡"，使敌人的抢粮计划付之东流。在"扫荡"太岳区时，日军主力退走后，留置了1个大队及部分伪军困守沁源等据点，在根据地内安下钉子，企图长期分割岳北地区。太岳军民组成统一的指挥部，军事、政治斗争双管齐下，展开了围困沁源的长期斗争。

1942年底，经过一年的艰苦奋斗，晋冀鲁豫边区的形势开始有了好转。虽然经济上仍有困难，但是，对敌斗争的成果，已经明显地表现了出来。为了鼓舞广大军民斗志，团结各方面力量展开全面对敌斗争，在冬季政治攻势取得显著成果的时候，经中共中央批准，中共太行分局和第一二九师师部决定，在太行山根据地内，为刘伯承庆祝50寿辰。此项活动，由太行分局书记、第一二九师政委邓小平主持。

对于刘伯承来说，对组织上的这一决定并不赞成。他曾找邓小平谈过自己的意见，但邓小平坚持要庆祝，并安排记者写了《刘将军伯承略历》，于12月16日在《新华日报》（华北版）和《战场报》上同时发表。

在太行山根据地内，北方局主办的《新华日报》华北版在15日出了一期《庆祝刘伯承将军50寿辰特刊》，邓小平在特刊上发表了《庆祝刘伯承同志五十寿辰》的文章。在文章中，邓小平充满对刘伯承由衷的敬佩之情。他说：

> 热爱国家，热爱人民，热爱自己的党，是一个共产党员必须具备的优良品质。我们的伯承同志不但具备了这些品质，而且把他的全部精力献给了国家、人民和自己的党。在三十年的革命生活中，他忘记了个人的生死荣辱和健康，没有一天停止过自己的工作。他常常担任着最艰苦、最危险的革命工作，而每次都是排除万难，完成自己的任务。他为国家和人民的解放事业负伤达九处之多。他除了国家和人民的福利，除了为党的事业而努力，简直忘了一切。在整个革命过程中，他树立了不可磨灭的功绩。
>
> 我同伯承同志认识，是在1931年，那时我们都在江西中央苏区。后来都参加了长征。而我们共事，是在抗战以后。五年来，我们生活在一块，工作在一块。我们之间感情是很融洽的，工作关系是非常协调的。我们偶然也有争论，但从来没有哪个固执己见，哪个意见比较对，就一致地做去。我们每每听到某些同志对上下、对同级发生意气之争，遇事总以为自己对，人家不对，总想压倒别人，提高自己，一味逞英雄，充"山大王"，结果弄出错误，害党误事。假如这些同志一切从国家、人民和党的利益出发，而不是从个人的荣誉地位出发，那又怎么会犯这样的错误呢？伯承同志便是不断地以这样的精神去说服与教育同志的。
>
> 伯承同志对于自己的使命，是兢兢业业以求实现的。过去的事情不用谈它，单以最近五年来说，奉命坚持敌后抗战，遵行三民主义、抗战建国纲领和党的政策，未尝逾越一步。他对于上级命令和指示，从未粗枝大叶，总是读了又读，研究了又研究，力求适应于自己的工作环境而加以实现，在实行中，且时时注意着检查，务使贯彻到底。"深入海底"，差不多是他日常教导同志的口语。
>
> 伯承同志热爱我们的同胞，每闻敌人奸掳烧杀的罪行，必愤慨形于颜色；听到敌人拉壮丁，便马上写出保护壮丁的指示；听到敌人抢粮食，马上就考虑保护民食的办法；听到敌人烧房子，马上提倡挖窑洞，解决

人民居住问题；听到了有同志不关心群众的利益，便马上打电话或发电报加以责备。还是不久前的事情吧，他看到村外的道路被水冲坏了，行人把麦地变成了道路，他便马上督促把路修好，麦地得到了保全。这类的事情，在他身上是太多了。他不仅率领着自己的部队，从大小数千次的血战中，来保护我们国家的土地和人民的生命财产，而且在日常的生活中，处处体现着共产党员热爱国家和人民的本色。

伯承同志热爱自己的同志，对干部总是循循善诱，谆谆教诲，期其进步。他同同志谈话的时间很多，甚至发现同志写了一个错字，也要帮助改正。在他感召下得到转变和发展的干部，何止千万。

伯承同志是勤读不厌的模范。他不特重视理论的研究，尤重视理论与实际的结合。他常常指导同志向下层向群众去学习，他自己也是这样做的。

……

16日，祝寿活动达到高潮。

祝贺仪式开始了。震天的礼炮声和军乐声把刘伯承的思路拉回到会场上。几千名前来祝寿的军民，向敬爱的刘师长敬礼。刘伯承急忙还礼、感谢。

第一个走上台前讲话的，是刘伯承最亲密的战友邓小平。他操着清晰浓重的四川口音，高声说道："今天庆祝你的50寿辰，应该学习你的好学、谦虚、诚恳、严正的风格，艰苦奋斗、忠实革命的精神，在你引导下排除万难，战胜敌人，迎接新中国的曙光，走向新社会！"

紧接着，边区各方面的负责人杨秀峰、邢肇棠、罗瑞卿、滕代远、李大章、何长工等，一个一个走上讲台，为刘伯承祝贺。

此时的刘伯承，一边听着热情诚恳的祝词，一边却更多地进行自省。他在50寿辰之际，写下了《自铭》，抒发了自己的思想：

我自己的一生，如果有一点点成就，那是党和毛主席的领导所给我的。离开党，像我们这些人，都不会搞出什么名堂来的。因此，我愿意在党的领导下，做毛主席的小学生，为中国人民尽力。如果我一旦死了，能在我的墓碑上题上"中国布尔什维克刘伯承之墓"12个大字，那就是我最大的光荣！

主持温村会议

1943年1月25日，是农历腊月二十。大寒刚刚过去4天，正是太行山中的隆冬季节，一年中最为寒冷的时期。清漳河水结成厚厚的冰层，成了儿童少年嬉戏玩耍的冰上乐园。赤岸北面，清漳河畔的下温村内，今日一下子来了众多的骑马挎盒子枪的首长，从他们匆匆向村中尖顶大教堂奔去的情景中，村民们猜想，一定有重要会议在这里举行。处在根据地腹心地区的下温村村民，此时正忙于准备过春节。在他们的头脑中，这时不是战争环境，不是烽火战场，而是太平年景的喜庆日子。自从秋季反"扫荡"后，这里很少再听到枪炮声和哇哇乱叫的鬼子。虽说物质生活还不富裕，但精神生活很充实。他们看到这么多的大首长集中在这里开会，异常高兴，尽其所能，烧炕打铺，备茶备水，招待客人。

下温村大教堂召开的会议，是困难时期从根本上扭转晋冀鲁豫边区局面的中共太行分局高级干部会议。

经过1942年边区军民的英勇奋斗，根据地内严重退缩的局面，到元旦前后已大有改观。但是，由于敌人连续的"扫荡"，疯狂实行"三光"政策，大肆抢掠物资粮食，使根据地的生产力急剧下降，财政经济空前困难。敌人造成的困难还未完全克服，眼看严重干旱又将降临边区。在这种形势下，中共中央北方局于12月23日发出《关于华北敌后抗日根据地一九四三年工作方针的指示》，这一指示提出："巩固敌后抗日根据地的基本一环，在于彻底实现民主政治""依据各地区发展阶段的具体情况，继续发动与深入群众运动""军事指导原则在强化普遍的群众性质的游击战争""认真加强民众教育工作"等。在这一指示下达前的12月18日，北方局代书记、八路军副总司令彭德怀在太行军区营级县级以上干部会议上做报告，就如何坚持抗日民主根据地，如何使抗日民主根据地更加巩固，提出了意见。这一指示和这一报告，是太行分局召开温村会议的主要依据。会议主要是总结5年来对敌斗争的经验教训，研究今后对敌斗争方针，以求扭转晋冀鲁豫边区的困难局面，全面开展敌占区、游击区的工作和根据地建设。

出席这次会议的有太行、太岳、冀鲁豫、冀南地区及所属根据地抗日民主政权的各军政领导同志，第一二九师、边区政府领导同志，太行分局直属单位领导同志等。北方局代书记彭德怀、八路军野战政治部主任罗瑞卿也出席了会议。会议从1月25日开始，到2月20日结束，中间春节休会两天，共开了25天。

在开幕的第一天，彭德怀到会讲了话，对会议提出了要求。会上，学习了中共中央和北方局的有关文件。

26日，邓小平代表太行分局向大会做了《五年来对敌斗争的概略总结与今后对敌斗争的方针》的长篇报告。该报告分五部分：一、5年对敌斗争的概略总结；二、新的形势与新的任务；三、敌占区的组织工作与政策运用；四、反"扫荡"与反蚕食；五、一元化的斗争。邓小平在报告中全面系统地总结了晋冀鲁豫边区5年来对敌斗争的经验教训后，提出了十条基本的总结性的理论认识，其主要内容有：

一、敌我斗争不仅是军事力量的竞赛，而且是全副本领的斗争；不仅斗力，更主要是斗智。

二、在对敌斗争中，我们的原则应是削弱敌人，保存自己，隐蔽积蓄力量，准备反攻。在一切方面都要注意不暴露，善于隐蔽地从各方面积蓄力量，要使敌人看不起我们，要善于采取一切方式去麻痹敌人。唯有如此，才能积蓄起力量，也才能打到敌人的痛处。

三、敌我斗争的胜负，决定于人民，首先是敌占区人民的态度。谁关心人民的问题，谁能帮助人民想办法去和敌人斗争，保护人民利益，谁就是群众爱戴的领袖。

四、无论在根据地或敌占区、游击区，都必须掌握中日矛盾的实质，发展抗日民族统一战线，团结各阶层一切抗日人民对敌斗争。

五、建设根据地（包括武装、政权、群众和党的建设）与对敌斗争，具有不可分离的联系性。没有根据地，就不能坚持对敌斗争；没有对敌斗争，企图关门建设根据地，也要影响到根据地的存在。

六、敌我斗争形势是敌进我进。敌人一定要向我们前进，所以我们也一定要向敌人前进，才能破坏或阻滞敌人的前进，巩固我们的阵地。在此犬牙交错的复杂斗争中，要求我们细心地了解敌人，善于发现敌人的规律，善于利用缝隙钻敌人的空子，以有力地打击敌人。

七、我们作战的指导原则,是基本的游击战,不放松有利条件下的运动战。应发展广泛的群众性的游击战。

八、敌人对我实行"总力战",我们要掌握正确政策,发展抗日民族统一战线,团结各阶层一切抗日的人民对敌斗争。如果内部磨擦,互相埋怨,结果只会放松或放任对敌斗争。

九、我们的责任,不仅是争取抗战胜利,而且是以建设根据地、坚持敌后对敌斗争去示范全国、影响全国,争取战后团结建国。

十、每个干部在自己的工作中,对于党中央和上级的指示,必须精细地研究,并使之适用于自己的工作环境。这将成为今后克服严重困难,取得抗战胜利与战后建国的重要保障。

邓小平在报告中,用很大篇幅,阐述了如何在敌占区开展工作,提出了著名的"革命两面政策"。他明确指出:

> 敌占区组织工作的基本内容是"打入"工作,是在敌占区建立党和群众组织的基础,是在伪军、伪组织内部发展革命工作,是革命两面政策的正确运用。
>
> 革命两面政策是属于敌占区或敌占优势的游击区范畴的政策,是一种进攻政策。
>
> 革命两面政策是深入到敌人(主要是敌占区和伪军、伪组织)内部的进攻政策,它所包括的范围是很广泛的,包括革命两面派的建立,两面派的争取,一切可能力量的利用,而其主要目标则是革命两面派的建立与发展,以便依靠他们去团结与组织一切可能的力量,进行对敌斗争,保护人民利益,在敌占区和伪组织内部积蓄力量,以待时机,配合反攻或反正。
>
> 革命两面政策不仅有革命的抗日的这主要的一面,还必须有不得已而应付敌人的一面,而其应付敌人的一面,正是为了掩护其革命的抗日的一面。没有抗日革命的一面,就不能称为革命两面政策,同样,忽视了应付敌人的一面,也无法实现革命两面政策。

邓小平的报告,使与会者在理论高度上对5年来对敌斗争的经验教训有了新的认识,对以后工作中自觉地运用成功的经验,避免失败的教训,起了重要的指导作用。

2月21日，会后通过了《太行分局高干会议对报告和结论的决议》。《决议》指出："大会一致认为：大会上的三个报告和邓小平同志的结论，一般地检讨了过去的工作，特别是根据目前政治经济的具体情况定出了今后进一步巩固根据地的明确方针，是完全正确的。"《决议》最后再次强调："大会指出：渡过难关，争取胜利，准备战后的重要保障，是我们党的团结，首先是干部的团结，上下级的团结。团结的标志是坚决一致地贯彻执行中央、北方局的方针和上级党部的指示。如能如此，我们就一定能够克服任何困难，取得胜利。"

领导根据地建设

1942年9月，邓小平兼任中共中央北方局太行分局书记。1943年10月，代理中共中央北方局书记，并主持八路军前方总部的工作，在艰苦的条件下，担负起领导华北敌后抗日根据地党政军的全面工作。他指挥根据地军民，积极主动地开展游击战，粉碎日、伪军一次次的残酷"扫荡"；他还领导全区进行建党、建军、建政活动，进行整风、精兵简政、减租减息和大生产运动，取得了很大成绩。

政权建设是根据地建设中的一项十分重要的工作。

1940年3月，中共中央发出《关于抗日根据地的政权问题的指示》，要求各抗日根据地建立"三三制"政权。

"三三制"是中国共产党在抗日战争时期的统一战线政权政策。根据这一政策，抗日民主政权中人员的分配，共产党员大体占三分之一，左派进步分子大体占三分之一，中间分子和其他分子大体占三分之一。

邓小平积极贯彻中央精神，在太行山各抗日根据地建立"三三制"政权，受到了党中央的赞扬。

为了筹备建立边区政府，1940年8月1日，成立了冀南、太行、太岳行政联合办事处（简称"冀太联办"），这是晋冀豫边区的最高政权机关，它担负边区根据地的立法任务。"冀太联办"在施政纲领中提出了"彻底实现民主政治，建立廉洁政府"的目标。

1941年3月16日,"冀太联办"召开第二次行政会议。邓小平受中共中央北方局的委托致电会议,提出成立晋冀豫边区临时参议会,在抗战4周年时,召开临时参议会第一次会议,按照"三三制"的原则,选举临时参议会参议员,成立边区政府。

他的这一建议被大会接受。

随之成立了晋冀豫边区临时参议会筹备委员会,负责筹备选举参议员、召集临时参议会第一次会议。

4月5日,中共中央北方局提出对晋冀豫边区目前建设的15项主张。

选举参议员的工作随即全面展开。

为了进一步阐明"三三制"原则,邓小平于4月15日在《党的生活》上发表了《党与抗日民主政权》一文。

文章深刻阐述了共产党关于建设民主政权的主张,论述了"三三制"政权的实质是民主问题。强调党在领导政权工作时,必须贯彻民主的精神。邓小平提出反对"以党治国"。他说,党提出"三三制"的政策之后,在我们晋冀豫区,曾遭受到党内一部分人的抵抗,这也是忽视民主和"以党治国"的观念在作怪。他指出,"以党治国"的国民党遗毒,是麻痹党、腐化党、破坏党、使党脱离群众的最有效的办法。我们反对国民党以党治国的一党专政,我们尤要反对国民党的遗毒传播到我们党内来。邓小平还强调要正确处理党政关系,指出:党对政权要实现指导的责任,使党的主张能够经过政权去实行;党对政权要实现监督的责任,使政权真正合乎抗日的民主的统一战线的原则。党的领导责任是放在政治原则上,而不是包办,不是遇事干涉,不是党权高于一切。

文章对党团在政权中的作用、政府机关中党支部的工作、加强民主教育等问题,提出了重要意见。这些重要观点,对当时太行山根据地的政权建设具有重大指导意义。

7月7日至8月15日,晋冀豫边区临时参议会在辽县桐峪镇隆重举行。根据中共中央北方局的建议,会议决定将鲁西33个县划入本区,临时参议会改名为晋冀鲁豫边区临时参议会。

邓小平、李大章、李雪峰等133位参议员出席了大会。

"冀太联办"主任杨秀峰向大会做了工作报告。

会议审议并通过了以中共中央北方局提出的15项主张为基础制定的边区

政府施政纲领和各项重要条例、法令，选出了临时参议会驻会委员和正、副议长，选出了晋冀鲁豫边区的政府组成人员。

邓小平当选为晋冀鲁豫边区临时参议会委员，杨秀峰当选为边区政府主席，薄一波为副主席。

此后，太行区在边区政府的直接领导下，全面展开了根据地的各项建设。

在晋冀鲁豫边区临时参议会开会期间，延安《解放日报》发表了题为《敌后民主政治的伟大贡献》的社论。

社论指出："晋冀豫边区，包含有太北、太岳、太南、冀南、冀鲁豫5个具有战略意义的区域，如果再加上鲁西（最近已划入晋冀豫），则其所辖地区，东自津浦，西临汾河，南起苏鲁，北迄冀晋，幅员之大，人口之多，在华北各抗日根据地中，堪称第一。""晋冀豫区的成绩，已使根据地具备了新民主主义的雏形，继晋察冀之后，逐步地走向模范抗日根据地。""晋冀豫区之所以有这样的成就，基本原因在于它几年来，在抗日民族统一战线的方针之下，曾经初步地开展了民主运动。"

"三三制"政权在实施民主政治的基础上产生，"三三制"政权又为进一步实施民主政治提供了保证。在晋冀鲁豫边区临时参议会召开和边区政府成立的前后，太行区的各级政权普遍按"三三制"原则进行了充实调整，从而保证了太行区各项工作的顺利开展。

厉行精兵简政，减轻人民负担是根据地建设中的一个重要内容。

1941年12月17日中共中央发出《关于太平洋战争爆发后敌后抗日根据地工作的指示》。《指示》说："敌后抗战能否长期坚持的最重要的条件，就是这些根据地居民能否养活我们，能否维持抗日的积极性""我党政军均应了解，假若民力很快消耗，假若老百姓因负担过重而消极，而与我们脱离，那么不管我们其他政策怎样正确也无济于事"。《指示》号召敌后抗日根据地军民，咬紧牙关，度过今后最困难的两年斗争。党中央提出了实行"精兵简政"的号召。在精兵方面，要求缩编主力部队及其指挥机关，充实连队，加强地方武装和发展民兵，加强整训，提高战斗力。在简政方面，要求抗日根据地切实整顿各级组织，紧缩机构和人员编制，加强基层，提高效能，节约人力物力，反对官僚主义；并具体规定，各抗日根据地脱离生产的人员，只能占总人口的3%，其中军队系统人员占2%，党政民系统人员占1%。

太行区是华北敌后抗日根据地中领导机关最集中的地区。在这里有中共中央北方局太行分局、边区政府、边区参议会及其直属单位、第一二九师师部及直属部队，还有领导和指挥华北抗日战争的中共中央北方局、八路军前方总部及其直属机关。这些单位的给养供应，大部分由太行区人民负担。1941年以后，由于战争日益残酷，根据地面积缩小，人民的负担越来越重。太行区"鱼大水少"的局面难以支撑，所以精兵简政对于太行山革命根据地能否巩固、敌后抗战能否长期坚持至关重要。

太行区积极响应中共中央的号召，从1942年1月开始，从军队到地方，从上层到基层，普遍实行精兵简政。

第一二九师在太行区的精兵简政工作中起了表率作用。

1942年1月7日至9日，师部召开了有直属队、新一旅、第三八五旅干部参加的精兵简政动员大会。刘伯承做了《如何贯彻中央精兵简政政策》的报告。

动员大会后，师部直属队召开了排以上干部参加的"精兵主义"讨论会。

邓小平参加了讨论会并做重要发言。

邓小平说："比较起来，我们根据地的同胞比敌占区同胞的负担要轻得多。但是，由于长年不断的战争和日本强盗的掠夺，天灾人祸，生活也是困难的。我们是人民的军队，就应该特别关心民间疾苦，厉行精兵简政，减轻人民的负担，人民才能更好地支援我们最后打败日本侵略者。"

讨论会开得很热烈，大家纷纷发言批评过去在组织机构上、工作上和领导作风上存在的缺点，揭发浪费现象，研究今后的改进办法。在此基础上制定了第一二九师和几个战略区精兵简政的要点。

1月15日，刘伯承、邓小平下达实施精兵简政的命令。

命令指出："有计划地抽出大批干部及一部分优秀的老战士与文化水平较高的新战士，送考'抗大'及其附设的陆军中学，长期学习，使其锻炼成为有真才实学的、在战略反攻时期称职的干部。"命令还明确规定："各部在缩编时，只须保持一定数量的老干部做骨干，尽量留用缺乏实际经验之知识分子新干部，使其在工作中锻炼，以便于抽出缺乏文化知识的老干部入校学习。"

在精简中抽出来的干部，除送抗大和陆军中学学习深造外，第一二九师还举办了参谋训练队、政治工作训练班和射击训练班，使更多的干部得到了系统的学习和训练。邓小平很重视这些训练班，开学时，他亲自给学员们讲了第一课。

1月25日,邓小平亲自带队组织师直机关的负责同志,分赴各部队和各军分区深入调查和动员,指导精兵简政工作。他针对部队中出现的各种思想问题,如消极情绪、本位主义、计较个人得失等,组织学习讨论,进行个别谈话,做了大量深入细致的思想政治工作,提高了全体官兵对精兵简政意义的认识,同时制定了各种规章制度,妥善处理了各种矛盾。

在刘伯承、邓小平的领导下,太行区的精简整编工作完成得很好,受到了毛泽东的表扬。

毛泽东在《一个极其重要的政策》一文中说:自从党中央提出精兵简政这个政策以来,许多抗日根据地的党,都依照中央的指示,筹划和进行了这项工作。晋冀鲁豫边区的领导同志,对这项工作抓得很紧,做出了精兵简政的模范例子。

1942年2月1日和8日,毛泽东在中共中央党校开学典礼上和延安干部会议上分别做了《整顿党的作风》和《反对党八股》的演说。毛泽东指出,我们的学风有些不正,就是有主观主义,特别是教条主义的毛病;我们的党风有些不正,就是有些宗派主义的毛病;我们的文风有些不正,就是有党八股的毛病。

以反对主观主义、宗派主义、党八股为内容的全党整风运动开始了。

4月3日,中共中央宣传部发出《关于在延安讨论中央决定及毛泽东同志整顿三风报告的决定》。

6月8日,中宣部又发出《关于在全党进行整顿三风学习运动的指示》。

同时,中共中央成立由毛泽东主持的总学习委员会,领导全党的整风运动。

延安、华北、华中各抗日根据地的党组织和在国民党统治区的中共中央南方局,也先后开展了整风学习。

晋冀鲁豫边区和第一二九师的整风运动,是从1942年5月开始的。

邓小平担任中共中央北方局太行分局总整风委员会主任、第一二九师整风委员会主任,领导边区的整风运动。

1943年2月,邓小平在中共中央北方局太行分局高级干部会议上做总结时强调指出,整风是我党进行思想革命的斗争。整风对于改造我党及全体干部和党员的思想方法,提高工作效能与品质,加强与巩固全党的团结,加强全党与党外人士的团结,以及转变工作作风等,均有伟大的革命意义。总结还指出，改造思想方法的重点，必须着重于反对主观主义、宗派主义、自由主义和自作聪明。整风对象的重点应放在地方党地委、专署一级，军队旅与分区一级以上的领导干部。整风运动必须与当前斗争的各种实际工作相结合。总结对整风运动在不同地区的进度和时间也提出了要求，强调不在多，而在精；不在走马观花，而在追根究底，贯彻始终。

邓小平的讲话是对太行区整风运动的总动员和总布置。

此后，太行分局做出计划，决定军队、地方所有干部，都必须参加整风学习；在职地委、县委、专员、县长、各群众团体的主要领导同志轮流到分局党校参加整风，然后回到岗位，领导在职干部整风。这个计划首先在分局党校进行典型试验。分局党校的整风，注重从干部的思想实际和历史实际出发，对照文件精神，实事求是地解决个人的思想问题。

6月5日，邓小平在中共中央北方局太行分局召开的干部会议上做整风问题的报告，强调在学习的基础上做好自我反省，解剖自己的思想，开展批评与自我批评。在邓小平的领导下，太行区的整风学习，从实际出发，采取典型引路，强调自觉，联系思想，开展批评与自我批评等方法，一开始就收到了良好的效果。

10月，中共太行区党委依据中央及北方局的指示，制定了《关于今明两年完成全区整风任务及目前阶段计划》，提出由党委主要负责人直接领导，采取"机关整风学校化，学校整风机关化"的方法，区党委党校开办县级干部整风班，各地委党校举办区级干部整风班，县委举办村支部书记和少数区委的整风班。部队干部除了参加区党委党校学习外，多数参加太行军区司令部、政治部主办的整风学习班。区党委党校从1943年11月到1946年3月，共办了三期县级以上干部整风班，同时在涉县温村和索堡办了联合整风班，全区性的整风运动蓬蓬勃勃地开展起来。

在整风过程中，邓小平发表了一系列的重要讲话。

11月10日，邓小平在中共中央北方局党校整风动员会上讲话，系统地阐述了整风的目的和意义，指出整风的目的是要以无产阶级的马列主义的思想，去克服存在于我们的同志中的非无产阶级的非马列主义的思想，使我们全党思想更加统一，意志更加集中，全体同志更能团结在以毛泽东为首的党中央周围，一心一德地去完成中国革命的事业。

"讲话"对党的领袖毛泽东做了高度的评价，系统论述毛泽东思想即中

国化的马列主义,指出党的事业要以毛泽东思想做指导。他说:

> 我党自从1935年1月遵义会议之后,在以毛泽东为首的党中央领导之下,彻底克服了党内"左"、右倾机会主义,一扫主观主义、宗派主义和党八股的气氛,把党的事业完全放在中国化的马列主义,即毛泽东思想的指导之下,直到现在已经9年的时间,不但没有犯过错误,而且一直是胜利地发展着。这种事实我们大家都知道得很清楚。的确,在以毛泽东思想为指导的党中央的领导之下,我们回忆起过去机会主义领导下的惨痛教训,每个同志都会感觉到这9年是很幸福的,同时也会更加感到三风不正对我们的毒害了。
>
> 现在我们有了这样好的党中央,有了这样英明的领袖毛泽东同志,这对于我们党是太重要了。

邓小平强调:要完成整风的任务,首先是领导问题。领导一定要抓得很紧,每个负责干部都要亲身参加整风,认真突破一点,积累经验,以指导其他,并采取一些具体办法,使大家聚精会神,不半途而废。

他在报告中还对参加整风的其他同志提出了五点要求。

邓小平在报告中使用了"毛泽东思想"这一科学概念,指出毛泽东思想即"中国化的马列主义"。他的这一认识与当时许多中共领导人的认识是一致的。

1943年7月4日,刘少奇在《清算党内的孟什维主义思想》一文中,论述了毛泽东及其思想在中共党史中的作用和地位,他说:"中国共产党的历史,是马列主义在中国发展的历史,也是中国的马列主义者和各派机会主义者斗争的历史,客观上是以毛泽东同志为中心构成的。"

7月8日,王稼祥在《解放日报》上发表《中国共产党与中国民族解放的道路》一文,第一次提出"毛泽东思想"这个概念。他说:"中国民族解放整个过程中——过去现在与未来——的正确道路就是毛泽东同志的思想,就是毛泽东同志在其著作中与实践中指出的道路。毛泽东思想就是中国的马克思列宁主义,中国的布尔什维主义,中国的共产主义。"

邓小平是继王稼祥等之后较早提出和使用"毛泽东思想"这一概念的中共领导人之一,在帮助全党认识毛泽东思想方面发挥了重要作用。

12月25日，邓小平在北方局、八路军总部直属机关第一学区大会上发言指出：党中央老早告诉我们，整风就是把全党从思想上、行动上统一在中国布尔什维主义——毛泽东思想上，在思想上、政治上、组织上，把全党团结得像一个人一样，增强党的战斗力量。

邓小平的讲话，直接指导了太行、太岳、冀南、冀鲁豫和北方局、八路军总部机关的整风运动深入健康地发展起来。

发展生产是坚持根据地的重要保障。

1941年，抗日战争进入最艰苦的岁月。

由于日军对太行山根据地的疯狂"扫荡"和严密封锁，使得抗日军民的处境非常困难。

党中央号召根据地军民广泛地开展大生产运动，打破敌人的经济封锁，度过"黎明前的黑暗"。

太行山根据地军民在邓小平领导下，开展大生产运动。

邓小平创造性地运用中央的指示，紧密结合本地实际，果敢地提出了一系列的发展经济、生产自救的方针和政策。

1943年6月21日，邓小平主持召开中共太行分局专门会议，讨论太行区的经济建设工作，制定了《关于太行区经济建设工作的检查和决定》。

7月2日邓小平又在延安《解放日报》上发表了《太行区的经济建设》一文。文章明确指出：

> 敌后的经济战线斗争的尖锐程度，绝不亚于军事战线。敌人对我们的经济进攻，是与军事、政治、特务的进攻密切结合着的，是极其残暴的……在敌人这样的摧残之下，人民创伤极其深重，如不采取有效办法，一旦人民元气耗尽，一旦军需民食没有保证，敌后抗战的坚持是不能设想的。

邓小平说，太行区就在这样的警惕下，加强了对于经济战线的注意。

首先，"我们确定了发展生产是经济建设的基础，也是打破敌人封锁、建设自给自足经济的基础，而发展农业和手工业，则是生产的重心""发展生产，不能是一个空洞的口号，而需要正确的政策和精细的组织工作。我们的减租减息和交租交息政策，给发展生产开辟了一条广阔的道路"。

其次，"我们实行的是钱多多出、钱少少出的原则""既照顾人民的负担能力，又照顾抗战的需要。而更重要的，是使负担办法适合于奖励发展生产的需要"。

再次，"我们的税收贸易政策，是采取'对外管理对内自由'的原则"。

最后，"我们的货币政策，也是发展生产与对敌斗争的重要武器"。

邓小平总结了太行区经济建设的四点经验：

> 第一，敌后的一切离不开对敌的尖锐斗争，我们每一点经济建设的果实，都是用鲜血换来的。第二，没有正确的政策，就谈不上经济建设，而这些政策的制定，必须以人们的福利和抗战需要为出发点。第三，任何一个经济建设的事业，没有广大人民自愿地、积极地参加，都是得不到结果的。第四，将大批得力的干部分配到经济战线上，帮助他们积累经验，才能使经济建设获得保障。

9月21日，晋冀鲁豫边区和第一二九师师部联合召开全区生产动员大会，邓小平在会上做《努力生产，渡过困难，迎接胜利》的报告，进一步阐明了开展大生产的意义。

他说："部队只有枪而没有饭吃，是不能打仗的。如果我们不帮助群众搞生产，人民倾家荡产，不能进行再生产，人民就会反对我们，我们就会弄到既无饭吃又无群众的地步。""胜利虽然接近了，我们还要经过相当困难的过程，从各方面努力，渡过困难，迎接胜利且为战后做准备，打下新中国建设的基础。"

在这次大会上，邓小平还提出制定"奖勤罚懒"的赏罚制度的建议。他强调指出："必须建立赏罚制度。"对于个人生产模范、劳动英雄，要"给予100元到200元的奖金"。"可能有些同志说，这是不是过高了？我说，不高。因为这是他们的劳动所得，又不是贪污，是应该的。对于那些懒惰、不积极参加生产的，应该说服教育，经教育不改者，就要给予处分。懒惰、生产不好的单位必须自己吃苦。否则，赏罚不明，就不能将一项工作做好。"后来，邓小平又将奖金数额提高为200元到300元。

这次生产动员大会后，邓小平和晋冀鲁豫军区副政委张际春、北方局组织部部长刘锡五、北方局宣传部部长李大章、八路军总部组织部部长周桓等人商妥，并征得驻地村政权的同意，合伙承包了 2 亩公产水田，并立下"军令状"，保证明年按规定交租、出负担。他们聘请有经验的老农担任技术顾问，指导他们上粪、犁地和下种。天一亮，他们就下地，担粪施肥，平整土地，只用了几天时间，就完成了秋耕任务。

在邓小平等的带动下，太行军区司令部机关、政治部机关和太岳军区也都积极行动起来，掀起了开荒高潮。

太行军区根据邓小平的讲话精神，提出了每人开荒种地 2 亩的任务，并在劳动力的组织上、生产制度上制定了一些有利于调动部队和机关的生产积极性的措施。

1944 年 4 月 1 日，八路军总部参谋长滕代远、副参谋长杨立三制定了《总部伙食单位生产节约方案》（即《滕杨方案》），明确规定参加集体生产和节约所得以"二八分红"（即公八私二）原则分配。个人利用业余时间从事手工业生产所得，30% 上缴伙食单位，70% 归己。个人采集野菜（每斤以 2 角收购），饲养鸡、兔、蚕、蜂所得，"全归自得"。

邓小平大力支持《滕杨方案》，以身作则，带头贯彻执行。

《滕杨方案》的公布，把太行区的大生产运动推向了高潮。

1944 年，第一二九师的生产达到最高峰。这一年，太行军区共开垦荒地 120 042 亩，太岳军区开荒 58 000 余亩。太行军区生产的杂粮、山药蛋、蔬菜和手工业、畜牧业、商业的收入，共折合米 9 709 276 斤。部队的办公费、杂支费等各项费用，已全部由生产收入中解决。此外，还建立了油坊、粉坊和豆腐坊。更重要的是，建立了规模不同的数个兵工厂，能制造步枪、子弹、手榴弹，甚至还试制成功了迫击炮。除了供给自身需要外，还支援延安"太行造"步枪、子弹、棉衣等大批军需物资。

太行区的大生产运动，得到毛泽东的肯定和称赞。1945 年春，毛泽东看到《太岳军区的生产经验总结和 1945 年的生产计划》的报告后，于 4 月 12 日回电说："关于去年军队生产成绩及今年生产计划之报告阅悉，甚为欣慰。你们的方针是正确的，望妥善执行。"

交往

战友情谊五十年——与刘伯承

邓小平同刘伯承有长达半个多世纪的战友情谊。

刘伯承生于1892年,长邓小平12岁,他们两个都是四川人,都属龙。1911年,刘伯承在四川万县参加了辛亥革命的学生军,1912年考入重庆军政府将校学堂,1916年,在讨袁护国斗争中,组织起四川护国军第四支队,是"'手执青锋卫共和'的一员猛将"。1920年,当16岁的邓小平远渡重洋到法国去求学时,刘伯承已是赫赫有名的川中名将了。1926年,刘伯承加入了中国共产党,参与领导了四川的泸顺起义。1927年,刘伯承和周恩来等人领导南昌起义,创建了人民军队。不久即被派往苏联,进入莫斯科高级步兵学校,后升入伏龙芝军事学院,系统地学习军事理论。1930年夏,刘伯承学成回国,在上海任中共中央军委委员、中共中央长江局军委书记,协助周恩来处理中央军委日常工作。此时,邓小平正在广西,创建红七军、红八军,开辟左右江革命根据地,成为独当一面的军政要员。

1931年,邓小平和刘伯承先后来到江西中央苏区,在这里,这两位四川同乡初次相识。初次见面,刘伯承就给邓小平"留下忠厚、诚挚、和蔼的深刻印象"。此时,邓小平任瑞金县委书记。刘伯承任红军学校(不久改为中国工农红军大学)校长兼政委。(1942年12月15日,邓小平在《庆祝刘伯承同志五十寿辰》一文中写道:"我同伯承同志认识,是在1931年,那时我们都在江西中央苏区。后来都参加了长征。而我们共事,是在抗战以后。五年来,我们生活在一块,工作在一块。我们之间感情是很融洽的,工作关系是非常协调的。我们偶然也有争论,但从来没有哪个固执己见,哪个意见比较对，就一致地做去。"）1932年，邓小平调任会昌中心县委书记。刘伯承出任中央军委总参谋长。这时，王明的"左"倾冒险主义开始在中央苏区和其他革命根据地泛滥。邓小平和刘伯承都毫不妥协地同"左"倾错误进行了坚决的斗争。邓小平因认真贯彻毛泽东所主张的也完全适应当时边缘地区特点的正确路线，在理论上和实际工作中坚决抵制王明的教条主义错误，受到了王明宗派主义的残酷斗争和无情打击，最后被撤销职务，受到党内严重警告的处分，当了一名乐安县的南村区委巡视员。就在邓小平受到错误处分后不久，刘伯承因反对中央军事顾问、共产国际代表李德的军事指挥上的教条主义，受到撤销总参谋长职务的处分，被下放到红五军团任参谋长。1934年10月，中国工农红军不得不实行战略转移——举世闻名的二万五千里长征开始了。邓小平和刘伯承都参加了长征，其时，邓小平任总政治部机关报《红星》报的主编。他被编在"红星"纵队中，随红军主力长征。刘伯承则随红五军团踏上了长征路。1934年底，坚持"左"倾错误的领导人越来越不得人心，毛泽东开始有了发言权，在毛泽东的提议下，邓小平再一次出任中共中央秘书长。在这年12月18日中央政治局召开的黎平会议上，经过毛泽东的努力说服，许多同志改变了观点，同意了毛泽东的正确意见。这次会议决定：调刘伯承回军委，任军委总参谋长。1935年1月召开的遵义会议，是邓小平和刘伯承共同参加的第一个关系党和军队前途命运的会议。在遵义会议上，邓小平和刘伯承积极拥护以毛泽东为代表的政治路线和军事路线，为确立党的正确路线做出了重要贡献。

1936年10月，红军三大主力先后在甘肃会宁和静宁将台堡（今属宁夏）胜利会师。10月21日，邓小平同刘伯承在这里亲切会面。不久，抗日战争开始了。1938年1月，邓小平调任第一二九师政治委员。从此，开始了他和刘伯承长达13年的合作。也从此开始了他们持续了几十个春秋的深厚友情。

在这13年中，他们两个紧密配合，通力合作，"工作非常协调"。一位二野的老同志曾经这样描述刘、邓：刘师长给我们总的印象是对党忠心耿耿，对工作极端负责任，热爱人民，关心同志。他年高德劭，平易近人，使你在他面前，能感到一种慈父般的温暖。邓小平政委在领导作风上的特点是决策果断、干脆，对干部要求严格，并敢于批评，给人的印象是位严师。这两个人，一个慈父，一个严师，密切配合，相互支持，加上作风正派，艰苦朴素，以身作则，给下面树立了很好的榜样。刘、邓两位首长虽然一军一政，各有所长，但都不是偏才，而是文武全才。因此他们在军政工作上常常口径一致，一唱一和，相互支持。

　　凡是在第一二九师师部工作时间较长的同志都知道，师部的工作，只要邓政委表过态的，你去问刘师长时，刘一定说"按邓政委讲的办"；同样，凡是刘师长表过态的，你去问邓政委时，邓也必定说"按刘师长讲的办"。刘伯承年事较高，又仅有一只视力微弱的左眼，行动上多有不便。为了照顾他的身体，邓小平往往力争多做一些组织实施的工作，前方指挥，总是勇挑重担，亲自起草、签发电报，亲自值班守电话，检查、督促作战方案的贯彻执行。邓小平常说：刘司令员年高体弱，司令部要特别注意哩！有事多找我和参谋长。他是我们的军事家，大事才找他决策。刘伯承则常说：邓政委是我们的好政委，文武双全，我们大家都要尊敬他，都要听政委的。据长期在刘、邓领导下工作过的同志回忆，每次召开军事会议，讨论作战方案，在最后下定决心以前，刘伯承都要请邓小平发表意见，并且常常在会议结束时宣布：就按小平同志的意见办。刘伯承在加强党对军队的绝对领导、反对居功自傲和斗志衰退、发动群众整顿军纪方面，都十分尊重并全力支持邓小平的工作部署。他有一句常说的话：政委说了，就是决定，立即执行。

　　在这 13 年中，他们两个同舟共济，情同手足，"感情非常融洽"。邓小平比刘伯承小十几岁，他把刘伯承当兄长那样尊敬。有一次，部队要过黄泛区，天上有敌机轰炸，脚下是没膝深的烂泥，行走十分困难，邓政委就搀着刘司令员，顺利地涉过了几十里路的"水乡泽国"。1940 年，在"百团大战"最紧张的时刻，当时在第一二九师师部工作的张香山看到了这样一幕："有一天，参谋长打电话叫我到他那个地方去。一进去，看到他们两位，邓小平同志拿着蜡烛，他们在看贴在窑洞墙上一张五万分之一的地图，找地名。由于刘师长一只眼睛失明，不大方便看东西，所以小平就举着蜡烛，刘师长顺着蜡烛光看地图，一个说这是什么地方，然后两个人商量，怎么样跳出包围圈。1940 年百团大战时期，刘、邓找我去商量战事。我进了窑洞，司令员拉我到五万分之一的军事地图前做指示。邓政委让我稍等，他点了一支蜡烛，手举着随刘的手移动，刘指到哪里，邓就把地名念出来。刘的眼睛不好，邓担心他受累。我革命了几十年，像刘、邓这样深的感情见得不多。真是高山仰止，令人感动。"刘伯承也同样尊敬邓小平，把邓小平当兄弟一样看待。每当邓小平出征时，不论是酷热的盛夏，还是严寒的冬天，刘伯承总是步行送上一程又一程，再三叮嘱邓政委身边的工作人员，一定要时刻照顾好邓政委的生活与安全；分手后，直到目送邓政委的身影消失才转身返回。1942年春夏，日军对晋冀鲁豫抗日根据地进行了两次春季"扫荡"，给根据地造成很大损失。为了尽快扭转不利局面，准备对付将来更大的困难，组织上决定刘伯承长留太行区指挥反"扫荡"作战，邓小平政委率第七七二团一部去太岳区布置检查工作，总结经验。邓小平去太岳，要通过敌人封锁的白晋线，相当危险。为了邓小平的安全，刘伯承事先亲自做了严密部署，但两人分手后，刘伯承一直担心邓小平的安全。3月19日晚，收到电报：邓小平今晚通过白晋线。当夜，刘伯承通宵未眠，亲自坐在师作战科值班室等电报，当时同志们多次劝他休息，他都不肯。直到天快亮了，陈赓发来电报，他一个字一个字地看完，得知邓政委已安全到达太岳区，才放心地回去睡觉。在邓小平到太岳区的一个多月的时间里，形势日益紧张。5月1日，日军便开始了对冀中的大规模"扫荡"，并扬言不日即开始"扫荡"太岳区。对此，刘伯承又吩咐李达参谋长说：敌人的"扫荡"，在最近几天就会全面展开，目标首先是太岳区，而邓政委正在那里，你要告诉沿途部队，要确保邓政委的安全。

在这13年中，他们两个，一个师长，一个政委；一个军事主官，一个政治主官，留下了一段"刘邓不可分"的佳话，带出了一支战无不胜的军队——"刘邓大军"。无论是开辟太行山抗日根据地，还是挺进大别山，激战淮海，进军大西南，许多重大作战方案，都是刘、邓一起商定的，各种命令都是以刘、邓署名签发的，多次重大战役都是刘、邓共同指挥的。邓小平常说：司令员和政委的工作是无法截然分开的，应该既分工又合作。曾一直跟随刘、邓的杨国宇后来说："在抗日战争和解放战争长达十几年的两个革命战争时期，刘、邓曾先后共同领导和指挥八路军第一二九师和第二野战军，共同经略晋冀鲁豫、中原和西南三大战略区，亲密无间。从这个意义上来说，刘、邓是军事指挥上的并肩者。而在一个战役接连一个战役，一个战场转到另一个战场这种漫长而又频繁的战争过程中，在这种极度耗费脑力和体力的战斗生活中，刘、邓又是互相把挑在对方肩头上的重担换到自己肩头上来，分成两副担子来分担。从这个意义上来说，刘、邓又是军事指挥上的换肩者和分担者。即使在大别山因为斗争的需要而分成两个指挥所，部队接到的战略战术指示，仍然是出自一个刘邓司令部。历史既然以自己的行程形成了这种情况，我们也就难以把刘、邓的指挥艺术和作战谋略完全分割开来了。"他还说："刘、邓连在一起,像一座威严的山。一座威严的太行山,一座威严的大别山,一座威严的喜马拉雅山。"曾在二野担任过新华社分社社长、新华社前线记者的李普说:"在刘邓之间,是难以放进一个顿号的。"邓小平后来说:"我们一起工作,是1938年在八路军第一二九师,一个师长,一个政治委员,以后在晋冀鲁豫野战军、中原野战军、第二野战军,前后共事13年,两人感情非常融洽,工作非常协调。我比他小十多岁,性格爱好也不尽相同,但合作得很好。人们习惯地把'刘邓'连在一起,在我们两人心里,也觉得彼此难以分开。同伯承一起共事,一起打仗,我的心情是非常愉快的。"

1950年,仗打完了,这一对携手走过13年血雨腥风战斗历程的老搭档却要分开了。刘伯承要到南京筹办军事学院,去为人民解放军的正规化、现代化培养高级专门人才。邓小平则继续留在西南,领导这里的革命和建设事业。临别前,刘伯承把自己年轻时的一张照片赠送给邓小平留念。

这张照片刘伯承十分喜爱。战乱中,照片丢失,1950年他在重庆一位友人手中重新找到。照片上的刘伯承英姿勃发,那时,他还没有失去右眼。就在照过这张照片后不久,即1916年春的讨袁战争中,刘伯承在丰都战役中不幸失去了右眼。所以这刚刚得到的照片,对于刘伯承来说是十分珍贵的。刘伯承把如此珍贵的照片赠送给生死与共、密切合作长达13年的战友邓小平,充分表达了他们之间的深厚情谊。邓小平对于刘伯承的这张照片也非常珍视,他在1986年10月所写的《悼伯承》一文中还满含深情地提到了这张照片:"我至今保存着他赠给的1915年所摄的照片,那时,他二十二岁,风华正茂,雄姿英发。就在第二年讨袁战争的四川丰都之役,他率部冲锋陷阵,头部连中两弹,失去右眼。他在大半个世纪中,指挥了无数次战役,九处负伤,屡建战功,以足智多谋的'独眼将军'闻名于世。"

1950年10月27日,在重庆白市驿机场,邓小平率西南党、政、军领导干部、群众代表和解放军战士千余人前来为刘伯承送行。刘伯承告别了这块养育过他的故土,告别了他的老战友邓小平,登上了一架民航飞机。邓小平深情地望着刘司令员那熟悉的身影,默默地祝愿这位他无比敬重、视若兄长的老战友身体健康,祝愿他为中华人民共和国的国防现代化事业做出更大的贡献。

但这位为人民解放军的正规化、现代化建设和中华人民共和国的国防现代化事业呕心沥血、殚精竭虑的共和国元帅却在1958年受到了错误批判。

1958年5月27日至7月22日，在北京召开的中央军委扩大会议上，错误地发动了反对"教条主义"的斗争。这次会议把反"教条主义"作为中心议题，夸大了学习苏军过程中难以完全避免的缺点，把一些已经基本解决了的问题重新提出来作为现实的错误倾向加以批判，把一些单位实际工作中存在的某些缺点夸大为全军性的系统的教条主义加以反对，把本属于工作中的思想认识方面的问题上升到反对党的军事路线的原则高度加以追究，对负责训练和院校工作的刘伯承元帅等领导人进行批判和斗争。7月10日，刘伯承从南京带病赶到北京中南海怀仁堂，要在这次军委扩大会议上做检讨。刘伯承的汽车刚在怀仁堂前停住，邓小平就迎上前来，紧紧握了握老战友的手。在讨论这项议程之前，邓小平就明确表示："伯承同志是位组织性很强的老党员，他的身体不好，只要表个态就行了，不必上台检讨了。"但在当时的气氛下，他的这一提议没有被会议采纳。刘伯承检讨完毕，邓小平再一次站出来，为老战友说话："伯承同志对党的领导是十分尊重的，对政治工作是十分重视的。我和他相处多年，深知他党性观念之强，组织纪律性之强。"22年后，1980年，邓小平明确指出："那次反教条主义是错误的。"1986年，他又再一次指出："1958年批判他（指刘伯承）搞教条主义，那是不公正的。"

"相遇贵相知"。1976年，"四人帮"刮起"批邓、反击右倾翻案风"的狂潮，邓小平的政治前途面临严峻的考验。正是在此期间，京城里广泛流传着这样的政治传闻：刘伯承说，我死了之后只要一个人为我主持追悼会，那就是老邓（小平）。一位日本学者曾撰文写道："据传，在'四人帮'垮台后的1976年10月26日（当时邓小平尚未复出），两眼均已失明、卧床不起的刘伯承向来看望他的华国锋提出要求说：'我同邓小平同志一起工作40多年，我最了解他。以后我死了，希望由邓小平同志主持我的追悼会，如果不行，我决不进八宝山。让儿子把尸体扔到荒草野地里好了。'"这些描述是否属实，我们无从考证，也无须考证。它至少表明了不仅在刘、邓"两人心里"觉得"彼此难以分开"，在他们的战友们心里"刘、邓不可分"，而且在广大人民的心中，在中外学者的笔下，刘、邓也是难以分开的。

邓小平对他与刘伯承之间长达半个多世纪的友谊十分珍惜。1986年10月7日，刘伯承元帅与世长辞。10月14日，邓小平最先来到灵堂，向这位可敬的兄长、老战友做最后的诀别。在他的身后，是他的夫人卓琳及子女，还有他的孙辈们，邓家人能来的都来了。按照我们中国人的习俗，只有世交情分的家族，才享有这份崇高的礼遇。10月16日，刘伯承的追悼会在人民大会堂举行。追悼会由中共中央政治局常委、中央顾问委员会主任、中央军委主席邓小平主持。刘伯承如愿以偿。10月21日，邓小平含悲写下了《悼伯承》一文："伯承久病，终于不治。我和他长期共事，相知甚深。他的辞世，使我至为悲痛。"痛惜之情，溢于言表。邓小平的女儿毛毛后来说："在父亲的一生中，严肃多而言笑少，坚强弥足而情感流露甚寡。他悼刘帅一文，这样的深情，这样的追念悲痛之心毕现，实不多见。可见父亲与刘帅之间战斗友情之笃切。"刘伯承对于他和邓小平率部立马太行的艰苦岁月至死不忘。逝世后，他的部分骨灰葬于太行山脉。

"彭总不愧是大军事家"——与彭德怀

抗日战争时期，邓小平为彭德怀的下级，在彭德怀的指挥下英勇作战。解放战争时期，两人作为两个战区的指挥员，在战略上配合默契。抗美援朝战争后期，中央决定由彭德怀担任总参谋长，主持军委日常工作，彭德怀却向毛泽东推荐了邓小平。庐山会议，彭德怀受到错误批判，邓小平深为不平，并在"文革"结束后主持为其平反。

邓小平最早与彭德怀一起工作，是在抗日战争时期的八路军总部机关工作期间。1937年8月25日，中共中央革命军事委员会发出改编命令，宣布中国工农红军第一、第二、第四方面军和陕北红军改编为国民革命军第八路军。红军前敌指挥部改为第八路军总指挥部，朱德为总指挥，彭德怀为副总指挥，叶剑英为参谋长，左权为副参谋长，任弼时为政治部主任，邓小平为副主任。这样，邓小平就同彭德怀一起，共同工作在八路军总部机关。在相互接触中，彭德怀的大智大勇和精湛的军事艺术，深为邓小平所钦佩；邓小平的精明强干和政治工作能力，也深得彭德怀的青睐和欣赏。

到第一二九师以后，刘伯承、邓小平坚决贯彻执行彭德怀的战役意图，积极作战，在百团大战中取得辉煌战果，受到八路军总部表彰。

解放战争中，邓小平与彭德怀虽然不在同一个战场上，但他们作为全国"一盘棋"上的车、马、炮，为争取全局的胜利，在千里之外的各个不同战区，进行了相互支援、相互配合，为赢得解放战争的胜利，共同立下了汗马功劳。

邓小平与彭德怀在战争年代建立的相互信任和友谊，在中华人民共和国成立之后的社会主义革命和社会主义建设事业中，继续得到了保持和发扬。他们两人和两个家庭的私交也很密切。彭德怀没有孩子，看到邓小平家孩子多，就向邓小平、卓琳夫妇提出要把毛毛（邓的小女儿）过继给他当孩子。毛毛是邓小平夫妇最宠爱的一个孩子，也是兄妹中最漂亮的，邓小平夫妇当然舍不得了。不知怎么的，毛毛也知道了这回事，有一段时间，吓得毛毛一见彭老总就往父母身后又藏又躲，生怕彭老总把她带走了。

1952年4月朝鲜战场局势趋于稳定，彭德怀奉召回国。7月，在一次政治局会议上，周恩来提议由彭德怀以军委副主席的身份兼任总参谋长，主持军委日常工作。

但彭德怀认为，当时总参谋部的工作相当繁重，自己难以胜任。而原来的总参谋长徐向前久病不能工作，粟裕和聂荣臻也有病，他想推举一个身体强健、工作能力更强的人来接受这个繁重的任务。为此，他在参加政治局会议以后，专门去找毛泽东谈了自己的意见。他向毛泽东当面提出，自己担任总参谋长确实不合适，推荐邓小平担任总参谋长。

毛泽东思忖了一会儿，说："邓小平同志的能力是够的，他同军队也有着较多的联系，是合适的人选，可是他从现在的岗位上抽不出来（邓小平当时刚任政务院副总理）。"

最后，中央批准周恩来的建议，彭德怀又一次进了统帅部，肩负起了新的军事使命。

彭德怀当面向毛泽东推荐邓小平，不难看出他对邓小平的信赖和推崇。

1959年，彭德怀在庐山会议上受到不公正的批判，并被撤职。邓小平非常了解彭德怀的直爽性格，对他遭到的批判和处理表示同情。邓小平一直认为："彭德怀同志的意见是正确的，作为政治局委员向党中央主席写信，也是正常的。尽管彭德怀同志也有缺点，但对彭德怀同志的处理是完全错误的。"

1978年12月24日，中共中央在人民大会堂隆重举行了彭德怀同志追悼大会。邓小平代表党中央致悼词，对他做出了全面、公正的评价，为他恢复了名誉。邓小平在悼词中说：

> 彭德怀同志是我党的优秀党员、老一辈无产阶级革命家……是我们党、国家和军队的杰出领导人，曾担任过党政军的许多重要职务。……

……

　　彭德怀同志在近半个世纪的革命斗争中，在伟大导师毛泽东同志的领导下，南征北战，历尽艰险，为中国革命战争的胜利，为人民军队的成长壮大，为保卫和建设社会主义祖国，做出了卓越贡献。他的一生，是革命的一生，是忠于党、忠于人民的一生。他的不幸逝世，是我党我军的重大损失。

……

　　彭德怀同志热爱党，热爱人民，忠诚于伟大的无产阶级革命事业。他作战勇敢，耿直刚正，廉洁奉公，严于律己，关心群众，从不考虑个人得失。他不怕困难，勇挑重担，对革命工作勤勤恳恳，极端负责。

　　彭德怀同志是国内和国际著名的军事家和政治家，一直受到广大党员和群众的怀念和爱戴。

……

"徐总真是出奇制胜的高手"——与徐向前

　　无论是战争年代的峥嵘岁月，还是新的历史时期的治军打仗，徐向前都曾为邓小平襄助军机。抗战时期的响堂铺一战，使邓小平领略了徐向前的指挥艺术，给予高度赞扬；新的历史时期的百万大裁军，徐向前则进一步认识了邓小平的雄才大略，积极支持。他们互相尊重，携手共进，相得益彰。

　　1938年2月初，八路军第一二九师在辽县召开干部会。会上，新任政治委员邓小平做了政治报告。邓小平是1月在石拐镇召开会议时到第一二九师的。徐向前过去没有与他一起工作过，只知道他是红七军领导人，出席过有名的遵义会议，原任八路军政治部副主任。几天过去，经过接触，徐向前感到，这个人有魄力，才思敏捷，讲话实在，是一位老练的政治工作领导者。邓小平是接替张浩任师政治委员的。张浩由于身体不好奉中央调令离开辽县回延安。

　　3月中旬，侵入晋南、晋西的日军，虽然连遭打击，但为了配合津浦路作战，相机进攻潼关、西安、陕甘宁边区，仍继续向黄河各渡口猛犯。邯（郸）、长（治）大道和从长治到临汾的公路上，日军汽车往返不断，日夜运送兵员和作战物资。

为了破坏日军的战略计划，迟滞其行动，第一二九师师长刘伯承、副师长徐向前和邓小平决定在适当地点，对敌人的运输部队进行一次较大的伏击战。

刘伯承要到八路军总部去开会，行前提议："这一仗由向前指挥。"

邓小平欣然同意，表示赞成："我一定配合向前同志打好这一仗。"

徐向前谦虚地一笑："我到前边指挥，政委在后面坐镇。"

很快，徐向前派出便衣侦察组，从各个方面收集日军兵力部署情报。

日军在神头岭失利后，对邯长大道这一交通命脉的沿路警戒逐渐加强。黎城到涉县间增设了东阳关据点，驻兵150余人，涉县守军增至400人，黎城千人有余。公路上常有汽车运输队经过，十几辆、几十辆、百多辆不等。从黎城到涉县，经东阳关、王后岭、上下弯、响堂铺、河头村、椿树岭、河南店等村，响堂铺附近公路是沿河而行，路南陡，路北缓到河底。徐向前同旅、团指挥员陈赓、陈锡联等经过调查研究，决定在这里设伏。徐向前说："这是一个理想的设伏地，在路北设伏，便于隐蔽，又便于出击；而敌人退无道路，守无凭借，且此地居中，是东阳关和涉县两个敌人据点增援的最远距离。"

"徐总的分析很正确，我们赞成。"陈赓、陈锡联一齐赞道。

响堂铺伏击日军运输队的战斗，定在3月31日。

26日，徐向前和邓小平率部从下良出发东移，向设伏地域行动。神头岭战斗以后，部队转移到下良、强计以南地区休整。刚刚在神头岭打了大胜仗，又经过短期休整，干部战士情绪高昂。这时虽然连日下着小雨，山下还有雪，道路泥泞，春寒逼人，但是，战士们听说又要去打伏击战，一个个兴高采烈，摩拳擦掌，把寒冷抛在脑后。

30日吃过晚饭过后，部队带着一天的干粮，从秋树垣、马家峪、庙上村隐蔽地向响堂铺进发。徐向前命令各团：31日拂晓前进入阵地；严密封锁消息，做好隐蔽、伪装和防空；由干部组织良好的观察；以电话和确实的徒步通信保证联络畅通；机关有关部门准备好打扫战场、收集战利品和收容伤员。

30日午夜，冒着仲春夜寒，邓小平率师直属部队进至佛堂沟。

31日凌晨，部队进入伏击地域。徐向前的指挥所设在响堂铺路北的后狄村山坡上。第七六九团在响堂铺以东，位于杨家山、江家庄一线；第七七一团在响堂铺正面位于宽漳、后宽漳一线；第七七二团位于师指挥所右后方的马家拐。陈赓的旅指挥所在第七七一团的阵地后面。设伏阵地，多是背阴处，坑坑洼洼里积雪刚化，深夜又结了一层冰，战士们忍受着寒冷，在耐心地等待着。徐向前守着电话机，心情和全师指战员一样，希望一切都在预料之中，而不发生意外。

怕意外就有意外，意外的事偏偏发生了。一阵急促的电话铃声，使指挥所顿时紧张起来。电话里传来陈赓旅长急促的声音："七七二团报告，东阳关之敌200余人进至马家峪；长宁东南高地的敌骑兵，向我侧后运动。"

接着，陈赓说出自己的判断："可能敌人发现了我设伏企图，欲从右翼侧击，截断后路。"

他请示徐向前副师长："是不是把主力撤回到庙上村、鸭儿山去截击敌人？"

这突如其来的情况，给徐向前提出了这样的难题：如果是敌人发现了设伏企图而将计就计，包抄后路，那是很危险的。这就应该撤出阵地，放弃这次战斗或另作他图；如果不是这样，盲目撤出，失掉胜利的机会，那就是没打败仗的败仗。

徐向前在紧张地思索、判断着。

"撤不撤？"陈赓又打来电话询问。这时，他已把埋伏在路南的两个连撤到了路北，以防不测。

指挥部里，大家都紧张地注视着徐向前。

"料敌计险，必察远近……将之道也。"徐向前反复琢磨着《孙膑兵法》中的这句话，两眼紧盯着地图。他根据自己往常的战役战斗经验判断：情报不可靠。如果敌人发现我设伏企图，绝不会只派这点兵力前来"打草惊蛇"。遂拿起电话告诉陈赓："没有我的命令，原计划不得变更。部队不能动，要严密埋伏，不得暴露。情况先不要向下传。"

放下电话，徐向前又嘱咐参谋说："你们注意，敌情没搞清之前，不要向邓政委报告。我们不能报告不明不白的情况，给政委出难题。"

接着，徐向前就派邓仕俊和另一位参谋，到东阳关和苏家蛟方向探听虚实。并反复叮嘱："一定要把情况搞确实，快去快回！"

参谋迅速出发了。徐向前拿出大烟斗，装了满满一锅烟丝，站在地图前，一边深深地沉思，一边使劲地抽着……

约两小时，参谋气喘吁吁地回来了。侦察到的情报，完全如徐向前判断的那样：东阳关方向，敌人没有异常动静；警戒分队看到的"敌骑兵"，只是几头驴，由老百姓赶着向北去了。

听完参谋的汇报，徐向前高兴地大声说："好！太好了！"

说着，徐向前拿起电话，向邓小平报告了事情发生的经过，并告诉他："仗是可以打的！"

邓小平十分钦佩地说："徐总善察敌情，料事如神，此仗必胜。"

8点半钟，日军180多辆汽车排着长龙式的队伍，由黎城经东阳关，向响堂铺路段开来。车上，鬼子的钢盔和刺刀在阳光下闪着绿色的寒光。9时左右，敌人完全进入设伏地域。随着徐向前一声令下，顿时，步枪、机枪、迫击炮一齐开火，沉寂的山沟一下子沸腾起来。

日军被这突如其来的打击弄得张皇失措，车在山沟里乱冲乱撞。就在敌人混乱之际，埋伏一夜的战士，犹如猛虎下山一般冲出，用手榴弹、刺刀解决那些顽抗之敌。日军从东阳关和涉县出动的援兵，也被埋伏在那里的我军部队打了回去。

激战两个多小时，战斗胜利结束。这一仗，打死敌军400多人，180辆汽车全部被摧毁。日军第十四师团山田辎重队两个汽车中队遭到了毁灭性的打击。我军缴获甚多。

下午5时，日军出动10架飞机，对响堂铺狂轰滥炸。但徐向前在率领部队打扫完战场之后，早已转移到了秋树垣一带。陈赓风趣地说："这不是打我们的，是给死鬼子吊丧的。"

邓小平迎着徐向前，握手祝贺，连连赞扬："徐总真是出奇制胜的高手！"

40多年后，徐向前赋七言诗一首回顾这次战斗：

巍巍太行起狼烟，黎涉路隘隐弓弦。
龙腾虎跃杀声震，狼奔豕突敌胆寒。
扑天火龙吞残虏，动地军歌唱凯旋。
弹指一去四十载，喜看春意在人间。

1938年7月16日，作为八路军第一二九师政治委员的邓小平，会同副师长徐向前，在师部驻地（河北省南宫县）会见了来中国进行考察的美国海军陆战队少校军官、美国驻华大使馆参赞伊·福·卡尔逊，向他介绍了冀南抗日根据地的情况。

福·卡尔逊回去后，于1940年出版了《中国的双星》一书，其中一章题为《在南宫会见徐向前和邓小平》,记述了这次会见的情景以及他对邓小平、徐向前的印象。从这位外国人的记述中,我们可以看出邓小平和徐向前的配合默契。

福·卡尔逊这样写道:

经过五天的艰难旅行,我们来到南宫,很高兴再次见到徐向前,他还像我们在辽县见面时一样的谦和、笑容可掬,但是他瘦了,看上去很疲倦。

这是一个水果之乡,我们停留了两天,在谈话时,小鬼们就端来桃子、梨和苹果。朱德的总政治部副主任邓小平(此时为第一二九师政委)正在这里视察,他也参加了谈话。

这里有冀中地区缺少的一种沉着的信念。我分析其中的差别,断定这是由于这里领导人不露声色的自信。这些八路军坚信自己。在为生存而斗争的漫长岁月里,他们考虑了社会、经济和政治的全盘问题。他们的想法明确、清晰,对自己的军事战略和运用这个战略的能力深信不疑。

被称作冀南的地区位于冀中南部边界的公路以南、平汉铁路以东和山东境内的大运河以西之间。这个南部边界刚好是大名以北一线,在这里,河北省的版图变窄,形成一个锅把,一直延伸到黄河。这个地区大约8 000平方英里。

日本人曾一度占领了从东到西横贯这一区、连接两条铁路的一条公路,老百姓可是遭了殃。日本人向前推进时,中国的正规军丢下老百姓撤到南边去了。有些人当了土匪,另一些人想组织起来保卫家乡,但是他们没有基本的计划,力量也很分散。

徐告诉我说:"那是在12月,这个地区一些城镇的代表来到我们师在辽县的司令部,请示帮助他们组织游击队。当时我们在山西正忙得不可开交,只派了三个受过训练的人员,未携带武器同他们一起回去。几周后,又派了24人,到了1月,调去了四个连的部队。这些人马组织了巨鹿和南宫的老百姓,为我们在这儿建立了一个根据地。3月,宋任穷带来了一个骑兵团,扩大了根据地的范围。在响堂铺打败了日本鬼子之后,我带着主力部队来到了这里。"

"你们怎么在响堂铺打败日本人的?"我问。

他回答说:"那是3月31日,大约有3 000名日本兵的一支纵队,带有180辆卡车,通过一个关口进入山西。我们突然攻击其侧翼,打死了近千名日本兵(福·卡尔逊当时记述的敌军数字有误。编者注)。最精彩的是我们烧毁了他们的全部卡车。"

……

在我们谈话时,邓小平一直在吃着水果。这时,他向后靠在椅背上,活跃地参加了谈话。

他说:"抗日救国十大纲领是:1.打倒日本帝国主义;2.全国军事的总动员;3.全国人民的总动员;4.改革政治机构;5.抗日的对外政策;6.战时的财政经济政策;7.改良人民生活;8.抗日的教育政策;9.肃清汉奸卖国贼亲日派,巩固后方;10.抗日的民族团结。"

他列举这些纲领时,我暗自用在山西和河北观察的事实一一对照。我看到了应用每一条纲领的实际事例。自从离开晋西的黄河以来,我所到之处都在强调发展统一战线。

雨季开始了,瓢泼大雨下了两天,延误了我们的行程。这也使我有更多机会与徐、邓二人交谈。

参加八路军以前,邓是个工人。他在法国待了几年,考察那儿的工人运动。他矮而胖,身体很结实,头脑像芥末一样的灵敏。

一天下午,我们讨论了国际政治的整个领域,邓小平掌握情况的广度使我吃惊。有一件新闻弄得我目瞪口呆。

他说:"去年,美国向日本人提供了他们从国外购进的武器的一半以上。"

"你能肯定吗?"我问。我知道,美国人的同情是偏向受侵略的中国一方的,我在内地访问的8个月中,当想到这个问题,总是想当然地认为,美国人民会拒绝把战争物资卖给一个侵略国家的。我太天真了!

"是的,"他肯定地对我说,"消息来源是战争第一年年底美国的新闻电讯。"

这使我感到难过,我说:"必是电讯搞错了。"我不相信美国人会有意地介入我在过去一年中看到的中国人遭受的屠杀和蹂躏。

徐向前走了进来,谈话转到了当地的形势。我向他打听这个地区的现状。

"日本只占据铁路沿线的城镇和我们南边的大名。这一带的土匪已经被消灭，但是南面可不大妙。还好，大名与黄河间的五个县有个不错的领导人。他叫丁树本。我们给了他一些帮助。"

他想知道我打算如何回到汉口去。

"我想在山东了解一些情况，"我回答，"然后希望能找到一条穿过黄河和郑州以西地区的路线。"

"如果你难以找到护送部队，就再回到这儿来，"他说，"我总能想方设法让你通过的。"后来，我用上了他的许诺。

1976年，邓小平第二次被打倒，全国人民心系邓小平，徐向前对邓小平也极为关心。1976年底，邓小平患病，虽然此时"四人帮"已被粉碎了，但还在继续"批邓、反击右倾翻案风"。

徐向前对此忧心如焚，亲自打电话给主持军委工作的陈锡联："要马上安排小平同志住院治疗。"

陈锡联是徐向前的老部下，对他十分尊重，陈锡联告诉徐帅："叶帅也来过电话，已经做了安排。"

直到这时，徐向前悬着的心才放了下来。

邓小平手术后，徐向前又抱病前去探望。两位老战友的心，经过"文化大革命"的风风雨雨，贴得更近了。徐向前极力支持邓小平重新工作，很赞成叶剑英的话："邓小平是不授衔的老帅，是老帅的领班。"

1978年10月，越南悍然出兵入侵柬埔寨，并在中国广西、云南边境屡屡制造事端，侵扰中国边境，杀我边民，焚毁房屋。为支援柬埔寨人民的抗越斗争，为保卫祖国的神圣领土和人民的和平劳动成果，中共中央决定，在适当时机，对越南侵略军实施惩罚性的还击。党中央深思熟虑，决定既要达到惩罚之目的，又要把战争控制在有限范围内，做到有理、有利、有节。身为国防部部长的徐向前，协助军委副主席邓小平认真制订作战方案，并对作战方案字斟句酌，一丝不苟地进行审查。还击战打响后，徐向前不断听取作战部门的汇报，注意研究战场态势，关注部队的开进情况，向邓小平提出自己的意见和建议。自卫还击作战共进行了18天，在人民群众的大力支援下，我军胜利完成作战任务后主动后撤。

在自卫还击作战取得决定性胜利后，邓小平又委托他的老战友徐向前，在三座门主持会议，听取军事科学院院长宋时轮关于对越作战情况调查的汇报，及时总结战斗经验。对越作战的胜利表明，人民解放军不愧为能征善战的伟大的人民军队。作战中涌现出的大批战斗英雄、人民功臣，创造了动天地、泣鬼神的光辉业绩。中共中央和中共军委其他领导人都对对越自卫还击作战给予了高度评价。党和国家一些领导人在北京亲切接见了中越边境自卫还击战英模报告团，并题词以示褒奖。徐向前的题词是："为祖国而战的英雄们功勋永存！"

1978年底，中共中央召开了中央工作会议和十一届三中全会。会上，做出了把全党工作重心转移到经济建设上来的伟大决策，开始了振兴中华的新时期。出席中共十一届三中全会的军队高级将领，对军队如何实行战略性转变，如何搞好军委的工作，有一些议论。副总参谋长杨勇对徐向前说，现在下面都有一些意见，是不是开个会，请大家谈一谈。徐向前也有同样的想法，于是他向邓小平副主席建议："趁各大军区领导同志在京的机会，利用几天时间，开个座谈会，听取大家的意见，帮助军委搞好工作。"

邓小平表示完全同意，并指示："会议由徐帅主持。"

座谈会于12月20日开始，跨了年度，1979年1月3日结束。邓小平、徐向前分别在会上讲了话。

邓小平在讲话中号召大家畅所欲言，献计献策。在谈到部队机构臃肿的问题时，他幽默地说："我倒希望大家这样放'炮'，那样放'炮'，谁能够放一个'炮'放得很准，解决这个问题，我们推他来当老帅。"

徐向前在会上做了总结发言，明确指出："1975年军委扩大会议上，叶剑英、邓小平副主席的讲话是正确的。那次会议确定的方针原则，要继续贯彻执行。对邓副主席讲的机构臃肿问题，要有组织地专门进行研究，痛下决心来解决。"

同时，徐向前还对领导班子的建设问题，教育训练和管理问题，加强政治工作问题等，提出了一些重要的原则性意见。

会后，各总部、各军区围绕解决部队机构臃肿这一老大难问题，进行了深入的调查研究。1980年3月，中央军委决定召开军委常委扩大会议，集中讨论军队的精简整编问题，进行了实事求是的充分的讨论，抓住了要害。会议讨论把军队员额压缩50万，报中央后，确定再压缩50万。在压缩员额的同时，对总部和大军区的机构进行调整。将军委炮兵、装甲兵、工程兵合并到总参，各成为总参的一个部；铁道兵和铁道部合并；各军区的炮、装、工相应地合并到军区司令部。会议还对精简后干部的安置问题,进行了详细的讨论。会议开得十分成功。徐向前在会议结束时的讲话中强调说:"在座的都是老同志,60岁以下的不多,但大家壮心不已,都有一股劲,有信心,都想把军队建设搞上去。所以尽管军队的问题不少,只要有这股劲,我相信是能够把我们军队搞好的。"

经过一段时间的试点,1982年,中央军委正式批准了精简整编方案。邓小平在批示中说:"这是一个不能令人满意的方案,现在可以作为第一步施行,以后还得研究。"

作为第一步,把军队员额压缩100万,无疑是一项重大决策,任务是相当艰巨的。徐向前积极协助邓小平做好工作,教育、组织全军指战员从大局出发,团结一致,坚决完成了军委确定的精简任务。

徐向前作为邓小平的助手之一,为军队走上现代化建设的轨道,耗费了大量心血。

徐向前既是军事家,也是战略家。战略家有战略家的思维方式和胸怀。徐向前首先在两大战略问题上,向中央提供了有重要价值的意见:一是外交战略,即国际战略格局;二是战争与和平,即对战争形势的估量问题。

在20世纪70年代,中共中央提出了"一条线"战略。徐向前感到无论从马克思主义的阶级分析观点来说,还是从中国的国际地位及所发挥的作用来说都是值得进一步研究的。他注意着世界局势的变化,不断翻阅大量资料,经过几年观察,认为有必要重新研讨中国的外交战略问题。于是,在华国锋主持的中央政治局会议上,他明确表示,不赞成"一条线"的战略。但当时还是"按既定方针办"的时期,徐向前的意见没有引起重视。

1983年6月18日,徐向前和胡启立、杨德中谈话中再次提出,不赞成"一条线"的战略,请他们转告中央。徐向前说:"我不是随便提出的,这几年,我翻了一些资料,一直考虑这个问题,今天你们来了,谈谈我的看法,供中央参考。"

徐向前的意见很快被整理成参阅件,报告了中央。中共中央、邓小平对徐向前的意见十分重视。不久,邓小平派姬鹏飞当面向徐向前通报了中共中央关于对美关系问题的考虑,征求他的意见。

邓小平作为中国改革开放的总设计师,经过精心研究之后,做出了调整外交路线的决定。邓小平首先在会见外宾的谈话中做了表述。1985年6月4日,在军委扩大会议的讲话中,又做了明确的阐述,他指出:"我们的对外政策有个最重要的改变,改变了'一条线'的战略路线。我们有一段时间搞了个'一条线',就是从日本到欧洲,一直到美国这样的'一条线'。现在……改变到我们执行独立自主的对外政策。这个改变,关系十分重大,是有利于和平、有利于制约战争的战略性的改变。"

6月17日,陈云到徐向前住地,两位老革命家谈到中国的外交路线,认识完全一致。陈云高兴地说:"我们是不谋而合啊!"

对战争形势如何估计,是制定国防政策的根本出发点。在这个问题上,我党的认识经历了一个曲折的过程。

解放战争初期,在"美苏必战""第三次世界大战必然爆发"的论调甚嚣尘上的时候,毛泽东对战争形势的分析是冷静、正确的。他说:"世界反动力量确在准备第三次世界大战,战争危险是存在着的。但是,世界人民的民主力量超过世界反动力量,并且正在向前发展,必须和必能克服战争危险。"正是基于这一正确的分析,中国人民解放军进行了坚决的自卫战争,"打过长江去,解放全中国",粉碎了蒋介石的战略进攻。也正是有了这一正确分析,中国人民志愿军才在美帝国主义侵略朝鲜的时候,断然派出志愿军入朝参战。迫使美帝国主义乖乖地在板门店坐下来进行停战谈判。

20世纪50年代后期,中共中央对战争形势的分析有了变化,认为世界大战不可避免,战争的危险日益加剧,强调立足于"早打、大打、打核战争"。这方面虽有美帝国主义的反华叫嚣,中苏关系日趋紧张的客观因素,但主要原因是把战争爆发的危险性看过了头。此后,弓弦只张不弛,越绷越紧,以至于长期把许多人力、物力、财力投入到准备打大仗上去,严重地拖了经济建设的后腿,影响了国防现代化的进程。

中共十一届三中全会以后,全党工作的重心转移到经济建设上来,迫切需要一个和平稳定的环境,以发展经济,休养生息,尽快提高广大人民群众的物质文化生活水平,解决物质文化生活水平与广大人民群众的要求不相适应这一主要矛盾。显然,上述对战争形势的分析及其所实行的国防战略、国防政策,和党的总方针是不相适应的,需要实事求是地重新评估战争形势和安全环境。1979年,在军委座谈会上,邓小平提出战争能否延缓,能延缓多久的问题。徐向前也谈到了军队按照中央的决策,也有重点转移的问题。但那时,基本上还是强调要有战争的准备。

后来，中共中央和军委领导人关于战争延缓的可能性就讲得更多了。邓小平1980年讲5年内打不起来。到1984年，在军委座谈会上又说："仗打不起来这个话我们多次讲过，过去讲5年，现在过了几年，还可以说10年。"

徐向前十分赞同邓小平的分析。1980年4月5日，他在全军后勤部部长会议上讲话指出："依我看，打局部战争是可能的，打核战争、世界大战的可能性比较小。还可以争取3年、5年甚至10年，或者更长时间的和平环境。"

1982年，他在听取杨得志总长及张震副总长的汇报时，又指出："现在国际环境对我们有利，我看近期内不会有进攻中国的战争。"

经过几年的观察、分析，军委主席邓小平在1985年6月召开的军委扩大会议上，对战争与和平问题，做了全面、系统、深刻的论述，提出了新的论断："战争的危险是存在的，但毕竟和平力量的发展，超过了战争力量的发展。根据以上这些分析，我们改变了原来认为战争的危险很迫近的看法。我们希望能在一个比较长的时间内，至少在本世纪内，不要发生世界战争。这是可能的，不是空话。"

在邓小平同志的领导下，我党关于外交战略和战争与和平问题的转变，是伟大的战略性转变。这一转变的决策人是邓小平，但他吸收了包括徐向前在内的老一辈无产阶级革命家的智慧，是集体智慧的结晶。

"李达是个难得的好参谋长"——与李达

李达长期襄助刘邓指挥作战，被邓小平称为不可多得的好参谋长。对于李达的成绩，邓小平充分肯定；对于其失误，他则毫不留情地批评；对于部队的师长、旅长，邓小平则说：李达参谋长的命令，任何人都不得违误。

1938年4月初，日军对我太行敌后抗日根据地的晋东南区域，实行九路围攻。刘伯承师长、邓小平政委率领的八路军第一二九师，为了巩固华北抗日根据地，也为了拖住华北敌军，以配合国民党军在津浦线的正面作战，进行了粉碎日军九路围攻的作战。这次作战取得更大胜利之后，刘师长又率领第一二九师前梯队、陈赓任旅长的第三八六旅，东出平汉铁路进行"总破击"作战；同时，徐向前副师长率领第七六九团、东进纵队、骑兵团、教导团一部和师直属队部分干部，越过平汉线东进，开辟冀南平原抗日根据地。这时，第一二九师的前方指挥部驻在邢台以西的道沟村。在这期间，陈赓旅长率第三八六旅沿平汉铁路西侧向南横扫，直抵安阳以南和焦作地区，破击了平汉铁路和道清铁路，给予日军所组织的各种汉奸武装以歼灭性打击，对徐州会战给予了有力的配合，也为开辟平汉路西广大地区、巩固抗日根据地创造了有利条件。

这时，有一份作战命令要立即送到第三八六旅，内容是刘、邓首长命令第三八六旅从平汉铁路西侧向南横扫。军情紧急，时任参谋处长的李达要参谋苟元书作为急件派两名骑兵通信员立即送去。哪知两个骑兵通信员经过营头村时，向驻在那里的供给部采购站的张科长去要纸烟吸，吸了烟，两人就上马飞奔而去。

两个通信员走后，张科长发现炕头有一封绝密件，立即追赶，但通信员飞马奔驰，早已无影无踪了。两个通信员第二天上午8点赶到西黄村第三八六旅驻地，但要他们专送的绝密件却找不到了。这还了得，第三八六旅陈赓旅长大为光火，立即通过电话向刘师长报告了此事。刘师长把苟元书叫到院内，严厉地批评了他。这时，邓政委走出来说："文件决不能落入敌人手里。先让参谋同志带上通信员沿路找一找，要认真找，迅速找，还要冷静地找，要想一想通信员最可能丢失在什么地方。"

于是，参谋处长李达立即派出骑兵通信员，要苟元书带着去找文件，并且交代说："路过营头村的时候，要到供给部采购站去看看，看通信员昨晚路过营头村去没去采购站。"

一路上，苟元书他们一丝不苟地认真查看，都没有找到，苟元书心里更加忐忑不安。到了营头村采购站，刚进门，张科长就说："你们可来了！昨晚上两个通信员进来向我要烟吸，休息一下以后，出门骑上马就走了。我发现他们在炕头上遗下一封绝密文件，急忙出去追赶，可他们却已走得没影了。"

直到此时，苟元书一颗悬着的心才落了地，接过文件仔细查看，看到文件原封未动，就向张科长道了谢，随后立即上马向西黄村飞奔。下午3点，赶到第三八六旅司令部。当苟元书交出文件后，陈赓旅长将他狠狠批评了一顿，说："你们耽误了我们七八个小时。"苟元书无话可辩，表示接受批评。他也不敢休息，马上带着昨天来的两个骑兵通信员火速赶回师部。

当晚8点，苟元书与骑兵通信员赶回道沟村师指挥部，硬着头皮去见师长、政委。刘师长对苟元书说："看你出了多大的乱子！这样重要的绝密文件，你为什么不自己送去呢？文件找回、没有泄密是幸事，你也出了力，处分可以免了，但教训是严重的。"

邓政委从更深一层着眼，说："参谋同志年轻，缺乏经验，这件事对你、对每个参谋人员都是一个重要的经验教训。不处分，但是教训必须接受。主要的教训就是：我们司令部的每个工作人员必须有高度的责任心！"

接着，邓小平又转身批评李达："这件事你也有责任。平时教育不够，工作中的检查督促不严，就是教训。"

这件事虽没有造成损失，但性质是严重的。李达表示诚恳接受批评。接着，李达叫来通信连连长，让他将丢失绝密文件的通信员关禁闭一天，以示惩戒。

这时邓政委用商量的口气对李达说："发生这样的事还是第一次，是不是这一次主要是进行教育，禁闭就不关了？"

邓小平这种不以惩戒为主，重在教育，启发自觉的工作作风和工作方法，使李达深受教育，当即表示不再关战士禁闭。后来，在通信连进行了一次严肃纪律、忠于职守的教育。

当发生失误时，邓小平对李达及其属下的参谋人员严肃批评，但更多是对他们工作的肯定和在生活上的关心爱护。当时参谋人员少，参谋处的工作量很大，每天都要忙到深夜，甚至通宵工作。邓政委见参谋处长李达时常说："参谋同志们工作太辛苦了。"李达说："是的，不仅作战科参谋很辛苦，机要科和电台的译电人员及服务人员都很辛苦。但大家都干劲十足，从不叫苦叫累。"

邓政委非常关心参谋处人员的生活，每天深夜吃夜餐的时候，他经常抽出时间到作战科、机要科和电台来看看。有一次仔细看了大家饭盒内的面条，发现缺少油水，便将四科（管理科）科长叫来，指着饭盒说："参谋同志们太辛苦，需要补充营养，以后夜餐要尽量搞好些。"

随后，参谋处的伙食确实改善了，面条里不仅多放了油，有时还放一个鸡蛋。邓政委更关心大家的学习，经常问他们政治学习和业务学习的情况，有时给他们讲世界形势和国内抗日战场形势，帮助他们提高观察和分析事物的能力。

一个战役计划确定了，命令下达了，战役开始了，司令部这部机器，在李达参谋长领导下，紧张而有秩序地运转着，保证刘、邓顺利地实施战役指挥，保证战役的胜利。这里，工作很多，任务繁重。比如：要深刻理解党中央和中央军委的战略方针和作战指示，正确理解刘、邓首长的意图、决心和计划；要掌握战役的进程和发展，敌我双方情况的演变；了解我军通信联系、装备、后勤保障等工作。这些工作，李达要求大家都必须切实做好，要求参谋人员必须能参、善谋，熟悉各方情况，真正起到助手作用。李达参谋长在这方面是参谋人员的典范。在战役过程中，他根据刘、邓的作战意图、作战决心，在一般情况下，主动承担了许多作战的具体指挥工作。以便使刘、邓集中精力，研究主要的关键性问题。只有在战役过程中出现新的重大情况变化，需要请示报告刘、邓首长时，李达才亲自或指示某个参谋及时请示刘、邓决策。

为了当好刘、邓首长的助手，李达经常教育和指示司令部的人员，要努力学习，勤奋工作，充分发挥工作的积极性和主动精神。在李达的领导下，对于各纵队、各军区发来的有关作战的电报、请示、报告等，根据刘、邓首长的作战意图和计划，以及战前战中刘、邓首长的有关指示精神，司令部的同志在首长没来办公之前，就主动起草了复电复文稿件，附在原电原文之后，刘、邓首长来办公时，先看来电来文，再看复电复文稿，认为可行，即签发。如尚需修改，就亲自修改或令原起草者修改后，当场签发。对于上级、友邻战略区的敌情通报和战况通报，以及下属各单位报来的敌情材料、战况报告等，李达要求司令部的参谋人员不要等待刘、邓首长指示，立即主动地起草好通报稿子，送刘、邓首长签发。遇到拿不准的事，李达就立即将原件呈刘、邓首长处理。

李达与刘、邓首长之间，感情上非常融洽，亲密无间；工作十分协调，配合默契。在战役过程中，一向埋头苦干的李达，自觉地、主动地担负起战役的许多具体组织指挥工作，包括战斗指挥、通信联络、装备、弹药的补充，粮秣供应，伤员救治，等等，并将处理情况随时报告刘、邓。李达处理不了的事，邓政委就主动找各纵队首长讲话，实施指挥。只有在战役发展遇到困难时，刘司令员才亲自找各纵队首长讲话，鼓励和督促各部队奋勇杀敌，夺取胜利。刘、邓、李作战指挥上的这种特点，各纵队领导都非常熟悉，并传为佳话。大家都说，刘司令员亲自找各纵队领导讲话，说明战役已到了关键时刻。

刘、邓对李达参谋长的工作非常满意，非常支持。谁要随意违抗李达参谋长的指示，就会受到邓小平的严厉批评："参谋长的指示就是命令，不得违误。"他常对纵队领导同志说："李达是个难得的好参谋长。"

到新区作战后，每到一个宿营地，李达就指示司令部必须做好以下三件事：一是和警卫部队干部共同察看驻地地形和布置警戒，确保刘、邓首长的安全；二是迅速搜集整理当日敌军、我军行动情况，及时报告首长；三是尽可能召开一个兵要地志座谈会，邀请有关群众数人，或在村头田头，或在村镇办公室，或在某一老乡家，召开座谈会，口问笔写，向到会人员详细调查本村及附近村庄的地形、道路、水源、人口、生产、风俗情况，国民党统治剥削情况，基本群众和地主豪绅的思想动向等，为刘、邓首长当好参谋。

两万块大洋——与陈再道

作为抗战初期就跟随邓小平转战南北的一员战将，陈再道对邓小平怀有深厚的感情。战争年代，他服从命令，听从指挥，在刘、邓指挥下屡立奇功；和平时期的"文化大革命"中，他曾因"七二〇"事件和被诬为邓小平的黑干将而被打倒。"文革"结束，他向中央写信大声疾呼让邓小平早点出来工作。邓小平的女儿为写《我的父亲邓小平》曾专程采访他，他一声"你爸爸好不好"，道出了对邓小平的一片深情。

1938年，邓小平刚刚到第一二九师任政治委员不久，陈再道就领略到了邓小平的高尚品格。此时，陈再道担任第三八六旅副旅长，所属第七七一团工作队在肥乡一个富户家募捐，一下就募到了2万多块现大洋，"孙中山""袁大头"，应有尽有，都是真正的银圆。

陈再道喜出望外，立即报告刘、邓首长。邓小平指示说："好，祝贺你们取得的胜利。但是，这2万块大洋，你们一个也不能动用，要全部送到师部来，但我们一个也不动，将它们如数转送延安党中央、毛主席，中央财政困难，很需要这样的硬通货。"

陈再道开始还希望本部队能留点，听着邓小平的指示，深为他处处从全局利益出发的品格所感动，立即如数上交了师部。

1943年4月，冀南军区司令员陈再道奉刘、邓首长命令，到中央北方局党校学习，与军区政治部主任刘志坚一起一路辗转，经河南店到达位于涉县地区的第一二九师师部所在地——赤岸，刘伯承师长、邓小平政委亲切地接待陈再道他们，说他们总算幸运没出事。陈再道笑道："刘志坚命大，许多险关他都能闯过来。"

刘志坚呢，则颇不以为然，说："我不是命大，是命苦。你们真刀真枪地和敌人干，我却躺在担架上活受罪。"

刘、邓首长都笑了。

刚刚坐定，不待勤务员端上茶水，陈再道就向刘、邓首长汇报冀南情况。

两位首长都很满意，邓小平说："你们在冀南那么艰险的环境下，终于坚持过来了，这是件了不起的事。"

陈再道有些痛心地说："干部牺牲得太多了。"

刘、邓说冀南各界牺牲的干部比其他地区都多，现在已采取措施，让他们轮流到太行山学习。冀南还要集中大批干部来太行整风学习，一则学习提高，二则主要为了保存干部。

谈完之后，邓小平告诉陈再道："你到北方局党校学习，刘志坚留在师部继续治疗。"

陈再道提出师部给冀南军区政委宋任穷发个报，告诉他，陈和志坚已安全到达师部，并转告三分区的同志。

刘师长说："马上就发报，你们放心休息吧。"

邓小平则考虑得更周到，关照参谋人员："发报时告诉任穷，再道同志的爱人生下小孩，就设法把她送到太行山来。"

听完这话，陈再道心里十分感激首长的关怀，只觉得一股暖流顿时涌遍全身。

1947年2月上旬，驰援陇海路之敌第五军先头部队已到达商丘地区，与先期到达的敌第七十五师等部，集结在商丘一带。敌第八十五师等部正向东跟进。这时，陈毅同志为粉碎敌人对鲁南的大举进攻，决心在莱芜地区歼灭敌李仙洲集团。为此，中央军委、毛泽东让刘、邓将敌第五军拖住，使其不得投入山东战场。刘、邓首长遂决定，待敌第五军之第四十五师由民权徒步向商丘开进时，我南北集团对其实施南北对攻，争取歼灭第四十五师，使敌第五军不得东去。

然而，敌人依仗机械化的运输工具，已经远去，我军的原定计划已难以实现。刘、邓首长决定采取打敌所必救的战法，把敌第五军再拉回来，决心集中南北两集团主力打敌第八十五师，由陈再道率领的第二纵打郑庄寨敌第八十五师师部。显然，这是一块难啃的骨头。第二纵司令员陈再道决定使用第四、第六两旅完成任务。经过猛烈攻击，敌第八十五师师部告急，敌第五军不得不西向回援,实现了刘、邓首长的战略意图。但由于战斗十分残酷,第六旅第十六团指挥所及两个营的指战员除少数突围外,大部分壮烈牺牲或负伤后被俘,团长、政治处主任英勇牺牲。

战斗结束后,陈再道和参谋长王蕴瑞一起来到刘、邓首长指挥部,准备向刘、邓首长检讨第十六团受损失的情况,也准备挨批评。然而,邓小平却说:"二纵打得好,特别是十六团打得好,五军被你们拉回来了。"

话不多,把陈再道身上的重担卸了下来。陈再道仍然觉得自己应承担责任,说:"这次十六团伤亡太大,团指挥所和两个营的干部、战士牺牲不少,我们……"

还没等陈再道谈教训,刘伯承司令员即打断他的话说:"不要难过,打仗总会有伤亡,要看全局,你们以部分牺牲,换来了全局的胜利,这是值得的。"

邓小平为把陈再道他们从痛苦中拉回来,说:"不谈了,来,来,吃饭吧。"

王蕴瑞说:"我们还没检讨呢。"

邓小平颇不以为然:"检讨什么,你们打了胜仗,不是败仗,回去要对部队进行解释教育。"

刘伯承接着说:"这次伤亡大,主要是通信联络没搞好,要认真总结经验教训。但不能过分悲伤,过去我向你们多次讲过要'爱兵如子',但也讲过'慈不掌兵'。休整时要从冀南调一个加强团,补充十六团。现在华东野战军正准备在莱芜地区歼灭敌人,敌第五军从砀山北进,已占领单县,正向城武进犯。待敌第五军从城武北犯时,你们要派部队实施节节阻击,逐步向北拉。"

回到纵队部,陈再道将刘、邓首长的指示向主要领导干部进行了传达,并命令雷绍康、寇庆延率第五旅在城武以北地区阻击敌第五军。部队又满怀信心,投入了痛打敌第五军的战斗。

1948年4月4日,邓小平政委来到第二纵司令部。当时,第二纵指挥部驻在沈丘以南的毛营村。邓小平一到就召集第二纵领导开会。他说:"经我们研究,决定你们二纵和华野宋时轮十纵为一个集团,由宋时轮统一指挥,向平汉路西机动,寻机歼敌。这个任务已发了电报,你们已知道了。我所以来重复一下,是因为这个行动不寻常,不一般。你们和友邻兄弟纵队一起行动并受其指挥,这在过去是不多的。希望你们上下都要做出好样子。现在,华野西线兵团的三纵、八纵、十纵和我们并肩作战,陈、粟大军的主力也要南下。两大野战军逐鹿中原，这是历史的转折，要不了多久，蒋介石的主力就会完蛋。今后打仗和过去不同，是多兵团的协同作战，整个中原战场是一盘棋，一步走错就会影响全局。要像在大别山一样，我们都要有全局观念，要一切行动听指挥。"

说到这里，邓小平问陈再道："有什么意见？"

陈再道站起来，坚决地回答："没有。坚决执行领导决定，协同兄弟部队完成作战任务。"

接着，陈再道向邓政委汇报了部队整党情况。4月1日，第二纵队专门召开连以上干部会议，就前一段整党情况进行了小结，对继续深入整党做了动员。当时，一个突出的问题是：有的干部对"三大民主"不习惯，有的战士提出来要民主选举连长，有缺点的连长慌了神，有的提出不干了，等等。

邓小平表扬了陈再道他们部队整党整军搞得不错，要他们在作战空隙继续搞下去，并指出："思想混乱，作风不正是打不好仗的。干部不要害怕民主。有的干部毛病多，战士们敢提意见，可能有点受不了。但我们是有领导的民主，不是无政府主义，连长可以选，不称职的可调换。"

陈再道说："我们纵队机关有个干部开小差，走到半路后悔了，又回到部队。"邓政委讲："这些人主要是不了解进军大别山的伟大意义，要反复进行宣传教育，要把整党工作抓到底。你们政委、副政委、主任，当前主要是抓好这件工作。"

1949年1月，中央军委为适应新的形势，决定统一全军编制序列，中原野战军改为第二野战军。经过整编，第二野战军重新调整了干部，决定陈再道调任河南军区司令员。编制序列、干部配备确定后，中原军区刘、邓首长和干部分别交谈，征求意见。开始陈再道思想上不太通，不想到河南工作，主要是不愿意离开野战部队。邓小平语重心长地说："河南军区地理位置很重要，中原地区主要是指河南省，把这个军区搞好不容易，已经定了，你到河南军区，王树声到湖北军区。河南省还有仗可打，豫北的安阳、新乡，豫南的信阳尚未解放，河南的土匪也不少，组建军区的任务也相当重。"

刘伯承接着说："干部如何安排，中央军委有统一的考虑。今年，我们将要渡过长江作战，在这种情况下，成立河南、湖北等几个军区，是着眼于战略全局的，军区搞得好坏，直接关系到渡江作战能否胜利。这是一副重担，你还是担当起来吧。"

陈再道向刘邓首长表示："好吧，我服从命令，听从分配。"

中华人民共和国成立后，邓小平到中央担任领导职务，陈再道则长期担任武汉军区司令员，"文革"期间又共同被打倒。粉碎"四人帮"后，请邓小平尽快出来工作，成为广大人民群众的共同心声，但是党内有的同志总是极力阻止。陈再道看在眼里，急在心里，为了国家和民族的兴盛，他在打倒"四人帮"仅仅四个月后的1977年2月，就向党中央写信，希望党中央倾听人民群众的呼声，顺应历史潮流，尽快请小平同志复出。

在此期间，他专门去看望了邓小平。当他驱车来到邓小平住处，看到历经磨难、饱经沧桑的邓小平依然身体健康、思路清晰、谈吐不凡时，他放心了。听着邓小平就国家的前途命运及治国的大政方针所发表的深刻见解，他受到极大的鼓舞。

随着邓小平的复出，原被诬为邓小平黑干将的陈再道也得到了重用，于1977年，被任命为铁道兵司令员。1981年，邓小平根据世界大势，做出了精简部队的决策，并决定铁道兵脱下军装，并入铁道部。为了贯彻邓小平的这一决策，1982年2月4日上午，陈再道主持召开常委会，除吕正操政委在外地休息以外，有铁道兵党委常委委员及其他领导同志15人参加。会议一开始，陈再道就对大家说："小平同志最近已经拍板，铁道兵、基建工程兵与军队脱钩，脱军装，基建工程兵撤销，铁道兵并入铁道部。"

会议开了一整天。常委和其他领导同志都发了言。大家都很冷静。一位副政委说这是自讨论体制改革以来，开得最好的一次会。会议决定了三条：第一条，常委一班人个人的安排，是党考虑的事情，应无条件服从组织，叫干叫退，都不讲二话。第二条，铁道兵的体制问题，只要中央、军委正式决定了，就坚决执行。要切实落实邓小平关于体制改革的指示精神，当前，要一如既往地抓好稳定部队的工作，抓好施工任务的完成，特别是兖石线、引滦入津工程等国家重点建设项目，决不能有丝毫放松。第三条，由司令员、政委集中常委"一班人"和铁道兵大多数同志的意见，就铁道兵体制改革问题向军委邓主席做一次详细的汇报。

对于这第三条，陈再道感到有些为难。战争年代，陈再道长期在刘伯承、邓小平直接领导下工作，他心里清楚，邓小平有一个特点，考虑问题时，总是要深思熟虑，洞观幽微，一旦下了决心，决不轻易动摇。所以陈再道想：邓小平既然已经拍板，那就说明他已对这个问题胸有成竹，下了决心。汇报不汇报，出入不会太大。但是从一级组织来看，在服从上级的前提下，有什么看法，就应光明正大提出来，这不仅在党的纪律上是允许的，而且也是下级向上级负责的表现。从这点上讲，常委一班人的意见也没有错。

1982年2月16日，陈再道接到通知：明天张震副总参谋长约陈再道谈话，主要内容是关于铁道兵体制变动问题。陈再道建议请吕正操、旷伏兆两位政委也参加。第二天上午，张震副总长代表军委、总部向陈再道他们传达了关于铁道兵并入铁道部的决定。陈再道汇报了铁道兵党委常委讨论的意见，并将以司令员、政委名义写给邓主席的报告，交他转呈。

1982年3月25日下午，军委杨尚昆秘书长召集陈再道和两位政委以及铁道部刘建章、刘林祥同志开会，传达了邓小平的指示。杨尚昆说：撤销铁道兵建制，已经决定了。铁道兵脱离军队，脱军装，合到铁道部。我们把你们的意见向军委邓主席做了汇报。说到要求保留铁道兵时，邓主席说，撤销铁道兵已经定了，这没有二话可讲。当汇报到打起仗来还需要铁道兵时，邓主席说，打起仗来，铁道部都是铁道兵。当汇报到铁道兵、基建工程兵都是自负盈亏，不增加国家负担时，邓主席说，基建工程兵、铁道兵实行征兵制，增加农民负担。

听了这一传达，陈再道深深感到邓小平决策英明，高屋建瓴，是从国家的全局利益考虑的。自己心悦诚服，决定一定把邓小平的决策认真贯彻落实好。

为了写《我的父亲邓小平》，邓小平的小女儿毛毛曾专程采访陈再道，并写了如下有趣的文字：

> 1991年秋天，我到陈再道老将军的家去采访。
>
> 金秋时节，菊花盛开。陈老将军一把拉住我的手，高兴地摇了又摇，开口就问："你爸爸好不好？"
>
> 对于这个享有盛名的红军猛将"陈大将军"，久仰大名，却是第一次有机会拜见。只见他白发白眉，黑黑的脸膛上，笑起来布满了皱纹，竟然连那著名的麻子也看不见了。
>
> 陈老将军把双脚一跷，高高地搭在椅子上，说："我是在抗战开始，过黄河的时候认识你爸爸的。"他的眼睛看着天花板，声音洪亮。
>
> "1938年7月你爸爸去冀南视察，我们开了个特委和部队团以上干部会。邓政委做了报告，分析了形势。他指出，蒋介石的抗战，有可能

转向妥协，或者片面抗战与妥协并存的极大危险。目前，日军正忙于进攻武汉，华北敌人兵力减少，是我发展敌后游击战争的大好机会。他还讲到，在与河北省省主席鹿钟麟的关系中，要团结他共同抗战，但也要提高警惕，坚持统一战线中的独立自主原则，发展壮大我军力量。邓政委会后还和我们一起吃饭，很简单。他这个人，讲话一句是一句！后来刘、邓又来过我们冀南，刘、邓要我的四个团，我们冀南还支援了太行山好多东西，有衣服、布匹、被褥。我们自己也很困难哪！我们在平原，风大，土大，一刮风，一件土布衣服吹上沙子就有一斤多重。可是我们还是尽量地支援太行山，他们那里更艰苦。"

陈老将军的夫人病在医院，他只有一个人在家，因此，我去看他，他特别高兴。他是一个有名的"酒罐子"，他拉着我，悄悄地告诉我："我这里到处都有好酒！"真是的，连床上放的都是大酒坛。陈老将军指着一个玻璃缸，说："这里面有三条最毒的蛇，这个蛇酒可好了，你在我这里吃饭，我请你喝酒！"

看着陈老将军那么热情的样子，作为晚辈，我本不应该走，但是，一看见那装有三条毒蛇的酒缸，我就连连道歉，连连告辞。最后，陈老将军一直把我送到房门外院子里，还连声让我以后再来。

我知道，他这么高兴，并不是因为看见了我，而是因为我是邓小平的女儿，是因为他与邓小平有着几十年的战斗情谊。

"遇事要谨慎，办事要稳妥"——与皮定均

皮定均是一位具有传奇色彩的人物，也是颇为邓小平喜爱的将领。抗日战争时期，邓小平两次亲授机宜，赋予他深入敌后、独当一面的重任，他都出色地完成了任务，成为我军知名将领。

1939年六七月间，日军向晋东南进行大规模的"扫荡"。敌人先攻占了白（圭）晋（城）公路沿线城镇，接着又气势汹汹地沿邯长公路西进。正当我太行军民准备以艰苦战斗迎击敌人的时候，盘踞在冀西、太南地区的国民党顽固派却趁火打劫，想借日军的刀枪把我军赶出太行山，恢复其反动统治。

这时，正如刘伯承师长所说，太行军民面临着"前门打虎，后门拒狼"

的艰巨而复杂的任务。

为了粉碎敌顽夹击的阴谋，首先斩断日军伸向太行山区的魔爪，6月底，第一二九师特务团奉师首长的命令，开赴邯长大道沿线的武安、涉县、黎城、潞城一带迎击敌人，特务团是刚刚由特务营扩编起来的，名义上是个团，实际上不到两个营，担负这样重大的任务是十分困难的。

行动前，邓小平政委找到团长皮定均交代任务，他告诉皮定均："你们出发后，一定要按照毛主席的指示，广泛发动群众，开始真正独立自主的山地游击战。像孙猴子那样，钻进敌人的肚子里闹他几个回合。这样，就能够战胜一切敌人。"

皮定均，这位时年25岁，已打了10年仗，从安徽金寨走出的抗日将领，是一位传奇式的人物，在晋南豫西，几乎无人不晓。今天，豫西皮定均纪念馆参观者仍然络绎不绝。他以能征善战而著称。据说，1955年中国人民解放军第一次授衔时，有关部门曾根据他的资历将其评为少将，毛泽东审查名单时，大笔一挥——"皮有功，少晋中"，皮定均被定为中将军衔，由此可以看出领袖对他的厚爱和他的战功。

此时，这位身材瘦削弱小，嘴唇微微上翘，浓眉下转动着一双大眼的团长，向邓小平拍着胸脯保证："请政委放心，我们不战则已，战则必胜。就请政委听好消息吧！"

说毕，起身向邓政委敬礼、告别，翻身上马，飞奔而去。

望着皮定均远去的背影，邓小平露出了欣慰的笑容。

很快，皮定均率部向邯长大道进发。

皮定均按照邓小平的指示，率部在邯长大道神出鬼没地打击敌人，经过将近半年的活动，整个邯长大道成了我军的天下。我军随便在据点外面或山上扎了几个草人，放上几声冷枪，敌人的机枪大炮就会打上几个钟头，真正陷入了风声鹤唳、草木皆兵的境地。

这时，夺回邯长大道的条件已经成熟了。

12月8日，刘伯承、邓小平命令：对邯长大道之敌发起全线出击。

特务团配合兄弟部队，首先进击邯长公路中段，像快刀斩巨蟒一样，一下子把邯长公路切成了几十段。经过10天的激烈战斗，敌人被迫在22日开始全线总退却。

我军继续东追，一鼓作气，连下响堂铺、河南店、涉县。至26日，涉县至武安间敌人十几个据点全被我军摧毁。窜进邯长大道的日军,除少数逃回武安、邯郸外,大部被我军消灭在太行山和邯长大道上了。

5个多月的激烈战斗,粉碎了敌人企图分割太行、歼灭我军的阴谋。邯长大道上的日军,被我太行军民用群众性游击战打败了。

1944年4月18日和19日,日军为了打通到南洋的陆上交通,五六万人分别从河南中牟黄河渡口、郑州黄河铁桥发起猛烈进攻。国民党军望风而逃。一夜之间,渡口被突破,郑州失陷。接着,日军又西犯汜水,南下新郑、密县、登封,豫西的渑池、灵宝、陕县等地被国民党军相继弃守。5月25日,国民党第一战区长官司令部所在地洛阳落入敌手。国民党拥兵40万之众不战而溃,37天丢掉了38座县城。

与国民党军丢弃大片国土相反,共产党则准备深入豫西敌后积极开展游击战争,伺机收复失地。4月22日,也就是日军发起这场进攻的第四天,毛泽东即指示八路军前方总部:太岳部队须向垣曲、博爱、孟县地区侦察,敌南犯后方空虚,应乘机开辟豫北地方工作,以便将来可能时,成为开展豫西工作的基地。不久,党中央发出了向河南进军的命令:由北方局从太行、太岳抽调精干部队,尽快挺进豫西,开辟抗日根据地。

1944年7月3日,骄阳似火,万里无云。但见两匹骡子一路向西飞驰,后面跟着几匹快骑,在山谷中扬起一缕尘烟,嘶鸣声在山谷中回响。抽穗灌浆的谷子、玉米,河畔村头绿荫掩映的树林,从他们身边闪过。随着地势的拔高,峡谷越来越窄。他们一路马不停蹄,飞奔赶路,驰至八路军前方总部驻地左权县麻田村勒住了马头。这些人,便是威震豫西的皮定均、徐子荣及其部属们。他们是来向邓小平受领任务的。

皮定均、徐子荣走进总部大院,早有哨兵通报过去,已有参谋人员趋前来迎。皮定均左右观望,但见院里长着一畦一畦绿油油的小白菜、豆角,茁壮可爱,还有硕果累累的西红柿,在阳光下泛着红光。农家小院显得生机盎然。自从日军发动"五一大扫荡",总部从涉县赤岸移到这里,这里成了整个华北抗日战场的"神经中枢"。

当时,朱德、彭德怀、刘伯承到延安参加整风,并在后来参加了党的七大,北方局代理书记、第一二九师政委邓小平主持八路军总部的工作。

皮定均、徐子荣迈步走进总部会议室。邓小平政委、八路军总参谋长滕代远和副总参谋长杨立三正在这里议事,见二人到来,邓小平立即转移话题,向他们传达了党中央的决定：为了牵制日军行动，解救豫西人民，扩大解放区，从战略上沟通华北与华中根据地的联系，最后打败日本侵略者，决定从太行军区抽调一支部队，组成八路军豫西抗日独立支队，迅速渡过黄河，挺进豫西，开辟敌后抗日根据地。

接着，滕代远宣布了总部命令：任命皮定均为豫西抗日独立支队司令员，徐子荣为政治委员并兼任豫西党的地委书记，方升普为副司令员，郭林祥为副政治委员兼政治部主任，熊心乐为参谋长。滕代远还向他们详细介绍了豫西的敌情和部署以及进军豫西的任务。

滕代远介绍完之后，便一支接一支地抽烟。邓小平开始做指示："日军发动河南战役，国民党40万大军不战而溃，37天丢了38座县城。但是，敌人只能占领交通干线和城市，不可能控制广大乡村，这就为我们建立抗日根据地提供了重要条件。豫西地处中原，建立豫西抗日根据地，南可与新四军第五师的豫鄂边区连接，东与冀鲁豫根据地接合，北和太行、太岳军区沟通，具有十分重要的战略意义。"

强调了开辟豫西的重要作用，邓小平开始就如何开辟根据地的具体问题指示机宜："豫西情况同过去发展华北华中的情况不同，更加复杂，我军的政策应顾及敌、伪、友，需要更灵活地去适应客观具体情况，这是成功的关键。你们要像一把钢刀插入敌人心脏，牵制敌人西进南下，为最后战胜日本帝国主义创造有利条件。你们进入豫西后并不是孤立的，有党的领导，有一支坚强的武装，有强悍的豫西人民。豫西人民是要抗日的，是不愿当亡国奴的。你们到豫西去，就树起了一面抗日的旗帜，你们这支部队就是一面旗帜，只要坚定地执行党的政策，严格遵守'三大纪律，八项注意'，用党的政策去发动群众、组织群众、武装群众，就一定能够迅速地在群众中扎下根来，带领群众开展轰轰烈烈的抗日斗争，建立起巩固的豫西抗日根据地。豫西人民群众对我军还不了解，你们初到那里，一定会遇到许多困难，这是可以预料得到的。但是，我相信只要你们加强团结，发挥集体智慧，任何困难都是可以战胜的。你们回去后，抓紧组建部队，做好各项准备工作，尽早进入豫西。"

皮定均坚决执行邓小平的指示，和徐子荣一起，迅速组成了豫西抗日先遣独立支队，下辖两个团，共1 502人（不含地方干部）。

邓小平时刻关心着皮定均的豫西支队，8月，再次召见皮定均等人听取了他们关于准备工作的汇报，再次强调执行党的政策和军队纪律的重要性，并说:"仗是要打的,但一定要打得巧。不打则已,打则必胜。豫西民性强悍,很讲义气,不打一点该打的仗,群众也是瞧不起的。"

皮定均连连点头称是。

临了,邓小平语重心长地提醒皮定均:"遇事要谨慎,办事要稳妥,要多动脑筋。"

皮定均默诵着这三句话,烂熟于心,作为座右铭。接着,他率部开辟豫西,很快打开了局面。

"我给你批钱就是了"——与钱信忠

抗日战争时期,钱信忠是第一二九师的卫生部部长。那时,邓小平非常关心部队的医疗工作。每次刘伯承布置战斗任务后,邓小平都要把钱信忠留下来,问一些在该次作战中的医疗卫生保障问题。在邓小平看来,工作任务布置、应急预案、数字统计是绝对不能疏忽的。每次只有钱信忠把与战役战斗相应的医疗救治工作,做了详细的回答后,邓小平才会握握他的手,让他离开。有一个时期,接连几个战役下来,卫生干部有不少受了伤,加上部队扩大,卫生干部相对减员,药品、器材也较缺乏。为此,钱信忠向刘伯承、邓小平提出建议,适当补充卫生干部,加强药材供应工作。邓小平问他有什么具体办法,钱信忠说:一是扩大第一二九师的医院,建立较正规的医院或称模范医院,分期分批地轮训基层卫生人员,提高他们的业务技术水平。二是建立一个卫生学校,一方面轮训老同志;另一方面可招收选拔卫生战士,进行分科分班授课、培训,补充部队的卫生干部。三是搞制药车间或制药厂,加工自制部分药品器材。邓小平听后说:"你这些意见都很好,可行,我叫李达参谋长下文,赶紧进行。"钱信忠又说:"光下文扩编不行呀!"邓小平问:"还需要什么?"钱信忠回答:"还要钱吧!"邓小平笑了,说:"看来你们都想好了,好,我给你批钱就是了。"不几日,真的批给卫生部5万元法币。这个数字,在当时的1939年,特别是在根据地经济十分困难的时候,真是笔很大的数目。之后,第一二九师卫生部经过积极筹备,先后建立了业务比较全面,技术要求比较严格,各种医疗制度、技术操作规范的"模范医院";建立了"太行制药厂",这个药厂连带附属的玻璃厂和卫生材料厂,可以生产各种中西药：片剂、丸剂、针剂，以及自制的卫生纱布、绷带、急救包、石膏、夹板等。药品器材的自给率达到60%，大大减轻了部队供应负担。这个厂后来演变为现在的北京制药厂和武汉制药厂。

1939年冬天，陈赓在太岳地区生病了，高烧不退。邓小平知道后，非常着急。他把钱信忠找来，详细地询问了陈赓的病情，并派钱信忠带领一个医疗小组去给陈赓诊治。他还嘱咐钱信忠："可以暂时放下其他工作专心给陈赓诊治，一定要诊治好。"钱信忠用物理疗法及中西医结合的办法为陈赓治病，没几日，陈赓很快退了热并恢复健康。钱信忠回来向邓小平报告，邓小平非常高兴地说："关心干部、战士的伤病痛苦，爱护他们是我们的责任。"

后来，徐向前在河北南宫县生病后，邓小平又专门派钱信忠去给徐向前看病。为了安全，邓小平特地派一小分队护送钱信忠过铁路，安全地到达徐向前住处为他治疗。

1957年反右期间，邓小平极力保护医学专家。那时，钱信忠在总后勤部卫生部任副部长兼军事医学科学院院长。一天，邓小平对他说："你在军事医学科学院反右斗争中掌握政策，比较实事求是。"邓小平让钱信忠为组长负责一个工作组（成员包括中宣部和北京市委的负责同志），进驻协和医学院，要他们在反右斗争中防止扩大化。据了解，协和系统有一批知名专家被划为右派。这样做，偏离了党的知识分子政策，造成了不良影响，邓小平嘱咐钱信忠要做好这件事。经过钱信忠工作组耐心细致的工作，总算把这件事纠正过来，消除了可能造成的不良影响。

此后不久，康生等人又要在卫生医务部门"拔白旗"，这又涉及许多知名教授。为此，邓小平专门批评了这件事，他说："拔那么多'白旗'，还要不要这些教授专家看病？！"

中华人民共和国成立后，邓小平担任过政务院副总理、党的总书记等职务，卫生工作是他经常关心的问题。几十年来，他一直重视卫生工作，为中国卫生事业的发展做出了积极贡献。

模范夫妻——与卓琳

人们都知道卓琳是与邓小平相濡以沫、恩爱一生的伴侣。但迄今我们却没能找到邓小平对卓琳的些许评价，不免感到有些遗憾。但是，转而又想，实际上，对这对恩爱夫妻而言，更多的是默契，是爱的付出，这胜过任何美妙的语言。1939年8月，担任八路军第一二九师政委，同刘伯承并肩领导太行山抗战的邓小平，来到延安参加政治局扩大会议。在这里他见到了邓发等许多老战友。老战友重逢自然很兴奋，开会、工作之余，大家一起散步、聊天，无话不谈。看到邓小平还是单身一人，古道热肠的同志们很着急，决心帮他找个中意的伴侣。功夫不负有心人，在同志们的关心下，邓小平终于找到了一位意中人。她就是卓琳。

卓琳本名浦琼英，1916年4月生。云南宣威人。她的父亲就是著名的云南"火腿大王"浦在廷。浦琼英从小聪明活泼，是父母的掌上明珠。15岁时她被选为云南省参加全国少年组60米短跑的田径选手。当她随队出发抵达香港时，九一八事变爆发。浦琼英决意不回云南，到北京去念书。她只身来到北京，经过几个月的补习，于1932年考入了北京第一女子中学。性格开朗的浦琼英在这里结交了许多同乡好友，如电影演员张瑞芳，陈云的夫人于若木，胡乔木的夫人谷羽等。1935年"华北事变"后，北京的抗日救亡运动迅速达到高潮，她和许多同学一起，参加了著名的一二·九学生运动。从此，她的思想发生了质的飞跃。1936年中学毕业后，她以优异的成绩考上了北京大学物理系，成为云南第一个考上北京大学的女学生。她积极参加抗日民族解放先锋队组织的外围活动，开始投身革命。1937年七七事变后，她在北京待不下去了，同许许多多热血青年一样，毅然投奔革命圣地延安。几经周折，她终于来到延安，考入陕北公学，并很快适应了延安艰苦但充满生气的战斗生活。经过三四个月的学习，毕业后她被分配在学校的图书馆工作。1938年初，她加入中国共产党。后来她在陕北公学担任了一期十二队的队长，不久又被调到陕甘宁特区政府保安处的一个特别训练班学习，准备以后到敌后去从事抗日工作，从那时起，因为工作需要，她的名字由浦琼英改为卓琳。

当别人把邓小平介绍给卓琳时，卓琳只知道邓小平是位红军战士，是前线的抗日将领，但他究竟是做什么工作的，担负着什么样的责任，她却并不了解。这似乎也并不重要。他们走到一起是有着坚实基础的，那就是，共同的革命理想和共同的人生追求。

1939年9月初的一个傍晚，在延安杨家岭毛泽东的窑洞前，中央为邓小平和卓琳举行了结婚仪式。这其实是个"集体婚礼"，因为同时举办仪式的还有一对新人，他们是孔原和许明。四位新人合拍了一张结婚照，我们今天可以从中感受到一点当时的情形并展开想象。照片上的新郎新娘充满青春朝气的面庞，洋溢着幸福的微笑。而他们清一色地身着平日所穿的土布军服，也极易让我们想象出，婚礼一定很简朴。

情况确实是这样。那天，宴席桌是用木板搭起来的，上面没有山珍海味，甚至连稍微像样的饭菜都没有，摆上来的是延安平时吃的黄灿灿的小米饭。但这丝毫没有影响婚礼隆重、热闹的气氛。当时在延安的中央高级领导人能来的都来了，有毛泽东和夫人江青、张闻天和夫人刘英、李富春和夫人蔡畅，还有博古、刘少奇等。周恩来因为在此前不久落马摔伤去苏联医治，未能参加，否则他也一定会来为老战友道喜、庆贺的。

几天后，这对新婚夫妇便带着同志们的祝福，双双起程奔赴太行山抗日前线。这一年邓小平35岁，卓琳23岁，两人都属龙，邓小平比卓琳大一轮。

到太行山后，卓琳被安排在第一二九师秘书科工作。太行山的生活既艰苦又危险，卓琳毫不畏惧地投入到战争的大熔炉中。她随邓小平一起行军打仗，参加根据地建设。1942年，由于日军对根据地实行封锁，不断进行"扫荡""蚕食"，加上严重的灾荒，根据地的生活异常困难。为此，第一二九师师长刘伯承、政委邓小平号召根据地军民开展大生产运动。卓琳和刘伯承的夫人汪荣华一道带领女同志积极响应号召，她们和男同志一样，要么上山开荒，要么在家纺线。大家齐心协力，换来了根据地的大丰收，渡过了难关。

伴随着抗日战场纷飞的战火，邓小平和卓琳有三个孩子相继出世。因为战事的需要，邓小平和卓琳时而相聚，时而分离，没有一个稳定的家，孩子太小，带在身边不方便，而卓琳又不愿意让战士专门保护她和孩子，于是忍痛将孩子送到老乡家寄养。后来卓琳则自己带着孩子们随部队南征北战。邓小平作为高级指挥员，不分昼夜地在前线指挥打仗，无暇顾及孩子，卓琳默默地独自承担起抚养和教育儿女的责任。

卓琳除了在生活上照顾孩子们以外，还特别注意给孩子们传授科学知识。这位当年的北京大学物理系的大学生，一有空总爱讲什么核裂变呀，什么连锁反应呀，等等。潜移默化中，孩子们受到了母亲的巨大影响。后来，他们的五个子女中有三个相继选择了物理专业，而且都考入了北京大学物理系。

在和平建设的年代里，邓小平进入中央最高领导层，他日理万机，忙于国家大事。卓琳全力支持丈夫的事业，尽心尽力地照顾丈夫的生活，是个贤内助。每当邓小平回到家中，总会感到家的温馨，身心得到很好的休息。卓琳不仅在生活上体贴丈夫，而且政治上也始终给予支持，所以当有人写文章说1961年第二次庐山会议时，卓琳因担心邓小平步彭德怀的后尘，劝邓小平讲话不要太直时，深深了解父母之间感情的小女儿邓榕明确指出这种描写是不实的。一方面，按照党的保密规定，开什么会，会议什么内容，不得告诉他人，包括夫人在内。另一方面，即使卓琳知道了，也绝不会这样劝邓小平。她说，卓琳与邓小平不仅是夫妻，更是政治上志同道合的典范。在几乎所有重大政治问题上，包括面对大的政治冲击，卓琳对邓小平的支持始终不渝，绝不会劝其妥协。

事实的确如此。在"文革"时期邓小平一起两落的政治波澜中，卓琳更是始终同邓小平站在一起，坚决支持邓小平，悉心照顾他的生活。

"文革"开始后不久，邓小平就受到错误批判，被定为"党内第二号走资派"。1969年林彪发布"一号命令"后，他被遣送江西劳动改造。面对国难家患，卓琳毫无怨言，义无反顾地与邓小平同行，共同承受这场政治和生活的暴风雨。

同时，邓小平也非常关心体贴妻子。在江西，他以乐观向上的人生态度，在精神上给了卓琳莫大的安慰和鼓励。同时在生活上也给予她尽可能多的照顾。当时卓琳体弱多病，有时甚至卧床不起。每当此时，邓小平总是为她端饭送水，细心看护。家务活他也总是抢着干，尽量减轻卓琳和继母的劳动负担。他几乎包揽了家里劈柴砸煤、清扫拖洗等重活，成了家里的壮劳力。由于生活费发得很少，邓小平在院子里开出了一片菜地，每天从工厂劳动回到家中，他就抓紧时间在菜地里劳作，挖土、施肥、浇水、锄草，经常干得大汗淋漓。到了收获的季节，三位老人共享丰收的喜悦，也节省了不少开支。

在那段艰难的日子里，邓小平夫妇及继母相依相助，齐心协力，共同度过了三个春秋。

1975年，重新出来工作的邓小平第二次被"打倒"。1976年"天安门事件"后，他被软禁在北京东交民巷的一所房子里。第二天卓琳就提出并坚决要求同去。她要在丈夫最艰难、最需要她的时候，去尽心地陪伴他，尽自己所能，安慰他，照顾他。

在改革开放的新时期，邓小平成为中央领导集体的核心，以他的杰出作为受到全国人民的爱戴和全世界的瞩目。但是卓琳还是很少出头露面，依然尽心尽责地当着贤内助。逢年过节，邓小平总是催促身边的工作人员早早回家团聚。每当这时，煮饭烧菜的任务就由夫人和女儿担当。吃饭的时候，邓小平总要亲自为夫人和女儿各倒上一杯葡萄酒，然后举杯说："辛苦了，节日的厨师，我先来敬你们一杯！"

邓小平和卓琳堪称互敬互爱、志同道合的模范夫妻。

战友情谊——与邓发

著名工人运动领袖邓发和中国改革开放的总设计师、一代伟人邓小平早年就是一对很亲密的战友。他们共同经历过二万五千里长征，在延安又同住过一个窑洞，工作之余，更是形影相随，亲密得就像亲兄弟一般。邓小平的女儿毛毛在《我的父亲邓小平》中写道：他和邓小平"私交甚笃""情同手足"。就连邓小平和卓琳的美满婚姻，也是由邓发一手撮合而成的，当时在延安被传为佳话。

那是1939年七八月之间，中国共产党中央政治局扩大会议在延安召开，邓小平奉命从战火纷飞的太行山赶到延安参加会议。会议期间，邓小平就住在他的老战友邓发那里。

邓发，广东云浮人，1925年10月就由我国著名的工人运动领袖苏兆征介绍加入了中国共产党；曾参加过著名的省港大罢工、广州起义和二万五千里长征，担任过中共香港市委书记、中共广州市委书记和国家政治保卫局局长；长征胜利结束后，曾出任中共中央驻共产国际代表和中共中央驻新疆代表，是中央政治局委员。他与邓小平早就熟稔，虽然处在战争年代，大家见面的机会不多，但也许是同姓的缘故，邓发与邓小平在一起总显得特别亲切，正所谓同姓三分亲吧。邓小平到延安参加会议，这时邓发刚从新疆卸任回到延安任中央党校校长不久。老朋友相聚，高兴之情，自然倍增。

邓发是一个非常热情的人。他性格开朗，待人热情，乐于助人，对同志、对朋友充满爱心。由于他到延安的时间比较长，加上他人缘好，熟人多，在延安上上下下，没有人不认识他的。当邓发知道邓小平还是孤身一人时，更是古道热肠地要帮他在延安找一个妻子。邓发对邓小平是非常了解的，他知道邓小平的婚姻生活曾有过两次曲折的经历：第一次是1928年春，邓小平与张锡瑗的结合。不幸的是，张锡瑗竟于1930年因产褥热而永远离开了他。邓小平因前方军情紧、战事忙，还来不及掩埋自己的妻子，就强忍悲痛，匆匆离开上海，去了广西。另一次是1931年邓小平同金维映的结合。1933年，金维映却在邓小平在政治上遭到错误批判时与他分了手。一直以革命工作为重的邓小平把个人的不幸深深地埋在自己的心底，为革命而四处奔波。他无暇顾及自己的婚事，只知拼命地忘我工作，如今已三十有五，还是光棍一条，邓发怎能不为朋友的婚姻大事着急呢？他知道，邓小平这次来延安开会，可以说是忙里偷闲，逗留的时间不会长，开完会之后，就要赶回太行山去指挥打仗，那就更没有时间去谈情说爱了。"不行，得趁此机会，想办法帮他解决终身大事。"一向热心助人的邓发，真是急朋友所急。他凭着广泛的人际关系，真的一心一意地做起月老来。邓发对帮助自己的老战友找对象很有信心，开会、工作之余，就带着邓小平到延安抗日军政大学、鲁迅艺术学院、马列学院、中央党校、陕北公学、自然科学院等地方去玩，通过熟人、朋友的关系，为邓小平穿针引线，为他找意中人。毛毛在《我的父亲邓小平》中写道："那时候，邓发带着邓小平，两个人一天高高兴兴地到处转，人们都说他们活像两个游神一样。"

　　功夫不负有心人，在邓发的努力撮合下，卓琳这个倔强的姑娘，终于把绣球抛给了邓小平这个久经沙场的老红军。共同的革命理想，共同的生活信念，把他们紧紧地联系在一起了。

　　一向办事爽快、善于组织发动工作的邓发，见老战友的对象有了着落，高兴之余，又赶快和他的战友一起积极为邓小平操办起婚事来。1939年9月初的一个傍晚，秋风送爽，延河水在青石板的河床上欢快地跳着，远山传来一阵阵豪放的牧歌声。杨家岭上，毛泽东的窑洞前充满着喜庆热烈的气氛，热闹的人群中不时爆发出一阵阵欢乐的笑声。这里正在为两对新婚夫妇——邓小平和卓琳、孔原和许明举行简朴而热闹的婚礼。毛泽东来了，刘少奇来了，还有张闻天、博古、李富春……当时在延安的高级领导人，能来的都来了。这些叱咤风云的一代伟人，在邓发的精心安排下，都欢欢喜喜地出席了这次婚礼。婚宴上，木板搭起的桌子旁，坐满了当时延安的显赫人物，他们亲亲热热地聚在一起，真诚地为两对新人祝福，也是为这即将奔赴前线的战友举杯送行。

　　席间，这些久经沙场的勇士和战友，借着这浓浓的喜庆气氛，居然童心大发,借酒捉弄起新郎官来。他们轮流向新郎敬酒,大有不把新郎灌醉不肯罢休之势。而精明的邓发早料到会有这一招,他和李富春一道悄悄地为邓小平准备了一瓶白开水,悄悄地让邓小平以水代酒。酒至半酣,战友们有的已经醉意醺醺,但邓小平还是那样豪爽潇洒,面对敬酒,来者不拒,有敬必饮,竟然没醉。人们不禁赞叹:"小平的酒量真大呀!"当然,谁也不知道正是邓发和李富春暗中相助,才使邓小平在新婚之夜免于一醉。

几天之后,邓小平高高兴兴地携着新婚妻子,感激地向邓发辞行。他们依依不舍地告别了战友,告别了延安,起程赶赴前方,奔向太行山。

由此可见,邓发和邓小平早年的交情是非同一般的,他们的友情是深挚的,不是时间可以磨灭得了的。可惜,邓发在1946年"四八"空难事故中壮烈牺牲了。

珍闻

巧斗阎锡山

1937年10月，遵照毛主席关于建立敌后抗日根据地、开展敌后游击战争的指示，八路军总政治部副主任邓小平、民运部部长傅钟和随营学校校长韦国清率总部一部分同志来到孝义县，开辟晋西的地方工作。邓小平召开会议布置扩军、筹粮筹款和帮助地方建党建政等各项工作，同时派干部帮助县牺盟会训练抗日自卫队，建立抗日游击队。建立游击队是邓小平开辟根据地的最核心的工作。然而，建立游击队所需要的物资、枪支从何而来呢？

太原失守前夕，日军由榆次南下进攻平遥，平遥县县长程贵和一枪未发，便带着县政府、县公道团和县牺盟会三四百人，携带物资、枪支，弃城而逃。一到孝义兑九峪镇，随同的平遥县牺盟会特派员李文炯立即到八路军随营学校找韦国清，请示如何开展游击战争的问题。

邓小平得到这个消息后，一早便从驻地下堡赶到兑九峪。一踏进韦国清的住房，他就让韦国清赶快去找平遥县牺盟会特派员李文炯。看着邓小平风风火火的神态，韦国清笑了，顺手一指李文炯说："他就是李文炯同志！"一见李文炯，邓小平也笑了，握着李文炯的手，说："听说你们来了，连早饭也没顾上吃就往这跑。这下子就放心了！"

听了李文炯的汇报，邓小平果断地说："我赞成你回平遥去打游击的想法。在民族危急关头，反对逃亡，理所当然，要理直气壮，敢于领导群众进行反逃亡斗争。让县长程贵和当游击司令，你当副司令。带出来的人愿打游击的留下，不愿意的就让他们回去。"李文炯当即表示："阎锡山早有电报，让我们牺盟会和县政府、公道团互相牵制，守土抗战。我很愿意回平遥去'守土抗战'，可就怕县长不同意。"

邓小平略一沉思，说："好！就用阎锡山'守土抗战'的指令去说服他。如果他不听，我再说服他。反正不能让他把物资、枪支带走。"

县长程贵和很顽固，李文炯始终说服不了他。邓小平就把程贵和和李文炯一起"请"到随营学校商谈，动员他们回平遥去"守土抗战"。李表示同意，县长仍坚持要去大麦郊面见阎锡山。邓小平委婉地对他说："好吧，你们回去再考虑考虑，也可以和我们带来的人一块商量，最好是一同回平遥去打游击、守平遥。"邓小平的话既是让程贵和下台阶，又暗示李文炯要发动群众同程贵和斗争。李文炯心领神会。

回去后，李文炯先把邓小平的意见和打日本不当亡国奴的道理跟大家讲了，说服了大多数，然后，请程贵和给大家讲话。程贵和坚持要继续西行，不少人便站起来反对，要回去抗日，并且故意气势汹汹地指名要特派员也表态。李文炯装出左右为难的样子，说："我们带大家出来，就应该和大家在一起。你们要回，我也同意。不过，我还是请县长和我们一起行动！"程贵和一看自己被孤立了，众怒难犯，只好把物资、枪支留给大家，自己气哼哼地去了大麦郊。李文炯则率领大家跟随邓小平来到下堡镇八路军总部驻地。

就在同一天，孝义县县长刘怀伟听到日军进逼平遥的消息，也慌了手脚，发了通知，准备撤离县城。县牺盟会特派员曹诚面见县长刘怀伟，要他给游击队发枪，以抗击来犯之敌。刘认为：日军势如破竹，几个游击队员抗击日军，岂不是以卵击石！因此不仅不答应曹诚的要求，动身之前还把背不走的枪支、手榴弹扔到井里。曹诚同志一方面向他提出抗议，另一方面又及时报告给了已经来到县城的八路军总部民运部部长傅钟同志。

第二天，曹诚带领牺盟会的人员和已经组织起来的十几名游击队员尾随刘怀伟带的县政府、公安局的人马来到下堡。按照邓小平、傅钟的指示，曹诚等牺盟会的同志首先和县长刘怀伟"谈判"，请他把公款和枪支留下，用以武装游击队，抗击侵略者。刘不答应。这时，邓小平派随营学校的学员加强岗哨，在附近布下了警戒，以防刘乘夜逃走。

是夜，按照邓小平的部署，孝义游击队在总部人员的配合下"包围"了公安局，用开会的方式和平地下了他们的枪。公安局局长尹闲邪是总部在孝义县直接发展的隐蔽党员，他向游击队交了所有的武器、公款，然后向刘怀伟做了"汇报"。

刘怀伟在无可奈何的情况下,偷偷地给阎锡山去了电话,声称八路军扣留了他们。

大麦郊离下堡只有70里路,驻有阎军的一个旅。阎锡山接到电话,又听了平遥县县长的报告,大发雷霆,准备派兵报复。

在此之前,邓小平已经派曹诚、李文炯赶赴大麦郊向牺盟会总会会长阎锡山报告事情经过。当得知刘给阎锡山打了电话一事后,邓小平当机立断,马上采取了紧急措施:一方面派人追回了已走至半路的曹、李,免得造成无谓的损失;另一方面亲自帮助孝义牺盟会起草了一份给牺盟会总会的电报,陈述了事情的经过,并让他们转致阎锡山;同时将刘释放,并且加强了侦察、警戒,做好了战斗准备。

正当阎锡山同其部下王靖国、陈长捷连夜商量"报复"八路军时,牺盟会总会牛荫冠拿着电报来见阎锡山。电报的内容是孝义县县长刘怀伟擅离职守,在日军尚未侵入孝义之前就惊慌逃走,并把枪支武器扔到井里,不让武装迎敌,虽几经劝说,仍不肯留下。为响应阎司令长官"守土抗战"的号召,他们不得已将其枪支、公款留下,放走了刘怀伟……阎锡山看完电报,一声不吭。牛荫冠等趁势解释:牺盟会特派员留下枪支武器,坚持"守土抗战"是对的。事情不是八路军干的,和人家无关,闹起来反而缺了理。

那时候,阎锡山的县、区长,闻到日军快打来的风声就逃跑,使军队得不到当地政府的支持,因此,被军队骂作是"逃跑政府"。阎锡山对此也很痛恨,恨他们不争气,不给他"守土抗战"。现在碰到的又是这种事,他又能怎么办呢?阎锡山只好不再提枪支问题,但仍要牺盟会上缴公款,主要是大烟土。曹诚同志赶着牛车亲自送去,阎也就不再纠缠了。

邓小平巧收了平遥、孝义县县政府的枪支后,立即由总部抽派干部组建了"八路军晋西游击支队",并且发了军衣、臂章。这是孝义县的第一支抗日武装。

支队组建后,分别成立了孝义、平遥两个游击队。平遥游击队按照邓小平、傅钟同志的指示,立即开回平遥扩展武装,很快便发展了几百人,加入了八路军特务团。孝义游击队在孝义活动不到两个月,也发展了四五百人,编成三个中队。孝义游击队从队长到各中队中队长、指导员,都是从总部抽调的。因此,游击队的建设、训练,都是按照八路军的一整套办法进行的。

不久，顽固派指控牺盟会特派员把发展的武装编入了八路军等。邓小平闻讯，便立即通知曹诚，将部队改名为"牺盟晋西游击支队"。开始，大家都不愿意改，在支队工作的红军同志更不同意。邓小平耐心地做了不少说服工作，要求大家从抗日民族统一战线的大局出发，人们的思想才转过弯来。

在孝义乃至晋西的抗战史上，流传着这支部队的许多可歌可泣的英雄故事，而邓小平指导组建"牺盟晋西游击支队"的事迹，正是这部英雄史诗的源头。

没有官架子

1937年10月初，正是平型关大捷之后。深秋的晋北山野、村头，树叶尽落，天空是碧蓝的，从北面和西面的群山深处不时传来隐隐炮声。

张秀山从上海赶到这里——八路军政治部驻地五台南茹村已经五六天了，同六七个和他差不多时间到达这里的留日学生一起，被安顿在政治部宣传部里等待分配工作。因为那时政治部还没有建立敌军工作部。

一天下午，宣传部的王科长通知他们说：政治部副主任邓小平约他们谈话，让他们跟王科长一起去。邓小平这个名字是听到过的，但他究竟是怎样的一个人，对他们来说，几乎是空白。

随王科长走进邓小平的住房，看到王科长向一个约莫30岁的同志敬礼，他们也敬了礼。这个人不是别人，正是张秀山第一次见到的邓小平。

邓小平站起来，向他们回礼。邓小平个子不高，两眼炯炯有神，显得很精明能干，穿着一身洗得有些发白的灰色粗布军装。他的住室收拾得很干净，八仙桌上有几本书和一些薄薄的文件，炕上一条毯子和一床叠得整整齐齐的薄被，墙上挂着一个皮挎包。

邓小平让他们坐下，叫小鬼给他们每人倒了一杯白开水，接着就问他们的经历，又问他们对八路军的印象。

由于是初次同八路军的高级干部谈话，大家都显得有些拘束，回答得不是那么踊跃。

邓小平看到这种情况，就微笑着说，大家可以随便谈谈嘛。

于是大家又穿插地谈了一阵。张秀山也讲了北上途中看到国民党军队和阎锡山部队的溃退状况,感到十分泄气。

之后,邓小平讲话了。他首先表示八路军正需要知识分子这样的新鲜血液,所以非常欢迎他们这些学生参加八路军。接着,他谈到抗日战争,指出这次反对日本帝国主义的战争,必须实现全面的民族抗战,而不能是单纯的政府抗战。中国共产党为此而提出了抗日救国十大纲领,并要为实现这个纲领而奋斗。邓小平还说,当务之急是发展抗日民族统一战线,特别是发动群众。目前华北战场,国民党中央军败退得这样快,主要的原因就是没有发动群众,得不到群众的支持。八路军不能光打仗,一定要发动群众,同群众打成一片。邓小平鼓励他们要在部队中接受长期战争的考验,并在实际斗争中成长起来。最后邓小平叮嘱他们说:八路军里的战士和干部,绝大多数是工农出身的,他们文化程度低一些,但政治坚定,作战勇敢,有实际经验;知识分子出身的同志要做到尊重工农干部,两者要搞好团结,你们有什么不了解的问题或困难,可以同老干部谈,他们会热情地帮助你们的。

张秀山觉得邓小平的讲话提纲挈领,干脆利落,不讲客套话。这次谈话不到两个小时,但对他们这些初到八路军的知识分子来说,是很有教益的,同时也使他们感觉到八路军的领导同志没有什么官架子,平易近人,上下级之间是一种平等的同志关系。

回到宣传部,他们又向王科长询问了邓小平的一些情况。王科长告诉他们,邓小平是勤工俭学的留法学生,是旅欧共产党支部中最年轻的,以后又到苏联留学。1927年回国后,在冯玉祥部工作。1929年在广西发动武装起义,后来到江西苏区,也是长征过来的干部。听了王科长的一些介绍,好像读了一首史诗,总觉得八路军的领导人都有各自传奇式的革命经历。

那天晚上,张秀山在煤油灯下,思索着邓小平关于要发动全面抗战的道理,结合他北上时看到从雁门关南退下来的国民党军队的狼狈景象,写了一篇报道寄给上海的《大公报》。以后这篇文章被刊载在《国闻周报》上。

亲人

1937年11月,八路军政治部副主任邓小平,随同杨勇率领的八路军第六八六团来到襄垣,团部住在县城南关的樊家大院。邓小平在这里度过了60

多个日日夜夜。

樊家大院住着一个"外来户"，叫米通全，有儿子、儿媳共3口人，家里十分贫穷。为给城里的磨坊打短工方便，他家从郭庄搬到南关，赁住了樊家的两孔土窑。这米通全老汉60多岁，患瘫痪症两年多，吃饭要人端，走路靠人扶，连送"风火"都得人帮忙。儿子米义精早上天不明出门，晚上满天星斗时才回，老汉全靠儿媳侍奉。他多次想寻短见，都被儿子、儿媳发现而劝阻。这事很快传到了住在樊家大院的邓小平那里。一天晚上，邓小平来到米通全家，像自己人一样，盘腿坐在老汉的炕上，问长问短，特别详细地问了老汉得病的经过。当他听说老汉是因劳累而得病，得病以后又无钱医治，加之缺乏营养而最终招致残废以后，便说：这都是社会制度的罪恶！咱共产党、八路军就是来领导穷人打恶霸，闹翻身的。眼下，日寇侵犯祖国，灾难更加深重，这就需要全国人民动员起来积极抗战，赶走日寇。离好日子的到来不会太远了。大爷，你还是活下去吧，将来能过几天美满的日子哩！米通全老汉顿时暖流涌身，感慨万千。他想，活了这么一大把的年纪，谁和自己这样促膝坐过，说过这样的知心话呢？当夜，米通全老汉激动得一直不能入睡。他要活，要活到那美满日子的到来！

第二天清早，儿媳刚给米通全老汉穿好衣服，扶他坐起来，警卫员小郭就端来了热气腾腾的蒸馍和菜，恭恭敬敬地放在了老汉的面前："大爷，首长说你年老多病，加强点营养，也许会好一些。"老汉不由得鼻子一酸，老泪夺眶而出，这饭哪能咽得下呢？小郭走后，他让儿媳把那蒸馍和菜放好，非要给村里的人们说道说道不行。谁知，午饭、晚饭也都照例地送了来。这样一连送了三天，米通全老汉有些受不住了，拖住小郭怎么也不收。晚上，邓小平又来到老汉的屋里。刚一进门，就叫老汉给埋怨上了："你们同志，连俺一口水都不喝，说是群众纪律，可我怎么能天天吃你们的饭呢？你们有你们的纪律，俺家也有自己的家规呀！"

"大爷，这是特殊情况，可以例外嘛。再说，我们吃的穿的还不是人民群众给的？你加强点营养，恢复了健康，说不定还能为抗战出把力呢！"老汉听了这话，觉得这饭是非吃不行了，于是万分激动地说："首长，你们想的，真比亲人还周到啊！"

"大爷，你就是我们的亲人呀！"后来，邓小平和杨勇又把部队的医生派出，给老汉进行诊断、打针、治疗。不过几天，老汉的病情果真有了好转。

在部队离开樊家大院的那天,米通全老汉还拄着拐杖,挥动着不灵便的右手,把亲人送到大门外边,并且再三呼喊:"首长,同志们,你们先走吧,看样子我还真有可能上前线呢!"

"对奸污妇女者,杀无赦"

1938年1月的一天,凛冽的寒风摇曳着树梢。在当时山西辽县(今左权县)城外的清漳河的河滩上,随着一声清脆的枪声,一个身着八路军军服,但没有戴领章帽徽的战士被执行枪决。站在河对面的邓小平,也随着那声枪响而流下了眼泪。

事情还得从头说起。

邓小平和刘伯承率八路军第一二九师挺进太行山时,在第一次大会上就宣布了严厉的纪律。邓小平说:"同志们,我们八路军是威武之师,是一支由共产党领导的、纪律严明的人民军队,是人民的子弟兵。因此,在与日本鬼子作战时,必须尽一切可能保护人民群众的利益,做到秋毫无犯,谁要是违反了这一点,我们决不姑息,一切以军法处置!"

然而,偏偏有人在这个问题上触网了。一位在第二次革命战争时期就参加革命并且立下过战功的老战士,一天因为多喝了几杯酒,竟把一位农村少妇给强奸了。当老乡哭哭啼啼地告到第一二九师总部后,邓小平震惊了,立即要政治部保卫部查明真相,给予严惩。

在当时来说,共产党对强奸犯是深恶痛绝的。而这个战士强奸的又是第一二九师师部所在地的一位抗属。所以,保卫部根据邓小平的指示,查清了事情的真相,认为主要原因是这个战士的思想意识和作风有问题,使其走上犯罪道路,故做出了判处死刑的决定,最后报邓小平审批。为了教育广大干部战士,维护八路军的铁的纪律,邓小平同意了保卫部的意见,并要求举行公审公判大会,以树立起我军的威信。

消息传出后,整个部队议论纷纷。有不少人说判得太重了,特别是不主张公审公判,觉得这样大张旗鼓地召开大会,有损于八路军的军威。于是,纷纷有人到保卫部向邓小平说情。

一位政治部的领导找到邓小平说:"邓政委,我们的战士犯了这么大的错误，给予处分是应该和必要的，但要枪毙他，是不是太重了？再说，他也为革命出生入死，立下了战功，是不是降低处罚，给他一个立功赎罪、改过自新的机会？"

邓小平一听，立即火了起来："什么？作为八路军战士，强奸妇女，还只给个处分？我们在老百姓面前说得起话吗？为了严明军纪，给他什么样的处罚都不为过。你这个搞政治工作的可要好好想一想，如果我们轻判了这个战士，我们今后还怎么带兵？又怎么向太行山区的老百姓交代呀！再说，我们都是有姐妹姑嫂的，如果我们自己的姐妹姑嫂被人奸污了，我们又是怎样一种心情呢？所以，不管群众怎么说，怎么求情，我们也是不能宽容这个犯罪的战士的。今后，对奸污妇女者，杀无赦！"

"邓政委，就是判死刑也不要公审公判，这不明摆着丢我们八路军的丑吗？干脆秘密处死就算了吧！"那位干部见求情不成，便又提出了新的意见。

邓小平仍不同意，严厉地说："不行！不公开审判，群众怎么知道我们有严明的纪律？不公开处理，怎么能教育干部和战士？不公开处理，怎么能说服受害者家属？同志呀！我们只有公开承认自己的错误，群众才能原谅我们，我们也才能得到群众的拥护！你回去好好想一想吧！"

那位说情的干部本来想为犯罪的战士开脱，谁知最后反被邓小平说服了。

事情并没有结束。当地群众听说八路军要处决那个战士的消息后，也都到师部找邓小平，要求轻判那个战士，甚至受害者的一些亲属也找到邓小平说，不要枪毙那个战士。

"邓政委，那个战士也许是一时糊涂才犯了大错，只要他能认罪并戴罪立功，到前方多打几个鬼子，就算了吧！"村子里一位长者找到邓小平说。

邓小平听后，耐心地向那位老大爷解释说："老大爷，处决那个战士，既是部队的纪律，也是我们解放区的法律决定的。我们共产党历来奖罚分明，功是功，过是过，功不可以抵过。"

尽管这样，部分干部、战士的思想仍不通，认为处罚得太重了。为了说服教育广大干部、战士，使同志们充分认识到这个问题的严重性，邓小平决定在会上发表一个讲话，以说服那些思想还没有完全通的同志。

公审公判大会如期举行，邓小平在会上发表了重要讲话。他说："同志们，我们今天公开处决这个犯罪的战士，丝毫没有损害我们党的威信，没有损害八路军的威信，相反，我们将更加受到广大人民群众的拥护。我们是共产党领导的队伍，与军阀最大的区别之一，就是有着严明的纪律。我们决不能允许任何侵犯和损害群众利益的现象存在。我们决不能把是否损害群众利益作为一件小事，小事也会出大问题的！我们只有做到这样，才能得到群众的拥护和爱戴，才能在敌后生存。同志们哪，老百姓历来是怕当兵的，特别是山西的统治者过去就向群众灌输过共产党是多么可怕，多么可恶，说共产党的军队是一支抢、杀、掠、夺的'土匪'队伍，等等。我们如果自己不严格要求自己的话，岂不正中了反动派的阴谋吗？所以，为了让群众真正了解我们共产党和八路军的真实情况，让群众知道我们的八路军是完全不同于旧军队的，那就需要我们用自己的实际行动来打动群众。当然，应当承认，我们这支队伍自出师以来，部队的纪律是好的，已经初步得到了群众的信任。但是决不能有丝毫的懈怠，这次奸污妇女事件的出现，向我们敲响了警钟。虽然只是一个战士犯罪，但一传开来就会造成不好的影响。特别是如果我们不严厉惩处的话，就会给敌人以话柄。所以，我们一定要严肃处理这件事。希望大家从这件事中吸取经验教训，并在今后的工作、战斗中，严格遵守群众纪律，遵守'三大纪律，八项注意'，做一个真正的革命军人。"

邓小平一席语重心长的话，使广大干部战士这时才真正明白他为什么坚持要严惩那个犯罪的战士的良苦用心。邓小平也抓住这次事件，对战士进行了一次深刻的教育，从而达到了整顿军纪的目的。

邓政委发怒了[①]

那是在抗战初期的山西阳城县县城。我作为邓小平政委身边的工作人员，骑着他的战马上了街。街上的群众见我是八路军战士，纷纷让路，还微笑着向我致意。邓政委即将奔赴延安开会，为使他顺利赶路，我要到马店给这匹战马挂掌。

因一时高兴，我在县城的街道上信马奔驰起来，马过弯道，昂然奋蹄，"叭"的一声，似乎有什么东西被它掀倒在地。我没在意，继续纵马。

当我给马挂好掌，迅速赶回到邓政委身边时，邓政委严厉地命令我："王

---

① 此文为王兴芳的回忆。

兴芳，下来！"怎么，刚才还露着微笑的邓政委，现在竟铁青着脸？只见他恼怒地盯着我说："你干的好事，骑马儿过街，撞坏了老百姓，知道吗？"

"啊？"我大吃一惊。原来，刚才马过弯道时掀翻的竟是一位老大娘，满街的老百姓议论纷纷，传到了邓政委耳朵里。但是当我得知，老大娘伤势不重时，又松了口气。这有啥了不起，我这是为快点完成任务，不耽搁首长您赴延安开会的时间啊，值得您大动肝火吗？我嘟起嘴，既不回答，也不申辩。

邓政委见我这神态，转换口气说："现在是团结抗战的时候，人民一心向往的是共产党，你是共产党领导的一个八路军战士，这样对待群众，影响多不好！我们来自人民，是人民的军队。人民是水，我们是鱼，八路军离不开人民，正像鱼离不开水一样。小伙子，要爱护人民啊，如果我们不爱护人民，人民就不会拥护我们，我们也就会成为无源之水、无本之木的山间草寇。到了那一步，不要说打日本，恐怕自身都难保哇，这些严重后果，你想过吗？"

这番话触动了我的神经，我自责起来：王兴芳啊王兴芳，你从小死了爹娘，是数不清的穷人把你拉扯大的。你在川陕苏区打仗负伤，是群众一口奶水一口鸡汤将你救活的。长征路上，你陷进了烂泥坑，好心的藏族老阿爸为救你献出了生命！你怎么全忘了！我流着泪，请求说："邓政委，我错了，处分我吧。"

"不。你应当到当地公安部门去，由他们处理，还应该给群众赔礼道歉。我这儿有几元钱，你也带上，给老大娘做医药费。"邓政委从口袋里掏出钱来。这钱是他去延安的路费啊，全部拿给别人，如何赶路？我不接钱，邓政委一把将钱放进我手里说："快去给大娘治伤。"说完，他跨上战马走了。

我久久地凝望着他远去的身影……

鱼离不开水

1938年春，八路军第一二九师政委邓小平率领部队插入敌后，途中正遇上了日伪军的疯狂"扫荡"，部队行动遇到困难。部队的粮断了，邓小平就和大家挖野菜充饥，就这样和大家一块儿度过了7个昼夜。

一次，一名新战士不忍心看着邓小平和大家一起挨饿，就设法搞来一个玉米棒，高高兴兴地送给邓小平。

"为了它,你费了不少劲儿吧?"邓小平笑着问。

"那当然,我好不容易找到一个藏粮食的洞。"

"拿群众的东西,给群众留钱了吗?"

"当然留了,还写了一张条子呢!"

"好,"邓小平表扬了这位新战士,接着说,"你要立即把它送回去,这玉米是老百姓留的种子。"

事后,邓小平把全体战士召集到一起,问大家:"毛主席讲,我们的八路军、新四军同老百姓是什么关系?"

"是鱼和水的关系。"

"鱼离开了水会怎样呢?"

"只有死路一条。"邓小平满怀信心地说,"革命是艰苦的,但只有通过我们的艰苦奋斗,才能使人民群众过上好日子,同志们,这一天已经为时不远了。"

在邢台县道沟村

在邢台县的西南,有一个群山环抱、风景秀丽的小山庄,它就是路罗川南岸的城计头乡道沟村。

该村西南,有一座普通的三层小楼。虽说是楼,但房间又矮又窄,甚至伸手就可触顶,极其简陋,就连那上下楼的楼梯也是设在露天的院子里。

房间内,靠南边的窗下放着一张木桌,桌旁搭了一个板铺,这就是邓小平在1938年5月5日,随八路军第一二九师从山西辽县移驻道沟时住的地方。邓小平从5月5日到6月23日,就在这座小楼里,学习、办公、批阅文件,度过了极不寻常的49天。

邓小平和第一二九师师部进驻道沟的第二天,邢台县抗日政府县长胡震及其他成员就风尘仆仆地从政府驻地城计头乡赶来慰问。胡震是本县城东先于村人,1927年加入共产党,曾在西安中山军事学校当过学员。当时,邓小平任该校政治处处长,曾多次给学员讲课,彼此都很熟悉。后来胡震参加渭华暴动失败后就回了老家。"七七事变"后,胡震积极组织地方武装进山打游击,后在八路军第一二九师先遣支队和冀西民训处的帮助下,建立了邢台抗日县政府，并担任抗日县长。如今，故友重逢，分外高兴和激动。胡震一眼就认出了自己以前的老领导，开口就说："邓主任，欢迎你和刘师长来邢台。"邓小平也激动地握住胡震的双手，操着浓重的四川口音答道："你这个胡震，好让人担心啊！暴动后不知你的下落，我还以为你报销了呢！哪晓得你竟当上了家乡的父母官！"

胡震听后忙说："抗日政府刚成立不到半年，局面还没有打开，工作搞得不好。"

邓小平接着说："我们奉党中央和集总（国民革命军第十八集团军总部，即八路军总部）之命东下太行山，就是帮助地方开辟工作、建立根据地，咱们要携手并肩，共同为打开邢台抗日新局面而努力。"

接着，胡震向刘、邓二位首长汇报了邢台县的抗日工作和斗争形势。临走前，他非常担心地对二位首长说："邢台日军和地方反动势力较强，师部本应安排在距离前方敌人较远的地方，不想首长却把驻地选到县政府东面的斗争前沿，你们一定要注意安全呀！"邓小平走过来拍着胡震的肩膀说："感谢地方政府的一番好意！不过，我们既然奉命前来开辟工作，老在后面咋能扩大抗日根据地？开辟就要冲锋在前，勇打头阵嘛！"听了邓小平的回答，胡震和县政府其他同志备受鼓舞，顿觉一股强大的暖流涌上心头。

邢台县城，西依太行山，紧靠平汉线，系冀南重镇。日军于1937年10月占领县城后，便不断向西部山区入侵和"扫荡"，使全县人民终日不得安宁。1937年底，抗日县政府正式成立后，这种状况虽有好转，但由于营头以东浅山丘陵区反动势力较强，抗日工作仍然难以开展。

为了扭转这一局面，邓小平与刘师长根据党中央和集总的指示，多次召开军事会议，认真听取前方汇报，密切注视敌情变化，仔细分析斗争形势，反复修改作战计划，周密部署作战方案，先后指挥部队横扫了盘踞在平汉路以西、邢台县境内的溃兵土匪，击退了进犯皇寺、羊范等地的日军，接着于5月13日对平汉路发动了第一次总攻击，破袭平汉线内丘至沙河段铁路1 200米，炸毁铁路桥3孔，毁掉电线杆200余根。此后又连续袭击邢台城、破坏平汉路，并挥戈向南，在邢（台）、沙（河）、永（年）一线进行了大小五六次交锋。通过主动出击，不仅打退了敌人的进攻，挫伤了敌人的锐气，使驻邢台的日军再也不敢贸然出城，也扩大了抗日根据地的范围，鼓舞了军民的抗日士气，大大增强了群众抗日的信心和决心，全县先后有200多名青壮年积极报名参军，上百个村庄建立了抗日武装——民兵自卫队。

在指挥部队消灭正面敌人和扩大抗日根据地的同时，邓小平与刘师长还十分注意抗日根据地的巩固和建设。

根据抗日斗争形势的不断发展，邓小平和刘师长不仅建议邢台县委（对外称八路军工作团）要积极培养大批抗日干部，发展党员和农会会员，建立基层党组织和农会组织，搞好党政建设，而且针对缺乏地方干部的实际，在道沟举办了抗日积极分子训练班，邓小平亲自担任政治课主讲。

为使学员真正了解和掌握抗日斗争的新形势、任务和政策，邓小平一方面仔细研究党中央的文件精神，同时结合邢台县的具体实际，反复深入浅出地进行讲解。如关于抗日统一战线问题，邓小平就曾用比喻的方法讲道："五个指头五股劲，攥成拳头力无比。眼下国难当头，匹夫有责，只要大家团结起来，一致对外，有钱出钱，有力出力，有人出人，就一定能把日本侵略者赶出中国去……"听了邓小平的讲解，学员们都普遍感到有理有据，既生动又有说服力，思想觉悟和政策水平有了很大提高。

训练班结束后，这些同志大都分到县、区工作，在宣传群众、发动群众投入抗日和开展减租减息、发展生产等方面都发挥了巨大的积极作用。

邓小平在道沟期间，尽管工作繁忙，但仍抽出时间深入群众，体察民情。晚饭之后，邓小平不是同老乡拉家常，就是召集村干部或党员谈心。邓小平非常和蔼可亲，平易近人。他每次家访或座谈，总是面带微笑，耐心听认真问，对大家非常客气，使当地群众感到这位八路军首长就是自己的贴心人。

邓小平不但热爱群众，对儿童也极为关心。一次，邓小平在街上忽被几个正玩耍的小孩挡住了去路，警卫员立即上前喝令孩子让道。邓小平马上加以制止，并抱起为首的那个孩子，亲切地问他叫什么名字，做什么游戏。随后，便转过身对警卫员说："以后不准这样对待孩子，你不想想，咱们抗战为了谁？还不是为了老百姓，为了革命的后代能够过上好日子。"还有一次，一个顽皮的小孩从树上摔下来，碰得头破血流，不省人事。邓小平听到后，马上派战士把孩子送到师部卫生所抢救，并亲自前去看望，再三嘱咐医务人员要精心护理好孩子。这个被救活的孩子叫牛振雨，解放后在村里担任了20多年的党支部书记。直到今天，一提起此事，他总是感动得热泪盈眶。

自从第一二九师来到道沟后，村里可真的热闹多了，邓小平不但和战士们一起上山砍柴，还经常挤出时间帮助老百姓劳动。一天傍晚，战士们挑着柴捆走到村口，一位快嘴大嫂对身边的几位妇女说："快来看呀，那背柴的不是邓小平吗？砍的还真不少哩！"邓小平笑了笑走过去了。后边的警卫员接过话茬说："大嫂子你可不晓得，那邓小平干农活可不比别人差。"那天，师部在牛家坟柏树林召开军民联欢会，演出之前，刘师长讲抗战形势，邓小平讲统一战线和军民关系。这时，天空忽然下起雨来，警卫员马上给二位首长取出雨衣。正在讲话的邓小平连连摆手叫警卫员把雨衣拿走，并对警卫员说："军队和老百姓要风雨同舟嘛，群众开会不怕雨淋，我们能怕吗？"接着又面向群众继续做起报告："军队是鱼，老百姓是水，军队和老百姓是鱼水关系。只要军民紧紧团结在一起，抗战就一定能胜利！"邓小平那生动而铿锵有力的讲话和抗战必胜的信心，顿时鼓舞了全体将士和老百姓。

抗日银行

1939年10月15日，在晋东南抗日根据地黎城县小寨村，一处专门服务于根据地军民的金融机构"冀南银行"诞生了，同时发行抗日货币"冀南票"。它的诞生为解决八路军的军需经费，为根据地兵工产品的生产、工农业商业的发展，特别是抗击日本帝国主义对根据地的货币侵略发挥了极大的作用。

1938年1月，我八路军第一二九师从晋东南抗日根据地进入冀南平原，与杨秀峰部队会合，在地方党组织的配合下建立了抗日县政府及救亡团体。2月，设立了军政委员会，筹备冀南的行政机关。8月，冀南行政机关经济委员会出台《抗日游击区经济建设大纲》，其中规定："成立冀南银行并设立县、区的兑换所和分所，发行冀南本位币。"按照《大纲》中的任务要求，邢台县抗日县长、中共党员胡震就根据地准备筹组银行的工作事宜，来到晋东南辽县第一二九师师部，向邓小平做了汇报。邓小平听完汇报后，当即做出口头指示："你们先尽可能地招收技术工人，筹购印刷机器、纸张、油墨和印版。我们正想发行自己的边区票子，就是缺乏这些条件。不过，目前筹备银行的工作还要保密。"

冀南银行刚一开始筹备，即遭到国民党蒋介石、鹿钟麟、石友三等的阻挠破坏。蒋介石电令冀南行政主任公署停止银行的筹组和冀南票的发行。由于国民党的层层阻挠和日军的"扫荡"，冀南筹组银行的环境十分恶劣。鉴于这种困难，八路军第一二九师邓小平等首长直接指示："筹建银行的工作由一二九师供给部徐林领导，银行由冀南向晋东南根据地转移。"1938年冬，银行筹建组的同志们突破敌人的封锁，兵分三路，由河北南宫县出发，分别经馆陶、冠县、莘县、南乐，过汤阴、林县等地，跨3省10余县，穿过敌人占领的平汉铁路，向晋东南迂回。为保护印刷器材的安全，他们夜晚行军，白天隐蔽。这年年底，银行筹建组的同志们肩扛器材，手持行李，陆续到达晋东南根据地，驻扎在黎城西井镇周围的多个村落。

当时，邓小平直接指导银行总行、印刷厂等地址的选定工作，并多次听取徐林的汇报，了解银行的筹建、进展情况，在用人、资金等方面更是大力支持。八路军在黎城西井镇专门成立了冀南财经学校，由杨秀峰兼任校长，冀南财经学校的经费大部分由第一二九师支付。在用人上，第一二九师还从抗日军政大学等部门调来一批做过、学过金融工作的骨干到黎城积极筹组银行，骨干之一的胡景云后来曾任冀南银行行长。这期间，第一二九师的官兵还想方设法从敌占区的太原、邯郸等地购买回大量的纸张、油墨、器材配件、石版材料等。所有这些，为冀南银行的成立、抗日货币的发行提供了极为重要的条件。

银行成立后，虽然总行及印钞厂均在晋东南根据地，但名称仍谓之"冀南银行"，印制发行的抗日货币上同样冠以"冀南银行"字样。给人造成的错觉是银行应属河北南部，其实不然。这在货币经济的战略战术上也叫"声东击西"，最终目的是"掩人耳目"，避免和减少日伪对银行的袭击、破坏。

1943年7月16日，邓小平在《太行区的经济建设》一文中就冀南银行发行的"冀南票"做了这样的论述："我们的货币政策是发展生产与对敌斗争的重要武器。货币政策的原则，是打击伪钞保护法币。我们鉴于敌人大发伪钞、掌握法币大量掠夺人民物资的危险，所以发行了冀南票，作为本战略区的地方本币。实行的结果，打击了敌人利用法币的阴谋，缩小了伪钞的市场，强化了对敌经济斗争的阵容，给了根据地经济建设以有力的保障。为了保障本币的信用，我们限制了发行额，大批地贷给人民和投入生产事业，取得了人民的热烈拥护，本币的信用是很巩固的。"

1948年底，冀南银行结束业务并入中国人民银行时，共在晋冀鲁豫边区发行冀南票2 012亿元。抗日银行与抗日货币"冀南票"，在整顿根据地金融，调剂农村经济，排挤、打击和肃清日伪货币，扶持军队生产建设，繁荣市场，发展贸易，增强抗日力量等诸多方面都做出了巨大的贡献。

"抓一抓干部教育工作"[①]

1940年初春，八路军第一二九师在涉县清漳河畔师部驻地赤岸附近的下温村创办了政治工作干部训练队。刘、邓首长决定了训练队的编制体制、教学大纲、教职员的人选，指示师政治部认真选调学员、编写教材、组织实施教学，并亲自授课。训练队利用敌后战斗的间隙，经约8个月的集体努力，培训了近百名优秀的基层政工干部，为加强野战军主力和地方兵团部队的政治工作做出了贡献。

记得是春回地暖、风和日丽的一天，师政治部蔡树藩主任和我一同骑着马，到师部受领任务。当时，刘、邓首长住在赤岸村的张家大院，这个大院的房东是开明士绅张义库先生。张家大院主房共5间，中间是堂屋，刘师长和邓政委分别住在两头，其他房屋除房东居住外，余下的为参谋、秘书和警卫人员所住。邓政委就在主房的堂屋接见了蔡主任和我。

蔡主任和我一进张家堂屋，邓政委就迎上来和我们亲切握手，高兴地说："政治部春节在王堡开的军民联欢大会很热闹，这很好嘛。俗话说：'一年之计在于春。'新春伊始，请你们代我向政治部的同志拜个晚年，向乡亲们问好。"

蔡主任向邓政委汇报了军民联欢大会的情况和近期政治工作的安排。之后，邓政委点燃一支香烟，说道："今天请你们来，是给你们肩头上压点担子，要你们抓一抓干部教育工作，特别是基层连队的政工干部的教育。目前，有些部队中存在着连队政治干部、支部骨干不善于工作，支部的堡垒作用不强，政治工作的创造性不够等问题。虽然各级政治工作部门成立了'政治工作研究会'，总结了一些政治工作经验，吸收和培养了一批知识分子做政治工作，充实了政治工作队伍，但结合政治整军和整编的中心任务，还需要进一步加强基层政治干部的教育。我们建立干部教育部门的目的，就是要使干部教育制度化、经常化。"

---

① 此文为胥光义的回忆。

邓政委稍停顿一会儿，接着说："我们建立了干部每天两小时学习的制度，并且坚持下来了，这很好，使大家学到了不少东西。今天就是跟你们商量如何办师政工训练队的问题。这个问题我与刘师长商量过了，他很赞同。刘师长今天有事，让我找你们谈一谈。蔡主任，我已经跟你吹过风了，请谈谈你的想法。"

蔡主任说道："我们有个初步设想，这个政工训练队的具体工作由干部教育科主抓，主要招收基层政治干部，也有少数营、团和机关的政治干部参加，大约百十人，地点选在下温村。我们准备立即着手筹组训练机构，制订训练计划，安排教员，编写教材，争取近日内开学。"

邓政委喝了一口水，又点燃一支烟，说："很好，应该抓抓连队政治工作。我们刘师长经常说'万丈高楼平地起'，要搞好部队建设，就必须先抓好连队基层建设。而连队工作的关键又是政治指导员，所以要教育他们学习革命的基本理论，学会做党的支部工作，熟悉各种战斗条件下的政治工作，还要会做群众工作和敌伪军工作。每个连队都要搞'救亡室'，青年工作也不能放松。指导员和连长是连队基层干部中的骨干，指导员要同连队军事行政干部密切合作，才能搞好连队建设。总之，要把我们红军的光荣传统保持下来，并且有所发展。"

邓政委把脸转过来对我说："政工训练队的事就定下来了。光义同志，你是干部教育科科长，这个任务交给你。你要搬到训练队，住在那里。有什么会可以回来开，但办好训练队是你工作的中心啦。怎么样，有信心吗？"

当时，我内心感到这个任务光荣而又艰巨，就答道："感谢师首长对我的信任，但我才疏学浅，能力有限，恐怕达不到首长的要求。"

邓政委笑着说："只要品德高尚，勤奋工作，就没有克服不了的困难。现在广大干部的学习积极性很高，又有了去年办轮训队的经验，我相信你们能办好。到时候我和刘师长也去讲课，大家共同努力嘛。蔡主任，你说呢？"

蔡主任笑了笑，点点头，又对着我说："怎么样，光义同志？"

我说："有师首长和政治部的直接领导，我坚决完成这个任务，与同志们共同努力，办好训练队。"

邓政委站了起来，手一挥，说道："那就好！最后我再说一点，你们办训练队，不光是要大家来学习，还要发动大家有所创造，要结合当前抗日和对顽（敌）斗争的实际，总结抗战几年来的政治工作经验，在红军《政治工作若干条例》的基础上，研究写出适应新形势的几个政治工作条例。我们搞政治工作也得有个章法，没有章法不行。政治部机关要认真抓好编写条例的工作。写出来后，可以先试行，征求部队的意见，然后报上级批准后再颁发。你们的意见如何？"

蔡主任和我表示拥护。

我们临走前，邓政委又说："我们办学校，办训练队，既是老传统，又是新事物。你们大胆地去干，既当先生，也当学生，摸索经验，克服困难，就一定能办好。"

我们带着邓政委的嘱托，走出了张家大院。

清漳河水即将解冻，小树也快吐绿，我深深吸了一口清新的空气，骑马回到王堡……

做红娘

陈赓大将的一生，颇具传奇色彩。孩提时代，他就跟爷爷练功习武，凭其一身拳脚功夫，统率着前村后巷的"娃娃兵"；1925年国民革命军第二次东征中，他冒死背出蒋介石，成为蒋介石的救命恩人；在近半个世纪的革命生涯中，他南征北战，出生入死，屡建功勋。他的婚恋也同样颇具传奇色彩。而且他和傅涯结秦晋之好，还是邓小平做的红娘哩！

1939年3月8日，和陈赓患难与共的妻子王根英，在一次反"扫荡"斗争中牺牲在敌人的刺刀之下，陈赓悲痛欲绝，一向活泼爱笑的他变得沉默寡言。他把对日军的仇恨倾注在战斗中，打了好多漂亮仗，以至于有时敌人寻找八路军报复"扫荡"时，竟在其装甲车上贴着"专打三八六旅"的标语。

为医治陈赓失去爱妻在心灵上留下的创伤，战友们一致想到，最好的"药物"就是帮他再找一位志同道合的伴侣。

1940年初夏的太岳山麓，绿肥红瘦，燕语呢喃。傅涯和另两位抗大总校文工团的女同伴，说说笑笑地应邀到团长王智涛家里取道具，"巧遇"第一二九师第三八六旅旅长陈赓在座。姑娘们早就听说过他的许多传奇故事，一见面就围住他，不断地向他提问。

陈赓朴实坦诚的谈吐和豪爽豁达的气质，给姑娘们留下了很深的印象；

傅涯那清秀俊俏的容貌和聪慧文雅的举止，也让陈赓心中掀起了阵阵波澜……

也许是一见钟情，也许是心有灵犀一点通。不久，两颗相互倾慕的心又碰撞到了一起。即将步入不惑之年的陈赓，默默地望着傅涯："傅涯同志，我这个人顶喜欢交朋友，有许多男朋友，也有许多女朋友。不知你愿不愿意做我的女朋友？"

聪颖的傅涯当然明白这做"女朋友"的含意，而且是志同道合的"朋友"。在参加革命前，她有过一个男朋友，她已给他去过几封信。可他只痴迷于他的研究课题，坚持要科学救国，不肯到延安来……傅涯想等他们的关系结束后，再与陈赓交朋友。

想到这里，傅涯说："你让我再考虑考虑……"

"行！"陈赓还是那么爽快。

"起码三年。"

"啊？"陈赓一时显得有些难堪，他沉默了片刻，显出了他的大将风度，"好吧！"

时间在着意考验着这对有情人。残酷的战争环境，留给他们见面的机会很少，但是共同的理想和追求，却在他们之间架起了理解和信任的桥梁。她对他一往情深，但出于自尊，又始终与他保持着一定的距离。而他，则完全尊重她独立自主的个性，传给她的常常是消灭敌人的捷报和部队开进的新地址。

时间是伟大的作者，它能写出未来的结局。傅涯仔仔细细考虑了三年，陈赓也老老实实等待了三年。陈赓的诚挚和坦率深深地打动了傅涯，他们小心翼翼地走进了双方的心灵。

然而，当陈赓把他和傅涯的事公开后，却得到了中央组织部这样的答复：不能与傅涯建立恋爱关系，她有"特嫌"。闻知此讯，陈赓仿佛一下子坠入五里雾中，他怎么也无法把傅涯与"特务"联系在一起。傅涯也感受到了精神上的巨大压力，她朝不思食，夜不成眠，但她努力从沉闷的低谷走出，在艰苦的工作中寻找寄托。

夜晚的村头，汽灯雪亮，琴声悠扬，《孔雀东南飞》开场了。傅涯扮演小姑子，她完全进入了角色，演到伤心处，眼泪竟像断了线的珍珠，泣不成声，凄楚动人。

陈赓目不转睛地盯着台上，随着剧情的发展而心旌摇曳。瞅着泪人般的傅涯，他不禁触景生情：傅涯，你在戏中如此善良真诚，富有同情心，可谁又同情我们呢？我的好姑娘，我深深地爱着你，也相信你，但现在只能接受时间的考验。傅涯，不能向你表白我内心的爱情和痛苦，这是我最大的不幸。没有组织批准，我只能等待……

陈赓越想越酸楚，终于按捺不住情感大潮的冲击，双肩颤抖，泪水夺眶而出。这场面被坐在陈赓近旁的邓小平发现了：男儿有泪不轻弹，只因未到伤心处。邓小平深深地了解陈赓，知道他是为真情所动，竟也被他的一片痴情感动了。

戏散场了，邓小平似乎还沉浸在剧中焦仲卿和刘兰芝夫妇的悲剧结局中，而他更为现实中陈赓和傅涯之间的事牵肠挂肚。他找来师政治部主任，说："今天演戏时你看见没有，一个在台上哭，一个在台下哭。给中央发个报，傅涯家庭出身不好，不是她本人不好嘛！即使她哥哥是特务，她是共产党员嘛！就批准他们结婚，成全他们吧！"

于是，围绕着陈赓和傅涯的婚事，又有许多好心人操劳奔波。而此间，抗大文工团也南征北战，到各部队进行演出。这一天，文工团刚到太行三分区住下，第一二九师师部就打来了找傅涯的电话。

"我是陈赓！"电话那端传来陈赓十分兴奋的声音，"傅涯，我们结婚的事上级已经批准了，你快回来吧！"

"真的吗？"傅涯简直不敢相信自己的耳朵，眼睛里闪出激动的泪花，三年了，整整三个年头了，默默地等待，幸福的时刻终于来临，"可我还要演戏呢！"

"快回来吧，我已经等了三年，再等一天也不行了！"

团里的姐妹们闻讯，也为傅涯高兴，更为她祝福，纷纷催促她赶快起程。

陈赓心里像喝了蜜似的，喜形于色地推开房门，进门就报告："刘司令，邓政委，傅涯来了！"

"好，"正在埋头看地图的刘伯承应了一声，接着说，"陈赓，你来看，这是刚得到的情报，敌人正向北调集。"

陈赓原地不动，又重复报告："司令员，傅涯来了！"

"好，我待会儿去看看她。"刘伯承说完又接上了刚才的话题，"关于这一仗，我考虑你们旅是不是从这儿到这儿……哎，你离那么远能看清地图吗？"刘伯承的镜片里透出疑惑，今天的陈赓好像有点特别。

陈赓也不掩饰自己内心的想法，说："傅涯来了，我怎么听得进嘛！"

刘伯承一愣。这时"红娘"邓小平向他伸出三个指头，示意陈赓和傅涯已经三年了。他陡然明白了，忍不住哈哈大笑起来："你呀，三年都等了，差这一天就等不起了，快当新郎去吧！"

"是！"得到刘伯承的允许，陈赓高兴得几乎要跳起来，敬了一个军礼，转身就跑出了门。

当晚，陈赓与傅涯便在司令部院内腾出的一间西屋里喜结良缘。婚礼上，气氛活跃，热闹非凡。在"新娘子来一首"的喝彩中，傅涯清唱了一段苏联民歌。"乐天派"陈赓的笑话逗得人前仰后合。

傅涯在司令部院子里度了几天"蜜月"，就搬到附近的农民家里，从事农会工作，每隔七八天回来团聚一次，有时一忙很久也顾不得回去。而陈赓只要有空，总要到河边去接。逢人问干什么去，他总是乐呵呵地说："接老婆！"

不管工作多忙，记日记已成为陈赓生活中不可缺少的一部分，而傅涯就成了他的"后勤部长"，把自己心爱的笔记本送给他用。每当部队轻装转移时，她宁可扔掉自己的心爱之物，也要把陈赓的日记带走。行军过河，装在马褡里的日记本弄湿了，到驻地后，第一件事就是把日记本一本本摊开晾干，然后再小心翼翼地收藏好、保存好。

无情的战争，使得他们长期过着"牛郎织女"式的生活。陈赓连个固定的地址也没有，通信都很困难，就更不用说安闲的团聚了。他们深切地体会到了"家书抵万金"的滋味。每次接到妻子的来信，陈赓都如获至宝，而记日记便成了他倾吐衷肠的最好形式。1949年他率部渡江南征途中，"仰观白云南飞，忆起北地母子，怅惘系之"。1951年在朝鲜前线，傅涯托人捎给他一封信，他欣喜若狂，捧读再三："人笑我痴，我却痛快"，"半月来的焦虑化为乌有"。

行装上还带着朝鲜战场坑道里的潮湿气味儿，陈赓又欣然接受了毛泽东交给他的到哈尔滨完成一项新的"垦荒"任务，筹办一所大型的现代化的军事工程学院。学院顺利建成，而陈赓却积劳成疾，被病魔击倒。经过两次心肌梗死的打击后，陈赓的身体状况越来越差。他在与疾病搏斗的同时，仍在思虑着祖国的安危，还想利用这难得的"悠闲"，认真总结自己的作战经验，勾勒出对未来卫国战争的设想。

1961年，傅涯被安排陪陈赓去上海治病。可一到上海，陈赓就给市委第一书记陈丕显打电话，请组织上安排傅涯立即工作。结果，傅涯成天忙于去徐汇区搞调查研究，根本没有时间照顾陈赓。

3月16日黎明，窗外朔风呼啸，寒气逼人。陈赓被一阵剧烈的胸痛痛醒，心肌梗死再次发作。他把牙齿咬得咯咯作响，使尽最后的力气挣扎着……

"陈赓！陈赓！……"傅涯紧紧握着陈赓渐渐变凉的手，热泪顺着她的面颊滚滚流下，她一声声地呼唤着唤了千百万次的名字，但这一次他终于没有回答……

爱将早殒，毛泽东、周恩来、邓小平等人泪流满面。周恩来捶着膝盖说："他才58岁，为什么要这么早离开我们啊……中国革命有多少工作还在等着他啊！"

痛失亲人，傅涯陷入了深深的悲痛之中。她望着丈夫的遗像，好像他还在看着她，正在与她交谈。她抱病整理陈赓留下的因年代久远而发黄变脆、因风吹水浸而字迹模糊了的文稿，借以寄托哀思。她还四处奔走，寻访当事人，查找材料，撰写出了一篇翔实生动的王根英烈士传略《报国何计女儿身》，发表在《红旗飘飘》上，这在她为数不多的文章中格外引人注目，足以显出她大将夫人的宽广胸怀。她把她精心保存的陈赓日记进行了初步整理，并委托几位同志进行了加工整理，出版了《陈赓日记》。"也算是偿还一点自己对他生前照顾不周的心意吧！"满头银发的傅涯深情地说，眼中噙满泪花。

"关心战士生活不是小事情"

1942年2月的一个早晨，沙河县独立营的王占国政委正在城郊的驻地外散步，突然见六分区政委朱穆之跃马飞奔而来。王占国正想举手敬礼，问首长好，但朱穆之根本没有理会这一切，只是兴冲冲地说："占国，快——快回去准备准备，我刚刚接到通知，今天师部首长要来这里看望大家……"

听说是师部首长来看望独立营的指战员，王占国心里高兴极了，心想，不管是哪位首长来，我们一定要好好准备准备，不能丢我们独立营的脸。正在想着的时候，就见一位首长骑着一匹高头大马，带着一个通信员，到了独立营的驻地。王占国仔细一看，见这位首长个头虽然不高，却有一双炯炯有神的大眼；他身穿一套褪了色的灰土布军装，两个膝盖和两个胳膊肘上，各补着两个小补丁，头上戴一顶旧军帽，帽檐耷拉到眉间。朱穆之"啪"地敬了一个礼后，忙向王占国介绍："占国，这就是我们一二九师的邓政委！"

要不是朱穆之介绍，王占国还不相信这位极普通的军人竟是八路军第一二九师的政委邓小平呢！王占国这时显得有些不知所措，他慌慌张张地用衣服擦了擦手，竟没有给政委敬礼，就用双手紧紧握住了邓小平伸出的手。

"占国呀，我这次到你这里来，一是看望同志们，二是来了解我们部队的有关生产自救和当地的减租减息情况。你们在下面辛苦了，听朱政委说，你这里的工作还搞得蛮不错嘛！"邓小平很随和地与王占国谈起了部队和当地的一些情况。

王占国向邓小平汇报了部队的战斗和生产情况，同时汇报了当地的减租减息情况。最后，王占国在谈到部队与日本鬼子作战时的一些情况，引起了邓小平的重视。王占国说："邓政委，去年日本鬼子'扫荡'时，在敌强我弱的情况下，我们摆了一个石雷阵，打了一个漂亮的歼灭战，消灭了整整一个中队的日军和两个中队的伪军，同时，还炸毁了行驶在平汉铁路上的一列军用列车，取得了反'扫荡'的胜利。"

"哦，摆石雷阵，这可是一个好办法！我们太行山到处是石头，这下可不缺少武器弹药了。回去要把你们这个经验在全区好好推广推广。"邓小平赞许地说。

得到师部首长的表扬，王占国自然很高兴，他要营通信兵找来司务长，弄几个好菜，好好招待招待首长。这下可急坏了司务长王生彬和炊事员老白。因为前几天，日军刚刚发动了春季"扫荡"，日军所到之处，见人就杀，见房就烧，见东西就抢，几乎是鸡犬不留。再加上连续两年大旱，庄稼没收成，整个根据地军民的生活极端困难。平时战士们吃的是小米加野菜，而师部首长大老远地来，总不能也吃小米和野菜吧！没办法，王生彬和老白就四处去借，最后只在老乡家借了一点白面。那天中午，除了要给首长吃白面外，战士们仍然吃野菜，当然破例给大家熬了一碗小米粥，算是打牙祭了。

吃中午饭的时候，司务长到处找邓小平，却找不着。原来他是到连队看望战士和伤病员去了。当炊事员老白把白面端给邓小平时，邓小平要他端给伤病员吃，自己却和战士们拉开了家常，并开玩笑地对王占国说："小米加步枪是我们革命的传统，想当初我们参加二万五千里长征时，还没有小米吃呢！今天我就吃吃小米锅巴吧！"

说着，就拿起一块锅巴啃了起来，直嚼得"咯嘣""咯嘣"地响，原来是小米里的沙子实在太多了。邓小平吃完一块锅巴后问王占国："小王，平时战士们都吃的是这个吗？再没有别的东西了？"

王占国点了点头，想到要首长吃这种东西，脸不禁红了。

邓小平停顿了好一会儿才慢慢地说："穆之、占国，不能让战士们天天都吃这种东西，长期这样下去，部队哪来的战斗力呢？一定要多想想办法，解决这个问题。"接着，他又对司务长和炊事员老白说："你们搞后勤工作的，也要多想想办法。米不好，沙子太多，就用水多淘几遍。我们要的是小米加步枪，可不是沙子加步枪哟！"

说完，邓小平顺手拿起一个水瓢，熟练地给大家做起了淘米的示范动作，搞得司务长王生彬更加不好意思。

过了一会儿，邓小平又耐心地对朱穆之和王占国说："一定要关心战士的生活，这可不是小事情啊！越是在艰苦的条件下，越是要关心战士们的生活，这和打仗同样重要。如果战士们的生活不能得到改善，身体素质就不能提高，这样下去，要在战斗中取得胜利就增加了难度。你们独立营在与敌人作战时打得不错，值得表扬，但对战士们的生活问题注意得不够，这我可要批评你们了。当然，目前要完全解决这个问题的困难是很大的，可我们要积极想办法呀！我想有些问题是可以解决的，主要是看我们当领导的重视不重视了。我想，你们当务之急要解决好三个问题：一是要炊事班的同志把米淘干净，不要吃的全是沙子；二是要给每个战士准备一个针线包，衣服、裤子破了自己补补，不要穿得破破烂烂的；三是要在战斗之余开展大生产运动，搞生产自救，从根本上解决吃饭穿衣的问题。大家吃饱了肚子，才好打'东洋鬼子'呀！……"

看着首长那严肃的神态，王占国才真正感到自己忽视了关心战士生活，便对邓小平检讨说："邓政委，我们错了，过去只注意训练和打仗，只注意战斗力的提高，却忽视了关心同志们的生活。今天我们一定要按照首长的指示，在这个方面好好检讨一番，然后，拿出一个切实可行的方案来，力争在短期内，真正改善战士们的生活，请首长下次再来检查我们。"

"好！我相信你们像打仗一样，在这方面也一定能做出榜样来。"说完，就骑上马，风尘仆仆地走了。

打那以后，王占国就一直牢记着邓小平的话，处处关心战士们的生活。他在带领战士们打游击、与敌人作战之余，在驻地的山坡上开荒100多亩，都种上了粮食和蔬菜，并在沟里放养了两群羊，定期给战士们打"牙祭"，使全营的生活很快有了较大的改善。战士们的斗志也越来越高，在反"扫荡"中接连打了几个大胜仗。军分区党委先后授予独立营"生产先锋""威震敌胆"两面锦旗。战士们一看到这两面锦旗，手里端起香喷喷的饭菜时，心中就不由得想起了邓政委。

请刘伯承为胖胖起名

1945年，平汉战役前夕，刘伯承、邓小平住在涉县赤岸村，共同运筹平汉战役的作战方案。那时，刘伯承的大儿子快7岁，起名刘太行。邓小平的儿子快2岁了，还没起名，因为长得胖，都叫他"胖胖"。

一天，刘、邓两家在院子里聊天，在逗胖胖玩时，卓琳对邓小平说："咱们孩子快2岁了，总叫胖胖也不行呀！该给孩子起个名字了！"邓小平想了想，说："我们也给他起个'太行'，叫邓太行吧。"

卓琳说："不行！不能都叫'太行'呀！司令员，你的儿子占了我们的名字，你得给咱胖胖起个名！"伯承笑着说："这是政委的事情，与司令员没有关系。"邓小平说："谁都知道刘邓不分嘛！你就给起个吧！"刘伯承笑眯眯地答应道："那好！"

刘伯承将胖胖叫到跟前，让夫人汪荣华把桌子上写的几个字拿出来，说："我刚才写了'朴实方正'四个字，这孩子生得正是朴实方正，叫个'朴方'好不好？"大家听后都说："好！很好！就叫朴方吧！"卓琳拉住胖胖说："快，快谢谢伯伯。"在一旁玩耍的刘太行看见后，跑上前去，按着胖胖的头向他爸爸行了个礼，引得满院子的人朗声大笑。从此，"邓朴方"的名字就叫开了。